C언어 이해와 응용

김용태 / 정윤수 / 박길철 공저

성진미디어
SungJin Media Co.

그 동안 C 언어를 공부하는 학생들로부터 들어온 공통적인 한마디가 "프로그램이 어렵다"고 말하는 것을 보고 많은 아쉬움을 가지고 있었다. 저자는 C 언어를 강의하면서 프로그램 언어를 좀 더 쉽고, 체계적으로 배울 수 있는 방법을 연구하기 시작했다. 단일 프로젝트를 가지고 하나의 프로젝트를 완성시켰을 때, 자연스럽게 반복 학습을 하게 되어 가장 기억에 남는 정도가 많았으며, 하나의 프로젝트를 통해 C 언어 전체 문법을 익혔을 때 자신감으로 인한 응용력과 언어 활용 능력이 더 많이 생김을 알 수 있었다. 그 결과 많은 학생들이 프로그램 작성이 어렵지 않고, 쉽다는 이야기를 하기 시작했다. 따라서 이 책은 전체적인 구성을 강의 중에 체험한 방법으로 내용의 연결성을 가지고 C언어를 쉽게 배울 수 있도록 구성하였다.

1973년에 C 언어가 탄생하고 많은 시간이 지나 갔음에도 불구하고 C 언어는 계속해서 사용되어지고 있고, 현재의 프로그램 언어의 근간이 되고 있기 때문에 앞으로도 그 수명은 계속되어 질 것이다. C 언어를 근간으로 인터넷이 가능해지고 많은 정보를 얻기 위해 다양한 응용 프로그램이 만들어지고 있다.

여기에서 프로그램이라는 용어는 대단한 사람만이 다룰 수 있는 전유물로 생각할 필요는 없다. 프로그램 언어는 누구라도 다룰 수 있는 일반적인 것이다. 프로그램을 작성하는 전체적인 과정에서 최종 단계는 프로그래밍 언어로 자신의 생각을 표현하는 것이다. 일반적으로 표현이라는 것은 어떤 대상을 말, 글, 그림, 행동으로 나타내는 행위이다. 일반적인 경우에 표현 작업은 쉽지 않으므로, 표현을 위한 기술이 필요하다.

그러나 일반적인 표현 기술보다 프로그램의 세계에서 표현 기술은 매우 쉽다고 할 수 있다. 프로그램에서의 표현 기술은 사람의 생각과 원하는 요구 사항에 만족하는 결과를 산출하기 위해서 프로그래밍 언어를 선택하고, 프로그램 작성 과정을 통해서 자연스럽게 원하는 기능을 표현하는 것이다. 프로그램 작성 과정은 잘 꾸며진 예제들을 자연스럽게 반복해서 연습하면 나중에는 익숙해진다. 본 교재의 예제와 설명을 따라 프로그램 작성을 하다 보면 자연스럽게 반복적인 학습과 프로그램 기술이 습득되어 질수 있을 것이다. 또한, 여러분은 이 책을 통해서 C 언어를 좀 더 쉽게 친숙해 질수 있고, 다른 어떤 교재보다도 빠르게 C 언어를 습득 할 수 있음을 확신한다.

그 결과 이 책은 다음과 같은 특징을 가지고 있다.

- 전체적으로 두 부분으로 분리되어 있다. 이 책은 크게 기초 부분인 C 언어의 시작 부분부터 배열까지 그리고 응용 부분인 배열 이후 부분으로 분리될 수 있다. C 언어 프로그램을 확실하게 이해하기 위하여 기초 부분을 위한 내용을 강화하였다.
- 기초 부분에서는 수식과 연산문, 조건문, 반복문, 배열 등과 같이 C 언어의 기본적인 요소에 대하여 상세히 설명하였다. 응용 부분에서는 함수, 포인터, 고급 포인터, 표준 입출력, 파일 입출력, 구조체와 공용체 등과 같이 C 언어에 대한 기본적인 이해를 바탕으로 좀 더 심화된 응용 프로그램 작성 기법에 대하여 전반적인 소개를 하였다.
- 다양한 독자층의 프로그램 이해도를 높이기 위해 다양한 연습용 프로그램을 구성을 하였다. 이 책에 구성된 프로그램은 기본 문제, 보충 문제, 예제 문제 등 다양한 문제들이 있으므로 이러한 문제들을 통하여 프로그램 작성 능력을 한층 더 향상할 수 있다.
- 프로그램 작성 능력의 확장성을 위해서 기본 문제를 만들었다. 기본 문제는 각각의 장으로 연결되고 있어 이전에 작성한 프로그램을 바탕으로 확장된 새로운 또 다른 프로그램을 작성할 수 있도록 했다. 따라서 각각의 장으로 이어지는 기본 문제를 이해하면 같은 맥락의 어떠한 문제에도 적절하게 대응하여 프로그램을 작성할 수 있는 능력이 향상된다.

이 책은 C 언어에 대한 전반적인 내용의 소개와 프로그램 작성 능력을 향상하기 위한 교재로서 대학의 공학 전공 분야의 학부 과정 학생들은 물론 타 전공 분야의 학생들도 쉽게 이해할 수 있도록 만들어져 있다. 따라서 4년제 대학, 2년제 대학 혹은 일반 독자들이 필요에 따라 쉽게 따라 연습하면서 C 언어를 이해하고 응용이 가능하다. 대학에서 활용할 때는 학교의 특성(4년제, 2년제, 시수)에 따라 일부 챕터의 전부나 일부를 생략해도 내용의 연관성에는 문제가 없이 한 학기에 마무리 할 수 있도록 구성하였다. 그리고 이 책으로 강의하는 분들을 위해 강의용 파워포인트 자료를 준비해 두었다.

- 이 책은 C 언어를 구성하는 기본적인 요소가 하나의 장으로 구성될 만큼 내용의 치밀성을 가지고 있다. 각각의 장에는 단편적인 지식을 전달하려는 것이 아니고 필요에 따라 기본 문제, 보충 문제, 예제 문제 등 다양한 문제들을 가지고 원리 및 응용까지 이해할 수 있게 하였다. 대학에서 강의할 때는 강의 시수에 따라 기본 문제, 보충 문제, 예제 문제를 적절히 가감하면서 난이도와 시수를 조절할 수 있다.

끝으로 이 책을 출판하기 위해 적극적으로 후원해 주시고, 이 책의 완성도를 높이기 위해 노력하신 성진미디어의 채희선 대표님, 양질의 책이 되도록 다양한 편집 및 자료 수집을 해 주신 편집진 및 직원 여러분께 감사드립니다.

2012년 3월 새로운 학기를 준비하며 저자일동

chapter 1 프로그래밍 언어의 이해 ▸ 2

chapter 2 C 프로그램의 기본적인 구조 ▸ 30

4 chapter 수식, 연산문 그리고 연산자 • 88

01 Chapter

프로그래밍 언어의 이해

제1장 프로그래밍 언어의 이해

학습목표

- ▷ 컴퓨터에서 사용되는 프로그래밍 언어의 개념과 종류에 대하여 이해한다.
- ▷ 최근에 가장 대중적인 프로그래밍 언어인 C 언어의 특징에 대하여 이해한다.
- ▷ 프로그램을 개발하기 위해 반드시 필요한 알고리즘의 정의와 종류에 대하여 이해한다.
- ▷ 프로그램을 개발하기 위한 작성 과정을 이해한다.
- ▷ 비주얼 C++ 환경에서 C 프로그램 작성 방법에 대하여 이해한다.
- ▷ 컴파일 작업과 링크 작업 그리고 작성된 프로그램이 실행되는 과정을 이해한다.

현재의 세상은 컴퓨터가 없으면 아무런 일도 수행할 수 없는 공황 상태에 빠지고 사회는 혼란에 빠질 것이다. 그러나 여기에서 더욱 중요한 사항은 이렇게 많은 작업을 수행하는 컴퓨터에는 우리가 필요로 하는 작업을 수행하는 프로그램이 존재하며 실제로는 이러한 프로그램이 수행되어 사용자들이 원하는 작업이 수행되는 것이다. 그러므로 컴퓨터 보다는 컴퓨터 안에 존재하는 많은 프로그램의 중요성이 강조되는 것이다. 따라서 우리는 매우 중요한 프로그램에 대하여 체계적으로 검토하고, 익히면서 프로그램 작성 방법에 대해 지금부터 집중적으로 학습을 시작한다. 미리 단호하게 한마디를 한다면 모든 사람은 프로그램에 대해 전문가가 될 수 있다는 것이다.

[1.1] 프로그래밍 언어의 개념과 종류

프로그램(Program)이라는 용어는 일반 사람들에게도 매우 친숙한 용어이다. 프로그램이라는 용어를 요약하면 우리가 컴퓨터에서 작업하는 한글, 인터넷, 포토샵, 고스톱 게임 등과 같은 수 많은 작업을 가능하게 하는 것을 프로그램이라고 할 수 있다. 이것뿐만 아니라 가전제품에도 프로그램이 내장되어 있다. 그러나 가전제품은 사용자들이 원하는 한 가지 목적을 위해 프로그램이 만들어지고 가전제품에 내장되게 된다. 그러나 컴퓨터는 사용자가 원하는 프로그램을 미리 설치해 놓고 사용자가 원하는 즉시 변경하면서 원하는 다양한 작업을 할 수 있다는 장점을 가진다. 여기에서 단지 컴퓨터는 이미 작성되어 컴퓨터에 설치된 프로그램을 단순히 수행하는 기계이다.

결론적으로 프로그램의 정의는 컴퓨터를 이용하여 사용자가 원하는 문제를 해결하고자 할 때 사람과 컴퓨터 사이에서 작업 지시를 하고 작업 결과를 받을 수 있는 일종의 대화를 위해 체계화된 표기법이라고 할 수 있다. 또 다르게 정리하면 사용자가 원하는 특정한 작업을 수행하기 위해서 컴퓨터가 인식할 수 있는 형식으로 미리 작성된 명령어들의 집합이라고 할 수 있다. 즉, 컴퓨터가 수행할 작업 절차를 기록해 놓은 문서이다. 그리고 프로그래밍(programming)이란 이러한 프로그램을 설계하고 작성하는 모든 과정을 총괄해서 부르는 용어라고 할 수 있다.

컴퓨터는 워드, 동영상, 사운드, 애니메이션, 그래픽 등등 다양한 많은 작업을 처리할 수 있고, 그리고 1초 동안에 수십억 개의 명령을 내부적으로 수행할 수 있다. 이렇게 대단한 능력을 가지고 있는 컴퓨터이지만 컴퓨터가 인식할 수 있는 언어는 0과 1로 구성된 이진수(binary) 단 한 가지이다. 이것은 ENIAC(Electronic Numerical Integrator And Computer)으로부터 시작해서 현재의 컴퓨터까지 개발된 모든 컴퓨터들이 가지고 있는 공통 사항이다. 따라서 컴퓨터는 모든 것을 0과 1로 표현하고, 모든 작업을 처리하게 된다. 이러한 이진수 형태의 언어를 기계어(machine language)라고 한다.

프로그래밍 언어는 컴퓨터 하드웨어(H/W: Hardware)와 운영체제(OS: Operating System)의 발전에 영향을 받아 다양한 종류의 형태로 발전이 가속화되었다. 컴퓨터가 개발되고 이어서 작업의 편의를 위해서 프로그래밍 언어가 개발되기 시작한 이후로 지금까지 매우 많은 언어들이 나타나고 사라졌다. 현재는 컴퓨터 프로그램을 작성하기 위해서 C, 파스칼(Pascal), 베이직(BASIC), 자바(Java)와 같이 많은 고급 언어 중에서 필요한 것을 선택하여 사용할 수 있다. 이러한 대부분의 프로그래밍 언어는 특정 작업을 처리하는데 있어서 최상의 환경을 제공해 준다. 많은 컴퓨터 전문가들은 여러 가지 프로그래밍 언어가 존재하고, 사용되고 있지만 C 언어가 모든 면에서 가장 우수다고 주장한다.

따라서 가장 인기를 끌면서 많이 사용되는 좋은 프로그래밍 언어들이 가지고 있는 조건은 다음과 같다.

1. 프로그래밍 언어의 구조와 개념이 단순하고 명료해야 한다.
2. 쉽게 프로그램을 작성하고, 쉽게 읽을 수 있어야 한다.
3. 언어의 개념이 확장성이 있어야 한다.
4. 프로그램 명령어는 정확하게 한 가지 의미만을 갖도록 정의해야 한다.
5. 신뢰성이 있어야 한다.
6. 다른 기종과 쉽게 호환이 가능한 이식성이 있어야 한다.
7. 다른 언어에 쉽게 추상화 개념을 지원하고, 검증하기 쉬워야 한다.
8. 컴파일러의 구성이 용이한 구문의 형태를 가져야 한다.

그림 1-1 프로그래밍 언어의 종류

컴퓨터에서 사용되는 프로그래밍 언어는 크게 기계 중심의 저급 언어(low-level language)와 인간 중심의 고급 언어(high-level language)로 구분된다. 기계 중심의 저급 언어에는 기계어(machine language), 어셈블리 언어(assembly language)가 포함되며, 고급 언어는 사용자가 중심이 되는 언어로 일반적인 프로그래밍 언어를 의미하며, 컴파일러 언어라고도 한다. 따라서 프로그램을 작성하기 쉽고 이해하기 쉽다.

기계어는 0과 1로 구성되며, 컴퓨터가 이해할 수 있는 언어이고, 기계 종속적인 언어이다. 기계 종속적인 언어라는 것은 컴퓨터 하드웨어가 바뀌면 사용되는 기계어도 바뀐다는 의미이다. 따라서 컴퓨터 하드웨어가 바뀌게 되면 이전에 사용되던 기계어는 쓸모가 없게 된다는 것이다. 기계어는 기계 코드를 잘 알아야 하므로 프로그래밍 과정이 어려우며, 에러 발생 시 수정이 힘들다. 그리고 기계어는 다른 기계와 호환하기 어려우며 기계 자체의 언어이므로 번역할 필요가 없어 수행 시간이 빠르다.

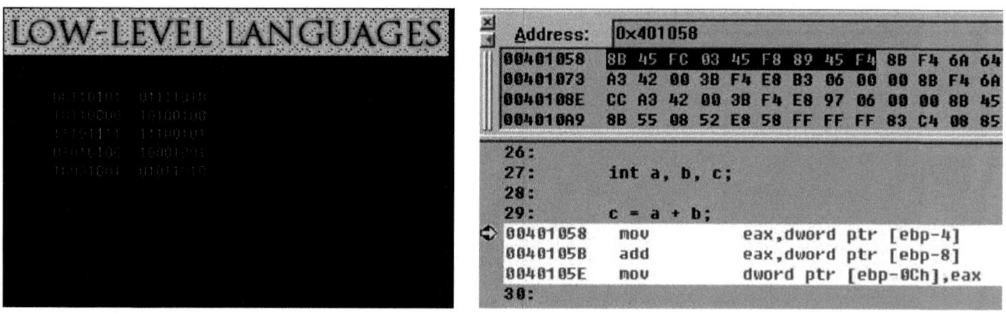

그림 1-2 기계어와 어셈블리어

사용자들은 기계어를 사용하여 프로그램을 작성하는 과정이 너무도 힘이 들었고, 작성한 프로그램을 읽기도 어려웠고, 프로그램을 작성하는 과정에서 실수하여 에러(error)가 자주 발생되었고, 발생된 에러의 수정 과정이 어려운 문제들이 하나씩 하나씩 나타나게 되었다. 어셈블리 언어는 이러한 문제점들을 해결하기 위하여 기계어를 대체할 수 있는 기호 코드(symbolic code)를 이용한 어셈블리 언어(assembly language)를 사용한다. 어셈블리 언어는 복잡하고 어려운 기계어를 규정된 형식에 의해 일정한 부분을 규정된 기호 코드로 변환하여 표현하므로 기계어보다 한 단계 더 높은 수준에서 프로그램 작성이 가능하다. 따라서 기계어에 비해 가독성이 향상되어 프로그램 작성 과정이 기계어에 비해 한결 수월하게 프로그래밍을 가능하게 하고, 기호 코드를 이용함으로 인하여 프로그램 오류를 줄일 수 있는 장점을 가지고 있다.

사용자가 일반적인 어셈블리 언어 또는 고급 언어를 가지고 프로그램을 작성하면 작성된 프로그램들은 컴퓨터에 존재하는 어셈블러(Assembler) 또는 컴파일러(Compiler)와 같은 번역기에 의해 기계어로 번역된다. 작성된 프로그램이 기계어로 번역되는 과정은 임의대로 변경되는 것이 아니라 컴퓨터 설계할 때 정의된 형식에 의해 0과 1로 구성되는 이진수 형태로 변경된다. 여기에서 특정 명령어가 이진수 형태의 기계어로 변경되는 과정은 명령어에 따라 1:1 또는 1:N에 의하여 기계어로 변역이 된다.

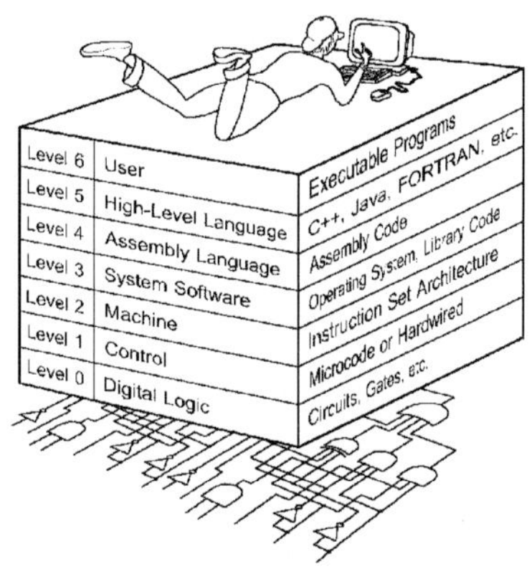

그림 1-3 시스템과 언어의 계층 구조

고급 언어는 컴파일러(Compiler) 언어라고도 한다. 현재 컴퓨터에서 사용하는 대부분의 언어가 고급 언어에 속한다. 고급 언어는 문자와 숫자를 이용하여 모든 명령을 작성하므로 언어의 구성이 사람들이 사용하는 언어에 가까운 특징이 있음으로 인간 중심의 언어라고 할 수 있다.

고급 언어는 접근성이 용이하므로 프로그램 작성이 쉽고, 프로그램의 작성 과정과 프로그램의 이해가 용이하고, 프로그램 번역시에 발생하는 오류를 수정하는데 효율적이며, 하나의 작성된 고급어 프로그램은 어떠한 컴퓨터에서도 수행이 가능하므로 컴퓨터에 이식성이 강한 특징을 가지고 있다. 고급 언어를 사용하여 작성된 프로그램은 컴퓨터에서 수행되기 위해서는 어셈블리 언어와 마찬가지로 기계어로 번역되는 과정이 필요하다. 컴파일러는 어셈블러와 마찬가지로 특정 프로그래밍 언어로 작성된 프로그램을 기계어로 번역하고 번역된 기계어를 수행시키는 역할을 한다.

원래 작성된 프로그램을 소스 코드(Source code) 혹은 원시 코드라고 부르고, 번역된 기계어를 목적 코드(object code)라고 부른다. 원시 프로그램은 컴파일러(compiler)를 통해 기계 코드나 어셈블리 코드로 번역되는 번역 과정을 거친다. 목적 코드는 주로 다른 프로그램이나 하드웨어가 처리하기에 용이한 형태로 출력된다. 따라서 원시 코드에서 목적 코드로 옮기는 과정을 컴파일이라고 한다. 대표적인 컴파일 언어는 FORTRAN, COBOL, PASCAL, C, JAVA, C++ 등등이 존재한다. 광범위한 정보처리에 이용될 수 있다.

[1.2] C 언어의 특징

C 언어는 1972년 벨 연구소의 데니스 리치(Dennis Ritchie)에 의해 UNIX 운영체제를 개발하기 위해서 C 언어를 설계하고 개발하였다. C 언어는 사용자가 보다 효율적으로 컴퓨터의 자원들을 다룰 수 있으면서, 하드웨어를 효율적으로 통제하여 빠르게 작동하고, 프로그램 크기가 작고, 어셈블리어의 강력한 기능을 가지면서, 고급 언어의 이식성과 기계 독립적인 기능을 동시에 갖춘 새로운 언어를 만들었다.

C 언어가 개발되고 점차 빠르게 보급되면서 각각의 컴파일러 제작사들이 변화된 환경에 적응할 수 있는 새로운 기능들을 추가하고, 시장의 요구와 필요에 따라 언어의 기능을 확장함에 따라 C 언어에도 많은 변종들이 발생하게 되었다. 따라서 컴파일러에 따라 소스 차원의 호환성이 없어지는 문제점이 발생되어 1983년에 미국 표준 협회(ANSI: American National Standard Institute)에서 ANSI C라는 표준안을 발표하였다. 현재는 이 표준안을 기초로 한 C 컴파일러가 사용되고 있다.

C 언어가 개발된 후 많은 프로그래머들의 관심이 높아지면서 빠르게 보급되었다. C 언어는 실무용 프로그램 언어이며, 프로그램 개발자들이 선호하는 언어이다. C 언어는 사용하는 명령어들이 간결하고, 강력한 프로그램이 가능하여 가장 대중적인 프로그래밍 언어로 사용되고 있다. 또한 구조적 프로그래밍의 개념을 충실하게 따르면서, 고급 언어이면서 어셈블리 언어 수준의 저급 언어에 해당하는 프로그램을 작성할 수 있는 명령어를 사용할 수 있기 때문에 중요한 언어로 자리를 잡고 있다.

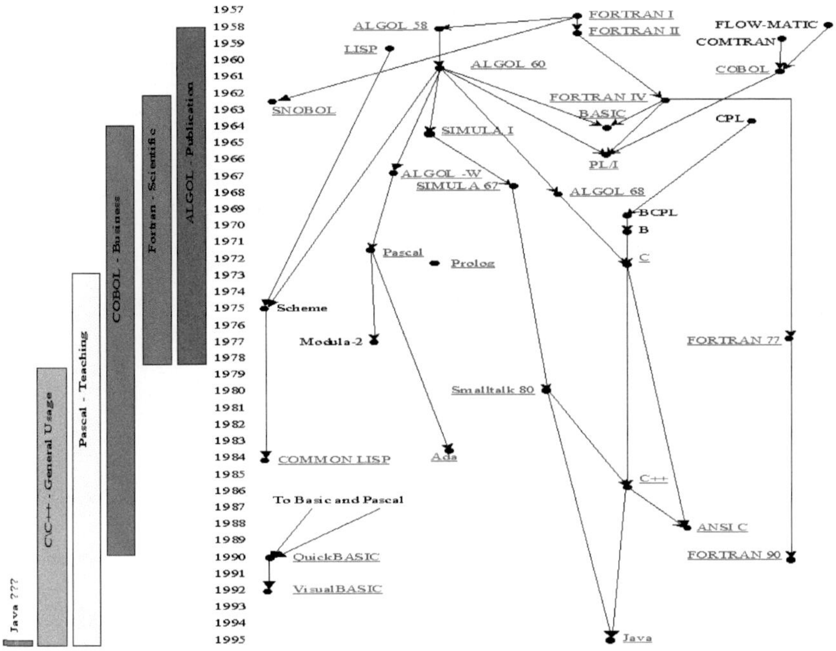

그림 1-4 프로그램 언어의 발전사

C 언어가 가지는 특징은 다음과 같다,

- 다양한 컴퓨터 시스템과 무관하게 프로그램의 이식성(호환성)이 높다.
- C 언어에서 사용되는 명령어는 저급 언어와 고급 언어의 특징을 가진다.
- 키워드(keyword)라는 단어만을 사용하므로 명령어의 표현이 간결하다.
- C 프로그램의 형태는 함수의 집합이다.
- C 프로그램 각각의 기능별로 모듈화가 가능하고, 구조화 프로그래밍이 용이하다.
- 분할 프로그래밍과 분할 컴파일이 가능하다.
- C 프로그램은 크기가 작고, 실행 속도가 빠르고, 적은 메모리를 사용한다.
- 다양한 연산자들이 존재하여 시스템 프로그래밍 작성이 용이하다.
- 포인터 데이터를 사용 가능하다.
- 작성된 모든 함수의 순환(recursive)이 가능하다.

[1.3] 알고리즘의 정의와 종류

알고리즘(Algorithm)은 제시된 문제를 해결하기 위해서 먼저 문제를 분석하고, 입력 데이터, 출력 데이터를 검토한다. 그리고 원하는 출력 데이터를 얻기 위해서 어떠한 작업 과정을 수행해야 되는지를 머릿속으로 아니면 종이에 그려보는 작업 절차이다. 알고리즘은 어렵고 생소한 용어가 아니다. 사람들의 머릿속에는 알고리즘이 자연스럽게 생성되고, 생성된 알고리즘에 의해 우리는 해당 작업을 수행하고 있다. 예를 들어서 빵을 만드는 과정, 밥을 짓는 과정, 음식을 만드는 과정, 집에서 학교에 오는 과정에 각각의 절차가 존재한다. 이러한 절차를 알고리즘이라고 부른다.

결론적으로 알고리즘은 어떠한 문제를 해결하기 위한 여러 작업들의 유한한 집합을 말한다. 즉 입력으로 들어온 원시 데이터를 가지고 원하는 결과를 만들기 위하여 사용된다. 프로그래밍 언어에서 일반적으로 말하는 알고리즘이 가져야 하는 조건은 다음과 같다.

입력 : 외부에서 입력되는 데이터가 0개 이상 존재해야 한다.
출력 : 적어도 하나 이상의 결과 데이터를 생성한다.
명확성 : 각각의 명령들이 명확하고 애매하지 않아야 한다.
유한성 : 모든 명령어들은 한정된 단계를 수행한 후에 종료되어야 한다.
효과성 : 모든 명령어들은 종이와 연필만으로 수행되는 기본적인 작업이어야 한다.
실제성 : 모든 명령어들은 실행 가능한 것이어야 한다.

우리가 처음부터 완벽한 새로운 알고리즘을 개발하는 것은 거의 불가능하다. 따라서 이미 증명되고 많이 사용되는 유용한 알고리즘들을 습득하고 훈련을 쌓으면 우리도 새롭고, 보다 유용한 알고리즘을 개발할 수가 있다. 그리고 하나의 알고리즘을 개발하였으면 주어진 문제에 대하여 자기 나름대로 고안된 알고리즘이 입력값에 대하여 올바른 결과를 계산하고 출력하는지를 검증하는 절차가 필요하다. 이러한 절차를 알고리즘 검증이라고 한다. 알고리즘 검증은 작성된 알고리즘이 컴퓨터에서 수행되는 것과는 독립적으로 올바르게 작동할 수 있음을 보여주는데 그 목적이 있다

1.3.1 알고리즘의 종류

일반적으로 문제가 주어지면 프로그램을 즉시 작성하는 것이 아니다. 이러한 프로그램은 제대로 된 결과를 나타내지 않을 것이고, 작성된 프로그램은 지저분하고, 효율적인 프로그램에 속하지 않을 것이다. 프로그램 전문가들도 문제가 제시되면 제시된 문제를 어떻게 해결할 것인가에 대하여 충분한 시간을 가지고 생각한다. 즉 제시된 문제를 해결하는 알고리즘을 생각하고 종이에 절차

를 그려보고 검토한다. 그리고 제대로 된 결과가 나온다고 확신이 서면 작성한 알고리즘을 프로그램으로 변경하면 된다. 이런 방식으로 작성한 프로그램은 우리가 원하는 결과를 제대로 나타낼 것이다. 처음에는 이러한 절차가 조금은 귀찮고 거추장스러워도 알고리즘이 익숙해 질 때까지는 반드시 통과하는 관문으로 생각하고 연습하면 여러분은 반드시 전문가가 될 것이다. 그러므로 알고리즘을 완벽하게 익히면 컴퓨터에서 사용하는 다른 어떠한 프로그래밍 언어도 손 쉽게 익힐 수 있다.

우리가 작성할 수 있는 알고리즘의 종류는 영어와 한국어와 같은 자연어(natural language), 의사 코드(슈우도 코드, pseudo-code), 순서도(flowchart) 등을 많이 사용한다.

① 자연어(Natural language)

자연어(natural language)는 우리가 일상에서 사용하는 한국어, 영어를 가지고 제시된 문제를 해결하는 절차를 나열하는 것이다. 자연어로 작업 절차를 나열할 때에는 애매모호한 표현을 제거하고, 분명하고, 명확하게 작업 절차를 나타내야 제대로 된 알고리즘을 만들 수 있다. 그러나 자연어를 사용하여 작성한 알고리즘은 프로그램 명령어로 변경하기 위해서는 고려할 요소들이 많이 발생하여 쉽지만은 않을 것이다.

알고리즘문제

국어, 영어, 수학 점수에 대하여 총점과 평균을 구하라.

① 국어 점수를 입력한다.
② 영어 점수를 입력한다.
③ 수학 점수를 입력한다.
④ 입력된 국어, 영어, 수학 점수를 가지고 총점을 구한다.
⑤ 평균을 구한다.
⑥ 국어, 영어, 수학, 계산된 총점, 평균을 출력한다.

② 의사 코드(Pseudo-code)

의사 코드(pseudo-code)는 자연어보다 좀 더 체계적이며, 특정한 프로그래밍 언어의 문법과 유사하게 작성한 코드이다. 따라서 실제적인 프로그래밍 언어로 작성된 코드처럼 컴퓨터에서 실행할 수는 없다. 의사 코드는 특정 언어로 프로그램을 작성하기 이전에 제시된 문제를 해결하기 위한 알고리즘을 대략적으로 모델링하기 위해 사용된다. 의사 코드는 실제 프로그래밍 언어처럼 정확한 프로그램 문법을 지킬 필요가 없기 때문에 다양한 변종이 존재한다.

알고리즘문제

국어, 영어, 수학 점수에 대하여 총점과 평균을 구하라.

```
Procedure Example_1
{
   Read Kor, Eng, Mat
   Sum ← Kor +Eng + Mat
   Ave ← Sum / 3.0
   Write Kor, Eng, Mat, Sum, Ave
}
```

그림 1-5 제시된 문제의 알고리즘 표현

③ 순서도(Flowchart)

순서도는 플로우차트 또는 흐름도라고 한다. 컴퓨터로 처리하고자 하는 제시된 문제를 분석하고, 그 처리 과정을 단계화하여, 작업 처리 과정 간의 상호 관계를 알기 쉽게 약속된 기호와 도형을 사용하여 나타낸 그림을 순서도라고 한다. 컴퓨터에 의해 제시된 문제나 처리할 업무 위해서 순서도는 없어서는 안될 만큼 중요시 되고 있다. 제시된 문제에 대한 프로그램을 작성하기 위해서는 문제 해결을 위한 논리적인 순서가 정확하게 수립되면 프로그래밍 언어를 이용하여 프로그램 명령어로 변형하는 작업은 대수롭지 않은 것이기 때문이다.

일반적으로 정의되는 순서도의 역할은 다음과 같다.

1. 프로그램 코딩(coding)을 위한 기본 자료가 된다.
2. 순서도는 문서로서 역할을 한다.
3. 순서도는 디버깅(debugging)이 용이하다.
4. 프로그램 보관할 때 중요한 자료가 된다.

일반적으로 자주 사용되는 순서도 기호의 사용 예는 그림 1-6과 같다.

기호	의미	기능
	단자(Terminal)	순서도의 시작과 끝을 표시함
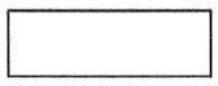	처리(Process)	연산 및 데이터 처리를 표시함
	판단(Decision)	조건을 비교하여 조건에 따라 작업 진행
	입력(Input)	키보드를 이용한 데이터의 입력
	흐름선	처리의 흐름과 기호 연결
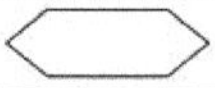	준비	변수 및 변수의 초기값 선언
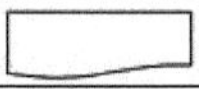	출력(Output)	원하는 데이터 출력
	연결자(Connector)	다른 곳으로 연결

그림 1-6 순서도의 기호와 기능

알고리즘문제

국어, 영어, 수학 점수에 대하여 총점과 평균을 구하라.

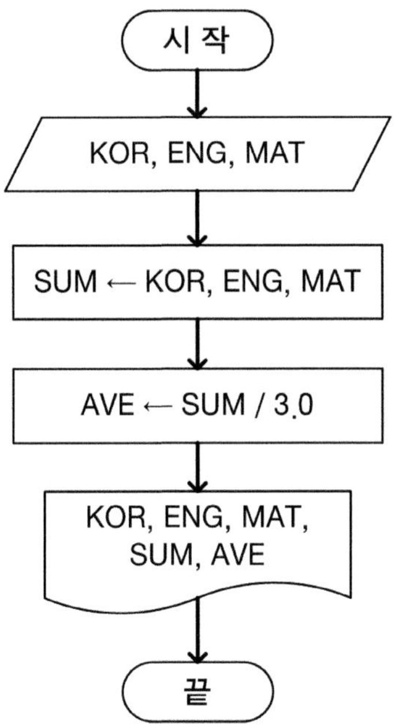

그림 1-7 작성된 순서도

순서도에 대한 설명

제시된 문제에서 특별히 입력 데이터에 대한 언급이 없어도 알고리즘을 작성하기 위해서는 제시된 문제를 분석하여 문제 해결을 위한 입력 데이터를 찾아내야 한다. 그리고 각각의 데이터들은 해당 데이터가 저장될 기억 공간을 가상으로 준비하고, 준비된 기억 공간을 서로 구분하기 위하여 임의의 이름을 명명한다. 제시된 문제가 국어, 영어, 수학 점수에 대하여 총점과 평균을 구하라는 것이므로 우리는 역으로 생각하여 평균을 구하려면 총점이 필요하다는 것을 알 수 있고, 총점을 구하려면 합산을 위한 데이터가 필요하다는 것을 알 수 있다. 따라서 제시된 문제에서 국어, 영어, 수학 점수(KOR, ENG, MAT)는 입력 데이터가 되고, 데이터가 입력되면 입력된 데이터인 KOR, ENG, MAT를 더해서 총점(SUM)을 계산할 수 있고, 그리고 총점이 계산되면 총점을 과목수로 나누어 평균(AVE)을 계산하고, 평균이 계산되면 계산된 결과를 출력하면 제시된 문제를 해결할 수 있다. 우리는 이러한 검토에 의해 그림 1-7과 같은 순서도를 생성할 수 있다.

[1.4] 프로그램을 개발하기 위한 과정

우리에게 주어진 하나의 문제를 해결하기 위해서 한 번에 모든 것을 해결하려고 하면 아마도 결과를 얻을 수 없을지도 모른다. 우리에게 주어지는 문제들은 많은 처리 절차를 요구하는 것들이 대부분이다. 그러므로 문제가 주어지면 문제를 분할하여 분할된 단계별로 하나씩 해결하면서 전체 문제를 해결해 가는 방법을 사용한다. 이러한 방법으로 문제를 해결하는 방법을 익히면 나중에는 아무리 커다란 문제도 아주 손쉽게 해결하고 프로그램을 작성할 수 있다.

여기에서 가장 중요한 요소는 제시된 문제를 분명히 파악해야 한다. 일단 제시된 문제를 파악하고 나면 문제를 해결하기 위한 절차를 세울 수 있다. 문제를 해결하기 위한 절차가 완성되면 실제로 필요한 작업을 수행할 수 있다. 마지막으로, 정의된 작업 절차에 따라 필요한 작업을 수행하고 나면 문제가 바르게 해결되었는지 확인해 보고 문제가 있다고 생각되면 다시 처음부터 검토하여 문제를 발생시킨 부분을 찾아내고 수정한 후 다시 작업을 진행하는 과정을 반복한다.

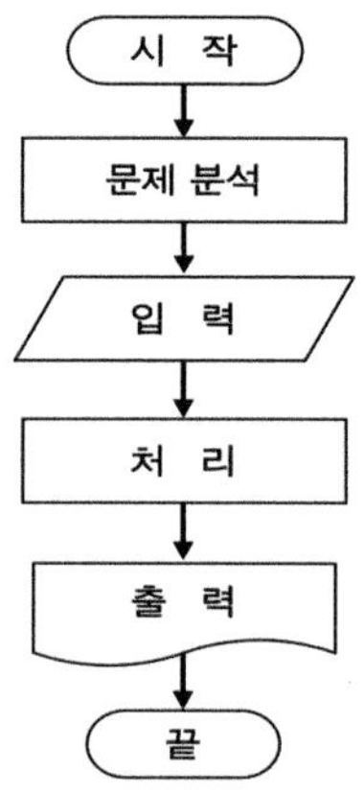

그림 1-8 문제 해결을 위한 과정

우선 문제가 제시되면 제시된 문제를 분석하여 작업 처리를 위해 필요한 입력 데이터가 무엇인지 파악하고, 작업 처리 결과로 발생되는 출력 데이터가 무엇인지를 검토한다. 마지막으로 입력 데이터를 가지고 출력 데이터를 얻기 위하여 어떠한 처리 과정을 수행해야 되는지를 검토한다. 그리고 처리 과정은 원하는 작업 처리 결과를 얻기 위하여 어떤 작업들을 처리할 것인가를 검토한다. 만약 처리 과정이 복잡한 경우는 처리 과정을 분할하여 분할된 단계별로 하나씩 해결하면서 전체 문제를 해결해 가는 방법을 사용한다. 이러한 방법으로 하나씩 하나씩 습득하면 나중에는 자연스럽게 작업 과정이 머릿속에서 연상이 될 것이다. 이러한 작업 과정을 알고리즘이라고 정의한다.

프로그램을 개발하는 절차는 생각하는 것보다 매우 복잡하고, 때로는 섬세한 과정이라고 할 수 있다. 일반적으로 업무에서 개발되는 프로그램들은 그 규모가 매우 크고, 방대하기 때문에 프로그램 작성을 위한 전처리 작업은 반드시 필요하다. 일반적으로 규모가 크고, 방대한 업무에 대한 프로그램 개발뿐만 아니라 학교에서 실습용 프로그램을 작성하는 경우는 다음과 같은 절차에 의해 프로그램을 개발하는 것이 일반적이다.

먼저 프로그램 작성에 대한 문제가 제시되면 제시된 문제를 분석하여 문제의 요구 사항을 인지하고, 분석된 요구 사항을 기반으로 처리 절차에 대한 알고리즘을 작성한다. 그리고 작성된 알고리즘을 하나씩 작업의 흐름에 따라 프로그램 언어의 명령어를 사용하여 프로그램을 작성하는 코딩 작업을 수행하여 프로그램을 작성하고, 작성된 프로그램은 컴퓨터에서 실행할 수 있게 컴파일과 링크 작업을 수행하고, 그리고 마지막으로 프로그램을 실행시키면 된다. 이때 실행 프로그램에서 에러가 발생하면 이전 단계를 검토하여 에러를 찾아서 수정하는 디버깅(debugging) 단계를 거치고 다시 프로그램을 실행시키는 과정을 반복하여 원하는 결과가 나타나면 제대로 된 프로그램이 완성되는 것이다. 그리고 완성된 프로그램은 보관하여 사용하고 환경이 변하면 프로그램을 다시 수정하는 유지 보수 작업을 수행하여 프로그램을 수정하면 된다.

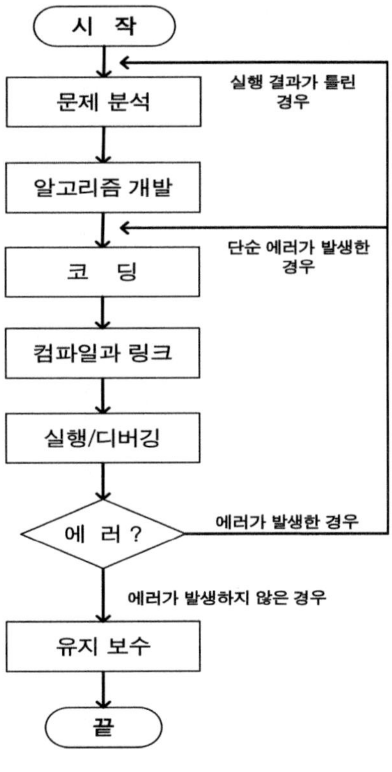

그림 1-9 프로그램 개발 절차

문제 분석(Requirements analysis)은 알고리즘을 작성하기 전에 제시된 문제에서 문제 해결을 위해 필요한 데이터가 무엇인지를 파악하고, 작업 처리 후 생성되는 출력 데이터를 검토한 후, 입력 데이터를 가지고 출력 데이터를 어떤 방식으로 처리할 것인가를 검토하는 과정이다. 문제 분석은 제시된 문제에 대한 프로그램을 개발의 성공에 결정적인 요소이다.

알고리즘 개발은 앞에서도 설명한 것처럼 프로그램 개발에 있어서 가장 중요하고 핵심적인 과정이다. 제시된 문제에 대하여 어떠한 절차로 작업을 수행하여 원하는 결과를 나타낼 것인가를 설계하는 과정이다. 알고리즘 작성 방법은 자연어, 의사 코드, 순서도가 존재하는데 우리는 순서도를 자주 사용하여 알고리즘을 작성하기로 한다.

코딩(Coding)은 컴퓨터 프로그래밍(computer programming) 또는 프로그래밍이라고도 부르며, 작성된 알고리즘의 각각의 단계를 특정한 프로그래밍 언어를 이용하여 구체적이고 명확한 컴퓨터 프로그램 명령어를 사용하여 변환하는 기술을 말한다. 작성된 알고리즘에 대해 프로그램 코딩을 위해서는 제일 먼저 코딩에 사용할 프로그래밍 언어를 선택해야 한다. 코딩에 사용되는 언어는 C, PASCAL, JAVA, C++ 등등 다양하다. 코딩 과정에 의해 완성된 프로그램을 소스 프로그램(source program)이라고 하며, 소스 프로그램은 컴퓨터에 설치된 메모장과 같은 텍스트 문서 편집기(text editor) 또는 통합 개발 환경을 사용하여 프로그램을 작성한다.

[1.5] 프로그램의 작성과 실행 과정

프로그램 개발 과정은 이전에 언급한 것처럼 몇 가지 단계별로 나눌 수 있다. 프로그램 개발 작업에서 작성된 알고리즘에 대해 필요한 단계는 소스 코드(Source code) 작성, 소스 코드 컴파일(compile), 링크(link) 과정, 마지막으로 프로그램 실행 순으로 작업을 진행하면 된다.

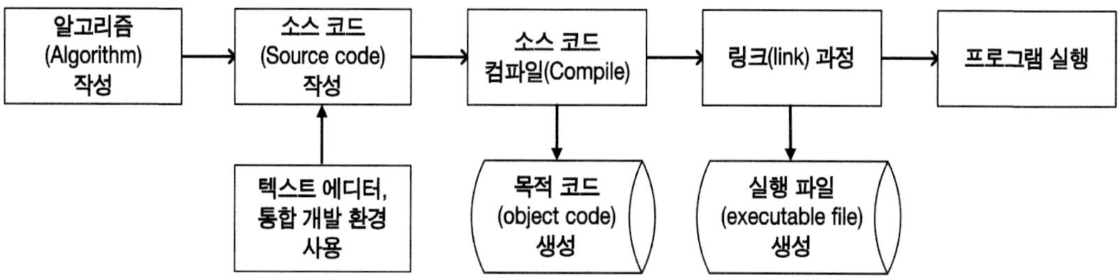

그림 1-10 프로그램의 개발 과정

우선, 첫 번째 단계는 알고리즘을 작성하고, 작성된 알고리즘에 대해 텍스트 에디터 또는 통합 개발 환경을 사용하여 소스 코드(Source code)를 작성하여 디스크 파일로 저장한다. 두 번째 단계는 목적 코드(object code)를 생성하기 위해서 소스 코드를 컴파일(compile)한다. 세 번째 단계는 실행 파일(executable file)을 생성하기 위해서 컴파일 된 목적 코드에 대해 링크(link) 과정을 수행한다. 마지막으로 네 번째 단계는 작성된 프로그램이 정상적으로 동작하는지 확인하기 위해서 프로그램을 실행한다.

① 소스 코드의 입력

프로그램 개발 과정의 첫 번째 단계는 소스 코드를 입력하는 것이다. 소스 코드는 프로그래머가 제시된 문제에 대한 작업을 컴퓨터가 수행하도록 지시하기 위하여 사용되는 일련의 명령문(statements)이나 명령(commands)이다. 소스 코드는 텍스트 에디터 또는 통합 개발 환경의 에디터를 사용하여 소스 코드를 입력할 수 있다. 예를 들어, 다음과 같이 C 언어로 소스 코드를 입력할 수 있다.

```
printf("Hello, Kim Yong Tae!");
```

소스 코드를 입력하고 디스크에 파일로 저장할 때에는 적절한 파일 이름을 지정해야 한다. 파일의 이름은 프로그램을 설명하는 의미 있는 단어를 사용하는 것이 바람직하다. 여기에서 C 프로그램의 소스 파일을 저장할 때에는 확장자로 .c를 사용해야 한다.

② 소스 코드의 컴파일

C 언어로 작성된 프로그램이 컴퓨터에서 실행되기 위해서는 우선 입력된 소스 코드를 기계어로 번역하는 과정이 필요하다. 소스 코드를 기계어로 번역하는 작업은 컴파일러라는 시스템 프로그램에 의해서 수행된다. 컴파일러에 의해서 생성되는 기계어 명령문을 목적 코드(object code)라고 하며, 목적 코드는 디스크에 하나의 파일로 저장되며, 소스 파일과 동일한 이름을 가지며, 확장자는 .c가 아니라 .obj라는 확장자를 가지고 있다. 확장자가 obj 확장자를 가지는 파일은 다음의 링크 과정에서 사용된다.

그리고 소스 코드를 컴파일하면 오류가 발생하는데 이때 발생하는 오류는 프로그램 명령어 입력이 정확하지 않아서 발생되는 오류로써 구문 오류(Syntax error) 또는 문법 오류라고도 한다. 따라서 소스 코드를 정확한 명령어로 수정하면 다음부터는 해당 명령어에 대한 컴파일 오류는 발생하지 않는다.

③ 링크 작업

일반적으로 작성된 프로그램에서는 printf(), sin(), cos(), tan()와 같은 라이브러리 함수(library function, 내장 함수)를 사용하여 프로그램을 작성하게 된다. 프로그램 작성에서 라이브러리 함수를 전혀 사용하지 않는 경우는 거의 없으며, 만약에 라이브러리 함수를 사용하는 프로그램을 작성하면 소스 코드는 라이브러리 함수를 제외하고 컴파일 과정을 수행하고 오브젝트 파일은 만든다.

따라서 실행 가능한 프로그램을 생성하기 위해서는 라이브러리 함수에 해당하는 오브젝트 코드와 결합되는 링크 과정이 수행되어야 프로그램을 실행할 수 있다. C 컴파일러는 오브젝트 코드를 가지고 있는 다양한 라이브러리 함수가 제공된다. 링크(link) 과정이 완료되면 확장자가 .exe인 하나의 파일이 생성된다.

④ 프로그램의 실행

하나의 프로그램이 작성되어 컴파일 과정을 수행하고, 실행 파일 생성을 위한 링크 과정을 수행하면, 사용자는 작성한 프로그램을 컴퓨터에서 실행할 수 있다. 만약 프로그램을 실행할 때 예상했던 것과 다른 결과가 나타난다면, 알고리즘 작성이 잘못된 것이므로 이렇게 발생된 오류를 논리적 오류(logic error) 또는 실행 오류라고 한다. 실행 오류가 발생하면 프로그램 작성자는 문제가 발생한 부분을 확인하고, 소스 코드를 문제가 해결될 수 있도록 수정해야 한다. 소스 코드의 내용이 변경된 경우에는 반드시 프로그램을 다시 컴파일하고 링크할 필요가 있다. 이런 과정을 예상했던 결과가 나타날 때까지 반복 수행하면 제시된 문제를 해결할 수 있다.

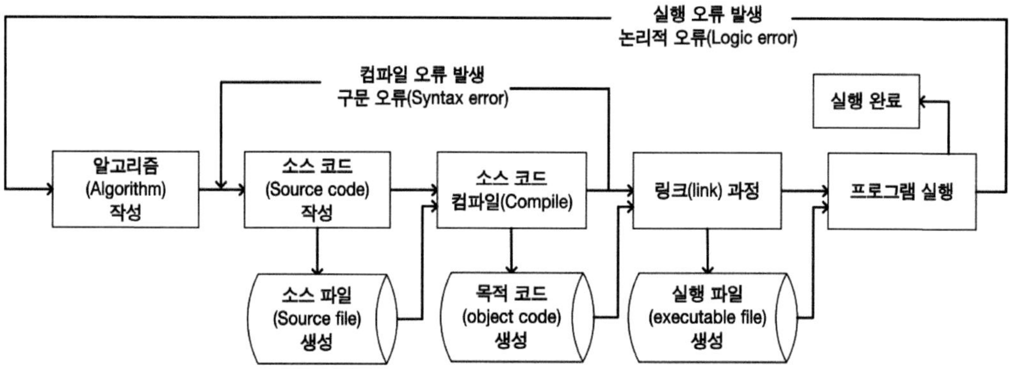

그림 1-11 프로그램의 실행 과정

그밖에도 컴퓨터에서 작업을 수행하다 보면 여러 가지 오류가 발생되는데 아래의 표 1-1에 발생되는 오류를 정리하였다.

표 1-1 프로그래밍 에러의 종류

오류 명칭	오류가 발생하는 경우	오류 발생 예
구문 오류 (syntax error)	컴파일 과정에 발생하는 문법적 오류	세미콜론, 괄호 빠짐, 같은 변수 중복 선언, 선언하지 않은 변수 사용하기

오류 명칭	오류가 발생하는 경우	오류 발생 예
의미적 오류 (semantic error)	명령어 문법에서는 오류가 없지만 명령어 실행이 불가능 한 경우	num="happy"+300;
링크 과정 오류 (linking error)	링크 도중 발생하는 오류	num=result(n1, n2)에서 result 함수가 없는 경우
런 타임 오류 (run-time error)	프로그램 실행시 발생하는 오류	divide by zero 또는 array out of bound
논리적 오류 (logic error)	알고리즘이 잘못되어 원하는 답이 나오지 않았을 경우	1부터 10까지 합계가 66인 경우

[1.6] 비주얼 C++ 환경에서 C 프로그램 작성 방법

통합 개발 환경(IDE: Integrated Development Environment)은 코딩, 디버그, 컴파일, 배포 등 프로그램 개발에 관련된 모든 작업을 하나의 프로그램 안에서 처리하는 환경을 제공하는 소프트웨어이다. 다시 말해서 에디터, 컴파일러, 디버그 등과 같이 우리가 프로그래밍 과정에서 필요한 툴(tool)이 하나의 인터페이스(interface)로 통합되어 사용 가능한 환경을 말한다. 예전에는 소프트웨어 개발 과정에서 컴파일러, 텍스트 편집기, 디버거 등을 독립적으로 사용했지만, 오늘날에는 이러한 모든 기능들을 통합하여 하나의 프로그램으로 구성하고, 대화형 인터페이스 기능을 제공하는 것이 통합 개발 환경이다.

통합 개발 환경을 이용하여 소스 코드 작성, 컴파일, 링크의 세 가지 작업을 한 번에 작업이 가능하므로 프로그램 작성이 쉽고, 프로그래머의 생산성이 향상된다. 통합 개발 환경은 윈도우즈 환경과 유닉스 환경에 따라 각각 독립적으로 존재하며, 비주얼 C++뿐만 아니라 마이크로소프트의 여러 개발 언어를 동시에 지원하는 복합 개발 환경이다. 일반적인 통합 개발 환경의 도구로는 마이크로소프트 비주얼 스튜디오(Microsoft), 자바 통합 개발 환경 JDK(Java development kit), 이클립스(Eclipse) 등이 존재한다.

1.6.1 비주얼 C++ 6.0의 실행 방법

일반적으로 비주얼 C++ 6.0 프로그램을 실행하기 위해서는 2가지 방법이 있다. 첫 번째는 바탕화면에서 비주얼 C++ 6.0 아이콘을 찾아서 더블 클릭하면 마이크로 소프트 비주얼 C++ 6.0 화면이 나타난다. 두 번째 방법은 컴퓨터 화면 하단의 작업 표시줄에 있는 시작 아이콘을 클릭하면 프로그램 목록이 나타나는데, 그중에서 마이크로 소프트 비주얼 C++ 6.0을 클릭하면 마찬가지로 마이크로 소프트 비주얼 C++ 6.0이 수행된다.

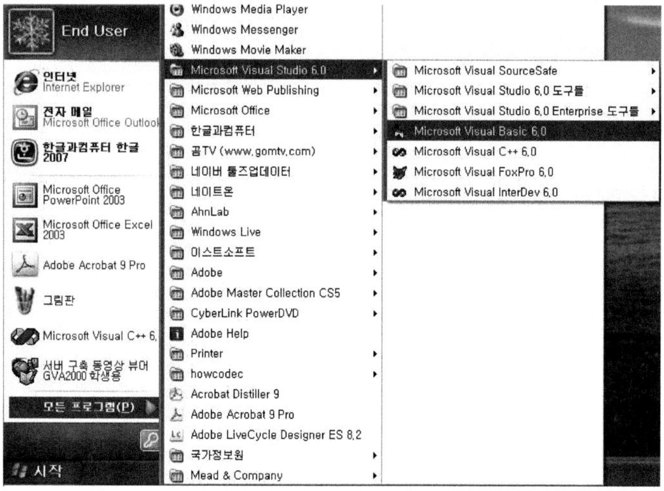

그림 1-12 비주얼 C++ 6.0 수행을 위한 과정

비주얼 C++ 6.0이 수행되면 그림 1-13과 같은 창이 화면에 나타나고, Tip of the Day라는 대화 상자가 나타난다. 화면에 나타난 대화 상자는 프로그램 작성에 필요한 여러 가지 정보를 단계별로 설명해 준다. 만약에 여러분이 비주얼 C++ 6.0에서 제공하는 팁을 읽어 보고자 할 때는 [Next Tip]을 클릭하면서 다음 화면에 나타나는 정보를 읽을 수 있고, 제공하는 팁을 읽지 않고 바로 프로그램 작성 작업으로 이동을 원하는 경우는 [Close]를 클릭하면 된다.

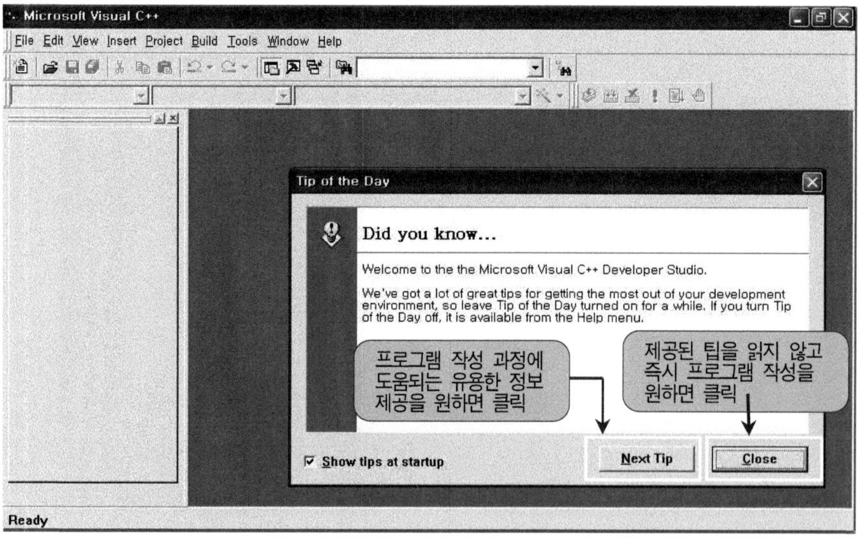

그림 1-13 비주얼 C++ 6.0 실행 초기 화면

1.6.2 비주얼 C++6.0 환경에서 프로그램 작성 방법

비주얼 C++ 6.0을 사용하여 프로그램을 작성하기 위해서는 다음의 2가지 용어에 대하여 충분한 이해가 필요하다.

- 프로젝트(Project)
- 워크스페이스(Workspace)

프로젝트(Project)는 제시된 문제를 해결하기 위한 실행 파일을 만들기 위해서 필요한 여러 파일들을 하나로 묶어 놓은 것을 말한다. 프로젝트를 만드는 방법은 비주얼 C++의 마법사 기능을 이용하거나, 일단 비어있는 프로젝트를 만들고 추후에 필요한 파일을 만들어 생성된 프로젝트에 넣는 방법도 있다. 따라서 프로그램을 만들기 전에는 반드시 먼저 프로젝트 파일을 만드는 작업이 이루어져야 하고, 그리고 생성된 프로젝트 파일 안에 소스 파일을 만드는 작업 순으로 이루어져야 한다.

워크스페이스(Workspace)는 프로그램 작성을 위한 작업 공간이다. 그러므로 작업 공간에는 여러 개의 프로젝트가 존재할 수 있다. 프로그램 작성을 위한 기본적인 워크스페이스는 비주얼 C++ 6.0 프로그램을 실행시키면 자동으로 생성된다. 프로그램 작성을 위해서 프로젝트와 워크스페이스 생성 과정은 다음과 같다.

1. File 메뉴를 클릭한다.
2. 화면에 나타난 File 메뉴 항목에서 [New]를 선택하면 New 대화상자가 나타난다.
3. 먼저 그림 1-14에서 ①번처럼 [Project] 탭을 클릭하고 ②번처럼 Win32 Console Application을 선택한다. Win32 Console Application을 선택한 것은 콘솔을 이용하여 문자 기반으로 입출력을 하는 응용 프로그램을 만들겠다는 의미이다.
4. ③번처럼 Project Name 필드에 사용자가 정의한 프로젝트 이름을 입력한다.
5. Location: 필드의 ④번처럼 .... 버튼을 클릭하여 소스 파일이 저장될 폴더를 ⑤번처럼 선택한다. 만약에 새로운 폴더에 소스 파일을 저장하기를 원할 때에는 작업 전에 미리 원하는 폴더를 만들어 놓아야 한다.
6. 프로젝트 이름을 입력하고, 소스 파일이 저장될 폴더를 선택하였으면 ⑥번처럼 OK 버튼을 클릭한다.

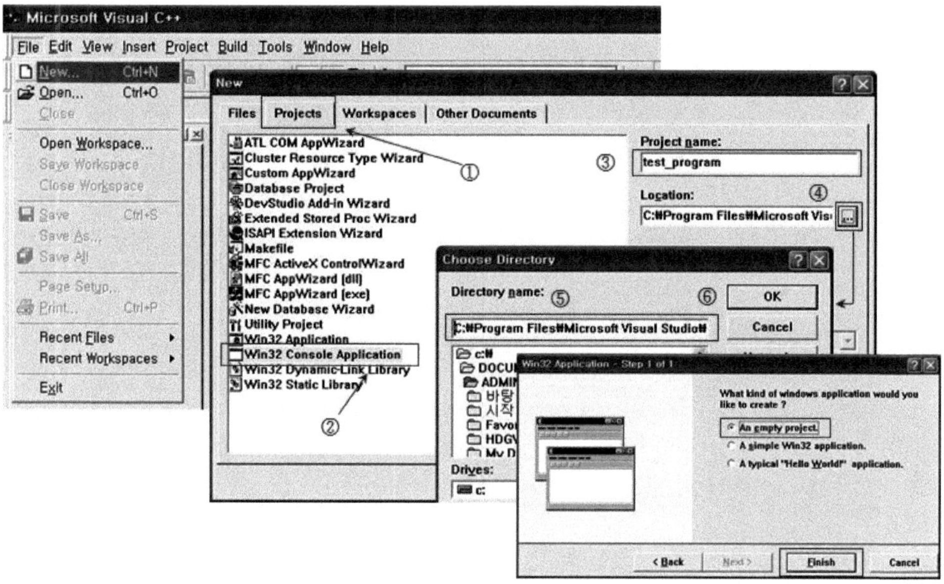

그림 1-14 비주얼 C++6.0 환경에서 File 메뉴를 클릭

위의 그림에서 보는 것처럼 File 메뉴를 클릭하면 메뉴 항목이 나타나는데, 나타난 메뉴 항목에서 [New]를 선택하여 클릭하면 New 대화상자가 나타난다.

New 대화상자에서 ③번처럼 test_program이라는 프로젝트 이름을 입력한다. 프로젝트 이름은 사용자가 자기 임의대로 설정하여 입력하면 된다. 그리고 저장 폴더를 선택하고, OK 버튼을 클릭하면 WIN32 application 화면이 나타난다.

WIN32 application 화면에서 보는 것처럼 여러 가지의 선택 사항이 나타나는데 그중에서 An empty project를 선택한다. An empty project의 의미에서 알 수 있는 것처럼 아무것도 들어 있지 않은 빈 프로젝트를 생성하겠다는 것이다. A simple WIN32 application을 선택하면 C++ 프로그램이 작성된다. 우리가 작성하려는 프로그램은 C 이므로 선택하면 안 된다.

지금까지 우리는 이러한 작업 절차를 거쳐서 새로운 프로젝트와 워크스테이션을 생성하였다. 다음으로 진행해야 되는 작업은 소스 파일을 생성하는 절차를 수행하면 된다.

1.6.3 소스 파일 생성 방법

새로운 프로젝트와 워크스테이션을 생성하였으면 다음으로 수행할 작업은 소스 파일을 생성하는 것이다. 소스 파일을 생성하는 절차는 이전에 설명한 프로젝트와 워크스페이스 생성 과정과 유사하다. 소스 파일을 생성하는 절차는 다음과 같다.

1 File 메뉴를 클릭한다.

2 화면에 나타난 File 메뉴 항목에서 [New]를 선택하면 New 대화상자가 나타난다.

3 먼저 그림 1-15에서 ①번처럼 [Files] 탭을 클릭하고 ②번처럼 C++ Source File을 선택한다. C++ Source File을 선택하였지만, 다음 단계에서 파일 이름을 C로 정의하면 C++이 아닌 C 프로그램을 작성할 수 있다.

4 ③번처럼 File 필드에 사용자가 정의한 파일 이름을 입력한다. 이때 파일 이름의 확장자는 반드시 .c로 한다. 만약에 확장자를 지정하지 않으면 자동으로 .cpp로 저장되고, 기본적으로 C++ 소스 파일이 생성된다.

5 ④번처럼 Location: 필드는 프로젝트와 워크스페이스 생성 과정과 동일하다.

6 모든 과정이 완료되었으면 ⑤번처럼 OK 버튼을 클릭한다.

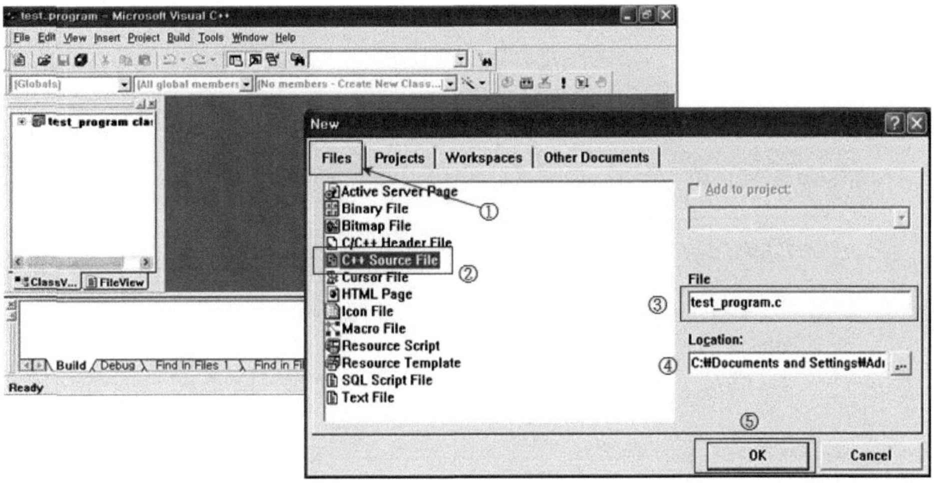

그림 1-15 소스 파일 생성 방법

File 메뉴를 클릭하고, C++ Source File을 선택하고, 작성할 소스 파일의 파일 이름을 입력하고 OK 버튼을 클릭하면 다음과 같은 화면이 나타난다. 여기에서 주의할 사항은 위에 있는 그림 ③번처럼 파일 이름의 확장자는 반드시 .c로 한다.

1.6.4 프로그램의 입력 절차

프로젝트와 워크스페이스를 생성하는 절차를 완료하고, 소스 파일을 생성하는 절차를 완성하면 소스 프로그램 입력을 위한 몇 가지 절차가 필요하다. 우선 화면에 나타난 창에서 왼쪽 윈도우의

하단에 클래스 뷰(ClassView) 탭과 파일 뷰(FileView) 탭 그리고 리소스 뷰(ResourceView)탭이 존재하는 것을 알 수 있다. 클래스 뷰(Class View)는 소스 코드를 C++ 클래스 수준에서 조작할 수 있게 하고, 파일 뷰(File View)는 애플리케이션 프로그램을 작성하기 위해 필요한 모든 파일을 검색할 수 있게 하고, 그리고 리소스 뷰(Resource View)는 애플리케이션에서 사용할 수 있는 다이얼로그 박스, 아이콘, 메뉴 등과 같이 다양한 리소스를 검색하여 편집할 수 있도록 한다.

세가지의 탭 중에서 FileView 탭을 클릭하면 왼쪽 윈도우의 상단에 Source Files, Header Files, Resource Files이라는 세가지 폴더가 존재한다. Source Files 폴더는 이전에 생성한 소스 파일이 저장되는 폴더이다. Source Files 폴더 왼쪽의 + 기호를 클릭하면 해당 폴더가 열리면서 예제로 생성한 test_program.c라는 파일 이름이 나타난다. 마지막으로 소스 프로그램을 입력하기 위해서 test_program.c라는 파일 이름을 더블 클릭하면 test_program.c 파일이 오픈되고, 소스 프로그램을 입력할 수 있게 프로그램 에디터가 실행되고, 오른쪽 화면이 열리면서 프로그램 입력을 가능하게 한다. 지금부터는 여러분이 작성한 프로그램을 입력하고 수정하면서 완성할 수 있다.

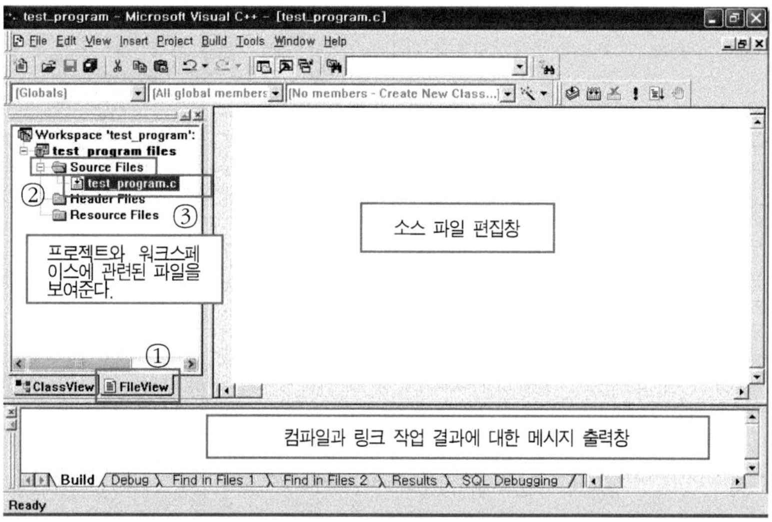

그림 1-16 프로그램 입력 화면

위의 그림에서 보여주는 것처럼 비주얼 C++ 6.0의 작업 화면은 세 가지의 창으로 구성되어 있다. 왼쪽의 작업창은 프로젝트와 워크스페이스에 관련된 창이고, 오른쪽의 작업창은 소스 파일 편집창이고, 그리고 하단의 작업창은 컴파일과 링크 작업 결과에 대한 메시지 출력창이다. 프로젝트와 워크스페이스에 관한 창은 현재의 프로젝트를 구성하고 있는 여러 프로그램들을 일관성 있게 보여주는 역할을 하며, 일반적으로 클래스 뷰(ClassView) 탭과 파일 뷰(FileView) 탭 그리고 리소스 뷰(ResourceView)탭 등과 같이 세가지 뷰를 가지고 있다.

소스 파일 편집창에 소스 프로그램을 입력할 때 C 언어에서는 영어의 대문자와 소문자를 구별하여 다른 글자로 인식하므로 정확하게 입력이 이루어져야 하고, 문장의 띄어쓰기도 분명하게 입력하여야 한다. 소스 프로그램을 입력하는 과정에서 틀리게 입력하는 경우가 발생한다. 프로그램 입력 과정이 정확해야 하는 이유는 소스 프로그램을 정확하게 입력할 때까지 반복적으로 컴파일 과정을 수행해야 되고 소스 프로그램은 실행할 수 없게 된다. 여러분이 Hello, World 프로그램을 입력을 입력하는 과정에서 소스 파일 편집창을 관심을 가지고 살펴보면 입력한 문장의 단어마다 색상이 다른 것을 볼 수 있다. 화면에 나타나는 단어의 색상은 녹색, 파란색, 검정색 중에서 하나의 색상일 것이다. 만약에 화면에 나타난 색상이 다른 경우는 입력한 문장 또는 단어를 다시 확인하여 틀리게 입력한 부분을 수정해야 한다. 이러한 글자의 색깔 지정은 사용자가 프로그램 입력을 쉽게 할 수 있게 도와주는 또 다른 기능이다.

다음의 그림에서 입력된 예제 프로그램은 'Hello, World!!!!!'라는 문자열을 화면에 출력하는 간단한 프로그램이다. Hello, World 프로그램은 거의 모든 교재에서 C 프로그래밍을 설명할 때 자주 등장하는 아주 간단한 것이다. 그림에 나타난 프로그램을 살펴보면서 C 프로그램의 기본 구조를 이해하길 바란다. 여러분 중에는 빨리 C 언어를 사용하여 프로그램을 작성하고 결과를 보고 싶은 사람은 예제로 설명한 Hello, World 프로그램을 입력하고, 컴파일을 수행하고, 프로그램을 실행시켜 볼 것이다. 프로그램을 실행시키고, 화면에 출력된 결과가 입력한 형태와 결과가 다르다는 것을 알게 될 것이다. 이러한 이유는 printf 명령어를 살펴보면 이해가 된다. printf() 명령어는 괄호안의 문자열을 화면에 출력하라는 명령어이다. 그리고 \n의 의미는 줄을 바꾸라는 의미이다. 이제는 출력 결과가 이해가 될 것이다.

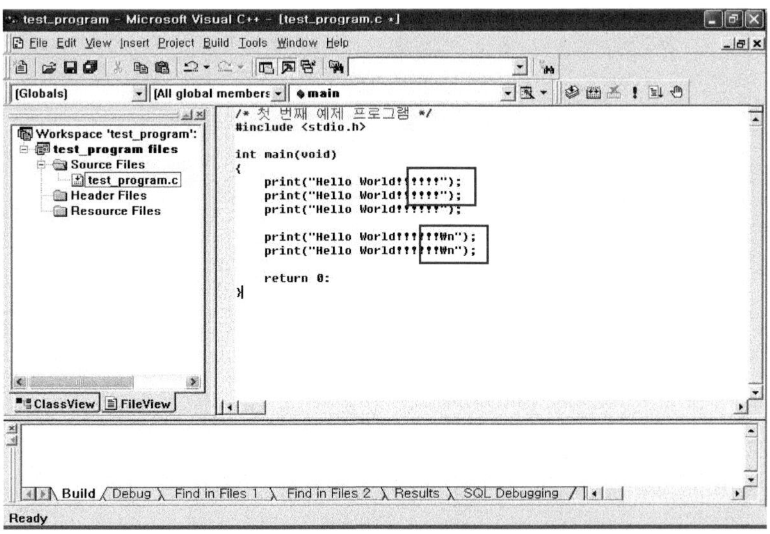

그림 1-17 입력된 예제 프로그램

위의 예제 프로그램에서 \n은 백슬래쉬(Backslash; 역슬래시) n이라고 읽으면 되고, \n은 영어로 Reverse Solidus라고도 한다. 역슬래쉬는 한글 키보드의 \ 기호를 사용하면 되고, 한글 윈도우 화면에는 원화 기호로 출력된다. 그러나 영문 전용 폰트를 사용하면 백슬래시가 정확하게 출력된다.

[1.7] 비주얼 C++ 환경에서 컴파일과 프로그램 실행

① 입력 프로그램의 컴파일 작업

소스 프로그램의 입력이 완료되었으면 입력한 소스 프로그램을 컴퓨터에서 실행하기 위하여 컴파일 작업과 링크 작업을 수행하여야 한다. 컴파일 작업을 위해서는 아래의 그림에서 보는 것처럼 [Build] 메뉴를 클릭하고, 화면에 나타난 [Build] 메뉴 항목에서 [Compile test_program.c]를 선택하여 컴파일을 수행한다. 컴파일 작업이 완료되면 C:\Program Files\Microsoft Visual Studio\MyProjects\test_program\Debug 폴더 안에 test_program.obj 파일이 만들어진다.

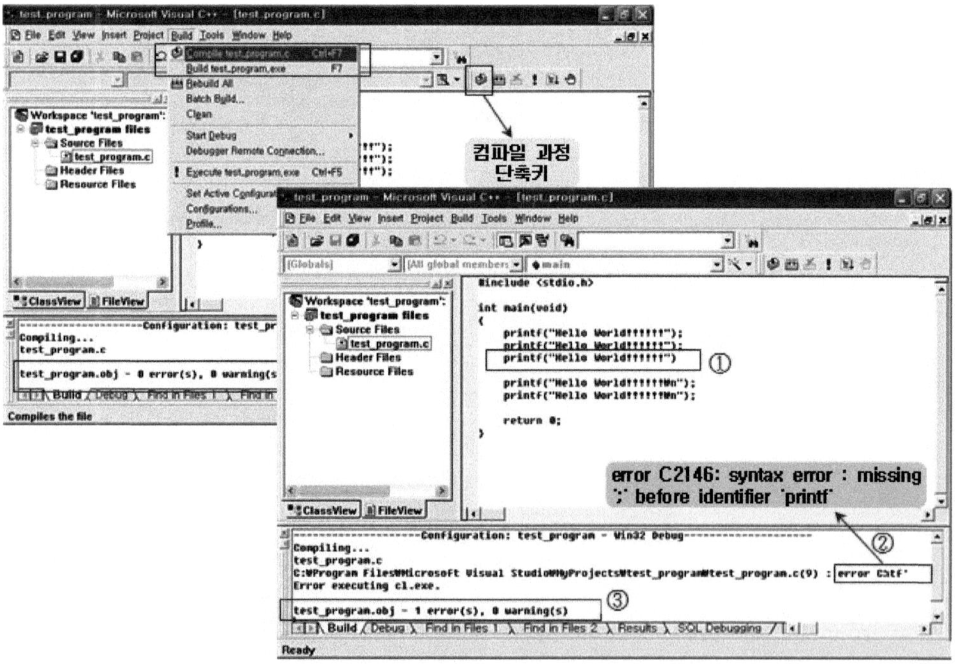

그림 1-18 컴파일 과정을 수행한 화면

위의 그림에서 보는 것처럼 프로그램 컴파일이 실행되고 오류(error)가 없으면 화면 아래의 컴파일과 링크 작업에 대한 메시지 출력창에 그림과 같이 0 error(s), 0 warning(s) 메시지가 나타난다. 위의 화면은 컴파일 작업에서 발생된 오류의 개수가 0개이고, 경고(warning)의 개수가 0개라는 것을 보여준다. 만약에 입력한 소스 프로그램에 오류가 존재한 경우는 오류 개수가 메시지로 나타난다.

② 입력 프로그램의 링크 작업

소스 프로그램을 입력하고 컴파일 작업을 수행하면 모든 명령어가 기계어로 번역되는 것이 아니다. 이전에도 설명하였듯이 사용자의 프로그램 작성의 편리성을 위하여 시스템에서는 printf(), sin(), cos(), tan()와 같은 라이브러리 함수(library function, 내장 함수)를 제공하고 있는데, 프로그램 작성에 사용된 라이브러리 함수는 컴파일 과정에서도 기계어로 번역되지 않고 목적 코드(object code) 또는 목적 파일(object file)이 생성된다. 이렇게 생성된 목적 코드는 아직은 컴퓨터에서 실행이 불가능하다.

그러므로 프로그램에 삽입된 라이브러리 함수를 시스템에 내장된 실행 코드와 연결하는 작업이 필요하다. 링크 작업은 이러한 목적 파일과 실행 코드를 연결하여 실행 파일로 만드는 작업을 링크(link)라고 하며, 링크 작업을 제공해 주는 프로그램을 링커(Linker)라고 한다.

결론적으로 컴파일러(번역기)는 입력된 소스 파일을 부분적으로 컴파일 작업을 수행하여 목적 파일을 *.obj 파일로 생성하는 프로그램이고, 링커는 부분적으로 번역된 목적 파일인 *.obj 파일과 실행 코드를 연결해서 최종적으로 하나의 실행 파일로 생성하는 프로그램을 링커(Linker)라고 한다. 이러한 방법으로 *.obj 파일을 링커 프로그램에 의해 링크시키면 비로소 하나의 실행 파일(executable file)이 생성된다.

과거에는 컴파일 작업과 링크 작업을 각각 수행하였다. 그러나 통합 개발 환경에서는 컴파일 작업과 링크 과정을 하나의 과정으로 연속해서 처리한다. 이전의 화면에서 보는 것처럼 컴파일 작업이 완료되면 마지막으로 수행해야 하는 링크 작업을 수행한다. 링크 작업의 수행 절차는 다음과 같다.

링크 작업의 수행 절차는 아래의 그림에서 보여주는 것처럼 컴파일 작업과 마찬가지로 우선 [Build] 메뉴를 클릭하고, 화면에 나타난 [Build] 메뉴 항목에서 [Compile test_program.c]를 선택하여 컴파일 작업의 수행이 완료되면, 다시 한 번 [Build] 메뉴를 클릭하여 화면에 나타난 메뉴 항목에서 [Build test_program.exe]를 선택하여 링크 작업을 수행한다. 링크 작업의 수행이 완료되면, test_program.exe라는 실행 파일이 만들어진다.

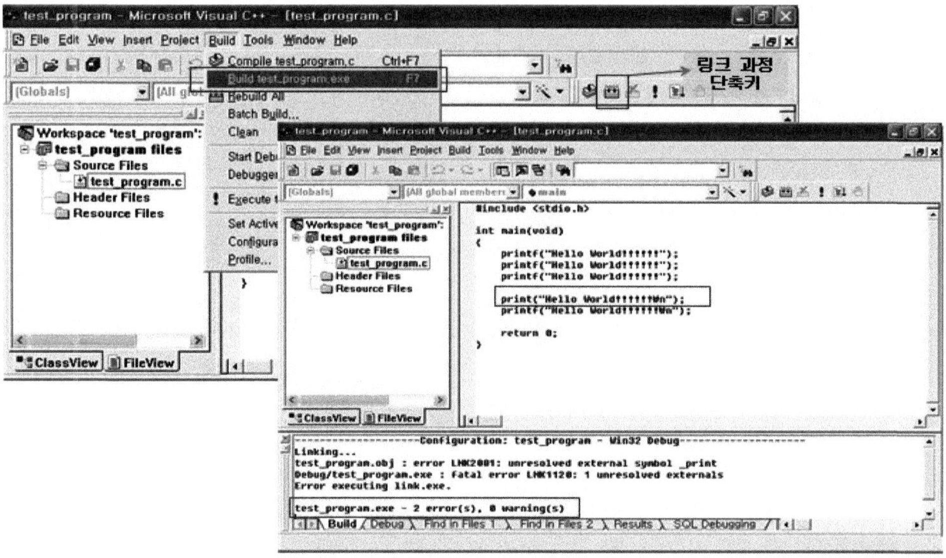

그림 1-19 링크 작업을 수행한 결과 경고(warning) 메시지가 나타난 경우

③ 프로그램의 실행 작업

지금까지 수행한 컴파일 작업과 링크 작업이 오류가 발생되지 않고 완료되었으면 입력된 프로그램의 실행 작업을 수행하면 된다. 입력된 프로그램의 실행 작업은 이전의 작업과 마찬가지로 다음의 그림에서 보여주는 것처럼 [Build] 메뉴의 메뉴 항목에서 [Execute test_program.exe]를 선택하여 프로그램의 실행 작업을 수행한다.

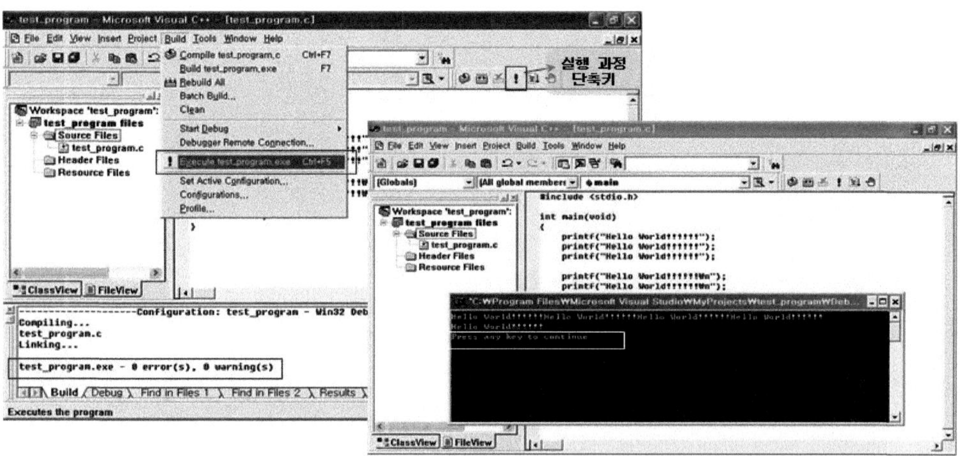

그림 1-20 프로그램의 실행 작업을 수행한 화면

위의 그림에서 보는 것처럼 입력된 프로그램의 실행 작업은 프로그램에 오류가 존재하지 않은 경우에만 수행이 진행된다. 따라서 화면 하단의 메시지 출력창에 오류 개수가 0일 때 [Build] 메뉴를 클릭하여 프로그램 실행 작업을 수행하거나 또는 화면 상단의 오른쪽에 있는 빨간색 느낌표로 나타난 실행 아이콘을 클릭하면 된다. 만약에 프로그램의 실행 오류가 존재하지 않는 경우에 프로그램을 실행시키면 모니터에는 MS-DOS 창이 열리면서 프로그램의 실행 결과가 출력된다. 지금까지 사용한 예제 프로그램이 Hello World!!!!!!라는 메시지를 출력하는 프로그램이므로 출력 결과는 그림 1-20에서 보여주는 것처럼 Hello World!!!!!! 메시지가 출력된다.

연습문제

1) 프로그램의 개념에 대하여 기술하라.

2) 프로그래밍 언어가 빠르게 발전하게 된 배경에 대하여 기술하라.

3) 좋은 프로그래밍 언어들이 가지고 있는 조건에 대하여 기술하라.

4) 저급 언어와 고급 언어의 특징에 대하여 기술하라.

5) 기계어, 어셈블리어, 고급 언어의 개념과 차이점 대하여 기술하라.

6) 프로그래밍 언어의 번역기 대하여 기술하라.

7) 어셈블러(Assembler)의 개념과 작업 절차에 대하여 기술하라.

8) 컴파일러(Compiler)의 개념과 작업 절차에 대하여 기술하라.

9) 컴파일러와 인터프리터의 차이점에 대하여 기술하라.

10) 소스 프로그램과 소스 코드의 차이점에 대하여 기술하라.

11) C 언어의 특징 및 장점에 대하여 기술하라.

12) C, JAVA, C++의 차이점 또는 특징에 대하여 기술하라.

⑬ 우리 주위에서 존재하는 알고리즘을 찾아보고 해당 알고리즘을 기술하라.

⑭ 알고리즘과 프로그램의 차이점에 대하여 기술하라.

⑮ 프로그램을 작성하기 위한 알고리즘이 가져야 하는 조건에 대하여 기술하라.

⑯ 일반적인 알고리즘의 종류와 특징에 대하여 기술하라.

⑰ 자기가 오늘 하루를 보내는 과정을 자연어를 사용하여 알고리즘을 작성하라.

⑱ 코딩(coding)의 개념을 정리하라.

⑲ 일반적으로 다루어지는 프로그램의 개발 절차에 대하여 기술하라.

⑳ 소스 코드(Source code)와 목적 코드(object code)에 대하여 기술하라.

㉑ 소스 코드의 컴파일 작업에 대하여 기술하라.

㉒ 링크(link) 과정에 대하여 기술하라.

㉓ 소스 코드(Source code), 목적 코드(object code), 실행 파일(executable file)의 관계에 대하여 기술하라.

㉔ 구문 오류(Syntax error)와 의미적 오류(semantic error) 그리고 논리적 오류(logic error)에 대하여 기술하라.

㉕ 분할 컴파일에 대하여 기술하라.

㉖ 통합 개발 환경(IDE)의 개념에 대하여 기술하라.

㉗ 비주얼 C++ 6.0에서 사용되는 용어인 프로젝트(Project)와 워크스페이스(Workspace)에 대하여 기술하라.

㉘ 컴파일 작업과 링크 작업에서 발생되는 오류에 대하여 기술하라.

㉙ 전처리기(preprocessor, 선행 처리기)에 대하여 기술하라.

Chapter 02

C 프로그램의 기본적인 구조

제2장 C 프로그램의 기본적인 구조

학습목표

- ▷ C 프로그램을 작성하기 위한 기본적인 요소를 이해한다.
- ▷ 전처리기(Preprocessor, 선행 처리기)의 개념과 프로그램에서의 역할을 이해한다.
- ▷ 함수의 필요성과 함수의 종류 그리고 함수의 처리 과정을 이해한다.
- ▷ 프로그램에서 사용되는 변수의 의미와 컴퓨터에서의 처리 과정을 이해한다.
- ▷ 프로그램 작성에 필요한 수식, 연산문, 입력문과 출력문을 이해한다.
- ▷ 단순한 문제를 가지고 프로그램을 작성하는 과정을 이해한다.

[2.1] C 프로그램의 기본 요소

우리가 C 프로그램을 작성하기 위해서는 프로그램 리스트뿐만 아니라 C 프로그램의 기본적인 구조에 따라 프로그램에 추가되는 몇 가지 기본 요소들이 존재한다. C 프로그램에 추가되는 기본 요소들을 다음의 예제를 가지고 하나씩 설명한다. 다음의 예제는 두 수에 대해 더하기 연산의 결과를 출력하는 프로그램이다.

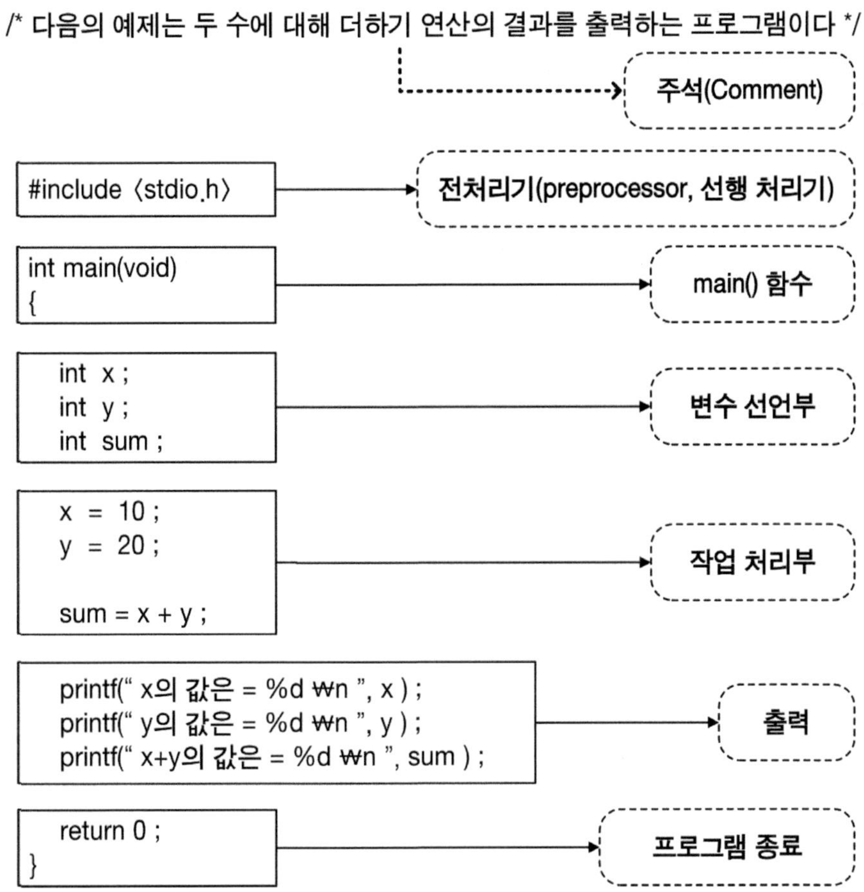

그림 2-1 C 프로그램의 기본 요소를 설명하기 위한 예제 프로그램

위의 그림에서 보여주는 것처럼 C 프로그램에 추가되는 기본 요소들은 주석(Comment), 전처리기(preprocessor, 선행 처리기), main() 함수, 변수 선언부, 작업 처리부, 출력, 프로그램 종료 등을 명시하여야 한다.

2.1.1 주석(Comment)

주석(Comment)은 작성한 프로그램에 대한 설명이나, 메시지 내용을 전달하기 위한 설명문이다. 주석은 컴파일 과정에서 무시되고, 컴퓨터에서 실행되지 않기 때문에 프로그램에 영향을 주지 않는 비실행문이다. 따라서 주석은 프로그램 내에서 필요할 때 자유롭게 사용하면 된다. 주석의 사용 방법은 설명하려는 메시지를 /*와 같은 기호로 시작하고 */로 끝내면 된다.

사용자가 작성한 프로그램의 필요한 곳에 주석을 넣어두면 나중에 프로그램을 다시 살펴보는 경우가 발생할 때 프로그램의 가독성을 좋게 하기 때문에 프로그램 개발 과정에서 많이 지적되는 요소이다. 개발한 프로그램에 주석이 없는 경우는 시간이 지나간 후에 작성된 프로그램을 분석할 때 프로그램을 이해하는 것에 많은 시간이 소모되는 경우가 발생한다.

프로그램을 작성할 때 사용되는 주석의 형태는 한 줄로 작성된 주석 또는 여러 줄로 작성된 주석을 사용자의 취향에 따라 작성할 수 있다. 한 줄로 작성된 주석은 한 라인에 /*와 */ 사이에 필요한 메시지를 기록하면 된다. 여러 줄로 작성된 주석은 기록하는 메시지가 많아서 줄을 바꾸는 경우에 사용된다. 여기에서도 마찬가지로 긴 메시지의 시작과 끝을 /*와 */로 에워싸면 된다. 프로그램에 사용되는 주석의 형태는 다음과 같다.

메시지

한 줄로 작성된 주석의 예 : /* 다음은 국어, 영어, 수학의 합을 계산하는 부분 */

주석의 시작과 끝을 나타냄

여러 줄로 작성된 주석의 예 : /* C 프로그래밍 리포트
학번 20120312
이름 : 한 예 슬 */

다른 형태로 작성된 주석의 예 : // C 프로그래밍 리포트
// 학번 20120313
// 이름 : 김 태 희

그림 2-2 다양한 형태로 작성된 주석의 예

위의 그림에서 보는 것처럼 한 줄로 작성된 주석은 슬래쉬(slash, /) 2개를 연속으로 표시하고 이어서 메시지를 기록하면 된다. 슬래쉬 2개를 연속으로 표시하면 해당 라인 마지막까지를 주석으로 간주한다.

[2.2] 전처리기(Preprocessor, 선행 처리기)

전처리기, Preprocessor는 컴퓨터에서 작업 처리를 하는 프로그램의 조건에 맞추기 위해서 프로그램을 실행하기 이전에 수행하는 사전 처리 프로그램이다. 프로그램의 실행에 필요한 전처리기들은 일반적으로 작성된 프로그램의 처음 부분인 앞 부분에 나열한다. 프로그램의 앞 부분에 나열되는 모든 전처리기는 전처리기를 의미하는 지시어를 사용하여 나타내면 된다. 전처리기 지시어는 # 기호로 나타내며, # 기호로 시작하는 전처리기 이름을 나열하면 된다. 다음의 그림 2-3은 전처리기를 나타내는 가장 일반적인 보기를 나타낸다.

```
#include <stdio.h>
```

그림 2-3 전처리기의 대표적인 명령어

그림 2-3에서 보는 것처럼 모든 전처리기는 해당 문장의 1열에서부터 # 기호로 시작하는 문장을 나타내면 된다. 전처리기는 단어가 의미하는 것과 같이 컴파일 작업을 수행하기 이전에 처리되어야 할 작업 처리 과정을 의미하는 컴파일 명령문이다. 그리고 #include 명령문은 C 언어 소스 프로그램에서 빠질 수 없는 아주 기본적인 명령문이다. #include 명령문은 명령문이 위치한 자리에 외부의 특정 파일을 가져와 소스 프로그램 안에 포함시키라는 명령어이다. #include를 사용하지 않고 프로그램을 작성할 수도 있지만, #include를 사용하지 않는 경우는 필요한 모든 부분을 프로그래머가 직접 코딩해야한다.

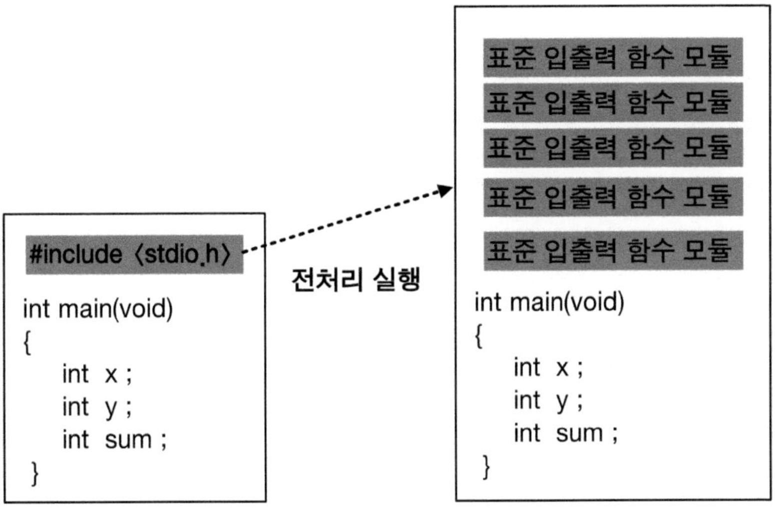

그림 2-4 전처리기의 실행 이후 소스 프로그램의 변화

위의 그림에 나타나 있는 #include 〈stdio.h〉는 헤더 파일과 같은 외부 파일을 읽어서 전처리기 지시어가 있는 문장에 포함시키라는 의미이다. 〈 〉 기호를 사용하면 표준 헤더 파일 폴더에서 검색하여 포함시키고, 같은 폴더인 경우는 " " 기호를 사용한다. 그러나 〈 〉 기호, 또는 " " 기호 중에서 어느 것은 사용해도 무관한데, 이는 해당 폴더를 검색하여 원하는 파일이 존재하지 않으면 다른 폴더를 계속 검색하므로 어떻게 사용하든지 상관없다.

이러한 방식으로 소스 프로그램 안에 포함되는 외부의 특정 파일을 헤더 파일(header file)이라고 부르며, 일반적으로 소스 프로그램의 시작 부분에 포함되며, #include는 헤더 파일과 같은 외부 파일을 가져와서 포함시키고자 할 때 사용된다. 이때 가져오는 파일은 이진 파일(binary file)이 아닌 C의 소스 파일과 같은 형태의 일반 문서 파일이다. 마지막으로 헤더 파일에는 소스 프로그램이 실행할 때 필요로 하는 정보들이 포함되어 있으며, 문장의 마지막에는 세미콜론을 붙이지 않는다.

stdio.h는 헤더 파일이며, 표준 입출력 함수에 대한 정보를 포함하고 있다. C 언어에서 printf()와 같은 입출력 명령어는 표준 입출력 라이브러리(Standard Input and Output Library)를 이용해서 수행된다. 따라서 printf()와 같은 명령어는 실제로 실행하기 전에 stdio.h라는 헤더 파일을 포함시켜야 한다.

C 언어에서 정의되는 전처리기 지시어는 #include 이외에도 #define, #undef, #if ~ #endif, #ifdef ~ #endif 등등 다양하게 존재한다.

[2.3] 함수(Function)

최근의 모든 프로그래밍 언어는 함수라는 개념을 사용하여 프로그램을 작성한다. C 프로그래밍 언어도 프로그램을 작성하는 과정에서 많은 함수를 사용한다. 즉 하나의 C 프로그램은 여러 개의 함수로 구성된다. C 프로그래밍에서 함수는 프로그램 작성을 위한 기본 단위이며, 특정한 작업을 처리하는 코드의 한 단위이며, C를 구조적인 언어로 만들어 주는 가장 중요한 요소이다.

함수를 사용하는 이유는 자주 사용하는 기능을 하나의 이름으로 미리 정의해 두고, 필요한 경우는 함수 이름으로 호출하여 해당 함수의 기능을 수행하도록 하기 위함이다. 그리고 함수는 해결하려는 문제의 모듈화에 의해서 프로그램의 품질 향상이 가능하고, 유지 보수 및 확장이 용이하고, 문제 해결의 용이성을 가진다. 함수는 문제를 효과적으로 해결하기 위해 여러 개의 작업 단위로 분할하고, 각각의 분할된 작업 단위를 하나의 단위 프로그램인 모듈(module)로 작성한다. 이때 작성하는 모듈을 함수라고 한다. 단위 모듈인 함수는 특정한 작업을 수행하기 위하여 적절한 입력이 주어지면, 그에 따른 출력을 만들어 내는 작은 독립적인 프로그램이다. 함수의 특징에 대하여 정리하면 다음과 같다.

1. 프로그램 소스(source)의 불필요한 반복을 피하기 위한 수단을 제공한다.
2. 프로그램을 체계적이고 간결하게 작성하기 위한 수단을 제공한다.
3. 함수와 함수를 서로 독립적으로 분리시킨다.
4. 변수를 함수 내에서 독립적으로 선언하고, 사용이 가능하므로
   동일한 변수 이름을 다른 함수에서 사용 수 있게 한다.
5. 대형 프로그램을 독립적으로 여러 모듈로 프로그램하고 컴파일을 가능하게 한다.

지금 우리가 공부하는 C 언어에서 사용되는 함수의 종류는 크게 컴파일러가 제공하는 함수, 사용자 정의 함수로 구분된다. 컴파일러가 제공하는 함수는 입출력 함수, 문자열 처리 함수, 수학 함수, 메모리 처리 함수, 파일 관리 함수, 시간 처리 함수, 그래픽 처리 함수, 시스템 호출 함수, 데이터 변환과 분류 함수 등등 다양하게 존재한다. 이러한 함수들은 프로그램 작성자가 프로그램 수행 과정에서 필요한 곳에서 함수 이름으로 호출하여 기능을 수행하도록 하면 된다. 여기에서 주의해야 되는 사항은 컴파일러가 제공하는 함수를 사용하기 위해서는 해당 함수가 정의된 헤더 파일을 소스 파일에 포함시켜야 한다. 이러한 경우에 사용되는 구문이 #include 구문이다. 사용자 정의 함수는 사용자에 의해서 미리 정의하고 사용하는 함수이다.

2.3.1 int main(void)의 의미

int main(void)은 main() 함수를 정의하는 문장이다. main() 함수는 C 언어 프로그램뿐만 아니라 몇몇 언어에서 반드시 필요한 구성 요소이며, 함수 중에서 가장 처음으로 시작하는 함수이다. 그러므로 프로그램을 작성할 때에는 반드시 하나의 main() 함수가 존재해야 한다. main()은 프로그램 실행 직후에 자동으로 호출되어 실행되지만, 일반 함수는 호출된 시점에서부터 실행되는 다른 특별한 측면이 있다.

모든 함수의 헤더는 함수의 출력 데이터 타입(type), 함수의 이름, 함수의 입력 데이터 타입(type)으로 구성된다. 예제 프로그램으로 사용된 int main(void) 명령문 역시 함수이므로 동일한 구성 요소를 가진다. main() 함수 헤더의 int는 출력 데이터 타입(type)이고, main은 함수의 이름이며, void는 입력 데이터 타입(type)이다. 즉, main() 함수는 void 타입의 데이터를 입력으로 하여, 처리 과정을 수행하고, 출력 데이터를 int 타입으로 리턴(return)한다는 의미이다.

void는 아무런 것도 없다는 것으로 void가 입력 데이터 타입이므로 결국은 입력 데이터가 없다는 의미가 된다. int main(void)에서 사용된 int, main, void와 같은 각각의 단어는 예약어(Reserved word)라고 부르며, 예약어는 C 언어에서 사용하기 위하여 미리 정의해 놓은 키워드를 말한다. C 언어에서 정의된 예약어는 소문자로 입력하여야 한다. 그리고 int main() 함수를 사용하는 경우는 프로그램 종료전에 return 0; 문장을 사용하여 출력 데이터를 반환해야 한다.

2.3.2 함수의 사용

C 언어에서 사용되는 함수에서 컴파일러가 제공하는 함수를 제외하면 main() 함수와 사용자 정의 함수로 프로그램이 구성된다. main() 함수는 C 언어 프로그램에서 반드시 필요한 구성 요소이며, 가장 처음으로 시작하는 함수이다. 그러므로 프로그램을 작성할 때에는 반드시 하나

의 main() 함수가 존재해야 한다. 그리고 필요에 따라 작성된 여러 개의 사용자 정의 함수로 구성된다.

main() 함수는 C 프로그램에서 가장 처음으로 시작하는 함수이다. main() 함수가 실행되면서 main() 함수 내부에서 다른 함수를 호출(Call)하는 명령어에 의하여 해당 함수가 호출되고 실행된다. 필요한 함수를 호출(Call)하는 명령어는 함수 이름을 사용하여 해당 함수를 호출하여 기능을 수행하도록 한다. main() 함수와 다른 함수가 처리되는 과정은 그림 2-5에서 보여준다.

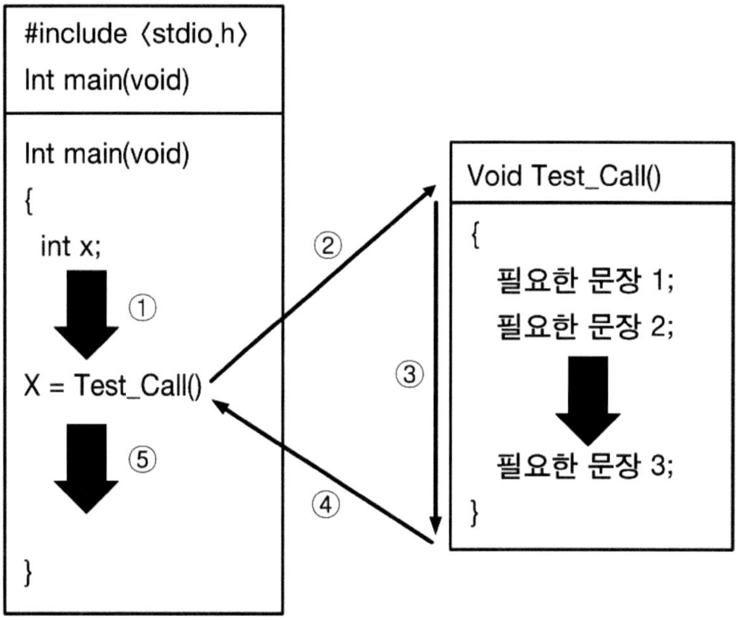

그림 2-5 함수 호출과 호출된 함수의 처리 과정

위의 그림에서 보여주는 것처럼 main() 함수에 존재하는 각각 명령어들을 ① 번처럼 수행하다가 Test_Call() 이라는 함수 호출문에 의하여 Test_Call() 함수가 호출된다. 함수가 호출되면 호출한 함수(main() 함수)는 실행을 멈추고 ② 번처럼 프로그램 실행이 호출된 함수로 넘어간다. 프로그램 실행을 넘겨받은 함수는 ③ 번처럼 각각의 명령들을 실행하고 작업이 종료되면 ④ 번처럼 프로그램 실행을 호출한 함수로 넘겨준다. 프로그램 실행을 넘겨받은 함수는 함수 호출문 다음의 명령어부터 ⑤ 번처럼 실행을 이어간다. 그리고 이후에 함수 호출문이 또 존재하는 경우는 위와 같은 작업 절차를 반복 수행한다. 그림 2-6은 함수 호출문이 여러 개 존재하는 경우의 수행 과정을 나타낸다.

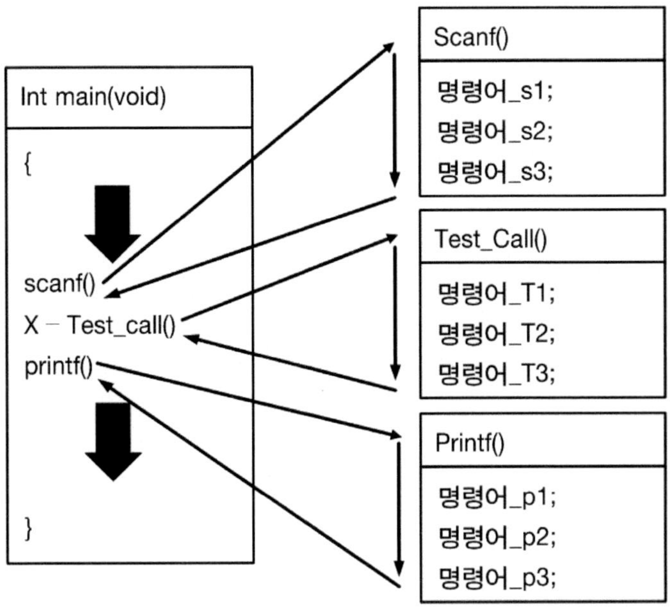

그림 2-6 함수 호출문이 여러 개 존재하는 경우의 수행 과정

2.3.3 return 0;

return 0;는 main() 함수 또는 일반 함수에서 함수에 존재하는 소스 프로그램을 각각 처리하고 마지막으로 작업 결과를 함수를 호출한 대상에게 반환할 때 사용하는 명령문이다. 또한 return은 프로그램을 종료를 한다는 의미를 가지고 있다. 여기에서 main() 함수를 호출한 대상은 운영체제 또는 다른 프로세스가 된다. 운영체제는 반환된 결과를 가지고 정상적으로 프로그램이 종료되었는지, 아니면 비정상적으로 프로그램이 종료되었는지를 판단한다. 보통 성공적으로 프로그램이 종료되었을 경우에는 0을 반환하고, 실패했을 경우에는 0이 아닌 값(특정 코드)을 반환한다.

[2.4] 변수 선언부

C 언어뿐만 아니라 다른 언어에서도 변수를 선언하는 것은 컴파일러에게 프로그램에서 사용할 변수를 미리 보고하는 것과 같다. 변수를 선언하면 선언된 변수는 컴파일러에 의해서 메모리 공간에 실제로 기억 공간이 할당되어 프로그램 작성자가 원하는 만큼의 데이터 저장 공간을 확보하는 것이다.

2.4.1 변수의 선언

변수(Variable)는 프로그램 수행 과정에서 필요한 데이터를 일시적으로 저장하기 위한 기억 장소이다. 변수는 프로그램 수행 이전에 미리 필요한 기억 장소를 준비하고, 필요한 데이터를 저장하고, 사용하는 메모리 공간이다. 예를 들어서 국어, 영어, 수학 점수의 합계를 구하는 문제를 생각한다. 이 문제의 최종 결과인 합계를 계산하기 위하여 국어, 영어, 수학 점수 데이터를 입력해야 되는데, 입력된 데이터가 저장될 장소가 필요하게 된다. 그리고 계산된 최종 결과인 합계 데이터가 저장될 장소가 필요하게 된다. 그러므로 필요한 데이터 개수만큼 저장 공간을 미리 확보하는 작업이 변수를 선언하는 과정이 된다. 이때 변수를 선언하는 과정에서 사용되는 변수 이름은 서로 다르게 부여한다.

변수의 선언 과정은 먼저 사용하기 원하는 변수의 데이터 타입(또는 자료형)을 정의하고 이어서 변수의 이름을 정의하면 된다. 다음의 그림은 변수를 선언하는 형식을 보여준다.

변수 선언 형식	사용 방법
변수_타입 선언_변수; 또는 변수_타입 선언_변수의_집합;	int x; 또는 int x, y, sum;

그림 2-7 변수를 선언하는 형식과 사용 방법

2.4.2 변수에 대한 작업 처리 과정

변수는 데이터 값을 저장하는 기억 공간 또는 기억 장소 또는 준비된 방이라고 논리적으로 생각하면 된다. 그리고 컴퓨터에서 작업이 수행될 때에는 물리적인 컴퓨터 메모리에 정의된 변수에 대하여 실제로 기억 공간이 할당되고, 할당된 기억 공간에 데이터가 저장되고 필요할 때 가져와 처리된다. 선언된 변수와 처리 과정은 그림 2-8과 같다.

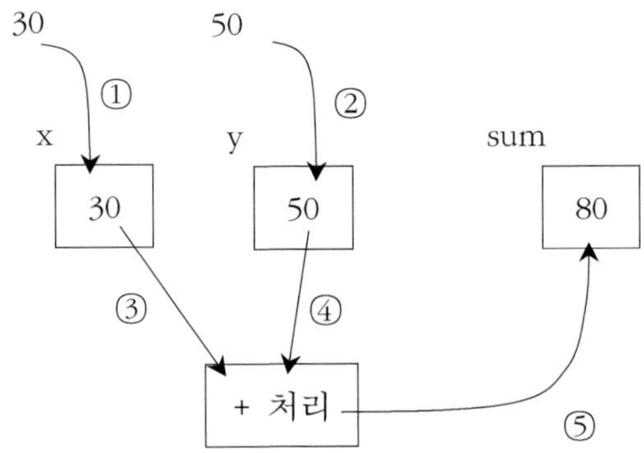

그림 2-8 선언된 변수와 처리 과정

위에서 보여준 그림은 int x, y, sum; 선언문에 의하여 x, y, sum에 대하여 각각의 기억 공간이 할당되고, x와 y 방에 각각 30, 50이 입력되어 저장된 것을 보여준다. 그리고 x와 y 방에 저장된 30, 50을 가져와서 덧셈 연산을 수행한 후에 sum이라고 하는 기억 장소에 저장되는 과정을 보여준다.

2.4.3 변수의 이름을 만드는 규칙

이전에 설명한 것과 같이 선언된 변수는 컴파일러에 의해서 메모리 공간에 실제로 기억 공간이 할당되고, 정의된 변수 이름에 의해서 데이터가 저장되고, 저장된 데이터가 사용된다. 즉 컴퓨터는 정의된 변수 이름에 의해서 물리적인 메모리의 기억 공간을 인식한다. 그러므로 변수명은 프로그램을 작성하는 사람에 의하여 부여되지만 컴퓨터가 이해할 수 있는 범위 내에서 변수 이름을 만들어야 한다. 만약에 변수 이름을 똑같이 만들었다면 컴퓨터는 변수 이름이 동일하기 때문에 하나의 기억 공간으로 인식한다. 따라서 변수 이름을 정의할 때에는 임의로 만드는 것이 아니라 변수 이름을 만드는 규칙에 의해서 정의해야 한다.

변수의 이름은 영어의 알파벳 문자, 숫자, 밑줄 문자(_)를 혼합하여 자유롭게 만들면 된다. 여기에서 주의할 점은 숫자가 맨 처음에 올 수 없다는 것이다. 따라서 2가지 규칙에 의하여 만들어지는 가능한 모든 조합으로 나타나는 문자열이 변수로써 가능하다. 하지만 무작위로 만들어지는 변수 이름은 프로그램 작성자 조차도 이해하기가 어려우므로 가능하면 의미 있는 단어들을 이용하여 변수 이름을 정의하는 것이 바람직하다. 예를 들어서 total, sum, average, student_id와 같은 단어들을 사용하면 된다. 이러한 단어들을 이용하여 프로그램을 작성하면 프로그램 작성자뿐만 아니라 제 3자가 프로그램을 읽는 경우에도 전체적인 프로그램을 이해하기 용이하게 된다.

프로그램 작성 과정에서 사용되는 여러 이름들, 즉 변수 이름, 함수 이름들을 식별자(identifier)라고 부른다. 식별자의 의미는 정의된 변수 또는 함수 이름에 의하여 기억 장소를 인식하고 구분하기 때문에 붙여진 이름이다. 그러므로 변수나 식별자는 동일한 의미라는 것을 이해하면 된다. 다음은 변수 이름을 만드는 규칙을 정리한다.

1. 영어의 알파벳 문자, 숫자, 밑줄 문자(_)를 혼합하여 만든다.
2. 숫자로 시작되면 안 된다.
3. 대문자와 소문자를 다른 문자로 인식한다.
4. C 언어에서 미리 정의한 예약어는 사용할 수 없다.
5. 특수 문자는 사용할 수 없다.
6. 공백이 포함될 수 없다.

다음은 이러한 규칙에 의해 정확하게 만들어진 변수 이름을 나열한 것이다.

```
sum                       // 첫 글자가 알파벳 문자로 시작 가능함
_average                  // 첫 글자가 밑줄 문자(_)로 시작 가능함
student_id                // 밑줄 문자(_) 혼합 가능함
kor_jumsu, sum            // 여러 변수의 나열이  가능함
i1, temp1, temp2          // 첫 글자를 제외하고는 숫자 혼합 가능함
```

다음은 이러한 규칙을 위반하여 잘못 만들어진 변수 이름을 나열한 것이다.

```
1sum                      // 첫 글자가 숫자로 시작
int, char                 // 예약어 사용
student&id                // 특수 문자 사용
kor jumsu                 // 공백 포함
kor-jumsu                 // 특수 문자 사용
```

2.4.4 변수의 데이터 타입 설정

C 언어에서 사용되는 데이터_타입에는 정수형, 실수형, 문자형, 문자열이 존재한다. 정수형은 사용되는 데이터가 1234 또는 -1234와 같이 양의 정수 또는 음의 정수를 사용하는 경우 선언되는 데이터 타입이다. 정수형 데이터를 선언할 때에는 사용되는 데이터의 크기에 따라서 short, int, long 중에서 하나를 선택하면 된다. 일반적으로 많이 사용되는 정수형 선언은 int이다. 그러므로

우리는 제시되는 예제 프로그램에서 대부분 int를 사용할 것이다.

실수형은 사용되는 데이터가 3.141592 또는 -0.1234와 같이 소수점을 포함하는 실수값을 나타내는 데이터 타입이며, 양의 실수 또는 음의 실수를 사용하는 경우 선언되는 데이터 타입이다. 실수형 데이터를 선언할 때에는 사용되는 데이터의 크기에 따라서 float, double, long double 중에서 하나를 선택하면 된다. 일반적으로 많이 사용되는 실수형 선언은 float이다. 그러므로 우리는 제시되는 예제 프로그램에서 대부분 float를 사용할 것이다.

문자형은 하나의 문자를 저장하기 위한 데이터 타입이다. 문자형 데이터 타입으로 선언된 변수에는 영문자 1글자를 저장할 수 있다. 정의된 변수를 문자형으로 선언하기 위해서는 char이라고 정의하면 된다.

문자열은 여러 개의 문자를 저장하기 위한 데이터 타입이다. 문자열 데이터 타입으로 선언된 변수에는 영문자 또는 한글 문자 여러 글자를 저장할 수 있다. 정의된 변수를 문자열로 선언하기 위해서는 string이라고 정의하면 된다.

마지막으로 여러 개의 변수가 같은 데이터 타입으로 선언되는 경우는 각각 여러 문장으로 선언하는 것보다는 하나의 문장으로 정의하는 것이 훨씬 바람직하다.

다음의 그림은 C 언어에서 정의되는 표준 데이터 타입을 보여준다.

	데이터 타입(자료형)	사용 키워드
표준 데이터 타입	정수형	short
		int
		long
	실수형	float
		double
		long double
	문자형	char
	문자열	string

그림 2-9 C 언어에서 정의되는 표준 데이터 타입

2.4.5 선언된 변수의 초기화 작업

C 프로그램에서 선언된 변수들은 변수의 초기값을 설정하는 과정이 필수적이다. 변수를 선언하면 컴파일러에 의해서 선언된 변수에 해당하는 메모리 공간이 할당된다고 이전에 설명하였다. 여기에서 중요한 사항은 컴파일러에 의해 할당된 메모리 공간이 깨끗하지 않고 이전에 사용된 쓰레

기 데이터들이 존재한다는 것이다. 그러므로 변수의 초기화 작업을 생략하고 프로그램을 실행시키면 나중에 최종 결과로 출력시킨 내용은 우리가 의도하지 않은 엉뚱한 내용이 나타나게 된다. 그러므로 정확한 결과를 얻기 위해서는 반드시 선언된 변수의 초기화 작업이 필요하다.

선언된 변수의 초기화 작업은 변수들을 선언과 동시에 정의하는 방법과 나중에 초기화 작업을 실시하는 방법이 존재한다. 이러한 두 가지 방법 중에서 어느 방법을 사용하든 상관은 없다. 다음의 그림은 변수의 선언과 동시에 정의하는 방법과 나중에 초기화 작업을 실시하는 방법을 보여준다.

변수의 선언과 동시에 정의하는 방법

```
int kor = 0;                          // 변수 kor 값을 0으로 초기화
int eng = 0;                          // 변수 eng 값을 0으로 초기화
또는
int kor = 0, eng = 0, sum = 0;        // 변수 kor, eng, sum 값을 0으로 초기화
```

그림 2-10 변수의 선언과 동시에 초기값을 정의하는 방법

대입 연산자를 이용한 변수 값의 초기화

```
int kor;                      // 변수 kor 선언
int eng;                      // 변수 eng 선언
또는 kor, eng, sum;           // 변수 kor, eng, sum 선언
    ↓
kor = 0;                      // 변수 kor 값을 0으로 초기화
eng = 0;                      // 변수 eng 값을 0으로 초기화
sum = kor + eng;              // 변수 kor, eng 값을 더하여 변수 sum에 저장
```

그림 2-11 나중에 초기화 작업을 실시하는 방법

2.4.6 상수(Constant)

지금까지 C 프로그램을 작성하기 위해 반드시 필요한 요소로 변수에 대하여 알아보았다. 그러나 C 프로그램을 작성하는 과정에서는 변수뿐만 아니라 상수라는 개념도 필요하고, 알아야 한다.

상수에 대하여 한마디로 정리하면 값(value)이라고 정의하면 된다. 일반적인 상수에 대한 정의는 다음의 그림에서 잘 나타나 있다. 그림에서 보여주는 85를 일반적으로 상수라고 부른다.

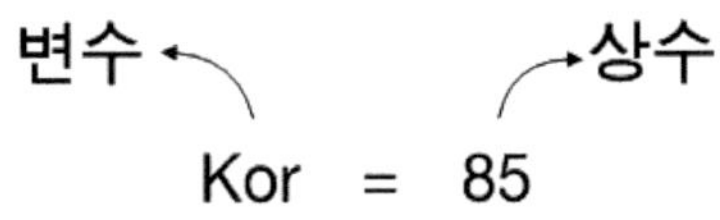

그림 2-12 변수와 상수에 대한 정의

상수의 또 다른 정의는 변수와 마찬가지로 데이터 저장 장소를 의미하지만, 이전에서 설명한 변수와의 차이점은 변경되지 않는 값을 의미한다. 즉 변수와 반대되는 개념으로 변수는 저장되어 있는 값이 수시로 변경될 수 있지만, 상수는 저장되는 값이 한번 결정되면 프로그램이 종료될 때까지 그 값이 변경되지 않는다. 상수는 처음에는 초기값을 갖지만 그 후에는 새로운 값을 할당 할 수 없다.

프로그램 작성 과정에서 상수로 선언하는 경우는 프로그램에 사용되는 어느 데이터가 프로그램이 종료할 때까지 변경되지 않는 경우라면 해당 데이터를 상수로 선언하는 것이 바람직하다. 프로그램을 작성하는 과정에서 상수로 선언된 데이터가 추후에 바뀌는 경우에는 상수로 선언된 데이터 값만 바꿔주면 되는 장점이 존재한다. 다음은 상수의 특징을 나타낸다.

1. 상수는 연산에 사용되는 실질적인 데이터 혹은 값을 말한다.
2. 상수는 변수를 초기화하거나, 변수에 어떤 특정한 값을 대입할 때 사용한다.
3. 상수는 초기값이 정의되면 프로그램의 실행 중에는 변하지 않는다.
4. 상수의 종류에는 문자 상수, 숫자 상수, 기호 상수가 존재한다.

문자 상수에는 하나의 문자를 작은 따옴표(‘ ’)로 표현하는 한 문자 상수 그리고 여러 문자를 큰 따옴표(“ ”)로 표현하여 여러 문자를 하나의 값으로 사용하는 문자열 상수가 존재한다.

숫자 상수에는 정수형 상수와 실수형 상수가 존재한다. 정수형 상수는 소수점이 없는 데이터를 의미하며, 1234, 85, 365와 같이 표현된다. 실수형 상수는 일반적으로 소수점이 존재하는 데이터를 의미하며, 3.14, 0.123456, 0.1 등과 같이 표현된다.

마지막으로 기호 상수는 특정한 이름에 의해 표현되는 데이터를 의미한다. C 언어에서 기호 상수를 정의하는 방법은 #define, const를 사용하여 기호 상수를 정의한다. 예를 들어서 #define day_per_week 7; 라고 전처리기에 선언하면 day_per_week의 값은 항상 7로 고정되고, 작성된 프로그램 문장에서 day_per_week가 존재하는 경우는 자동으로 값이 7로 설정된다. 필요에 따라서 #define 대신에 const를 사용하는 경우도 존재하는데, 예를 들어서 const int day_per_week = 7;

이라고 표현하면 된다. const int day_per_week = 7;는 day_per_week는 데이터 타입이 int 형으로 정의되고, 상수로 초기값이 7로 설정된다는 의미이다. 기호 상수의 특징은 프로그램을 읽기가 쉽고, 유지 보수가 쉽다는 장점을 가진다. #define과 const를 사용하는 차이점은 데이터 타입의 포함 여부이다.

[2.5] 작업 처리부

프로그램 작성 과정에서 작업 처리부는 변수 선언부 다음에 위치한다. 작업 처리부는 제시된 문제를 해결하기 위한 모든 문장을 알고리즘 절차에 따라 기술하는 부분이다. 작업 처리부에 기술하는 문장들은 C 언어에서 사용되는 다양한 명령어들을 나열하며, 연산문, 제어문, 반복문 등등 다양하게 존재한다. 다음은 C 언어에서 사용되는 다양한 명령어들에 대하여 간략하게 기술한다.

2.5.1 수식과 연산문

연산문은 프로그램 작성 과정에서 가장 많이 사용되는 문장 중에 하나이다. 따라서 연산문을 정확하게 이해하고 사용하면 오류(error) 발생을 많이 감소시킬 수 있다. 연산문은 일반적으로 연산 처리를 위하여 수식(expression)으로 표현된다. 다음은 수식과 연산문의 관계를 나타낸다.

연산문의 구조 : 변수 = 수식

수식은 일반적으로 수학에서 표현하는 공식 또는 수학식 형태로 나타내며, 프로그램의 특성에 맞추어 모든 수식을 한 줄로 표현한다. 수식은 우리가 이전에 설명한 sum = kor + eng + mat; 와 같이 kor + eng + mat와 같이 변수, 상수 그리고 다양한 연산자 등의 조합으로 구성된다. 따라서 변수, 상수 그리고 연산자 등의 조합으로 구성되므로 다양한 형태의 수식이 구성된다. 연산문에 표현된 해당 수식을 처리하면 처리 결과를 발생시킨다. 연산문은 발생된 처리 결과를 저장하기 위해 또 다른 변수와 = 연산자를 사용하여 표현한다.

예를 들어 temp = kor - 1; 와 같은 연산문은 변수 kor의 값에서 1을 빼서 temp라는 기억 장소에 저장한다는 의미이다.

2.5.2 연산문의 개요

지금까지 수식과 연산문의 관계를 살펴보았다. 연산문은 수식에 의해 생성된 결과를 저장한다. 연산문에서 사용되는 " = " 연산자는 수학에서 사용되는 "같다(equal)"의 의미가 아니라 "대입한다. 또는 대치한다.(replace) 또는 저장한다."라는 의미로 사용된다. 즉 수식에 의해 생성된 결과를 " = " 연산자 왼쪽의 변수에 저장하는 의미로 사용된다. 좀 더 자세하게 연산문을 설명하면 다음의 그림과 같이 정의된다.

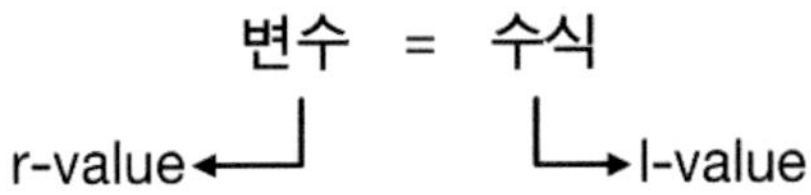

그림 2-13 수식과 연산문의 관계

위의 그림에서 보는 것처럼 " = " 연산자 왼쪽에 위치한 변수를 l-value라고 하며, 오른쪽에 위치한 상수를 r-value라고 부른다. r-value 위치에 있는 모든 것은 "값"이라고 정의된다. 예를 들어서 " = " 연산자 오른쪽에 100; 또는 kor - 1; 또는 kor + eng + mat;가 놓인 경우는 최종적으로 모두 값으로 생각하면 된다. 100이라는 값이 되고, kor - 1을 계산한 값이 되고, kor + eng + mat를 계산한 값이 생성되는 것이다. 이에 반해서 l-value는 주소를 의미하며, 생성된 r-value를 지정한 주소에 저장한다고 생각하면 된다. 따라서 똑같은 변수라도 " = " 연산자의 왼쪽 또는 오른쪽 위치에 따라 해당 변수의 의미는 완전하게 다르게 사용된다는 것을 알아야 한다. 결론적으로 test = test는 test의 값을 가져와서 다시 test라는 주소에 저장한다는 의미가 된다.

C 프로그램 언어에서 사용되는 연산문은 다음과 같이 여러 종류가 존재한다. 연산문은 r-value 위치에 어떠한 수식이 오는가에 따라 다양한 형태의 연산문이 만들어진다. C 언어에서 다양한 형태의 연산문은 수식을 표현하는 연산자에 따라 산술 연산문, 조건 연산문, 비트 연산문 등이 존재한다. 모든 종류의 연산문들은 처리 결과는 동일하게 r-value로 생성된 값을 l-value에 대입하므로 대입 연산문 이라고도 한다.

[2.6] C 언어의 입력문과 출력문

제시되는 모든 문제를 해결하기 위해서는 데이터 입력 과정과 처리된 결과를 나타내는 출력 과정이 필요하다. C 언어에서는 다양한 함수들을 기본으로 제공하고 있는데, 입력 과정과 출력 과정을 수행하기 위하여 별도의 표준 입출력 함수를 준비하고 있다.

2.6.1 표준 입출력문

2장의 2-1절에서 설명한 #include 〈stdio.h〉 전처리기와 같이 프로그램을 작성하기 이전에 표준 입출력 함수를 사용하겠다고 미리 선언하였으므로 준비된 표준 입출력 함수를 사용하여 입력 과정과 출력 과정을 수행하면 된다. C 언어에서 입력과 출력을 위해 사용하는 가장 일반적인 표준 입출력 함수 중에는 printf()와 scanf()가 존재한다. scanf()는 키보드에서 입력하는 데이터를 위한 표준 입출력 함수이고, printf()는 모니터에 원하는 결과를 나타내기 위한 표준 입출력 함수이다. 그러므로 C 언어에서는 표준 입출력 함수 이름을 명령문으로 사용하는 경우이므로 다른 명령어와는 의미가 약간은 다르다고 볼 수 있다.

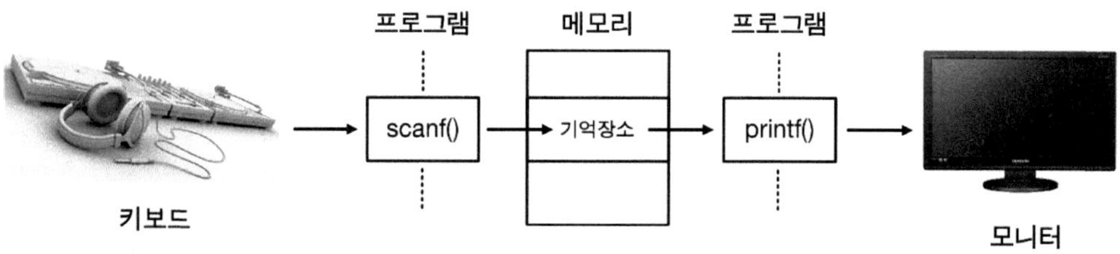

그림 2-14 입출력 과정을 위한 scanf()와 printf()의 처리 과정

2.6.2 표준 입력문 scanf() 함수

표준 입력문 scanf() 함수는 문제 해결을 위한 데이터를 키보드를 통해서 지정된 메모리 기억장소에 저장(입력)하는 입력 함수이다. 사용자에 의해서 입력된 데이터는 scanf() 함수의 괄호 안에 표현된 형식 인자에 의해 정의된 형태로 변환되어 지정한 변수에 저장하는 기능을 수행한다. scanf() 함수의 일반적인 형식은 다음과 같다,

```
scanf("형식_인자_1 형식_인자_2 ... 형식_인자_n", &변수_1, &변수_2, ..., &변수_n)
```

위에서 보여준 scanf() 함수의 일반적인 형식을 정의하면 다음과 같은 규칙이 존재한다.

1 형식_인자의 개수와 지정한 변수의 개수는 동일해야 한다.

2 형식_인자와 대응되는 변수의 데이터 타입은 동일해야 한다.

3 큰 따옴표(" ") 안에는 지정된 형식_인자 이외에는 넣을 수 없다.
4 지정된 변수 앞에는 &(앰퍼센트) 기호를 반드시 첨가해야 한다.

scanf() 함수는 printf() 함수와 유사하며, 하나 또는 여러 개를 입력 받을 수 있으며, 입력된 데이터를 지정된 변수(기억장소)에 저장하는 표준 입력 함수이다. scanf() 함수를 기술할 때 입력될 데이터가 여러 개인 경우는 나열하는 변수의 개수와 형식_인자의 개수를 동일하게 나열해야 하고, 나열된 변수들과 형식_인자들의 데이터 타입은 1:1로 동일해야 한다. 아래 그림에서 보는 것처럼 입력된 여러 개의 데이터는 형식_인자의 순서에 따라 데이터를 읽어 들이고, 나열된 변수의 순서에 따라 1:1로 대응시키면서 각각의 변수에 저장한다.

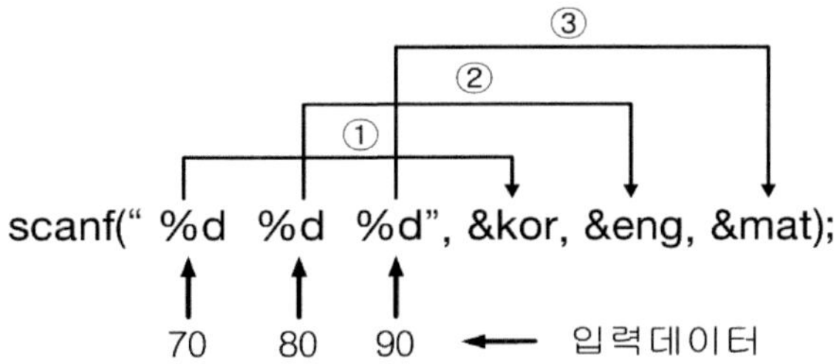

그림 2-15 scanf()의 형식_인자와 변수와의 관계

scanf() 함수를 사용할 때는 괄호안의 큰 따옴표(" ")안에는 지정된 형식_인자 이외에는 아무것도 넣을 수 없다. printf() 함수의 경우는 사용자가 원하는 문자, 메시지 등을 넣을 수 있지만 scanf() 함수의 경우는 불가능하다.

마지막으로 scanf() 함수 안에 사용되는 변수들은 변수의 이름 앞에 반드시 &(앰퍼센트) 기호를 첨가하여 변수 이름을 사용한다. 변수 이름 앞에 & 기호를 붙이는 이유는 해당 변수의 주소를 지정하기 위함이다. 우리는 이전에 설명한 것처럼 하나의 변수는 컴파일 과정에 의해 메모리의 기억 장소와 대응됨을 이해했다. 그러므로 &kor의 의미는 kor 변수의 주소를 의미한다. scanf() 함수가 사용자가 입력하는 데이터를 지정된 변수에 저장하기 위해서는 해당 변수의 메모리 주소를 알아야 저장이 가능하므로 &kor 연산에 의해 자동적으로 kor 변수의 주소를 알아내고 해당 주소 공간에 입력된 데이터를 저장시키는 역할을 한다. scanf() 함수는 함수가 실행되면 사용자의 데이터 입력을 기다리게 되고 입력이 완료되면 해당 주소 공간에 저장한다.

만약에 입력 데이터가 여러 개인 경우는 데이터와 데이터 사이에 빈칸을 넣으면서 여러 개의 데이터를 입력하거나, 아니면 하나의 데이터를 입력하고 엔터키를 누르고 다음 데이터를 입력하고 엔터키를 누르면서 필요한 데이터를 입력하면 된다. 결론적으로 scanf() 함수는 입력되는 여러 개의 데이터를 빈칸 또는 엔터키에 의해 구분한다.

```
scanf("%d %d %d", &kor, &eng, &mat);     // 입력 데이터가 여러 개인 경우
데이터 입력 : 78 80 90
```

scanf("%d", &kor)의 의미는 다음과 같이 번역된다. scanf는 데이터를 읽으라는 의미이고, %d는 정수를 나타내는 형식 인자이고, &kor은 kor 변수의 주소를 나타낸다. 따라서 정수 형태로 입력된 데이터를 읽어서 kor 변수에 해당하는 메모리 주소에 읽어서 저장한다는 의미가 되는 것이다. 그러나 이것은 너무 복잡하므로 kor 변수에 정수로 데이터를 읽어 저장한다고 생각하면 될 것이다.

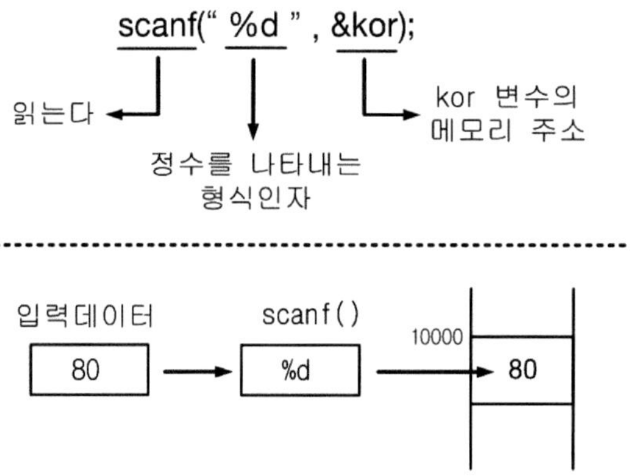

그림 2-16 scanf("%d", &kor)의 의미

scanf(), printf() 함수에서 데이터 타입을 나타내는 형식 인자는 대부분은 같으며, 변수를 선언할 때 사용하는 데이터 타입과는 다른 형태로 표현한다. 변수를 선언할 때는 int, float 등으로 변수의 타입을 선언했지만 scanf(), printf() 함수에서는 % 기호와 함께 지정된 형식 인자를 사용하여 변수의 타입을 선언한다. scanf(), printf() 함수에서 사용되는 형식 인자는 다음의 표와 같이 존재한다.

표 2-1 형식 인자의 종류와 의미

형식 인자	의미
%d	부호 있는 정수
%f	실수형(float)
%c	문자형(char), 단일 문자
%s	문자열(string)
%e	실수(과학적 지수 표기법)

형식 인자	의미
%u	부호 없는 정수
%x	부호 없는 16진수
%o	부호 없는 8진수

2.6.3 표준 출력문 printf() 함수

printf() 함수는 scanf() 함수와 반대의 기능을 가지고 있다. scanf() 함수가 입력된 데이터를 메모리의 해당 주소로 가져와 저장시키는 것에 반하여 printf() 함수는 반대로 메모리의 해당 주소에 저장된 데이터를 화면에 나타내주는 기능을 수행한다. 여기에 추가하여 printf() 함수는 저장된 데이터뿐만 아니라 임의의 상수값도 화면에 나타내주는 기능을 수행한다. 따라서 사용자가 원하는 데이터 또는 결과를 보기 위해서는 printf() 함수를 이용하여 화면에 출력되는 형태를 지정해 주면 된다. printf() 함수의 기술 형식은 다음과 같다.

```
printf("문자열 + 형식_인자", 변수_1, 변수_2, ..., 변수_n)
```

위에서 보여준 printf() 함수의 일반적인 형식을 정의하면 다음과 같은 규칙이 존재한다.

1. scanf()와 마찬가지로 형식_인자의 개수와 지정한 변수의 개수는 동일해야 한다.
2. 형식_인자와 대응되는 변수의 데이터 타입은 동일해야 한다.
3. 지정된 변수 앞에는 &(앰퍼센트) 기호를 쓰지 않는다.
4. 큰 따옴표(" ") 안에는 지정된 형식_인자와 출력을 원하는 메시지를 넣을 수 있다.

위에서 보여준 것처럼 printf() 함수의 기술 형식은 scanf() 함수와 유사하지만, scanf() 함수와 다른 점은 사용되는 변수 앞에 & 기호를 쓰지 않는다는 것이다. 그리고 큰 따옴표(" ") 안에는 출력을 원하는 메시지와 지정된 형식_인자를 혼합하여 기술할 수 있다. 큰 따옴표(" ") 안에 혼합하여 기술한 경우는 출력을 원하는 메시지는 화면에 그대로 출력을 하고, 지정된 형식_인자는 대응되는 변수의 값을 가져와 형식_인자에 따라 화면에 데이터를 출력한다.

그리고 printf() 함수는 큰 따옴표(" ")로 표기된 부분을 문자열 형태로 화면에 순서대로 출력한다. 따라서 사용자가 원하는 형태로 큰 따옴표(" ") 내부를 기술하면 printf() 함수는 순서대로 화면에 나타나게 한다. printf() 함수가 실행되는 과정은 다음의 그림에서 보여준다.

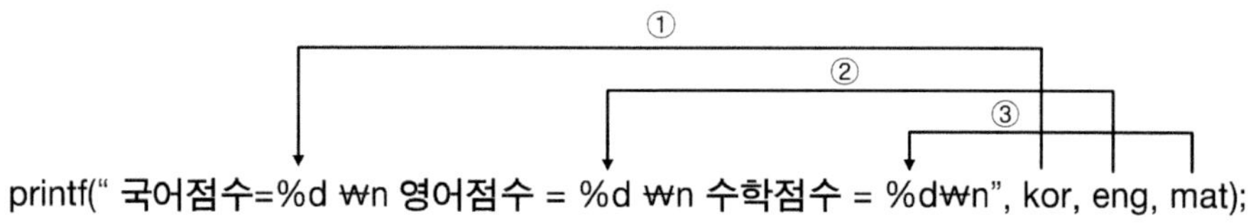

그림 2-17 printf() 함수의 실행 과정 및 실행 결과

위에서 보여준 그림은 kor, eng, mat 변수에 저장된 데이터가 각각 80, 70, 60인 경우에 변수에 저장된 데이터를 가지고 와서 지정된 형식 인자를 통하여 출력된 결과를 보여준다. 위의 그림에서 보여준 것 같이 scanf() 함수와 동일하게 형식 인자의 개수와 변수의 개수는 동일해야 하고, 데이터 타입도 동일해야 한다. printf() 함수의 실행은 kor, eng, mat 변수에 저장된 데이터를 큰 따옴표(" ") 안에 지정된 형식 인자의 위치에 대응시키면서 준비된 메시지 문자열과 같이 순서대로 출력한다. 이때 그림에서 나타난 \n 기호는 줄을 바꾸라는 기호이다. 따라서 문자열을 출력하다가 \n 기호를 만나게 되면 자동적으로 줄을 바꿔서 출력을 계속한다. 우리나라는 역슬래시 대신에 원화(₩)기호로 표시되고 있다. 그러므로 실행결과(출력 결과)가 다음과 같이 화면에 나타나게 되는 것이다.

```
국어점수=80
영어점수=70
수학점수=60
```

위의 그림에서 보는 것처럼 %d, %f, %c, %s와 같은 형식인자들은 출력하라는 의미가 아니고 큰 따옴표(" ") 안에 지정된 위치에 데이터를 나타내는 출력 형식(형태)을 지정하는 것이다. 따라서 %d를 사용하면 정수 형태의 10진수로 출력하라는 의미로 12345와 같이 출력 되고, %f를 사용하면 실수 형태의 10진수로 출력하라는 의미로 12.345와 같이 실수로 출력 되고, %c, %s는 문자 형태로 출력된다.

그리고 필요에 따라서 형식 인자를 출력해야 하는 경우에는 %%와 같이 형식 인자를 나타내는 % 기호 2개를 중복하여 표현하고, 관련된 문자를 나타내면 된다. 예를 들어서 printf("%%c를 사용한 경우 : ");와 같은 문장에서 % 기호를 2개 사용한 것은 %기호를 출력하기 위함이다. 이와 같이 형식 인자로 사용되는 문자를 출력하기 위해서는 해당하는 형식 인자를 중복하여 나타내면 된다.

2.6.4 printf() 함수의 출력 형식 부호

printf() 함수는 지금까지 설명한대로 일반적으로 %d, %f, %c, %s와 같은 형식인자들을 사용하여 원하는 결과를 출력하지만 출력 결과를 좀 더 세밀하게 출력하기 위해서는 출력 형식 부호(format flag)를 사용하여 printf() 함수를 정의한다. printf() 함수에 출력 형식 부호를 사용하면 사용자가 원하는 형태로 결과를 나타낼 수 있다. printf() 함수에서 사용되는 출력 형식 부호는 다음과 같다.

표 2-2 출력 형식 부호의 종류와 의미 그리고 사용 예

출력 형식 부호	의미	사용 예
숫자	출력 데이터의 자리수를 지정	%5d, %5.2f, %.4s
0	지정된 크기 앞쪽의 빈자리를 0으로 표현	%05d, %05.2f
공백	양수인 경우 공백이 출력 음수인 경우 음수부호를 출력	% d, % 5.2f
+	양수인 경우 양수 부호와 함께 출력	%+d, %+5.2f
-	왼쪽 정렬로 출력 기본 정렬 방식은 오른쪽	%-5d, %-f

위에서 보여준 표와 같이 printf() 함수에서 사용되는 형식 인자는 출력 형식 부호(format flag)를 첨가하여 사용할 수 있다. 여러분들이 출력 형식 부호를 사용하여 다양한 형태의 출력 결과가 나타날 수 있도록 하는 경우에 화면에 출력된 결과는 한층 더 보기에 좋고 결과를 이해하기가 쉬울 것이다. 형식 인자에 첨가되는 출력 형식 부호의 설명은 다음과 같다.

1 숫자 : 형식 인자 사이에 숫자를 첨가하는 경우는 출력되는 데이터의 자리수를 지정할 때 사용한다. 저장된 데이터가 표기한 자리수보다 큰 경우는 저장된 데이터를 그대로 출력한다. 또한 실수의 경우는 소수점을 사용하여 소수점 다음의 자리수를 지정할 수 있다. 실수의 경우 표기하는 방법은 5.2f와 같은 형태로 표기하며, 5는 전체 자리수를 의미하며, 2는 소수점 다음의 자리수를 의미한다. 전체 자리수는 부호와 소수점도 포함된 크기를 의미한다.

2 0 : 지정된 자리수의 앞부분에 데이터가 없이 비어있는 경우는 빈자리를 0으로 표현한다. 그러나 지정된 형식이 왼쪽 정렬인 경우는 무시된다.

3 공백 : 형식 인자 사이에 빈칸을 첨가하는 경우는 출력 데이터가 양수인 경우 그대로 공백을 출력하고, 음수인 경우는 음수 부호(-)를 출력한다.

4 + : 형식 인자 사이에 + 기호를 첨가하는 경우는 양수인 경우 양수 부호(+)를 함께 출력한다.

5 - : 형식 인자 사이에 - 기호를 첨가하는 경우는 왼쪽 정렬 형태로 출력한다. - 기호를 첨가하지 않은 경우는 기본 정렬 방식을 따르며 오른쪽 정렬 형태로 출력한다.

다음의 표는 위에서 설명한 것과 같이 형식 인자에 첨가되는 출력 형식 부호에 따른 실행 결과를 나타낸다.

표 2-3 형식 인자에 첨가되는 출력 형식 부호에 따른 실행 결과

부호	출력 형식	준비된 데이터	출력 결과
숫자	printf("%7d,%7d",	12345, -12345);	12345, -12345
	printf("%s,%.4s",	"abcdef", "1234567");	abcdef,1234
0	printf("%07d,%07d",	12345, -12345);	0012345,-012345
공백	printf("% d,% d",	12345, -12345);	12345,-12345
+	printf("%+d,%+d",	12345, -12345);	+12345,-12345
-	printf("%-7d,%-7d",	12345, -12345);	12345,-12345

추가적으로 문자열인 경우는 위에서 보여준 표와 같이 %.4s로 표현하여 저장된 문자열 중에서 앞부분부터 원하는 만큼을 출력할 수 있다.

[2.7] 단순한 프로그램 작성 연습

그럼 지금부터 단순한 문제를 가지고 프로그램을 작성하는 과정을 연습한다. 우리는 그림 1-8에서 제시된 문제를 해결하기 위한 절차를 살펴보았다. 그림 1-8에서 보여준 것과 같이 제시된 문제를 해결하기 위해서는 먼저 제시된 문제를 분석하여 문제 해결을 위한 입력을 찾아내고, 제시된 문제를 해결하기 위해 필요한 절차를 세우고, 마지막으로 문제에서 원하는 출력이 무엇인지를 알아내고 간단하게 알고리즘을 작성하면 된다. 알고리즘이 작성되면 지금까지 우리가 공부한 것처럼 프로그램으로 작성하면 제시된 문제를 해결하기 위한 프로그램이 작성되는 것이다.

기본문제 1 **국어, 영어, 수학 점수의 총점과 평균을 계산하는 프로그램**

각각의 학생에 대한 국어, 영어, 수학 점수의 총점과 평균 계산하는 문제는 C 프로그램을 공부할 때 가장 먼저 작성해 보는 문제이다. C 프로그램을 공부하는 여러분을 위하여 앞으로 설명하는 모든 기본 프로그램은 이 문제를 가지고 계속 확장하면서 설명을 진행한다.
제시된 문제는 국어, 영어, 수학 점수를 입력하면, 입력된 데이터를 가지고 총점과 평균 계산하는 문제이다. 앞에서 설명한대로 제시된 문제를 해결하기 위한 입력 데이터를 결정하고 문제가 원하는 출력 데이터를 결정한다. 그리고 출력 데이터를 얻기 위한 처리 절차를 순서에 맞게 나열하면 된다. 따라서 우리는 제시된 문제를 해결하기 위하여 다음과 같은 알고리즘을 작성할 수 있다.

문제 해결을 위한 알고리즘

입력 국어 점수, 영어 점수, 수학 점수

출력 국어 점수, 영어 점수, 수학 점수, 그리고 총점, 평균

처리 과정

1. 총점을 구하기 위하여 국어 점수를 입력한다.
2. 총점을 구하기 위하여 영어 점수를 입력한다.
3. 총점을 구하기 위하여 수학 점수를 입력한다.
4. 각각의 점수가 입력되었으면 총점을 계산한다.
5. 총점을 계산했으면 다음은 평균을 계산한다.
6. 총점과 평균이 계산되었으면 원하는 결과를 출력한다.

프로그램 작성 과정

1. 프로그램 작성 절차에 의해서 먼저 각각의 데이터 저장을 위한 변수 이름과 데이터 타입을 결정한다.
   국어 점수 : kor, 영어 점수 : eng, 수학 점수 : mat
   총점 : sum, 평균 : ave
2. 변수 선언문을 작성한다.
3. 처리 과정을 C 프로그램 형식으로 작성한다.

프로그램 작성 결과

```
/* 국어, 영어, 수학 점수의 총점과 평균을 계산하는 프로그램 */
#include <stdio.h>
int main(void)
{
    int kor, eng, mat, sum;         //국어, 영어, 수학, 총점 점수 데이터 저장
    float ave;                      //평균 점수 저장

    scanf("%d %d %d", &kor, &eng, &mat);     //국어, 영어, 수학 점수 입력

    sum = kor + eng + mat;                          //총점 계산
    ave = sum / 3.0;                                //평균 계산

    printf("국어 점수 = %d\n", kor);                 //국어 점수 출력
    printf("영어 점수 = %d\n수학 점수 = %d\n", eng, mat);    //영어, 수학 점수 출력
```

```
    printf("총점 값은 = %d\n평균 값은 = %f\n", sum, ave);     //총점, 평균값 출력

    return 0;
}
```

프로그램 실행과 데이터 입력

```
      입력 데이터 : 70 80 90 ↵
                     또는
                     70 ↵
                     80 ↵
                     90 ↵
```

프로그램 실행 결과

```
국어 점수 = 70
영어 점수 = 80
수학 점수 = 90
총점 값은 = 240
평균 값은 = 80.0
```

위에서 보여준 것처럼 이러한 과정을 수행하여 제시된 문제에 대하여 총점과 평균을 계산하는 프로그램을 작성하고 실행 결과를 보았다. 위에서 작성한 프로그램에서 입력문을 다음과 같이 표현하여 사용하였다

```
scanf("%d %d %d", &kor, &eng, &mat);
```

이러한 표기법은 프로그램 실행에는 아무런 문제가 없지만 데이터 입력시에 화면에 커서(cursor)만 나타나므로 입력 데이터가 많은 경우는 혼란스러울 수도 있다. 이러한 불편을 해소하기 위하여 에코(echo) 프린트 문장을 사용하여 화면에 메시지를 출력하고 데이터를 입력받으면 입력 데이터를 명확하게 알 수 있는 장점이 존재한다. 따라서 우리는 입력문을 다음과 같이 변경할 수 있다.

```
printf("국어 점수를 입력하세요 ?");          //국어 점수 입력
scanf("%d", &kor);
printf("영어 점수를 입력하세요 ?");          //영어 점수 입력
scanf("%d", &eng);
printf("수학 점수를 입력하세요 ?");          //수학 점수 입력
scanf("%d", &mat);
```

데이터 입력 화면 형태

```
국어 점수를 입력하세요 ?70 ↵
영어 점수를 입력하세요 ?80 ↵
수학 점수를 입력하세요 ?90 ↵
```

위에서 보는 것과 같이 데이터 입력 화면에는 국어 점수를 입력하세요 ?_와 같이 메시지가 나타나고 커서가 깜박이고 있으므로 나타난 메시지를 보면서 알맞은 데이터를 입력하고 Enter↵를 누르면 다음 메시지가 나타나는 식으로 데이터 입력이 수행되고 실행 결과는 동일하게 나타나게 된다.

보충문제 원의 둘레와 원의 면적을 계산하는 프로그램

제시된 문제에서는 입력 데이터가 정의되어 있지 않다. 그러나 임의의 원에 대하여 원의 둘레와 원의 면적을 계산하기 위해서는 반지름 값이 필요하다는 것을 우리는 충분히 알 수 있다. 따라서 제시된 문제에서 입력 데이터가 정의되어 있지 않아도 입력 데이터는 반지름 값이 된다. 그러므로 반지름 값을 가지고 원의 둘레와 원의 면적을 계산하고, 원하는 결과를 출력한다. 이러한 절차를 다음과 같이 알고리즘을 작성할 수 있다.

문제 해결을 위한 알고리즘

입력 반지름 값 --〉 변수명 : radius

출력 원의 둘레, 원의 면적 --〉 변수명 : circumference, area

처리 과정

1 원의 둘레와 원의 면적을 계산하기 위하여 반지름 값을 입력한다.

2 반지름 값이 입력되었으면 원의 둘레를 계산한다.
3 원의 면적을 계산한다.
4 원의 둘레와 원의 면적이 계산되었으면 원하는 결과를 출력한다.

프로그램 작성 결과

```
/*  원의 둘레와 원의 면적을 계산하는 프로그램 */
#include <stdio.h>
int main(void)
{
    int radius;                             //반지름 값 저장 변수 선언
    float circumference, area;              //원의 둘레, 원의 면적 저장 변수 선언

    printf("반지름 값을 입력하세요 ?");
    scanf("%d", &radius);                   //반지름 값 입력

    circumference = 2 * 3.14 * radius;      //원의 둘레 계산
    area = 3.14 * radius * radius;          //원의 면적

    printf("반지름 값 = %d\n", radius);               //반지름 값 출력
    printf("원의 둘레 = %f\n", circumference);        //원의 둘레 출력
    printf("원의 면적 = %f\n", area);                 //원의 면적 출력

    return 0;
}
```

프로그램 실행과 데이터 입력

```
입력 데이터 : 반지름 값을 입력하세요? 12↵
```

프로그램 실행 결과

```
반지름 값 = 12
원의 둘레 = 75.36
원의 면적 = 452.16
```

연습문제

1) 주석을 사용하는 이유에 대하여 기술하라.

2) 주석의 표현 방법에 대하여 기술하라.

3) stdio.h의 의미에 대하여 기술하라.

4) #include 〈stdio.h〉의 의미에 대하여 기술하라.

5) C 언어에서 정의되는 전처리기 지시어를 조사하여 그 기능에 대하여 기술하라.

6) 함수(Function)의 개념과 특징에 대하여 기술하라.

7) 함수를 사용하는 이유에 대하여 기술하라.

8) 함수에서 사용되는 return 0의 의미에 대하여 기술하라.

9) C 프로그래밍 언어를 사용할 때 변수 선언부를 기술하는 이유에 대하여 기술하라.

10) 변수 이름을 만드는 규칙에 대하여 기술하라.

11) C 언어에서 정의되는 표준 데이터 타입에 대하여 기술하라.

12) 변수(Variable)와 상수(Constant)에 대하여 기술하라.

13) 연산문을 구성하는 l-value와 r-value에 대하여 기술하라.

14) scanf() 함수의 일반적인 형식에 대하여 기술하라.

15) scanf() 함수를 사용할 때 &(앰퍼센트) 기호를 사용하는 이유에 대하여 기술하라.

16) 표준 입출력 함수에서 사용되는 형식 인자의 종류와 의미에 대하여 기술하라.

17) % 기호와 같은 형식 인자를 출력하는 방법에 대하여 기술하라.

18) 출력 형식 부호의 종류와 의미 그리고 사용 예에 대하여 기술하라.

Chapter 03

변수와 데이터 형태

제3장 변수와 데이터 형태

학습목표

- ▷ C 프로그램을 작성하기 위한 변수와 상수의 개념에 대하여 이해한다.
- ▷ 데이터 타입의 종류와 특성에 대하여 이해한다.
- ▷ 변수 이름을 만드는 규칙에 대하여 이해한다.
- ▷ 변수를 선언하는 방법과 변수의 값을 초기화하는 방법에 대하여 이해한다.
- ▷ 정수형 변수와 정수형 데이터의 특징과 사용하는 방법에 대하여 이해한다.
- ▷ 실수형 변수와 실수형 데이터의 특징과 사용하는 방법에 대하여 이해한다.
- ▷ 문자형 변수와 문자형 데이터의 특징과 사용하는 방법에 대하여 이해한다.
- ▷ 제어 문자와 기호 상수의 개념과 특징, 사용법에 대하여 이해한다.

우리는 2장에서 C 언어에서 사용되는 표준 입력문과 출력문에는 scanf()와 printf()가 존재함을 알았다. 입력문에 의해서 필요한 데이터를 컴퓨터에 입력하고, 처리한 결과를 출력문에 의해 화면에 나타나게 하는 것을 우리는 알았다. 이러한 모든 과정이 수행되기 위해서는 입력한 데이터, 처리한 데이터를 저장하기 위한 장소가 반드시 필요하다. 따라서 이 장에서는 데이터를 저장하기 위한 방법으로 변수와 상수를 정의하는 방법과 변수와 상수가 처리되는 과정에 대해 공부한다.

[3.1] 변수와 상수의 개념

3.1.1 변수의 개념

프로그램에서 필요한 모든 데이터는 반드시 컴퓨터에 저장할 장소를 필요로 한다. 컴퓨터 메모리의 임의의 공간에 필요한 데이터가 저장되어 있어야 수행중인 프로그램에서 데이터를 가져다가 필요한 작업을 진행하는 것이다. 이때 컴퓨터 메모리의 저장 공간과 프로그램에서 필요한 데이터와 연결하는 역할을 변수가 담당한다. 따라서 2장에서 공부한 것과 같이 프로그램을 작성할 때 변수를 미리 선언하면 선언된 변수들은 컴파일러에 의해서 컴퓨터 메모리에 임의의 주소가 결정되어 프로그램에서 변수를 지칭하면 자동적으로 해당 주소와 연결되어 각각의 데이터들이 자기 주소의 기억 공간에 저장되고 읽혀지게 되는 것이다.

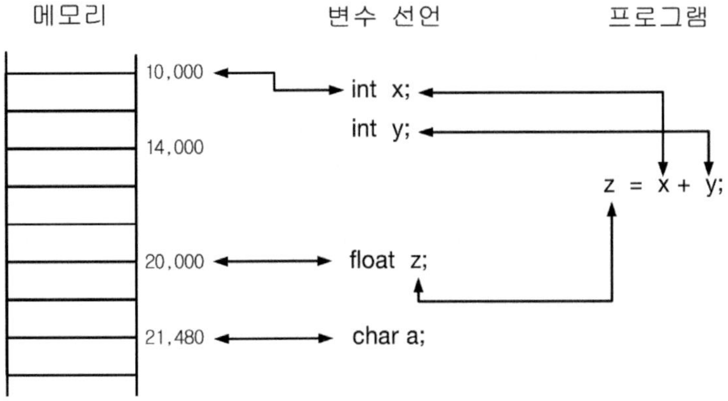

그림 3-1 물리적 메모리와 프로그램의 변수와의 관계

위에서 보여준 그림과 같이 프로그램을 작성하기 이전에 미리 선언된 변수들은 컴파일러에 의해서 선언된 변수들의 메모리 주소 공간을 하나씩 배정해 준다. 프로그램 환경에서는 선언된 변수들에 의해서 작업을 수행하지만 컴퓨터 환경에서는 배정된 주소에 의해서 작업을 수행하게 된다.

3.1.2 변수와 상수의 차이점

지금까지 선언된 변수에 의해서 프로그램에 필요한 데이터를 저장하는 것에 대하여 알아보았지만, 데이터를 저장하는 방법에는 변수 외에 상수라는 개념도 존재한다. 변수와 상수의 개념은 거의 유사하지만, 변수는 프로그램의 수행 중에 저장된 값이 프로그램에 의해 수시로 변경될 수 있지만 상수는 이와는 반대로 절대로 변경될 수 없다. 따라서 상수는 값이 한번 정해지면 프로그램을 종료할 때까지는 결정된 값을 그대로 유지시키게 되어 있다. 이러한 규칙을 지키지 않고 임의로 변경하려고 하면 그것은 당연히 에러가 발생하게 되는 것이다. 이것이 변수와 상수가 다른 점이다. 나머지는 컴퓨터에서 변수와 상수를 동일하게 처리한다.

```
/* 국어, 영어, 수학 점수의 총점과 평균을 계산하는 프로그램*/
    #include <stdio.h>
    int main(void)
    {
        int  kor, eng, mat, sum;  // 국어, 영어, 수학, 총점 점수 데이터 저장
        float ave;                // 평균 점수 저장

        scanf("%d %d %d", &kor, &eng, &mat);        // 국어,영어,수학입력
        sum = kor + eng + mat;                     //총점 계산
        ave = sum  / 3.0 ;                         //평균 계산

        printf("국어 점수 = %d\n", kor);              // 국어점수 출력
        printf("영어 점수 = %d\n수학 점수 = %d\n", eng, mat );  //영어, 수학 점수 출력
        printf("총점 값은 = %d\n평균 값은 = %f\n", sum, ave);   //총점, 평균값 출력
        return 0;
    }
```

변수 (kor, eng, mat, sum; ave;)

상수 (3.0)

그림 3-2 변수와 상수의 사용 예

위의 그림에서 보여준 것처럼 변수는 선언부에 데이터 타입과 함께 정의되고 상수는 3.0처럼 숫자를 사용하여 정의되는 것만은 아니다. 상수도 변수와 마찬가지로 또 다른 방식으로 정의해 사용한다.

상수는 우리가 지금까지 이해한 것만 가지고도 프로그램에서 그 쓰임새는 아주 다양하다. 우선 kor = 70;과 같이 임의의 변수에 초기값을 지정하거나, 프로그램을 위한 연산 수식을 만들 때, 문자 또는 문자열을 사용할 때 등등 상수는 프로그램에서 반드시 필요한 요소가 된다. 또한 상수를 사용하는 방법에 따라 작성한 프로그램의 활용도가 한층 더 쉬울 수도 있다.

또 하나 기억할 사항은 컴퓨터에서 변수와 상수를 동일하게 처리한다고 설명한 것을 기억할 것이다. 따라서 상수로 선언된 데이터도 컴파일러에 의해 임의의 메모리 공간에 저장하여 사용되게 된다는 것이다. 상수가 메모리 공간에 저장되어 있지만 참조만 가능한 저장 공간으로 분류가 되어 있어 변경이 불가능한 것이다.

3.1.3 키워드(Key word, 예약어)

키워드(예약어)는 C 프로그래밍 언어에서 고유한 의미를 가지고, 특별한 용도로 사용하는 단어들을 의미하며, 식별자나 변수 이름으로 사용 할 수 없다. 키워드는 예약어(reserved word)라고도 한다. 예약어의 의미는 C 프로그래밍 언어가 특별한 용도로 사용하려고 미리 점유한 단어라는 의미이다. 따라서 우리는 이러한 단어들을 식별자나 변수 이름으로 지정할 수 없다. 이러한 규정을 무시하고 변수 이름으로 사용하면 컴파일러에 의해서 문법 에러(syntax error)라고 화면에 나타난다. 또한 예약된 식별자(reserved identifier)도 존재하는데 예약된 식별자는 아래의 표에서 보여주는 것처럼 밑줄 문자(_)로 시작하는 특별한 단어들과 printf()처럼 표준 라이브러리 이름들을 의미한다. 예약된 식별자 역시 식별자나 변수 이름으로 사용 할 수 없다. 다음의 표는 ISO/ANSI에서 정의한 C 언어의 키워드를 나열한 것이다.

표 3-1 ISO/ANSI C 키워드

auto	enum	restrict	unsigned
break	extern	return	void
case	float	short	volatile
char	for	signed	while
const	goto	sizeof	_Bool
continue	if	static	_Complex
default	inline	struct	_Imaginary
do	int	switch	
double	long	typedef	
else	register	union	

3.2 데이터 타입(자료형)

3.2.1 데이터 타입의 필요성

그림 3-3에서 보는 것처럼 우리가 학교에서 몇 사람이 모여서 어떠한 장소로 이동하는 경우를 생각해 본다. 이동하기 위한 운송 수단은 모두 준비되어 가능하다고 가정한다. 만약에 4명 이하이

면 택시를 타면 가능할 것이고, 만약에 5명인 경우에는 자가용을 가지고 있는 사람이 있다면 자가용을 타면 가능할 것이고, 만약에 10명인 경우는 봉고차를 타면 가능할 것이고, 만약에 20명인 경우는 25인승 버스를 타면 가능할 것이다.

그림 3-3 이동을 위한 인원수와 운송 수단과의 관계

위의 그림에서 보여준 것과 같이 현실에서도 이동을 위한 인원수와 운송 수단과의 관계가 정해져 있다. 이동하는 인원수에 따라 운송 수단이 할당되는 것처럼 컴퓨터에서도 사용하는 데이터에 따라 기억 공간이 할당되어 있기 때문에 사용하는 데이터를 위한 데이터 타입(자료형)을 정의하는 것이 필요한 것이다.

3.2.2 데이터 타입의 분류

우리가 프로그램을 작성하고 실행할 때 사용되는 데이터의 종류는 여러 가지가 존재한다. 예를 들어서 국어 점수, 영어 점수, 수학 점수가 75, 80 90과 같은 정수 형태의 데이터가 존재하게 될 것이고, 평균을 계산한 결과가 81.67과 같은 실수 형태의 데이터가 존재하게 될 것이고, 그리고 이름이 Hong Gil-Dong과 같은 문자 또는 문자열 형태의 데이터가 존재하게 될 것이다.

이와 같이 컴퓨터에서 처리되는 데이터는 크게 정수형 데이터, 실수형 데이터, 문자형 데이터로 분류되고, 처리가 된다. 그러나 컴퓨터에서 데이터를 저장하기 위한 기억 공간의 구조는 동일하지 않다는 것이다. 컴퓨터는 정수형, 실수형, 문자형 데이터를 위해 각각의 데이터 형태에 알맞은 기억 공간을 준비하므로 우리는 이러한 규칙을 따라 데이터 타입을 프로그램에 정의해 주어야 한다. 그리고 우리는 일반적으로 실수형 데이터 타입이라고 편하게 부르지만, C 프로그래밍 언어에서는 부동 소수점형 데이터 타입이라고 부른다. 실수형 데이터 타입과 부동 소수점형 데이터 타입은 동일한 용어로 인식하면 될 것이다. 결론적으로 프로그램에서 데이터 타입을 정의해 주면 컴퓨터는 정의된 형태에 따라 기억 공간을 준비한다.

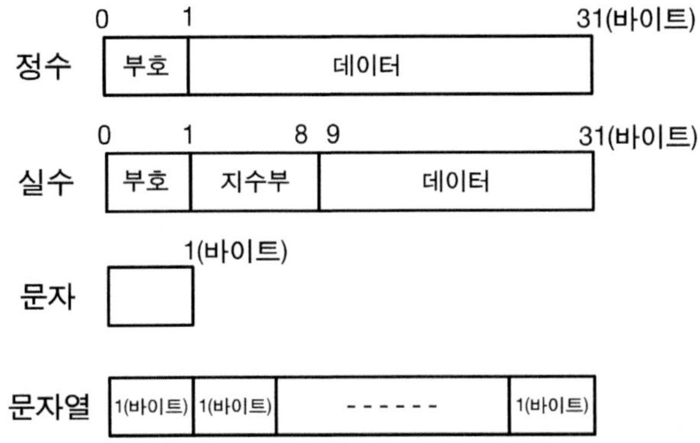

그림 3-4 변수의 데이터 타입과 할당된 기억 공간의 형태

변수의 데이터 타입이 정수형, 실수형, 문자형 중에서 하나로 정의되면 정해진 데이터 형태만 저장되고 참조된다. 즉 하나의 변수가 정수로 정의되면 정수만을 저장하고, 실수로 정의되면 실수만을 저장하게 된다. 만약에 이러한 정의를 무시하고 하나의 변수를 정수로 정의하고 81.67과 같은 실수를 저장하게 되면 컴퓨터는 저장할 데이터를 정수로 만들어서 저장하게 된다. 결론적으로 정의된 변수의 데이터 타입이 먼저 우선하여 처리된다.

C 프로그래밍 언어에서 사용되는 데이터 타입은 정수형 데이터 타입(integer data type), 부동 소수점형 데이터 타입(floating point data type), 문자형 데이터 타입(character data type)으로 분류할 수 있다. 다음에서 보여주는 표는 C 프로그래밍 언어에서 정의되는 표준 데이터 타입을 보여준다.

표 3-2 C 언어에서 정의되는 표준 데이터 타입

	데이터 타입	사용 키워드	바이트 길이	데이터 범위	부호
표준 데이터 타입	정수형	short	2	-32768~32767	있음
		int	4	-2147483648~2147483647	
		long	4	-2147483648~2147483647	
		unsigned short	2	0~65535	없음
		unsigned int	4	0~4294967295	
		unsigned long	4	0~4294967295	
	실수형	float	4	$1.2*10^{-38}$~$3.4*10^{38}$	있음
		double	8	$2.2*10^{-308}$~$1.8*10^{308}$	있음
		long double	8	$2.2*10^{-308}$~$1.8*10^{308}$	있음
	문자형	char	1	-128~127	있음
		unsigned char	1	0~255	없음
	문자열	string	문자의 개수 만큼의 기억 공간 필요		

[3.3] 정수형 변수와 정수형 데이터

정수형 데이터 타입(integer data type)은 1234 또는 -1234와 같이 양의 정수 또는 음의 정수를 저장하게 되고, 저장되는 데이터의 크기에 따라서 short, int, long 중에서 하나를 선택하면 된다. 일반적으로 많이 사용되는 정수형 선언은 int이다.

3.3.1 정수형 변수와 데이터

정수형 데이터는 소수점이 없는 데이터를 의미한다. 즉 0에서부터 9까지의 숫자와 + 또는 - 기호에 의해서 만들어지는 데이터를 정수형 데이터라고 한다. 그리고 정수형 데이터는 정수형 변수에 저장이 된다. 컴퓨터는 정수형 데이터의 저장을 위해서 다음과 같은 3가지의 정수형 변수에 대한 물리적인 기억 공간을 준비하고 있다.

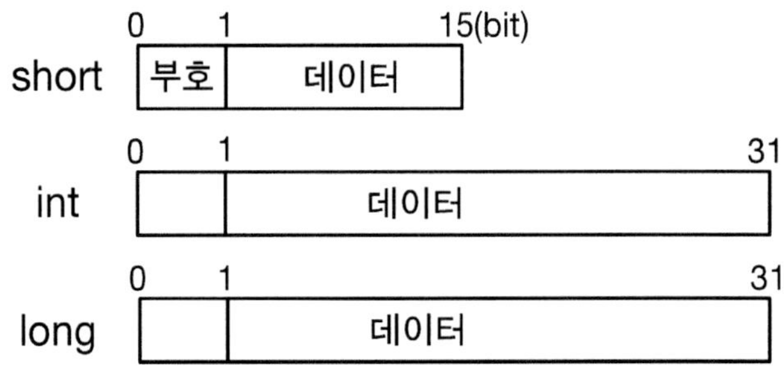

그림 3-5 정수형 데이터를 위한 물리적 기억 공간의 구조

위의 그림에서 보는 것처럼 정수형 데이터는 양수, 음수를 나타내는 부호와 데이터로만 구성된 값이다. 정수형을 나타내는 데이터 타입은 short, int, long과 같이 3가지가 존재한다. 데이터 타입의 선택은 프로그램에서 사용하는 데이터의 크기를 미리 파악하여 short, int, long의 3가지 중에서 결정하면 된다.

이전에 열거한 표 3-2에서 나타내는 것과 같이 short 데이터 타입인 경우는 데이터의 저장 범위가 부호 비트를 제외하고 저장되는 데이터가 15 비트이므로 -2^{15}~2^{15}-1 즉 -32,768~32,767이고 , int인 경우는 데이터의 저장 범위가 -2^{31}~2^{31}-1 즉 -2,147,483,648~2,147,483,647, long인 경우는 데이터의 저장 범위가 역시 -2,147,483,648~2,147,483,647이다. 따라서 프로그램을 작성할 때 실행되는 데이터도 함께 파악하여 데이터 타입을 선택하면 된다.

위에서 보여준 표 3-2 또는 그림 3-5에서 보는 것과 같이 int, long의 데이터의 저장 범위는 동일하게 표현되고 있다. 이것은 C 프로그래밍 언어뿐만 아니라 다른 언어에서도 동일하게 다루어진다. 이러한 이유는 현재 우리가 사용하는 컴퓨터는 메모리가 32 비트(bit) 1 워드(word) 형태의 메모리를 사용하고 있다. 즉 1 워드가 32 비트라는 의미이다. 메모리에 저장된 데이터는 워드 단위로 프로세서에 전송되어 처리되고 저장된다. 따라서 최대로 전송되는 데이터가 32 비트이므로 데이터의 저장 범위가 32 비트 밖에 안 된다는 것이다.

그리고 정수를 나타내는 또 다른 데이터 타입으로는 unsigned라는 단어가 붙은 unsigned short, unsigned int, unsigned long이 있다. 여기에서 unsigned의 의미는 부호를 사용하지 않는다는 것이다. 즉 음수를 사용하지 않는 다는 것이다. 따라서 프로그램에서 취급하는 데이터가 음수를 사용하지 않는 경우는 unsigned가 붙은 정수형 데이터 타입으로 설정하는 것이 좋다.

unsigned가 붙은 정수형 데이터 타입은 부호가 없으므로 16 비트 또는 32 비트에 양의 정수를 모두 저장할 수 있으므로 unsigned short 데이터 타입인 경우는 저장되는 데이터가 16 비트이므로 2^{16} 즉 0~65,535이고 , unsigned int인 경우는 데이터의 저장 범위가 2^{32} 즉 0~4,294,967,295가 된다. 따라서 unsigned가 붙은 정수형 데이터 타입은 일반적인 정수형 데이터 타입보다 더 큰 데이터를 저장할 수 있다.

또 하나 정수형 데이터 타입에서 주목할 사항은 데이터 타입이 정수형이지만 정수를 저장하면 물리적 메모리에 실제로 저장되는 데이터는 2진수 데이터라는 것이다. 예를 들어서 정수형 변수 kor에 70을 저장하면 70이라는 정수값이 2진수로 변환되어 저장된다. 70에 대한 2진수 값은 1000110이므로 다음의 그림과 같이 저장되는 것이다.

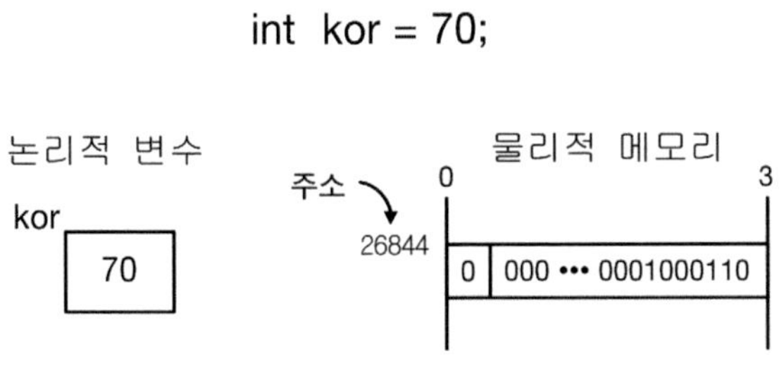

그림 3-6 수형 데이터의 실질적인 저장 형태

위의 그림 3-6에서 보는 것처럼 kor 변수에 70을 저장하면 70이 양수이므로 부호 비트는 0이 저장되고 나머지 31 비트에 2진수 값이 저장된다. 저장된 2진수 값을 화면으로 출력시키면 10진수뿐만 아니라 8진수, 16진수로 출력이 가능하게 된다. 이것은 출력하기 위하여 printf() 함수를 사용할 때 다음의 표 3-3에서 열거한 변환 문자열을 사용하면 2진수로 저장된 데이터가 지정한 변환 문자열에 의해 10진수뿐만 아니라 8진수, 16진수로 출력이 된다.

표 3-3 printf() 함수의 변환 문자열의 종류와 의미

변환 문자열	출력 의미
%d	부호 있는 정수
%u	부호 없는 정수
%x	부호 없는 16진수
%o	부호 없는 8진수

예를 들어서 kor 변수에 70이 저장되어 있고 다음의 그림과 같은 printf() 함수로 출력을 시키면 똑같은 데이터가 지정한 변환 문자열에 의해 10진수, 8진수, 16진수 형태로 각각 출력이 된다.

printf() 함수에 변환 문자열 %d를 사용하여 출력을 하는 경우는 메모리에 기억된 2진수 데이터를 10진수 데이터로 변환시켜 출력된다. 마찬가지로 %u, %o, %x를 사용하여 출력을 하는 경우는 각각 부호 없는 10진수, 8진수, 16진수 형태로 출력이 된다.

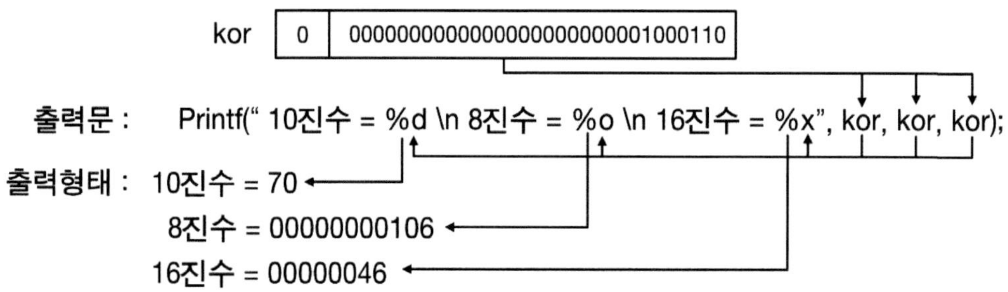

그림 3-7 변환 문자열과 출력 형태의 관계

지금까지는 정수형 데이터를 출력하는 변환 문자열을 지정하고 자동적으로 출력하는 형태를 설명하였다. 컴퓨터는 별도의 지정이 없으면 C 프로그래밍 언어에서 정의된 형태대로 데이터를 자동으로 출력한다.

그러나 우리가 보고서를 출력하거나 정의된 문서에 알맞게 출력을 원하는 경우에는 지금처럼 자동적으로 출력하면 원하는 형태처럼 데이터 출력이 불가능하게 된다. 다시 말하면 사용자 요구에 맞는 출력물을 얻을 수 없다는 것이다. 따라서 사용자 요구에 적합한 출력물을 얻기 위해서는 사용하는 변환 문자열 앞에 출력하는 데이터의 자리수를 지정해 주는 방법이 존재한다.

예제 3.1 printf( ) 문장_1

```
printf("국어 점수 = %d\n", kor);    //국어 점수 출력
```

프로그램 실행 결과

```
국어 점수 =        75
```

예제 3.1에서는 국어 점수를 저장하고 있는 kor 변수의 값을 %d를 이용하여 자동으로 출력하라는 의미이다. 그러나 우리 모두가 아는 것처럼 국어 점수 값은 최고 100점으로 3자리를 사용하여 출력할 수 있다. 따라서 위에서 사용한 printf() 문장을 다음과 같이 변경할 수 있다.

예제 3.2 printf( ) 문장_2

```
printf("국어 점수 = %3d\n", kor);  //국어 점수 출력
```

프로그램 실행 결과

```
국어 점수 = 75
```

예제 3.2와 같이 출력하는 데이터의 자리수를 지정하기 원하는 경우에는 %d 사이에 원하는 자리수 값을 나타내면 된다. 여기에서는 %3d로 지정하였으므로 3자리로 출력하라는 의미가 되고 위에서 보여준 2가지의 예제처럼 출력 결과는 다르게 나타난다. 결과적으로 자리수를 지정한 변환 문자의 사용은 좀 더 깔끔한 출력 결과물을 만들 수 있다는 것이다.

3.3.2 정수형 상수

일반적으로 70, 85, 96과 같이 0에서부터 9까지의 숫자와 + 또는 - 기호에 의해서 만들어지는 데이터를 정수형 상수라고 한다. 정수형 상수는 보통 int라는 정수형으로 취급되며, int라는 정수형 변수에 저장된다. 그러나 int 형 변수의 저장 범위를 초과하는 정수형 상수를 사용하는 경우는

컴파일러에 의해서 long 형태의 정수형 상수로 자동 변환되어 사용되고 이보다도 더 큰 정수형 상수는 unsigned int 형태의 정수형 상수로 자동 변환되어 사용된다. 따라서 프로그램에서 상수 데이터를 사용하면 컴파일러는 사용하는 상수 데이터를 파악하여 int 또는 long 형태의 정수형 상수로 자동 변환시키므로 크게 신경을 쓰지 않고 정수형 상수를 사용하면 된다.

그러나 컴파일러에게 자동으로 변환을 맡기지 않고 직접 정수형 상수의 형태를 지정하고 싶은 경우는 정수형 상수 데이터의 접미사로 u, l, ul을 첨가하여 나타내면 각각을 unsigned int, long, unsigned long으로 인식하여 처리된다. 다음의 표는 정수형 상수를 표현하는 접미사에 대하여 보여준다.

표 3-4 정수형 상수의 접미사와 사용 예

접미사	데이터 타입	사용 예
u, U	unsigned int	1234u, 1234U
l, L	long	1234l, 1234L
ul, UL	unsigned long	1234UL, 1234UL

3.4 실수형 변수와 실수형 데이터

실수형은 실수값을 나타내는 데이터 타입이며, 양의 실수 또는 음의 실수를 사용하는 경우 선언되는 데이터 타입이다. 실수형 데이터를 선언할 때에는 사용되는 데이터의 크기에 따라서 float, double, long double 중에서 하나를 선택하면 된다. 일반적으로 많이 사용되는 실수형 선언은 float이다.

3.4.1 실수형 변수와 데이터

실수형 데이터 타입은 0.15 또는 3.14와 같이 소수점을 포함한 데이터를 말한다. 실수형 데이터 타입은 부동 소수점형 데이터 타입(floating point data type)이라고도 부른다. 부동 소수점은 소수점이 숫자 중간에 존재한다는 의미이다. 실수형 데이터 타입은 일반적으로 매우 큰 데이터 또는 매우 작은 데이터를 저장할 수 있다. 따라서 과학 분야 또는 공학 분야에서 사용하는 데이터들을 저장하기 적합한 데이터 타입이다.

실수형 데이터는 실수형 변수에 저장이 된다. 컴퓨터는 실수형 데이터의 저장을 위해서 다음과 같은 3가지의 실수형 변수에 대한 물리적인 기억 공간을 준비하고 있다.

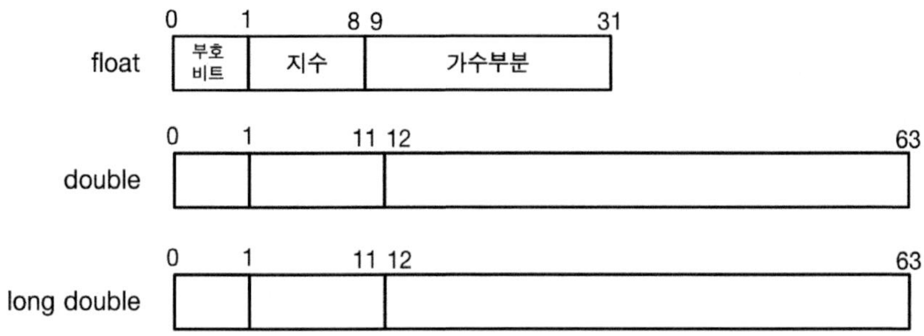

그림 3-8 실수형 데이터를 위한 물리적 기억 공간의 구조

위의 그림에서 보는 것처럼 실수형 데이터는 양수, 음수를 나타내는 부호와 지수 부분과 가수 부분으로 구성된 값이다. 실수형을 나타내는 데이터 타입은 float, double, long double과 같이 3가지가 존재한다. 데이터 타입의 선택은 프로그램에서 사용하는 데이터의 가수 부분 크기를 미리 파악하여 float, double, long double의 3가지 중에서 결정하면 된다.

우리는 프로그램을 작성하면서 실수형 데이터를 123.4567와 같은 형태로 대부분 정의한다. 그러나 컴퓨터 환경에서는 정의된 123.4567을 그대로 메모리에 저장하지 않고 정규화(normalization)라는 과정을 거쳐서 그림 3-9에서 보여준 것과 같은 구조로 $0.123456*10^3$으로 변형하여 저장한다. 여기에서 0.123456을 가수 부분이라고 하고, 지수 부분은 10^3이 저장되지 않고 지수 값이 3이므로 3이 저장된다. 부호 비트는 123.4567가 양수이므로 0이 기억된다.

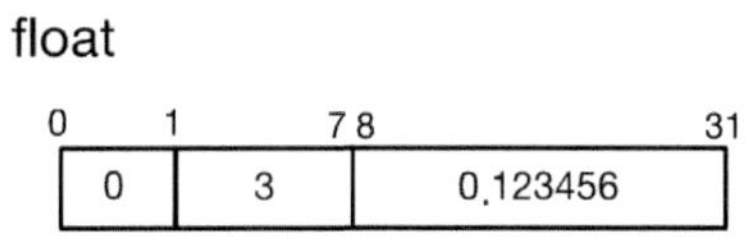

그림 3-9 실수형 데이터의 물리적 표현 예

가수 부분은 실수의 정밀도를 나타내는 유효 숫자를 기억한다. 따라서 유효 숫자가 많으면 많을수록 표현되는 실수는 더욱 더 정확하게 표현이 된다. 그리고 지수 부분은 표현하는 실수의 크기를 나타낸다. 지수 부분의 값이 커질수록 더 큰 수를 표현할 수 있다. 예를 들어서 실수형 데이터를 32비트로 표현하는 경우는 가수 부분은 0.123456과 같이 6자리의 10진수까지 표현되고, 지수 부분은 -38~38까지 표현이 가능하여 아주 작은 수에서부터 아주 큰 수까지 표현이 가능하다.

가수 부분에서 표현되는 유효 숫자의 개수는 실수형 데이터의 정밀도와 밀접한 관계가 있다. 예를 들어서 $\frac{1}{3}$을 실수형 변수에 저장하는 경우 가수 부분의 저장 능력에 한계가 있으므로 0.333333이 가수 부분에 저장된다. 이렇게 저장된 실수형 데이터는 정확한 데이터라고 할 수가 없다. 원래의 데이터에서 소수점이하 6자리를 제외한 나머지 부분인 0.000000333......33이 떨어지면서 데이터가 저장되었다. 이렇게 잘려나간 데이터를 오차(error)라고 한다. 따라서 실수형 데이터 타입은 이러한 오차를 줄이기 위하여 가수 부분의 표현 범위를 double, long double과 같은 데이터 타입을 준비하고 있다. 그러므로 사용하는 데이터와 발생되는 오차를 파악하여 준비된 3가지 데이터 타입 중에서 선택하여 사용하면 된다.

실수형 데이터를 표현하는 또 다른 방법으로 지수 표기법이 존재한다. 지수 표기법은 123.456과 같이 일반적으로 사용하는 실수형 데이터와 같이 표현하는 것이 아니라 메모리에 저장된 형태를 그대로 표현하는 방식이다. 예를 들어서 실수형 데이터 123.456은 $0.123456*10^3$으로 변형하여 저장한다고 설명하였다. 따라서 지수 표기법은 가수 부분인 0.123456은 그대로 표현하고, 지수 부분인 10^3은 영문자 E 또는 e를 사용하여 E3 또는 e3과 같이 표현하여 0.123456e3과 같이 표현하면 된다.

3.4.2 실수형 변수와 데이터 출력을 위한 변환 문자열

일반적으로 실수형 데이터를 출력하기 위한 변환 문자열은 %f를 자주 사용한다. %f는 실수형 데이터를 출력하기 위한 변환 문자열이다. 우리는 이전의 설명에서 실수형 데이터는 부호 비트, 지수 부분, 가수 부분으로 분리하여 저장된다는 것을 이해하였다. 변환 문자열은 %f는 분리하여 저장된 실수형 데이터를 일반적인 실수형 데이터 형태로 출력시키는 기능을 수행한다.

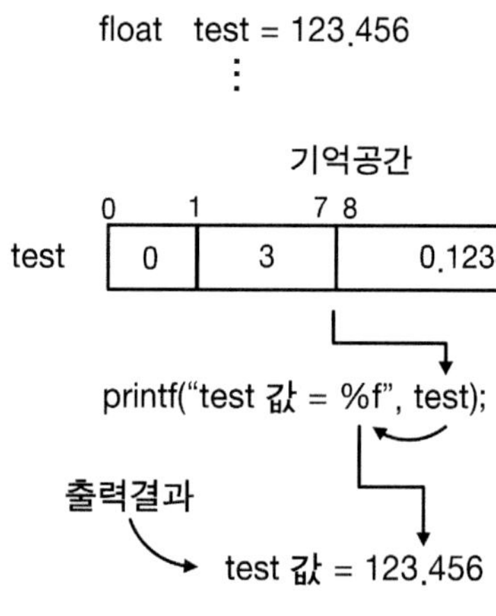

그림 3-10 실수형 데이터의 출력과 변환 문자열 %f

위에서 보여준 그림 3-10과 같이 변환 문자열 %f는 기억된 실수형 데이터의 지수 부분과 가수 부분을 다시 조정하여 일반적인 실수 형태로 출력을 시킨다. 그림에서 보는 것처럼 가수 부분의 데이터가 0.123456이지만 지수 부분이 3이므로 이것을 다시 계산하면 123.456으로 출력하게 되는 것이다.

여기에서 한 가지 반드시 기억해야 되는 요소가 존재하는데, 변환 문자열 %f는 $\frac{1}{3}$과 같은 데이터를 전부 출력하지 못하고 소수점 아래로 6자리만을 출력한다. 즉 출력된 결과는 0.333333이 된다. 이와 같이 소수점 이하의 데이터가 긴 경우는 반올림하여 소수점 아래로 6자리를 표현한다. 다음의 예제를 보면서 표현 형태를 이해하면 된다.

예제 3.3

```
printf("%f", 1/3);                //1 나누기 3의 결과를 출력
printf("%f", 0.123456789);        //0.123456789 값을 출력
```

프로그램 실행 결과

```
0.333333
0.123457
```

실수형 데이터의 출력은 이전에 설명한 정수형 데이터의 출력처럼 출력하기 원하는 자리수를 지정해 주면 된다. 예를 들어서 %f를 사용하여 자동으로 출력하는 것이 아니라 %5.2f와 같이 %f 사이에 표현하기 원하는 자리수를 나타내면 된다. 여기에서 한 가지 중요한 사항은 소수점도 자리수에 포함된다는 것이다. 그러므로 소수점을 포함한 자리수를 계산하여 나타내야 된다. %5.2f의 의미는 소수점을 포함한 전체 자리수는 5자리이고, 소수점 아래는 2자리로 출력하라는 것으로 78.32와 같이 나타난다.

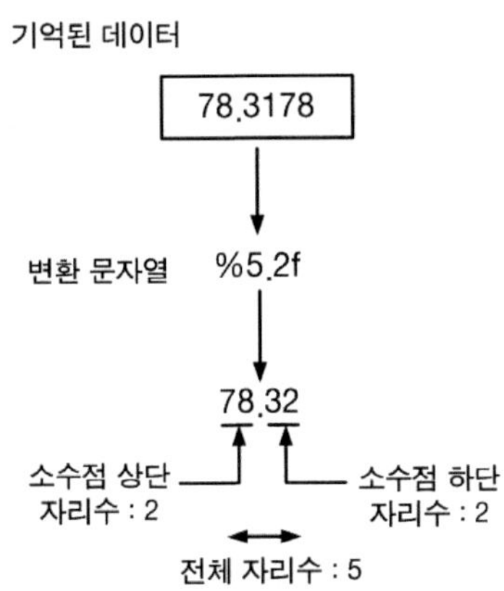

그림 3-11 변환 문자열 %5.2f의 구조

지금까지는 실수형 데이터의 변환 문자열 %f를 사용하여 일반적인 실수 형태로 출력하는 것을 다루었다. 실수형 데이터를 출력하는 변환 문자열은 %f뿐만 아니라 영문자 e 또는 E를 사용하여 %e 또는 %E 사용하여 표현할 수 있다. %e 또는 %E를 사용하면 저장된 실수형 데이터를 지수 표기법으로 출력한다. 저장된 실수형 데이터가 너무 작은 경우나 매우 큰 경우에는 %f를 사용하여 모두 표현이 불가능하므로 %e 또는 %E를 사용하여 지수 표기법으로 출력하여 나타내는 것이 바람직하다.

%e 또는 %E와 같은 지수 표기법은 %f와 마찬가지로 소수점 아래로 6자리만을 출력한다. %e 또는 %E의 사용 방법은 %f를 사용하여 일반적인 실수 형태로 출력하는 방법과 동일하게 나타내면 된다. 예를 들어서 %e 또는 %12.4e와 같이 나타내면 된다. %e를 사용하면 소수점 이하 6자리만을 출력하고, %12.4e와 같이 나타내면 사용자가 정의한 자리수가 4이므로 소수점 이하 4자리만을 출력한다.

다음은 %e 또는 %E와 같은 지수 표기법의 형식을 나타낸다.

```
                [부호1] d.dddddde [부호2] ddd 형식으로 출력

설명 :          부호1   : 양수인 경우 공백 출력
                d.      : 소수점 위의 자리수
                dddddd  : 소수점 아래 자리수
                부호2   : 지수의 부호 표시
                ddd     : 지수 부분 자리수

사용 예)
                printf( "%e",  3.14        );        // 3.140000e+000
                printf( "%E", -123.456789 );        // -1.234568E+002
```

3.4.3 실수형(부동 소수점) 상수

실수형 상수는 정수형 상수와는 다르게 3.14 또는 0.15와 같이 소수점을 가지고 있다. 실수형 상수는 실수형 변수에 저장되는 데이터를 지칭하는 용어이다. 소수점이 있는 실수형 상수는 일반적으로 double 데이터 타입으로 취급된다. 만약에 float 데이터 타입으로 실수형 상수를 사용하기 원하는 경우에는 상수 데이터의 마지막에 영문자 f 또는 F를 첨가하면 된다.

```
사용 예)
                        123.456789f
              또는       123.456789F
```

실수형 상수는 위에서 보여준 것과 같이 일반적으로 사용하는 형태로 정의할 수 있지만, 실수형 상수는 이전에 설명한 지수 표기법을 사용하여 표기할 수도 있다. 여기에서 실수형 상수를 지수 표기법으로 나타날 때는 영문자 e 또는 E를 사용하여 표기한다. 예를 들어서 123.456789는 1.23456789e2 또는 1.23456789E2로 나타내면 일반적으로 사용하는 실수 형태의 상수나 지수 표기법을 사용한 상수는 동일한 데이터로 취급된다.

[3.5] 문자형 변수와 문자형 데이터

문자(Character)는 여러 다양한 데이터 가운데 우리가 가장 흔하게 사용하는 것이다. 문자 데이터는 수월하게 조작할 수 있는 데이터로서 주로 키보드를 통하여 입력된다. 문자는 상대방에게 의미를 전달하는 것을 목적으로 하는 데이터로서 문자, 기호, 단어, 구, 문장, 다이어그램, 도표 등등 사용 범위가 다양하다.

3.5.1 문자형 변수와 데이터

문자는 다른 종류의 멀티미디어 데이터들 보다 기억장치의 용량을 적게 차지하므로 같은 메모리를 사용할 경우 가장 많은 정보를 표현할 수 있다. 컴퓨터 내부에서 모든 문자는 이진법을 사용하는 컴퓨터 내부의 코드(code)로 표시되며 각각의 문자에 하나의 고유한 숫자가 할당되고, 1바이트(8비트) 코드를 사용한다.

개인용 컴퓨터에서 전 세계적으로 가장 널리 사용되고 있는 코드는 ASCII(American Standard Code for Information Interchange) 코드이다. 미국에서 제정된 데이터 처리 및 통신 시스템 상호간의 정보 교환용 7bit 표준 코드를 말한다. 1963년 미국 표준 협회(ASA)가 제정하였으며, 미니컴퓨터, 퍼스널컴퓨터 등과 같은 소형 컴퓨터를 중심으로 세계 각국에 보급되었다. ASCII 코드는 96개의 영어 대문자, 영어 소문자, 숫자, 특수 문자와, 32개의 제어 문자를 포함하여 128개 문자를 입력시킬 수 있다. 아래 표 3-5에 많이 사용하는 ASCII 코드와 그에 따른 기호(Symbol)를 표시하였다.

표 3-5 ASCII 코드의 문자와 숫자 그리고 특수 문자

10진수	16진수	ASCII 문자	의미	Ctrl-char	10진수	16진수	ASCII 문자
0	00	NULL	Null	Ctrl-@	64	40	@
1	01	SOH	Start Of Heading	Ctrl-A	65	41	A
2	02	STX	Start Of Text	Ctrl-B	66	42	B
3	03	ETX	End Of Text	Ctrl-C	67	43	C
4	04	EOT	End Of Transmission	Ctrl-D	68	44	D
5	05	ENQ	Enquiry	Ctrl-E	69	45	E
6	06	ACK	Acknowledge	Ctrl-F	70	46	F
7	07	BEL	Bell	Ctrl-G	71	47	G
8	08	BS	Backspace	Ctrl-H	72	48	H
9	09	HT	Horizontal Tab	Ctrl-I	73	49	I
10	0A	LF	Nl Line Feed New Line	Ctrl-J	74	4A	J
11	0B	VT	Vertical Tab	Ctrl-K	75	4B	K
12	0C	FF	Np Form Feed New Page	Ctrl-L	76	4C	L
13	0D	CR	Carriage Return	Ctrl-M	77	4D	M
14	0E	SO	Shift Out	Ctrl-N	78	4E	N
15	0F	SI	Shift In	Ctrl-O	79	4F	O
16	10	DLE	Data Link Escape	Ctrl-P	80	50	P
17	11	DC1	Device Control 1	Ctrl-Q	81	51	Q
18	12	SC2	Device Control 2	Ctrl-R	82	52	R
19	13	SC3	Device Control 3	Ctrl-S	83	53	S
20	14	SC4	Device Control 4	Ctrl-T	84	54	T
21	15	NAK	Negative Acknowledge	Ctrl-U	85	55	U
22	16	SYN	Synchronous Idle	Ctrl-V	86	56	V
23	17	ETB	End Of Trans. Block	Ctrl-W	87	57	W
24	18	CAN	Cancel	Ctrl-X	88	58	X
25	19	EM	End Of Medium	Ctrl-Y	89	59	Y
26	1A	SUB	Substitute	Ctrl-Z	90	5A	Z
27	1B	ESC	Escape	Ctrl-[	91	5B	[
28	1C	FS	File Separator	Ctrl-\	92	5C	\
29	1D	GS	Group Separator	Ctrl-]	93	5D	]
30	1E	RS	Record Separator	Ctrl-·	94	5E	·

10진수	16진수	ASCII 문자	의미	Ctrl-char	10진수	16진수	ASCII 문자
31	1F	US	Unit Separator	Ctrl-_	95	5F	_
32	20	SP	Space		96	60	.
33	21	!			97	61	a
34	22	"			98	62	b
35	23	#			99	63	c
36	24	$			100	64	d
37	25	%			101	65	e
38	26	&			102	66	f
39	27	'			103	67	g
40	28	(			104	68	h
41	29	)			105	69	i
42	2A	*			106	6A	j
43	2B	+			107	6B	k
44	2C	'			108	6C	l
45	2D	-			109	6D	m
46	2E	.			110	6E	n
47	2F	/			111	6F	o
48	30	0			112	70	p
49	31	1			113	71	q
50	32	2			114	72	r
51	33	3			115	73	s
52	34	4			116	74	t
53	35	5			117	75	u
54	36	6			118	76	v
55	37	7			119	77	w
56	38	8			120	78	x
57	39	9			121	79	y
58	3A	:			122	7A	z
59	3B	;			123	7B	{
60	3C	〈			124	7C	|
61	3D	=			125	7D	}
62	3E	〉			126	7E	~
63	3F	?			127	7F	DEL

ASCII 코드는 7bit로 구성된 2진 코드로 2^7=128개의 서로 다른 문자를 표현할 수 있는데, 코드의 비트 번호는 오른쪽에서부터 부여한다. 현재 ASCII코드는 대부분의 컴퓨터에서 사용되고 있으며, 특히 데이터 통신에서 널리 이용되고 있다.

ASCII 코드는 기본적으로는 8비트를 사용하여 256 개의 문자를 표현한다. 그러나 영문자의 경우 대문자, 소문자, 숫자, 특수기호 등을 포함할 경우 100여 개의 문자만 표현하면 되므로 8비트 중 가장 위의 1비트를 제외한 7 비트만을 사용하여 128개의 문자를 표현하고 제일 위의 비트는 오류 확인 목적으로 사용된다. ASCII 코드로 표시할 수 있는 것은 대문자 26자, 소문자 26자, 숫자 10자, 특수문자 32자, 제어문자 34자가 된다.

3.5.2 문자형 변수와 문자 상수

문자형 변수에는 문자 데이터가 저장이 된다. 문자형은 하나의 문자를 저장하기 위한 데이터 타입이다. 문자형 데이터 타입으로 선언된 변수에는 영문자 1글자를 저장할 수 있다. 정의된 변수를 문자형으로 선언하기 위해서는 char이라고 정의하면 된다.

```
char ch1, ch2, ch3;        //ch1, ch2, ch3라는 문자형 변수를 선언
```

문자형 변수를 선언하면 선언된 각각의 문자형 변수에 대하여 1바이트의 기억 공간을 할당한다. 문자형 변수는 1바이트의 기억 공간이 할당되므로 저장되는 문자는 1문자이다. 할당된 문자형 변수에는 표 3-5에서 보여준 ASCII 코드 값이 저장된다. 다시 말하면 우리가 키보드를 통해서 'A'라는 문자를 입력하면 컴퓨터는 'A'라는 문자를 할당된 1바이트 기억 공간에 저장하는 것이 아니고, 'A'라는 문자의 코드 값인 65가 저장되는 것이다. ASCII 코드에서 보는 것처럼 각각의 문자가 정수로 표현되므로 의미적으로는 문자를 저장했지만, 실제적으로는 숫자인 코드 값이 저장되는 것이다. 따라서 printf() 함수를 사용하여 출력할 때 어떠한 변환 문자열을 사용하는가에 따라 숫자로 출력되거나 문자로 출력이 된다.

예제 3.4

```
char ch1, ch2, ch3;        //ch1, ch2, ch3라는 문자형 변수를 선언

ch1 = 'A';
ch2 = 65;

printf("ch1 값 = %c\n", ch1);
printf("ch2 값 = %c\n", ch2);
printf("ch1 값 = %d\n", ch1);
```

프로그램 실행 결과

```
ch1 값 = A
ch1 값 = A
ch1 값 = 65
```

위에서 보여준 프로그램 예에서 보는 것처럼 문자형 데이터 타입 char로 선언된 ch1, ch2의 변수에 문자 'A' 또는 65를 대입하여도 출력 결과는 동일한 것을 볼 수 있다. 따라서 문자형 변수는 문자와 숫자가 동시에 취급됨을 알 수 있다. 출력 결과도 어떠한 변환 문자열을 사용하는가에 따라 원하는 형태로 문자 또는 숫자로 마음대로 출력이 가능하다.

[3.6] 제어 문자와 기호 상수

제어 문자(Control character)는 출력되는 결과를 사용자가 원하는 형태로 만들기 위해 사용되는 특별한 문자들을 말하는 것이다. 우리가 사용하는 ASCII 코드에는 코드 값 0번부터 코드 값 31번까지 32개의 제어(Control, Ctrl) 문자가 존재한다. 기호 상수는 특정한 이름에 의해 표현되는 데이터를 의미한다. C 언어에서 기호 상수를 정의하는 방법은 #define, const를 사용하여 기호 상수를 정의한다.

3.6.1 제어 문자

C 프로그래밍 언어에서 사용되는 제어 문자는 이전에 설명한 출력 함수의 변환 문자열 형식과 비슷한 역할을 수행한다. 제어 문자(Control character)는 출력되는 결과를 사용자가 원하는 형태로 만들기 위해 사용되는 특별한 문자들을 말하는 것이다. 넓은 의미에서 제어 문자는 이전에 공부한 출력 함수의 변환 문자열도 제어 문자에 포함된다고 말할 수 있다. %d, %c 그리고 %f와 같은 출력 함수의 변환 문자열은 메모리에 저장된 데이터를 지정한 제어 문자에 의해 정수, 실수 그리고 문자로 출력을 하게 한다. 따라서 넓은 의미에서 제어 문자에 포함된다고 할 수 있다.

그러나 여기에서 다루게 되는 제어 문자는 좁은 의미로 ASCII 코드의 코드 값 0번부터 코드 값 31번에서 존재하는 32개의 제어(Control, Ctrl) 문자에 한정하여 설명한다. ASCII 코드에 존재하는 32개의 제어 문자는 printf() 함수 안에 변환 문자열처럼 사용한다. 32개의 제어 문자는 printf() 함수 안에 정의하지만 화면이나 프린터에 출력되거나 인쇄되지 않고, 출력 형태를 제어하기 위한 목적으로 사용한다. 32개의 제어 문자를 사용하면 지정한 탭의 수만큼 간격을 띄우거나, 줄을 바꿀 수 있고, 짧은 벨소리도 내게 할 수 있고, 프린터의 출력 용지를 한 페이지 넘겨 새로운 종이에 결과를 출력하게도 할 수 있다.

좀 더 자세한 기능들은 표 3-5 ASCII 코드의 문자와 숫자 그리고 특수 문자에서 ASCII 코드의 코드 값 0번부터 코드 값 31번을 참조하면 된다. 다음의 표는 일반적으로 많이 다루어지는 ASCII 코드의 제어 문자에 대하여 보여 준다.

표 3-6 ASCII 코드의 제어 문자와 역할

제어문자	코드 값	역할
\n	10	줄을 바꾼다.
\t	9	지정한 탭의 수만큼 간격을 띄운다.
\o	0	공백을 나타내는 널(NULL) 문자로 문자열의 끝을 나타낼 때 사용된다.
\a	7	"삐" 소리와 같은 경보음을 낸다.
\b	8	백스페이스라고 하며 한 칸 뒤로 이동한다.
\n	10	커서를 새로운 줄의 시작 위치로 이동시킨다.
\r	13	동일한 줄의 맨 앞 칸으로 커서를 옮기는 것으로, 캐리지리턴(carriage return) 이라고 한다.
\f	12	출력 용지를 한 페이지 넘기는 것으로, 폼피드(form feed) 라고 한다.
\\	92	역 슬래시를 출력한다.
\‘	39	작은 따옴표를 출력한다.
\“	34	큰 따옴표를 출력한다

지금부터는 제어 문자를 우리가 작성하는 프로그램에서 처리하는 방법에 대하여 다룬다. 제어 문자들은 우리가 이전에 다루었던 문자형과는 의미가 다르다. 제어 문자를 프로그램에서 처리하는 방법은 여러 가지가 존재한다. 첫 번째 방법으로 제어 문자는 문자형 상수처럼 사용하는 것이 아니고, ASCII 코드 값을 사용하고 처리하면 된다. ASCII 코드 값을 문자형 변수에 대입해 주면 해당 문자형 변수에는 지정한 제어 문자가 저장되게 된다. 다음에서 보여주는 예제처럼 사용하면 되는 것이다.

사용 방법

```
char beep = 7;                //경보음의 ASCII 코드 값 7을 저장
printf("%c", beep);           //문자형 변수 beep에 저장된 제어 문자를 출력
```

위와 같은 방법을 사용하기 위하여 ASCII 코드 값을 암기하는 것은 진짜로 무모한 행동이다. ASCII 코드 값을 암기하는 것은 프로그램 작성을 공부하는 것에는 별 도움이 되지 않는다. 만약에 ASCII 코드 값이 필요한 경우는 ASCII 코드표를 테이블 위에 올려놓고 필요할 때 찾아서 사용하면 된다.

두 번째 방법으로 이스케이프 시퀀스(escape sequence)를 사용하여 좀 더 쉽게 처리하는 방법도 존재한다. 이스케이프 시퀀스는 백슬래시(backslash, \)를 의미하는 것으로 이스케이프 시퀀스에 원하는 제어 문자 하나를 이어서 사용하는 방법이다. 우리가 printf() 함수를 사용할 때 많이 다루었던 \n처럼 사용하는 것이다. 여기에서 \n을 이스케이프 시퀀스라고 부르고, 결과를 출력하다가 이스케이프 시퀀스 \n을 만나면 자동적으로 다음 줄의 시작 위치인 첫 번째 열(column)로 커서를 이동시켜 다음 줄에 결과가 나오게 하는 것이다. 결론적으로 표 3-5 ASCII 코드의 제어 문자를 원하는 위치에 그대로 사용하면 그에 해당하는 기능을 수행하게 되는 것이다.

사용 방법

```
char beep = '\a';   //경보음을 나타내는 이스케이프 시퀀스 \a을 저장
printf("%c", beep);   //문자형 변수 beep에 저장된 제어 문자를 출력

또는
printf("%d\a", test);   //test 값을 10진수로 출력하고 경보음
```

이스케이프 시퀀스는 ASCII 코드의 제어 문자를 사용하는 방법 이외에 사용자가 원하는 메시지를 출력하는 것에도 사용된다. 이때에 사용되는 이스케이프 시퀀스 문자는 큰 따옴표(" ")이다. 사용자가 원하는 메시지를 큰 따옴표를 사용하여 감싸주면 메시지가 출력된다.

사용 방법

```
printf("Out of sight, out of mind");    //원하는 메시지 출력
```

프로그램 실행 결과

```
Out of sight, out of mind
```

3.6.2 기호 상수

우리는 원의 둘레와 넓이를 계산할 때 사용하는 파이(π)와 같이 하나의 수식을 작성하기 위하여 임의의 값을 나타내는 여러 기호들을 사용한다. 프로그램을 작성하는 과정에서도 계산의 편의를 위해 파이(π)와 같이 숫자 대신 기호를 사용할 수 있다. C 프로그래밍 언어에서는 이것을 기호 상수(symbolic constant)라고 부른다. 다음의 보기는 원의 둘레와 넓이를 계산하기 위하여 직접 실수형 상수 3.14를 사용하는 경우와 PI라는 기호 상수를 사용하는 경우를 보여준다.

```
circumference = 2 * 3.14 * radius    // 직접 3.14를 사용하여 원의 둘레 계산
area = PI  * radius * radius         // PI라는 기호 상수 사용하여 넓이 계산
```

위에서 보여준 2가지 예제는 모두 사용할 수 있다. 2가지 방법 중에서 어느 것이 사용하기 편할 것인가를 생각해 본다. 예를 들어서 3.14와 PI라는 상수가 프로그램 안에서 각각 50번 사용되었고 가정한다. 만약에 프로그램을 작성한 이후에 3.14와 PI의 값이 변경을 시켜야 되는 경우가 발생하면 3.14를 사용한 모든 문장을 모두 변경해야 될 것이다. 그러나 PI라는 기호 상수를 사용한 경우는 PI의 값을 1번만 변경시켜 주면 자동으로 모든 PI 값이 자동으로 결정되므로 직접 숫자를 사용하는 경우보다 변경이 쉬워진다.

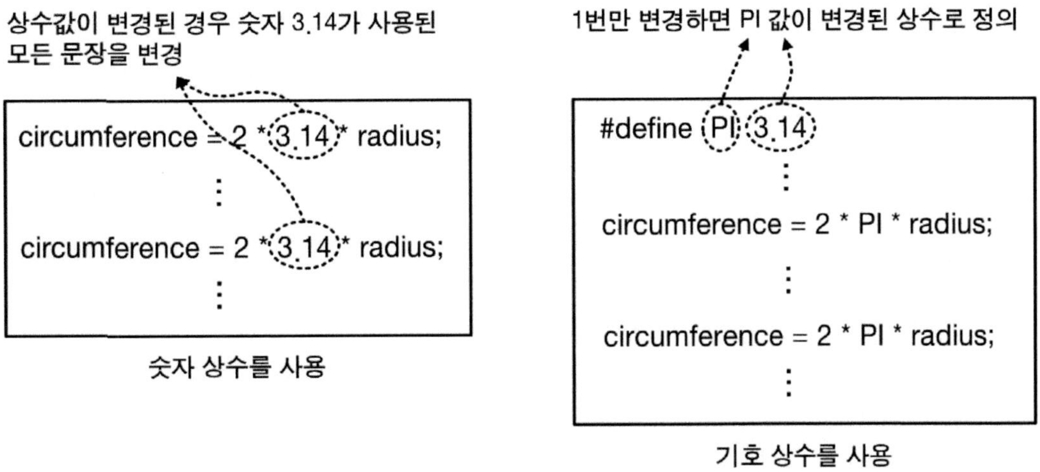

그림 3-12 숫자 상수와 기호 상수의 데이터 변경

그러므로 기호 상수를 사용하면 다음과 같은 장점을 갖는다.

1. 기호 상수를 사용하면 프로그램을 읽기 쉬워진다.
2. 상수 값을 변경하는 경우 쉽게 변경할 수가 있다.

기호 상수는 특정한 이름에 의해 표현되는 데이터를 의미한다. 기호 상수는 의미 있는 특정한 이름을 사용하여 문장들의 의미가 쉽게 연결되므로 프로그램을 읽기 쉬워지고 전체적인 이해도 빨라지게 된다.

C 언어에서 기호 상수를 정의하는 방법은 #define, const를 사용하여 기호 상수를 제공한다. 기호 상수를 정의하는 #define은 전처리기(preprocessor)에서 제공하는 기능이다. 예를 들어서 #define day_per_week 7이라고 전처리기에 선언하면 day_per_week의 값은 항상 7로 고정되고, 작성된 프로그램 문장에서 day_per_week가 존재하는 경우는 자동으로 값이 7로 설정된다.

다음은 기호 상수를 정의하는 2가지 방법에 대하여 다룬다.

기호 상수 정의 방법 : #define 사용

```
#define    기호_상수_이름    데이터
```

#define은 전처리기를 의미한다. 따라서 #define은 프로그램의 첫 부분인 전처리기 정의 부분에 기술하면 된다. 전처리기는 코드를 컴파일하기 전에 실행됨을 의미한다. 전처리기는 입력한 프로그램을 컴파일하기 이전에 정의한 기호 상수에 값을 정의해 주는 역할을 수행한다. 실제로 #define으로 기호 상수를 정의하면, 정의된 기호 상수를 사용하는 식에서는 기호 상수에 해당되는 숫자 상수로 바뀐 후 컴파일 된다. 따라서 실제 코드는 기호 상수를 이름이 아닌 하나의 숫자 상수로 인식을 한다. 전처리기에 의해 기호 상수가 처리되면 프로그램 안에 존재하는 동일한 이름의 기호 상수 값은 모두 같게 된다. 여기서 반드시 주의해야 되는 사항은 #define 문장의 마지막에는 세미콜론이 들어가지 않는 것이다. 반드시 기억해야 되는 사항이다.

다음에서 보여주는 그림은 #define으로 정의된 기호 상수가 처리되는 과정을 보여준다.

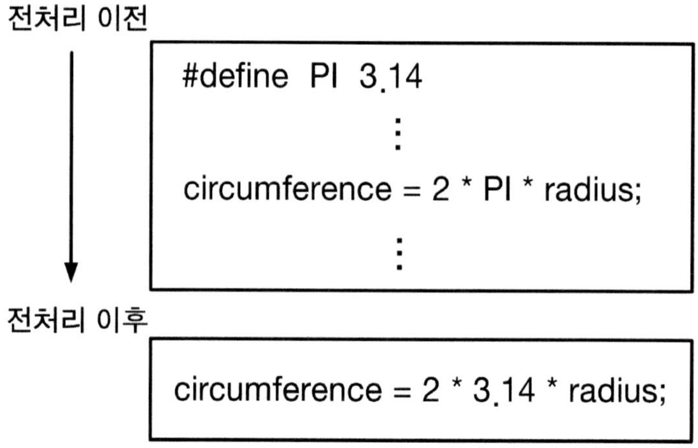

그림 3-13 #define으로 정의된 기호 상수의 처리 과정

#define 대신에 필요에 따라서 const를 사용하여 기호 상수를 정의하는 경우도 존재한다. const는 변수를 선언할 때 변수의 데이터 타입 앞에 const를 붙여 변수를 읽기 전용 변수로 만드는 것을 말한다. 예를 들어서

```
const int day_per_week = 7;          //day_per_week 값을 정의
const float PI = 3.141592;           //PI 값을 정의
```

이라고 표현하면 된다. const int day_per_week = 7;는 day_per_week는 데이터 타입이 int 형으로 정의되고, 상수로 초기 값이 7로 설정된다는 의미이다. 기호 상수의 특징은 프로그램을 읽기가 쉽고, 유지 보수가 쉽다는 장점을 가진다. 그 중에서 const를 사용하는 기호 상수의 장점은 데이터 타입을 결정할 수 있어서 여러 가지 문법적인 검사가 가능하다는 것이다. #define과 const를 사용

하는 차이점은 데이터 타입의 포함 여부이다.

여기에서 const를 사용하는 기호 상수의 주의할 점은 다음과 같다.

1. 데이터 타입 한정자인 const가 제일 먼저 나타나야 한다.
2. 기호 상수로 선언된 변수의 초기화가 반드시 되어야 한다.
3. 선언된 초기 값은 상수로 선언되었으므로 변경이 불가능하다.

예제 3.5 Test_Symbolic_Constants.c

```
#include <stdio.h>
#define PI 3.141592

void main()
{
   float radius;          // 원의 반지름
   float circumference;   // 원의 둘레
   float area;            // 원의 넓이

   radius = 15.5;
   circumference = 2 * PI * radius;
   area = PI * radius * radius;

   printf("원의 반지름 = %f\n", radius);
   printf("원의 둘레 = %f\n", circumference);
   printf("원의 넓이 = %f\n", area);
}
```

프로그램 실행 결과

```
원의 반지름 = 15.500000
원의 둘레 = 97.389351
원의 넓이 = 754.767456
```

연습문제

1) 변수와 상수의 개념과 차이점에 대하여 기술하라.

2) 변수를 선언할 때 데이터 타입을 지정하는 이유에 대하여 기술하라.

3) 예약어(reserved word)에 대하여 기술하라.

4) 변수 이름을 정의하는 규칙에 대하여 기술하라.

5) A, B, C 변수를 선언하고 각각 123, 456, 258을 초기화하여라.

6) C 프로그래밍 언어에서 사용되는 데이터 타입과 데이터의 저장 바이트 길이를 정의하라.

7) 2진수로 저장된 데이터를 %d, %u, %x, %o로 출력했을 때 출력되는 형태에 대하여 기술하라.

8) 실수형 데이터를 출력하기 위한 변환 문자열 %5.2f의 의미에 대하여 기술하라.

9) 123.4567을 출력하기 위한 변환 문자열을 %f를 사용하여 나타내어라.

10) 123.4567을 출력하기 위한 변환 문자열을 %e를 사용하여 나타내어라.

11) ASCII 코드의 특징에 대하여 기술하라.

12) 제어 문자의 개념과 C 프로그래밍 언어에서 제어 문자를 사용하는 이유에 대하여 기술하라.

13) C 프로그래밍 언어에서 기호 상수를 사용하는 이유에 대하여 기술하라.

14) C 프로그래밍 언어에서 기호 상수를 사용하는 방법에 대하여 기술하라.

Chapter 04

수식, 연산문 그리고 연산자

제4장 수식, 연산문 그리고 연산자

학습목표

- ▷ C 프로그램 작성 과정에서 사용되는 수식, 연산문 그리고 연산자에 대하여 이해한다.
- ▷ 수식의 결과로 생성된 값이 정의된 변수에 저장되는 절차에 대하여 이해한다.
- ▷ 많이 사용되는 대입 연산자, 산술 연산자, 관계 연산자, 논리 연산자의 개념과 각각의 연산자의 사용 방법에 대하여 이해한다.
- ▷ 많이 사용되는 연산자 이외에 C 언어에서 제공하는 다양한 연산자의 사용 방법에 대하여 이해한다.
- ▷ 연산자의 우선순위에 의해 연산 처리가 진행되는 절차에 대하여 이해한다.

우리가 프로그램을 공부하는 목적은 일상에서 사용하는 일반적인 방법으로는 문제 해결이 어려운 경우에 프로그램을 이용하여 손쉽게 해결하기 위함이다. 프로그램은 계산 절차가 너무 복잡하거나 처리할 데이터가 너무 많아서 손으로 해결하는 것이 불가능한 경우에 아주 간단히 해결을 한다. 이렇게 만들어진 프로그램을 살펴보면 수식, 연산문 그리고 연산자가 매우 많이 사용된다. 조금 과장해서 프로그램을 구성하는 문장의 90%가 수식, 연산문 그리고 연산자라고 해도 지나친 말이 아닐 정도로 많이 사용된다. 따라서 이 장에서는 C 프로그래밍 언어에서 제공하는 수식, 연산문 그리고 연산자에 대하여 살펴본다.

[4.1] 수식, 연산문 그리고 연산자의 개념

프로그램에서 원하는 계산을 처리하기 위해서는 수학에서 사용하는 공식과 유사한 형태로 수식을 만들어서 사용한다. 수식, 연산문 그리고 연산자는 프로그램 작성 과정에서 가장 많이 사용되는 요소이다. 따라서 이러한 요소들을 정확하게 이해하고 사용하면 오류(error) 발생을 많이 감소시킬 수 있다.

4.1.1 수식과 연산문

연산문은 일반적으로 연산 처리를 위하여 수식(expression)으로 표현된다. 수식은 변수, 상수, 함수 그리고 연산자의 조합에 의해 만들어 진다. 수식은 일반적으로 수학에서 표현하는 공식 또는 수학식 형태로 나타낸다. 그러나 수식은 일반적인 수학의 공식과는 다르게 프로그램의 특성에 맞추어 모든 수식을 한 줄로 표현해야 한다.

```
수식의 예)    kor + eng + mat
```

수식은 위에서 보여준 예제처럼 연산자에 의해서 연산을 수행하고, 처리된 결과를 만들어 낸다. 수식은 변수, 상수, 함수 그리고 연산자의 조합에 의해 만들어지기도 하지만 하나의 변수, 상수, 함수에 의해서 만들어지기도 한다. 예를 들어서 3.14 또는 kor과 같이 하나의 상수 또는 변수로 수식을 만들 수 있다. 이러한 경우에 수식의 값은 3.14 또는 변수의 값이 된다. 다음의 표는 수식의 다양한 형태와 의미를 나타낸다.

표 4-1 수식의 다양한 형태와 의미

수식의 형태	의미
100;	100이라는 상수로 구성된 수식
kor - 10;	변수 kor과 상수 10, 연산자로 구성된 수식
kor + eng + mat	변수 kor, eng, mat와 연산자로 구성된 수식

수식은 연산문을 구성하는 요소이다. 연산문은 처리 결과를 저장할 변수와 대입 연산자 = 기호와 수식으로 구성된다. 연산문은 일반적으로 연산 처리를 위하여 수식(expression)으로 표현된다. 다음은 수식과 연산문의 관계를 나타낸다.

```
연산문의 구조 : 변수 = 수식
```

연산문에서 수식은 연산 처리를 위한 수학적인 공식이나 계산식을 정의하면 되고, 처리된 결과는 지정한 변수에 저장을 시키는 문장이다. 연산문은 발생된 처리 결과를 저장하기 위해 또 다른 변수와 = 기호 연산자를 사용하여 표현한다.

표 4-2 수식의 처리 결과를 저장하는 연산문

연산문의 형태	의미
t1 = 100;	100이라는 값을 변수 t1에 저장
temp = kor - 1;	변수 kor의 값에서 1을 빼서 temp에 저장
sum = kor + eng + mat;	kor, eng, mat의 값을 더해서 sum에 저장

위에서 보여준 표와 같이 처리된 연산의 결과는 지정한 변수에 처리된 결과 값이 저장된다. 연산문에서 사용되는 대입 연산자 " = " 기호는 수학에서 사용되는 "같다(equal)"의 의미가 아니라 "대입한다(substitute). 또는 대치한다.(replace) 또는 저장한다.(store)"라는 의미로 사용된다.

연산문은 대입 연산자 " = " 기호의 왼쪽에 위치한 변수를 l-value라고 하며, 오른쪽에 위치한 수식을 r-value라고 부른다. r-value 위치에 있는 모든 것은 "값"이라고 정의된다.

예를 들어서

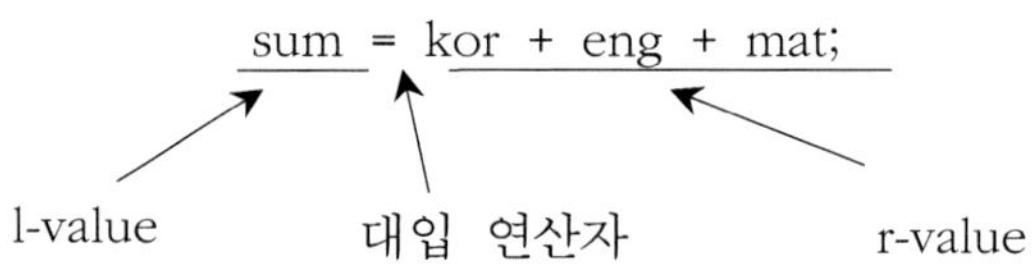

그림 4-1 연산문의 구조

대입 연산자 "=" 오른쪽은 r-value이며, kor + eng + mat;를 계산한 값이 생성되는 것이다. 이에 반해서 l-value는 주소를 의미하며, 생성된 r-value 값을 지정한 주소에 저장한다고 생각하면 된다. 따라서 똑같은 변수라도 " = " 연산자의 왼쪽 또는 오른쪽 위치에 따라 해당 변수의 의미는 완전하게 다르게 사용된다는 것을 알아야 한다.

연산문은 r-value 위치에 어떠한 수식이 오는가에 따라 다양한 형태의 연산문이 만들어진다. 모든 종류의 연산문들은 처리 결과가 동일하게 r-value로 생성된 값을 l-value에 대입하므로 대입 연산문 이라고도 한다.

C 프로그램 언어에서 사용되는 연산문은 다음과 같이 여러 종류가 존재한다. C 언어에서 다양한 형태의 연산문은 수식을 표현하는 연산자에 따라 산술 연산문, 증감 연산문, 조건 연산문, 비트 연산문 등등이 존재한다.

4.1.2 연산자

연산문을 구성하는 수식은 변수, 상수 그리고 연산자(operator) 등의 조합으로 구성된다. 수식에서 연산자를 제외한 나머지를 피연산자(operand)라고 부른다. 따라서 수식은 연산자와 피연산자의 구성이라고 할 수 있다. 따라서 연산자는 처리해야 하는 연산이나 작업을 의미하고, 피연산자는 처리되는 데이터 또는 대상을 의미한다. 예를 들어서 sum = kor + eng + mat;에서 연산자는 대입 연산자 "=" 그리고 2개의 덧셈 연산자 "+"을 사용하고, 피연산자는 r-value로 sum 변수와 l-value로 kor, eng, mat 변수를 사용하여 연산문이 구성되었다.

다음의 표는 C 프로그래밍 언어에서 사용하는 다양한 연산자를 나열한 것이다.

표 4-3 C 언어에서 사용하는 다양한 연산자

연산자의 분류	연산자	의미
대입	=	오른쪽 결과값을 왼쪽 주소에 대입
산술	+ - * / %	사칙 연산과 나머지 연산
부호	+ -	양수와 음수를 표시
증감	++ --	증가, 감소 연산
관계	> < == != >= <=	오른쪽 값과 왼쪽 값을 비교
논리	&& || !	논리적인 AND, OR 연산
조건	?	조건에 따라 선택
콤마	,	작업처리 구분자이며, 왼쪽부터 순차적으로 실행
비트 단위 연산자	& | ^ ~ << >>	비트별 AND, OR, XOR, 이동, 반전
sizeof 연산자	sizeof	자료형이나 변수의 크기를 바이트 단위로 반환
형변환	(type)	변수나 상수의 자료형을 변환(형변환)
포인터 연산자	* & [ ]	주소계산, 포인터가 가리키는 곳의 내용 추출
구조체 연산자	. ->	구조체의 멤버 참조

연산문은 수식 부분에 사용되는 연산자에 의해 다양한 연산문이 만들어진다. 다양한 연산자가 존재한다는 것은 C 프로그래밍 언어를 사용하여 다양한 작업을 처리할 수 있다는 장점을 가지고 있다. 또한 다양한 연산자가 존재하기 때문에 사용하는 연산자에 따라 복잡한 작업도 간단하게 연산문을 작성할 수 있는 장점도 가지고 있다.

다양한 연산자의 이러한 장점을 위하여 제공하는 연산자의 데이터 가공 능력을 확인하기 위하여 다양한 형태로 연산문을 만들어서 테스트하는 과정이 필요할 것이다. 하나의 작업 처리도 여러 가지 연산문을 작성하여 연산자의 선택 능력을 기르는 것이 바람직하다.

[4.2] 대입 연산자

연산문은 프로그램 작성 과정에서 가장 많이 사용되는 문장 중에 하나이다. 따라서 연산문을 정확하게 이해하고 사용하면 오류(error) 발생을 많이 감소시킬 수 있다. 연산문은 일반적으로 연산 처리를 위하여 수식(expression)으로 표현된다.

4.2.1 대입 연산자의 개념

대입 연산자 "=" 기호는 "=" 기호의 오른쪽에서 처리된 연산의 결과를 "=" 기호의 왼쪽에서 지정한 변수에 처리된 결과 값을 가져다가 저장하는 연산자이다.

대입 연산자를 사용한 연산문의 구조

변수 = 수식

사용 예)

```
sum = 100;               //숫자 상수 100을 sum에 대입
sum = kor - 10;          //kor - 10을 sum에 대입
sum = kor + eng + mat;   //kor + eng + mat을 sum에 대입
```

위에서 보여준 사용 예와 같이 연산문을 작성하면서 반드시 지켜야 되는 규칙은 l-value와 r-value에 대한 개념을 정확하게 이해하고 따라야 한다는 것이다. 또 다시 강조하지만 l-value는 "=" 기호의 왼쪽에 기술하고, 의미는 주소 값이 되고, r-value는 "=" 기호의 오른쪽에 기술하고, 의미는 계산된 값이 되며, "=" 기호는 대입 연산자로 오른쪽의 값을 왼쪽 주소에 대입한다는 의미이다.

4.2.2 다양한 대입 연산자의 사용 형태

다음은 대입 연산자의 사용 형태 및 방법에 대하여 기술한다. 프로그램 작성 과정에서 나타날 수 있는 대입 연산자의 사용 형태는 다음의 표와 같이 표현할 수 있다. 지금까지 우리가 다루었던 대입 연산자와 비교가 되는 요소이므로 정확하게 분석하고 이해하면 된다.

표 4-4 다양한 대입 연산자의 사용 형태

대입 연산자의 사용 형태	의미
sum = kor - 10;	변수 kor 값에서 10을 뺀 결과를 sum에 저장
kor = kor - 10;	변수 kor 값에서 10을 뺀 결과를 다시 kor에 저장
sum = eng + (temp = kor - 10);	변수 kor 값에서 10을 뺀 결과를 temp에 저장하고, 그 결과에 eng 값을 더한 결과를 sum에 저장

첫 번째로 위에서 보여준 표에서 나타난 것과 같이 sum = kor - 10;과 같은 형태로 대입 연산자가 사용되는 경우이다. 이러한 형태는 우리가 지금까지 다루어 왔던 가장 일반적인 형태의 연산문이다. 주어진 연산문은 l-value와 r-value에 사용된 변수가 모두 다르므로 정의된 형태 그대로 이해하면 된다. 위의 표 4-4에 기술한 sum = kor - 10;의 의미는 변수 kor의 값에서 10을 빼고 생성된 결과를 sum이라는 주소의 기억 공간에 가져다가 저장하라는 것이다.

두 번째로 kor = kor - 10;과 같이 연산문을 사용하는 경우를 예로 들 수 있다. 이러한 형태의 연산문은 프로그램 작성 과정에서 많이 작성되는 경우 중에 하나이다. 제시된 문장에서 보는 것과 같이 이전의 연산문과 다른 점은 l-value에서 정의된 변수가 r-value에서 다시 사용된다는 것이다. 그러나 이전에 설명한 연산문의 처리 절차에 따라 r-value가 먼저 연산 처리되므로 kor = kor - 10;의 의미는 변수 kor의 값에서 10을 빼고 생성된 결과를 다시 kor이라는 주소의 기억 공간에 가져다가 저장하라는 것이다.

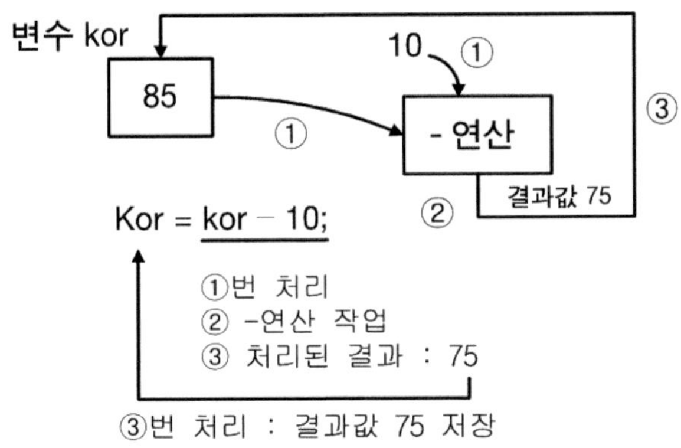

그림 4-2 kor = kor − 10;의 의미

그리고 kor = kor - 10;과 유사하면서 프로그램 작성 과정에서 많이 볼 수 있는 또 다른 연산문의 형태는 다음과 같다.

```
i = i + 1;          (1)
i = i - 1;          (2)
```

위에서 보여준 (1), (2)와 같은 대입 연산문은 프로그램 작성에서 많이 사용되는 경우이다. (1)번 연산문의 의미는 변수 i의 값에 1을 더하고 그 결과 값을 다시 i에 저장하라는 것이다. 따라서 (1)번 연산문을 수행하면 i의 값이 1 증가됨을 알 수 있다. 마찬가지로 (2)번 연산문을 수행하면 i의 값이 1 감소됨을 알 수 있다.

세 번째로 sum = eng + (temp = kor - 10);와 같이 대입 연산문이 중첩되어 있는 중첩 대입 연산문을 사용하는 경우를 예로 들 수 있다. 중첩 대입 연산문은 하나의 연산문의 처리 결과 값이 다시 데이터가 되어서 또 다른 연산문의 처리 결과 값을 생성하는 경우이다. 이러한 방식으로 연산문을 만들면 하나의 연산문을 통해서 여러 가지 연산 처리의 결과를 얻을 수 있는 장점이 존재한다, 변수 kor의 값이 70이고, 변수 eng의 값이 80인 경우 예제로 사용한 연산문의 처리 결과는 다음의 그림과 같다.

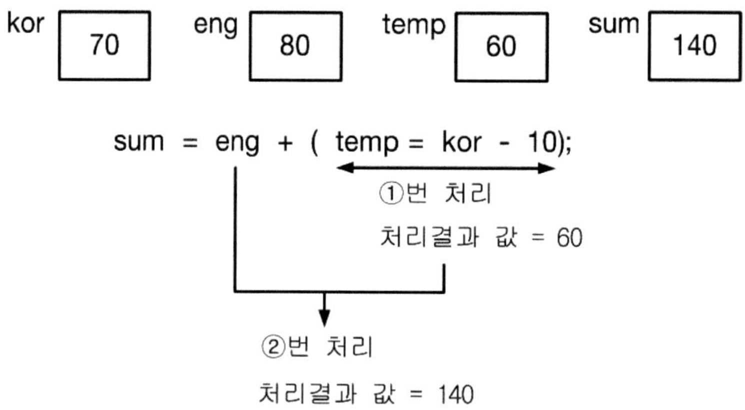

그림 4-3 sum = eng + (temp = kor − 10);의 의미

그림 4-3과 같이 대입 연산문이 처리되는 절차는 먼저 temp = kor - 10이 처리되어 temp 값을 생성하고, 그리고 sum = eng + temp가 처리되어 sum 값을 생성한다. 여기에서 보는 것과 같이 하나의 대입 연산문에 의해서 2개의 처리 결과를 얻을 수 있다.

이러한 대입 연산문의 변형 형태로 한 번에 여러 변수의 초기 값을 설정하는 작업도 가능하다. 한 번에 여러 변수의 초기 값을 설정하는 작업은 초기 값을 설정할 변수를 동일한 방법으로 대입 연산자를 사용하여 연결하고 마지막에 설정할 초기 값을 지정해 주면 된다.

```
a = b = c = d = 0;
```

그림 4-3과 같이 중첩 대입 연산문의 처리 절차는 대입 연산문을 기술한 순서의 반대 순서로 처리됨을 알 수 있다. 따라서 위의 대입 연산문의 처리 과정은 먼저 변수 d의 값이 0이 되고, 이어서 c의 값이 0이 되고, 이어서 b의 값이 0이 되고, 마지막으로 a의 값이 0이 되어 변수 a, b, c, d의 값이 모두 0으로 초기화 된다.

```
/* 대입 연산자의 사용 형태에 따른 결과를 출력하는 프로그램 */
#include <stdio.h>
int main(void)
{
	int x;
	int y;
	int test_1, test_2, test_3, temp;

	x = 10;
	y = 20;

	test_1 = x + 40;
	test_2 = x + y;
	test_3 = y + (temp = x + 30);

	printf("x + 40의 값은 = %d\n", test_1);
	printf("x + y의 값은 = %d\n", test_2);
	printf("temp = x + 30의 결과 값은 = %d\n", temp);
	printf("y + (temp = x + 30)의 결과 값은 = %d\n", test_3);

	return 0;
}
```

그림 4-4 대입 연산자의 사용 형태에 따른 결과

프로그램 실행 결과

```
x + 40의 값은 = 50
x + y의 값은 = 30
temp = x + 30의 결과 값은 = 40
y + (temp = x + 30)의 결과 값은 = 60
```

4.3 산술 연산문과 산술 연산자

C 언어에서 수식은 매우 중요하다. C 언어에서는 다른 프로그래밍 언어에서 볼 수 없는 보다 유연한 많은 연산자들을 제공한다. 산술 연산문은 연산문 중에서 가장 많이 사용한다. 산술 연산문은 수학에서 사용하는 공식이나 수학적인 계산식을 사용하여 기술한다. 산술 연산문은 일반적인 수학의 공식과는 다르게 1차원적인 하나의 줄로 연산문을 기술해야 한다.

4.3.1 산술 연산문과 산술 연산자의 개념

산술 연산문은 수학에서 사용되는 더하기, 빼기, 곱하기, 나누기와 같은 산술 연산자(arithmetic operator)를 사용하여 수식을 표현한다. 그리고 추가적으로 나머지를 계산하는 작업도 처리할 수 있다. 산술 연산자는 "+", "-", "*", "/"와 같이 일반적인 사칙 연산자와 "%" 기호를 사용한다. "%" 기호는 나머지를 계산하는 연산자이다. 만약에 a에 저장된 값이 13이고, b에 저장된 값이 4라고 가정했을 때 산술 연산자는 다음의 표와 같은 처리 결과 값을 발생시킨다.

표 4-5 산술 연산자와 연산 결과

연산자	동작	표현 수식	연산 결과
+	덧셈	a + b	17
-	뺄셈	a - b	9
*	곱셈	a * b	52
/	나눗셈	a / b	3
%	나머지	a % b	1

위에서 보여준 표와 같이 일반적인 수식 또는 공식과 거의 유사하게 연산지를 사용하면 되지만 몇 가지 다른 사항만 기억하고 사용하면 될 것이다. 우선 차이가 나는 사항은 곱셈과 나눗셈의 표현 방법이다. 일반적으로 수학적인 수식 또는 공식의 표현 방법은 곱하기를 생략하고 ab와 같이 사용하지만 프로그램에서 사용하는 수식에서는 생략된 곱하기 기호를 표시해야 한다. 이때 사용하는 연산자도 * 기호(asterisk)를 사용한다. 따라서 ab와 같은 수식은 a*b로 기술한다. 그리고 일반적인 나누기는 분모, 분자에 의해 $\frac{y}{x}$라고 표현하지만 프로그램에서 사용하는 수식은 2차원적으로 표현이 불가능하므로 한 줄로 표현해야 한다. 이때 사용하는 연산자도 / 기호(forward slash)를

사용한다. 따라서 $\frac{y}{x}$와 같은 수식은 y/x로 기술한다.

그리고 C 언어에서는 특별한 연산자도 산술 연산자로 사용한다. "/" 연산자는 나눗셈을 나타내는 연산자이지만, "%" 연산자는 나머지를 구하는 산술 연산자이다. "%" 연산자는 나누기를 수행하고 나누기의 값을 계산하는 것이 아니라 나머지를 계산한다. 예를 들어서 a = 13이고, b = 4 인 경우 "/" 연산자는 13 나누기 4 연산(13 / 4)을 수행하여 결과값으로 3(실제는 3.25)을 얻는다. 즉 13 / 4 = 3 이다. 이에 반해서 "%" 연산자는 13 나누기 4 연산(13 / 4)을 수행하여 몫은 3으로 계산하고, 나머지를 계산하여 결과값으로 1을 얻는다.

산술 연산자의 표현에서 한 가지 더 추가적인 사항으로 일반적으로 수학적인 수식 또는 공식에서 나타나는 x^2과 x^3과 같은 거듭 제곱의 형태는 pow()라는 함수를 사용하면 표현이 가는 하지만 일반적인 형식으로 C 언어에서는 표현이 불가능하다. 따라서 이러한 경우는 곱하기 연산자를 이용하여 풀어서 표현하면 된다. 예를 들어서 x^2은 x*x으로 표현하고 x^3은 x*x*x으로 표현하면 된다.

마지막으로 산술 연산자의 표현에서 분수인 경우 $\frac{y-1}{x+5}$과 같은 수식은 프로그램에서 사용하는 수식으로 변경할 때 주의해야 한다. 그냥 무심코 지금까지 하는 것처럼 분수를 표현하는 경우는 문법 에러를 발생하지 않지만 프로그램의 수행 결과는 엉뚱한 결과가 나올 것이다. 예를 들어서 $\frac{y-1}{x+5}$과 같은 수식을 y-1/x+5라고 표현하는 경우를 살펴본다. 만약에 x가 5이고, y가 3이면 원래의 수식의 계산 결과는 $\frac{2}{10}$가 되어 0.2를 나타내지만, y-1/x+5은 3-1/5+5가 되어 계산 결과는 8.2가 된다. 따라서 이러한 문제를 해결하기 위해서는 분모, 분자에 괄호를 사용하여 묶은 다음에 프로그램의 수식 형태로 변경하면 된다. 즉 (y-1)/(x+5)와 같이 변경하면 정확한 표현이 되고 계산한 결과도 동일한 값을 발생시킨다.

4.3.2 산술 연산자의 우선 순위

우리는 이전의 절에서 산술 연산자의 표현에서 분수인 경우 "/" 연산자를 사용하여 나눗셈을 나타내는 방법을 설명하였다. 여기에서 설명한 예제로 $\frac{y-1}{x+5}$을 다시 한 번 살펴보기로 한다. 산술 연산자의 표현 방법에서 $\frac{y-1}{x+5}$과 같은 수식을 y-1/x+5라고 표현하면 프로그램의 수행 결과는 엉뚱한 결과가 나타난다고 하였다. 이러한 이유는 연산자의 연산 순서가 우리가 생각하는 순서대로 실행을 하지 않기 때문이다.

하나의 수식에는 여러 개의 연산자가 사용되며, 사용되는 연산자 각각은 연산자 우선순위라고 하는 미리 지정된 순서에 따라 값을 계산하게 된다. 산술 연산문에 사용된 산술 연산자는 연산자의 연산 순위가 정해져 있다. 프로그램은 정해진 연산자의 우선순위에 따라 연산 순서를 결정하고 처리를 한다.

표현된 연산문의 수식에 범주가 다른 두 개 이상의 연산자가 존재할 때 산술 연산자가 제일 먼저 계산되고, 비교 연산자가 그 다음에 그리고 논리 연산자가 마지막으로 계산된다. 여기에서는 먼저 산술 연산자의 우선순위에 대하여 다룬다. 다음의 표는 산술 연산자의 우선순위를 나타낸다.

표 4-6 산술 연산자의 우선순위

연산자 유형	연산자	연산 순서	우선순위
산술 연산자	괄호()	왼쪽 => 오른쪽	높다
	*, /, %		↓
	+, -		낮다
우선순위가 같은 연산자는 왼쪽에 있는 연산자를 먼저 계산			

위에서 보여준 표와 같이 산술 연산자는 연산 처리를 위한 순서가 정해져 있다. 따라서 $\frac{y-1}{x+5}$ 과 같은 수식을 y-1/x+5라고 표현하면 연산 순서는 다음과 같이 처리되어 8.2라는 결과 값을 생성하게 된다.

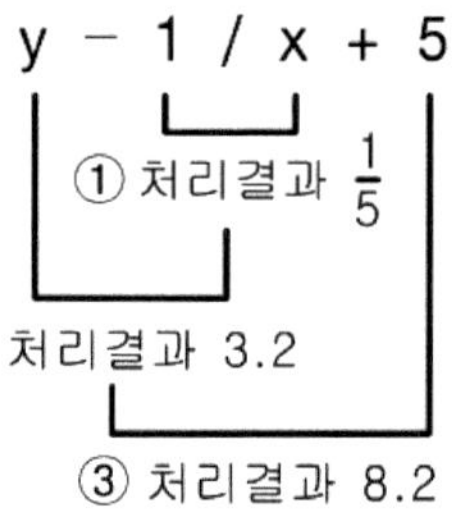

그러므로 $\frac{y-1}{x+5}$ 과 같이 분수 형태로 나타나는 수식은 분모와 분수를 먼저 계산하고 나눗셈을 수행하는 것이 원칙이다. 이러한 절차로 연산을 수행하기 위해서는 주어진 수식의 연산 처리의 순서를 변경하게 수식을 표현해야 한다. 연산 처리의 순서를 변경하기 위해서는 괄호()를 사용하면 된다. 즉 괄호를 사용하여 (y-1)/(x+5)와 같이 변경하면 된다. 이렇게 변경되면 괄호의 우선순위가 제일 높게 되므로 괄호 안의 수식부터 처리된다.

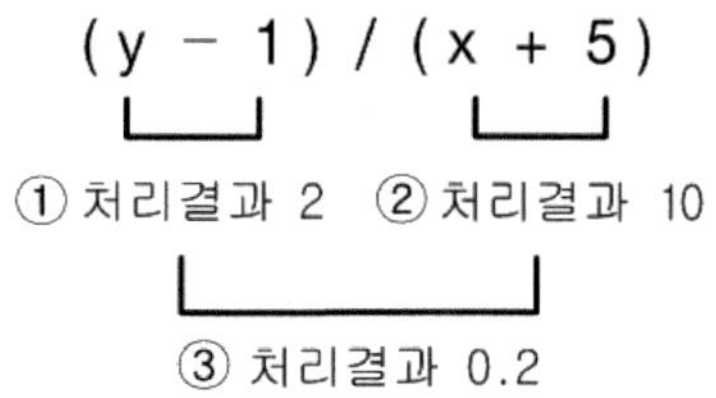

위의 그림에서 보는 것처럼 괄호를 사용하여 수식을 표현하면 연산자의 우선순위가 변경되어 정확한 결과를 얻을 수 있는 것이다. 따라서 일반적인 수식이나 공식에 괄호가 존재하지 않더라도 그것을 산술 연산문으로 변경할 때에는 필요한 위치에 괄호를 표현하여 수식을 완성하는 기술이 필요하다.

4.3.3 산술 연산자의 처리 결과

산술 연산문은 연산문을 구성하는 연산자의 우선순위에 따라 변수 또는 상수의 값을 연산 처리한다. 하나의 연산자(operator)를 기준으로 왼쪽과 오른쪽에 있는 값(피연산자, operand)을 가지고 연산 처리를 수행하고 처리 결과를 생성한다. 그러나 여기에서도 우리가 생각하는 일반적인 개념과 약간 다르게 처리되는 요소가 존재하므로 산술 연산문을 표현할 때 주의할 필요가 있다.

다음의 표는 C 프로그래밍 언어에서 연산 처리 결과를 생성하는 규칙이다. 이러한 연산 처리 결과를 정확하게 이해하고 있어야 프로그램을 실행하고 출력 결과를 얻었을 때 출력된 데이터를 이해하는데 도움이 된다.

표 4-7 C 언어에서 연산 처리의 생성 규칙

피연산자의 데이터 타입	피연산자의 데이터 타입	처리 결과
정수형	정수형	정수형
정수형	실수형	실수형
실수형	정수형	실수형
실수형	실수형	실수형

위의 표에서 보는 것과 같이 연산 처리에 사용되는 데이터 타입에 따라서 각각에 해당하는 처리 결과를 발생시킨다. 정수형과 정수형의 연산 결과는 정수형으로 만들어지고, 실수형과 실수형의 연산 결과는 당연히 실수형으로 만들어진다. 이에 반하여 정수형과 실수형의 연산 결과는 정수형이 데이터의 표현 범위가 더 큰 실수형으로 자동 변환되어 실수형과 실수형으로 연산 처리되어

실수형으로 만들어진다.

예를 들어서 정수형과 정수형의 연산의 경우 다른 연산자는 우리가 생각한 결과를 생성하지만 나눗셈인 경우는 예외적인 결과를 생성하므로 반드시 주목해야 되는 요소이다. 3*2는 당연히 6이라는 결과를 생성하지만 3/2의 결과는 우리가 생각하는 1.5를 생성하는 것이 아니라 정수형과 정수형의 연산 처리를 수행하므로 연산 처리 결과는 정수형으로 1이라는 값을 생성한다. 분명히 수학적인 결과는 1.5이지만 C 프로그래밍 언어에서는 처리 결과를 1이라는 값으로 생성한다. C 언어에서는 처리 결과를 반올림하지 않고 소수점 아래는 무조건 잘라낸다. 그러므로 처리 결과는 1이 되는 것이다. 또 하나 음수인 경우도 마찬가지로 소수점 아래는 무조건 잘라내므로 -3/2의 결과도 -1.5가 아니고 -1이 된다.

그리고 정수형과 실수형이 혼합된 경우는 정수형 데이터가 데이터의 표현 범위가 더 큰 실수형으로 자동 변환되어 실수형과 실수형으로 연산 처리되어 실수형으로 만들어진다. 예를 들어서 -3.0/2는 분모 데이터 2가 2.0으로 자동 변형되어 -3.0/2.0으로 계산되어 실수형으로 -1.5를 생성한다.

```
/* 연산 처리의 생성 규칙에 따른 결과를 출력하는 프로그램 */
#include <stdio.h>
int main(void)
{
	int x=3, y=2;
	float a=3.0, b=2.0;
	int result, temp;
	float result_2, result_3;

	result = x / y;		//정수형과 정수형의 연산
	result_2 = a / y;	//정수형과 실수형의 혼합 연산
	result_3 = a / b;	//실수형과 실수형의 연산
	temp = a / b;		//실수형과 실수형의 연산, temp가 정수형

	printf("3 / 2의 값은 = %d\n", result);
	printf("3.0 / 2의 값은 = %f\n", result_2);
	printf("3.0 / 2.0의 결과 값은 = %f\n", result_3);
	printf("3.0 / 2.0의 결과 값은 = %d\n", temp);

	return 0;
}
```

그림 4-5 연산 처리의 생성 규칙에 따른 결과

프로그램 실행 결과

```
3 / 2의 값은 = 1
3.0 / 2의 값은 = 1.500000
3.0 / 2.0의 결과 값은 = 1.500000
3.0 / 2.0의 결과 값은 = 1
```

그림 4-5와 같이 정수형과 정수형의 연산은 무조건 정수형 결과를 생성하고, 정수형과 실수형의 혼합 연산 그리고 실수형과 실수형의 연산은 실수형 결과를 생성한다, 그러나 예제 프로그램으로 보여준 정수형 변수 temp와 같이 수식의 연산 처리에서 실수형 결과를 생성하더라도 결과를 대입하는 변수의 데이터 타입이 정수형으로 선언되어 있으면 실수 결과를 소수점 아래를 잘라내고 정수형으로 기억 공간에 저장한다. 즉 정수형 변수 temp에 저장되는 값은 1이 되는 것이다.

나머지 연산자 %는 나눗셈 연산 처리를 수행하지만 나눗셈 연산 처리 결과를 생성하는 것이 아니라 분모로 나눗셈을 수행하여 몫을 계산하고 나머지를 처리 결과로 생성하는 연산자이다. 즉 13 % 4의 처리 결과는 1이 생성된다. 나머지 연산자 %의 특별한 용도는 주어진 데이터의 홀수, 짝수 여부를 파악하는데 아주 적합한 연산자이다. 예를 들어서 입력되는 데이터를 x라고 할 때 데이터 x가 홀수인지 짝수인지 어떻게 판단할 것인가? 이것을 해결하는 열쇠는 바로 나머지를 계산하는 연산자 %이다. % 연산자를 이용하여 나머지를 생성하여 나머지 값이 0인 경우는 짝수가 되고, 나머지 값이 1인 경우는 홀수가 되는 것이다. 예를 들어서 13 % 2는 처리 결과가 1이므로 홀수가 되고, 20 % 2는 처리 결과가 0이므로 짝수가 되는 것이다.

```c
// 나머지 연산자를 사용하여 입력한 초의 값을 시간, 분, 초로 변환하는 프로그램
#include <stdio.h>
#define SEC_PER_MINUTE 60  // 1분은 60초
#define MINUTE_PER_HOUR 60  // 1시간은 60분

int main(void)
{
    int in_sec, hour, minute, second, temp, temp2;
    printf("입력 초의 값? ");
    scanf("%d", &in_sec);           // 입력되는 초의 값을 읽는다.
    second = in_sec % SEC_PER_MINUTE;       // 남은 초의 값을 계산
    temp = in_sec / SEC_PER_MINUTE;         // 입력된 초의 값을 분으로 계산
    minute = temp % MINUTE_PER_HOUR;        // 남은 분의 값을 계산
```

```
    hour = temp / MINUTE_PER_HOUR;          // 계산된 분의 값을 시간으로 계산

    temp2 = hour*60*60+minute*60+second;    //확인을 위하여 다시 초 값으로 계산

    printf("입력한 %d초는\n", in_sec);
    printf("%d시간 %d분 %d초입니다. \n", hour, minute, second);
    printf("확인을 위한 초의 값은  %d초\n", temp2);

    return 0;
}
```

프로그램 실행 결과

```
입력한 %d초는123456
34시간 17분 36초입니다.
확인을 위한 초의 값은  123456초
```

4.3.4 복합 대입 연산문

복합 대입 연산문은 +, -, *, /, %와 같은 산술 연산자와 대입 연산자 =을 하나로 묶어서 나타내는 방법이며, +=과 같은 연산자를 복합 대입 연산자라고 한다. 이 방법은 모든 산술 연산문에 적용되는 방법은 아니고, 피연산자(operand)가 2개인 이항 연산에서 = 기호의 왼쪽에 있는 l-value 즉 결과를 저장하는 변수와 피연산자 중에 동일한 변수가 존재할 때에만 적용되는 방법이다. 복합 대입 연산자를 사용하면 연산문을 간단하게 표현할 수 있다는 장점을 가지고 있다. 복합 대입 연산자는 산술연산자와 = 기호를 이어서 나타내면 된다. 예를 들어서 x = x + y는 x += y로 표현하면 이 2개의 연산문은 동일한 연산문이 되고 처리 결과도 동일하게 된다.

표 4-8 일반적인 연산문과 복합 대입 연산문

일반적인 연산문	복합 대입 연산문
x = x + y	x += y
x = x - y	x -= y
x = x * y	x *= y
x = x / y	x /= y
x = x % y	x %= y

복합 대입 연산자의 처리는 복합 대입 연산자의 오른쪽에 수식이 존재하면 수식을 먼저 계산하고, 계산된 결과를 가지고 복합 대입 연산자의 왼쪽 연산을 수행한 이후에 그 결과를 복합 대입 연산자의 왼쪽에 있는 변수에 연산 결과를 저장한다. 다음에 나열한 예를 보면서 처리 방법을 이해하면 된다.

```
x += 10          //x = x + 10
x += a + 5       //x = x + (a + 5)
x *= a + b       //x = x * (a + b)
x += a / 5       //x = x + (a / 5)
x += a * b       //x = x + (a * b)
x %= a + b       //x = x % (a + b)
x /= a + b       //x = x / (a + b)
```

4.3.5 부호 연산자

부호 연산자는 단항 연산자(unary operator)라고도 부른다. 부호 연산자는 변수나 상수의 부호를 변경하는 연산자를 의미하며, + 그리고 - 기호를 부호 연산자라고 한다. 변수나 상수의 앞에 부호 연산자인 - 또는 + 기호를 붙이면, 변수나 상수의 값이 음수 또는 양수로 변경되는 것이다.

```
x = -10;
x = -y;
x = a * -y;
```

```
// 복합 대입 연산자를 사용하는 프로그램
#include <stdio.h>

int main(void)
{
    int x1 = 10, x2 = 0, x3 = 2;
    int x4 = 3, x5 = 0, x6 = 8, x7 = 7;
    int a = 6, b = 8;

    x1 += 10;           //x1 = x1 + 10
    x2 += a + 5;        //x2 = x2 + (a + 5)
    x3 *= a + b;        //x3 = x3 * (a + b)
    x4 += a / 5;        //x4 = x4 + (a / 5)
    x5 += a * b;        //x5 = x5 + (a * b)
    x6 %= a + b;        //x6 = x6 % (a + b)
    x7 /= a + b;        //x7 = x7 / (a + b)


    printf("x1 = %d\n", x1);
    printf("x2 = %d\n", x2);
    printf("x3 = %d\n", x3);
    printf("x4 = %d\n", x4);
    printf("x5 = %d\n", x5);
    printf("x6 = %d\n", x6);
    printf("x7 = %d\n", x7);

    return 0;
}
```

프로그램 실행 결과

```
x1 = 20
x2 = 11
x3 = 28
x4 = 4
x5 = 48
x6 = 8
x7 = 0
```

[4.4] 증감 연산자

우리가 프로그램을 작성하다 보면 i = i + 1; 또는 x = x - 1;과 같은 대입 연산문을 많이 사용함을 볼 수 있다. 이러한 대입 연산문은 증감 연산자인 ++ 또는 --를 사용하면 간단하게 대입 연산문을 표현할 수 있다.

4.4.1 증감 연산자

증감 연산자는 ++ 또는 --를 사용하며, 해당 변수의 값을 1 증가시키거나 또는 1 감소시키는 작업을 수행하는 연산자이다. 증감 연산자는 부호 연산자와 마찬가지로 단항 연산자(unary operator)이다. 단항 연산자는 연산자와 연관된 피연산자(operand)가 하나뿐인 경우를 말한다. 예를 들어서 -x 또는 i++ 과 같은 연산문은 단항 연산자를 사용한 대표적인 보기이다.

증감 연산자를 사용하는 대표적인 경우는 ++x 또는 x++ 그리고 --x 또는 x-- 라고 할 수 있다. 만약에 피연산자인 변수의 값을 증가시키는 경우는 ++x 또는 x++ 둘 중에 아무것이나 사용해도 무관하며, 또는 필요에 의해서 x = x + 1과 같이 이항 연산자를 이용하여 일반적인 연산문으로 풀어서 사용할 수도 있다. 마찬가지로 피연산자인 변수의 값을 감소시키는 경우인 --x 또는 x-- 도 x = x - 1과 같이 바꾸어서 사용해도 무관하다. 여러분이 편한 것을 선택해서 사용하면 된다.

4.4.2 증감 연산자의 처리 절차

증감 연산자 ++ 또는 --는 피연산자에 해당하는 변수의 값을 1 증가시키거나 또는 1 감소시키는 것을 기본으로 한다. 그러나 증감 연산자 ++ 또는 --는 증감 연산자를 사용하는 위치에 따라 증감 연산자를 처리하는 절차에 차이가 발생한다. 증감 연산자는 연산자에 해당하는 변수의 앞에 또는 변수의 뒤에 사용할 수 있다. 이러한 경우 처리된 결과는 변수의 값을 1 증가시키거나 또는 1 감소시키지만 처리 과정에서의 변수의 값은 증가/감소될 수도 있고, 아직 그대로 일 수도 있다. 다음의 표는 증감 연산자의 사용 방법에 따른 처리 절차를 보여주고 있다.

표 4-9 증감 연산자의 사용 방법에 따른 처리 절차

증감 연산자의 사용 방법	증감 연산자의 처리 절차
++X	먼저 x 값을 증가시키고, 이후에 x 값을 사용한다. ++x를 사용하는 경우는 증가된 값을 사용한다.
X++	먼저 x 값을 사용하고, 이후에 x 값을 증가시킨다. x++을 사용하는 경우는 증가되지 않은 값을 사용한다.
--X	먼저 x 값을 감소시키고, 이후에 x 값을 사용한다. --x를 사용하는 경우는 감소된 값을 사용한다.
X--	먼저 x 값을 사용하고, 이후에 x 값을 감소시킨다. x--를 사용하는 경우는 감소되지 않은 값을 사용한다.

위에서 보여준 표와 같이 증감 연산자의 사용 방법이 4가지가 존재함을 알 수 있다. 그러나 나열된 4가지의 처리 절차를 읽어 보면 그 의미가 바로 이해되지 않을 수도 있다. 따라서 증감 연산자의 처리 절차에 대한 이해를 도와주기 위하여 다음의 그림을 참조하면서 다시 한번 그 의미를 살펴보면 많이 도움이 될 것이다.

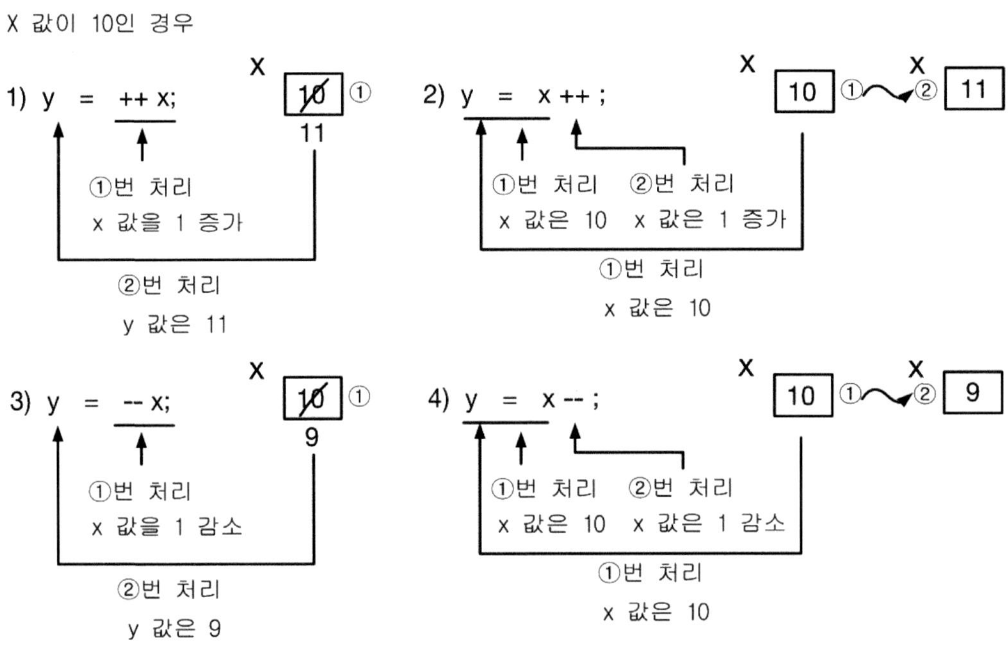

그림 4-6 증감 연산자의 사용 방법에 따른 처리 절차

표 4-9와 그림 4-6과 같이 ++x 또는 x++ 는 증감 연산자의 처리 절차가 약간은 차이가 나타나는 것을 알 수 있다. ++x는 그림에서 보는 것처럼 처리하기 위한 절차에서 ++ 연산자를 먼저 만남으로 ++x를 처리하여 무조건 증가시키고 그리고 대입 연산인 y = x에 사용되어 증가된 값이 x에 대입된다. 이에 반하여 x++ 의 경우는 처리 절차에서 변수 x를 먼저 만남으로 y = x 대입 연산문이 처리되고, 이후에 ++ 연산자를 만나 변수 x를 1 증가시키는 것이다. 마찬가지로 변수 x의 값을 감소시키는 --x 또는 x-- 의 경우도 변수 x의 값을 증가시키는 경우와 동일한 처리 절차를 따른다.

```
// 증감 연산자의 사용 방법에 따른 처리 절차를 확인하는 프로그램
#include <stdio.h>

int main(void)
{
    int a = 10, b = 10, x = 0, y = 0;

    x = ++a;                        // 변수 a 값을 증가 후 대입
    y = b++;                        // 변수 b 값을 대입 후 증가

    printf("x = ++a의 결과 : x = %d   a = %d\n", x, a);
    printf("y = b++의 결과 : y = %d   b = %d\n", y, b);

    x = --a;                        // 변수 a 값을 감소 후 대입
    y = b--;                        // 변수 b 값을 대입 후 감소

    printf("x = --a의 결과 : x = %d   a = %d\n", x, a);
    printf("y = b--의 결과 : y = %d   b = %d\n", y, b);

    return 0;
}
```

프로그램 실행 결과

```
x = ++a의 결과 : x = 11   a = 11
y = b++의 결과 : y = 10   b = 11
x = --a의 결과 : x = 10   a = 10
y = b--의 결과 : y = 11   b = 10
```

4.5 데이터 타입의 변환

변수 선언부에서 int 또는 float로 선언된 변수는 특별한 정의가 없으면 프로그램 종료시까지 선언된 데이터 타입을 유지하므로 선언된 형태 그대로 사용하여야 한다. 그러나 프로그램 작성 중에 필요에 따라서 데이터 타입을 변경해야 되는 경우가 발생한다. 이러한 경우 사용하는 것이 데이터 타입의 변환이다. 데이터 타입의 변환을 형 변환(type conversion)이라고 부르기도 한다,

4.5.1 데이터 타입 변환의 개념

선언된 데이터 타입의 변환은 변수 선언부에서 int 형태로 선언된 변수의 값을 float 형태의 값으로 또는 float로 선언된 변수의 값을 int 형태의 값으로 또는 char 형태로 선언된 변수의 값을 int 형태의 값으로 변경하는 것을 말한다. 만약에 int 형태로 선언된 변수가 프로그램의 실행 과정에서 실수형 변수로 변경이 필요한 경우가 발생할 수 있다. 이러한 경우 123과 같은 정수형 숫자 상수이면 소수점을 삽입하여 123. 과 같이 실수형으로 변경이 가능하지만 변수인 경우는 소수점을 삽입하는 것은 불가능하다. 이러한 경우를 위해서 C 언어에서는 데이터 타입의 변환이 정의되어 있고, 이러한 기능을 사용하여 손쉽게 데이터 타입의 변환이 이루어져 연산 처리가 부드럽게 진행된다.

데이터 타입의 변환에는 2가지의 방법이 존재한다. 첫 번째는 컴파일러에 의해서 자동적으로 변환이 수행되는 자동적인 데이터 타입의 변환을 말하는 것이고, 두 번째는 사용자에 의해 프로그램 작성 과정에서 강제적으로 데이터 타입을 변경시키는 것을 말한다. 강제적인 데이터 타입의 변경을 명시적 데이터 타입의 변환이라고도 한다. 명시적이라는 의미는 프로그램에 직접 표현을 하기 때문에 나타내는 용어이다.

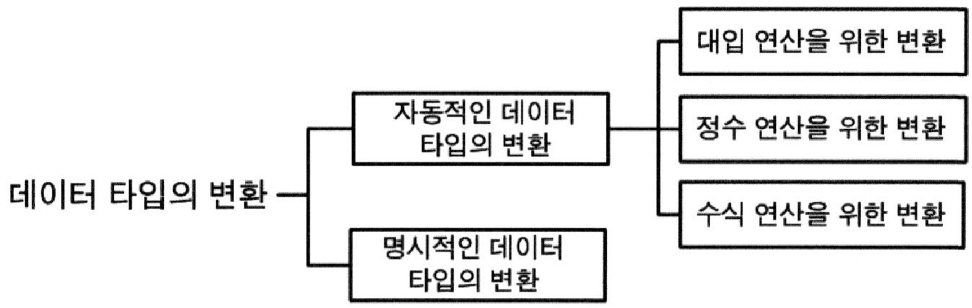

그림 4-7 데이터 타입의 변환 방법

4.5.2 자동적인 데이터 타입의 변환

그림 4-7과 같이 자동적인 데이터 타입의 변환에는 대입 연산을 위한 데이터 타입의 변환과 정수 연산을 위한 데이터 타입의 변환 그리고 수식 연산을 위한 데이터 타입의 변환이 존재한다.

첫 번째로 대입 연산을 위한 데이터 타입의 변환은 대입 연산자인 = 기호를 중심으로 오른쪽에 있는 r-value가 = 기호의 왼쪽에 있는 l-value의 데이터 타입에 따라 변환되는 것을 말한다. 이것은 r-value에 표현된 수식이 연산 처리되고 발생한 결과 값이 l-value에 정의된 변수의 데이터 타입으로 변경되어 저장되는 것을 의미한다. 데이터 타입의 변환은 연산 처리 결과로 생성된 값을 저장하는 l-value의 변수에 따라 데이터의 표현 범위가 더 큰 실수형으로 자동 변환되는 경우도 존재하고, 반대로 데이터의 표현 범위가 작은 정수형으로 자동 변환되는 경우도 존재한다. 데이터의 표현 범위가 더 큰 실수형으로 자동 변환되는 방법을 올림 변환(Promote conversion)이라고 하고, 반대의 경우는 내림 변환(Demote conversion)이라고 한다.

올림 변환(Promote conversion)은 l-value에 정의된 변수에 따라 r-value에 표현된 데이터들이 데이터의 표현 범위가 더 큰 실수형으로 자동 변환되는 방법이다. 올림 변환을 자동적으로 수행하는 이유는 연산 처리되는 과정에서 발생하는 데이터의 손실을 방지하여 좀 더 정확한 결과를 생성하기 위함이다. 올림 변환은 다음과 같은 예제들이 대표적인 경우이다.

```
double    x;            // x는 double 실수형으로 선언
float     a;            // a는 float 실수형으로 선언

x = a + 10;
```

위의 예제에서 l-value인 x의 데이터 타입이 double형이므로 대입 연산문 x = a + 10;를 구성하고 있는 변수 a가 float형이므로 정수형 상수 10도 float형 실수로 변형되어 연산 처리를 수행하고, 생성된 결과 값이 float형이므로 이것을 다시 double형으로 변환하여 변수 x에 저장한다. 따라서 대입 연산문에 정의된 수식은 4-3절에서 설명한 산술 연산자의 연산 처리 규칙에 따라 연산 처리를 수행하고, 처리된 결과는 l-value의 변수에 따라 올림 변환을 수행한다.

내림 변환(Demote conversion)은 올림 변환과는 반대로 데이터의 표현 범위가 낮은 정수형으로 자동 변환되는 방법을 말한다. 내림 변환은 데이터의 표현 범위가 큰 실수형에서 데이터의 표현 범위가 적은 정수형으로 변환되므로 소수점 아래의 데이터가 잘려나간다. 따라서 이러한 경우는 데이터의 손실이 발생하게 된다. 내림 변환은 다음과 같은 예제들이 대표적인 경우이다.

```
int        x;                   // x는 int 정수형으로 선언
x = 3.141592                    // 정수형 x에 실수형 3.141592를 대입
```

위의 예제에서 보는 것처럼 내림 변환은 데이터의 표현 범위가 큰 쪽에서 적은 쪽으로 대입 연산을 수행하면 발생한다. 데이터의 표현 범위는 char이 제일 적고 short, int, unsigned int, long, unsigned long, float, double, long double 순으로 정의된다.

두 번째로 정수 연산을 위한 데이터 타입의 변환은 정수와 정수의 연산에서도 데이터 타입의 변환이 발생할 수 있음을 나타낸다. 일반적으로 생각할 때 정수와 정수가 연산을 하는데 데이터 타입의 변환이 발생하는 것에 대해 이상하게 생각할 수도 있다. 그러나 정수형 데이터 타입을 자세히 살펴보면 위에서 설명한 것과 같이 데이터의 표현 범위가 서로 다름을 알 수 있다. 정수형 데이터 타입의 데이터 표현 범위는 char, short, int, unsigned int, long, unsigned long 순서로 데이터의 표현 범위가 커진다. 따라서 연산 처리를 위한 2개의 피연산자(operand)의 데이터 타입이 char 또는 short인 경우는 컴퓨터에서 기본적인 처리 단위가 4바이트 1워드 단위로 수행하므로 처리 절차의 단순화를 위하여 기본 처리 단위인 int 데이터 타입으로 변환을 시켜 연산 처리를 수행하는 것이다.

다음의 그림 4-8은 다음과 같은 프로그램을 처리하는 과정을 나타낸다.

```
char        ch;
short       x;
int         y;

y = ch + x;
```

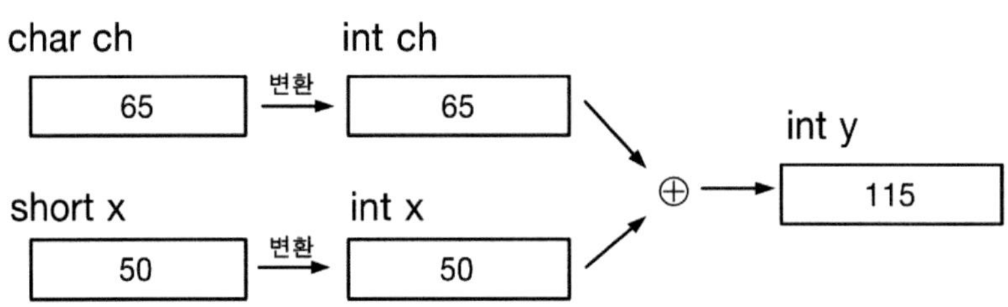

그림 4-8 정수 연산을 위한 데이터 타입의 변환

세 번째로 수식 연산을 위한 데이터 타입의 변환은 이전에 다루었던 산술 연산문과 산술 연산자의 연산 처리 규칙을 의미하는 것이다. 산술 연산자의 연산 처리 규칙은 정수형과 정수형의 연산

결과는 정수형으로 만들어지고, 실수형과 실수형의 연산 결과는 당연히 실수형으로 만들어진다. 이에 반하여 정수형과 실수형의 연산 결과는 정수형이 데이터의 표현 범위가 더 큰 실수형으로 자동 변환되어 실수형과 실수형으로 연산 처리되어 실수형으로 만들어진다. 따라서 수식 연산을 위한 데이터 타입의 변환은 피연산자(operand)의 데이터 타입이 혼합되어 있을 때 연산 처리를 위해서 수행되는 과정을 말한다.

수식 연산을 위한 데이터 타입의 변환은 이전에 설명한 올림 변환(promote conversion)을 기본으로 한다. 따라서 피연산자(operand)의 데이터 타입이 혼합되어 있을 때 데이터의 표현 범위가 더 큰 쪽으로 자동 변환되는 방법이다. 이러한 방법은 데이터의 표현 범위를 넓혀서 연산 처리에서 혹시라도 발생할 수 있는 데이터의 손실을 막기 위한 방법이다.

예를 들어서 다음과 같은 연산문을 가지고 설명을 계속한다.

```
double          y, sum;
int             x;

sum = x + y;
```

위의 작업에서 수식 연산을 위한 데이터 타입의 변환은 x + y 수식을 처리하는 과정에서 발생한다. 여기에서 변수 x는 int 데이터 타입이고, 변수 y는 double 데이터 타입이므로 int 보다는 double 데이터 타입이 데이터의 표현 범위가 크므로 int x는 double x로 변환되어 x + y 수식은 double 데이터 타입으로 연산 처리를 수행하게 되는 것이다.

이때 반드시 기억해야 되는 사항이 존재하는데, 수식 연산을 위한 데이터 타입의 변환은 수식을 처리하는 과정에서 발생하는 임시적인 변환이라는 것이다, 수식 연산을 위한 데이터 타입의 변환이 발생했다고 해서 근본적으로 선언된 변수의 데이터 타입이 변경되는 것은 아니다. 처음에 변수 선언부에 명시된 각각의 변수에 대한 데이터 타입은 프로그램을 종료할 때까지 그대로 유지된다. 수식 연산을 위한 데이터 타입의 변환은 수식을 처리할 때 일시적으로 발생한다.

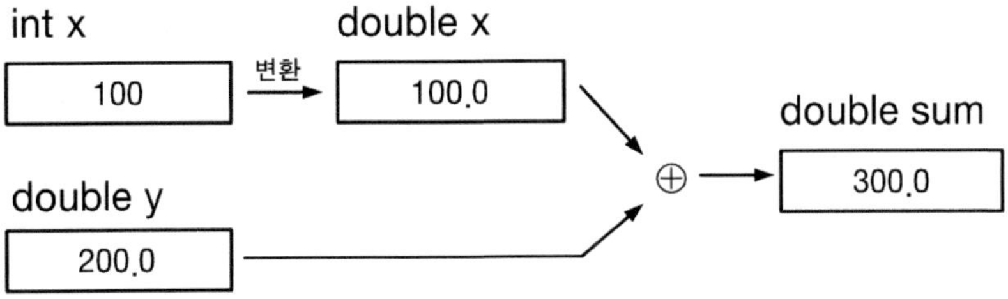

그림 4-9 식 연산을 위한 데이터 타입의 변환

4.5.3 강제적인 데이터 타입의 변환(캐스트 연산자)

강제적인 데이터 타입의 변경을 명시적 데이터 타입의 변환이라고도 한다. 명시적이라는 의미는 프로그램에 직접 표현을 하기 때문에 나타내는 용어이다. int 형태로 선언된 변수가 프로그램의 실행 과정에서 실수형 변수로 변경이 필요한 경우가 발생할 수 있고, 또는 반대로 실수형으로 선언된 변수를 정수형으로 변경이 필요한 경우가 발생할 수 있다. 이러한 경우 123과 같은 정수형 숫자 상수이면 소수점을 삽입하여 123. 과 같이 실수형으로 변경이 가능하지만 변수인 경우는 소수점을 삽입하는 것은 불가능하다. 이러한 경우를 위해서 C 언어에서는 프로그램을 작성하는 사용자가 직접 데이터 타입의 변환을 정의할 수 있다.

강제적인 데이터 타입의 변경을 시키는 연산자를 캐스트 연산자(cast operator)라고도 한다. 캐스트 연산자는 수식 내에서 변수의 데이터 타입을 강제적으로 다른 데이터 타입으로 변경하는 연산자이다. 별다른 지정이 없으면 선언된 변수의 고유한 데이터 타입으로 연산이 수행되는데 필요에 따라서 데이터 타입을 변경하여 연산 처리를 수행해야 할 경우에 사용된다. 캐스트 연산자의 형식은 다음 두 가지가 있다.

```
캐스트 연산자의 형식)
                    (타입)변수 또는 상수            (1)
                    타입(변수 또는 상수)            (2)
```

(1)과 같은 형식은 C 언어의 캐스트 연산자 형식이며, (2)와 같은 형식은 C++ 언어에서 새로 추가된 캐스트 연산자 형식이다. C++ 컴파일러에서는 이러한 2가지 형식의 사용이 가능하지만, 그 중에 (2)와 같은 C++ 형식이 함수 호출문과 유사해서 조금 더 명시적이고 가독성이 좋다. 그러나 (1)과 같은 C 언어 형식도 기능상 특별한 문제는 없다. 또한 오랫동안 사용해 왔기 때문에 아직까지도 C++ 형식보다는 C 언어 형식이 더 많이 사용된다. 두 가지 중에 어떤 형식을 사용할 것인가는 프로그램을 작성하는 사용자에 의해 결정된다.

캐스트 연산자는 데이터 타입의 변환 방식을 지정하는 키워드에 따라 암시적(implicit) 또는 명시적(explicit) 2가지 중에서 하나를 선택하여 지정한다. 암시적 변환 방식은 컴파일러가 알아서 변환하는 것을 허가하는 연산이고, 데이터 타입의 변환에 의해 데이터 손실이 발생하지 않는 경우에 사용하고, 반대로 명시적인 데이터 타입의 변환은 데이터 손실이 발생할 수도 있으므로 캐스팅에 의해서만 변환이 가능하고, 컴파일러가 임의로 변환을 하지 못하는 변환 방식이다

위에서 보여준 캐스트 연산자의 형식과 같이 C 언어 형식은 변경할 변수 앞에 괄호를 사용하여 괄호 안에는 변경을 원하는 타입을 지정하면 된다. 이에 반해서 C++ 형식은 변경을 원하는 타입을 먼저 나타내고 괄호 안에는 변수를 쓴다. 예를 들어서 i가 정수형인데 잠시 실수형으로 변경하려면

(double)i라고 표현하거나 또는 double(i)라고 표현하면 된다. 캐스트 연산자는 어디까지나 수식 내에서 변수의 데이터 타입을 임시적으로 바꾸는 것이지 변수의 데이터 타입 자체를 바꾸는 것은 아니다.

다음의 예제는 강제적인 데이터 타입의 변환을 시키는 문장을 나열한 것이다. 각각의 문장의 의미를 분석하여 강제적인 데이터 타입이 변경되는 과정을 살펴본다.

```
int             a, b;
double          x, y;

1) y = a / x;                   // 암시적 데이터 타입의 변환, a가 double 변환
2) y = (double)a / x;          // 강제적적 데이터 타입의 변환, a가 double 변환
3) y = a / b;
4) y = (double)a / (double)b;
5) y = (double)(a / b);              // a/b 결과를 강제적적 데이터 타입의 변환
```

만약에 위에서 나열한 예제에서 a = 9이고, b = 4이고. x = 3.0인 경우 각각의 실행 결과는 다음과 같이 처리되어 결과 값을 생성한다.

1. 변수 a의 데이터 타입은 int이고, 변수 x의 데이터 타입이 double이므로 변수 a가 double 데이터 타입으로 암시적인 변환을 수행하여 9.0/3.0을 계산하므로 결과는 3.0이 변수 y에 double 데이터 타입으로 저장된다.
2. 변수 a에 대하여 강제적인 데이터 타입의 변환을 수행하여 double 데이터 타입으로 변경하여 9.0/3.0을 계산하므로 결과는 3.0이 변수 y에 double 데이터 타입으로 저장된다.
3. 변수 a의 데이터 타입은 int이고, 변수 b의 데이터 타입도 int이므로 데이터 타입의 변환 없이 정수형과 정수형의 연산 처리를 수행하여 정수형 결과를 생성한다. 따라서 9/4의 결과로 2를 생성하여 2가 변수 y에 저장되는 것이 아니라, double 데이터 타입이므로 2.0으로 변환되어 y에 저장된다.
4. 변수 a와 변수 b의 데이터 타입을 int에서 double로 강제적인 데이터 타입의 변환을 수행하여 double 데이터 타입으로 변경하여 9.0/4.0을 계산하므로 결과는 2.025가 되어 변수 y에 double 데이터 타입으로 저장된다.
5. 정수형과 정수형의 a/b 연산 처리를 수행하여 2라는 정수형 결과를 생성하고 생성된 결과를 double 데이터 타입으로 변경하여 2.0을 y에 double 데이터 타입으로 저장된다.

[4.6] 관계 연산문과 관계 연산자

관계 연산문은 관계 연산자(Relational operator)를 사용하여 표현한 문장이다. 관계 연산자는 2개 또는 그 이상의 피연산자(operand)인 변수의 값이나 수식을 비교하여, 대소 관계를 나타내기 위해 사용하는 연산자이다. 대표적인 관계 연산자는 같다(==), 같지 않다(!=), 보다 크다(>), 보다 작다(<), 보다 크거나 같다(>=), 보다 작거나 같다(<=) 등이 존재한다. 관계 연산 처리의 연산 결과는 참(true) 또는 거짓(false)을 나타낸다.

4.6.1 관계 연산문의 개념

우리는 일상의 생활에서 어떤 무엇과 비교하는 이야기를 많이 한다. 예를 들어서 KTX 열차는 새마을보다 빠르다. 또는 누구는 누구보다 공부를 잘한다. 또는 키가 크다 등등 많은 비교를 하면서 살아간다. 마찬가지로 C 프로그래밍 언어에서도 프로그램을 작성할 때 비교하는 문장을 자주 사용한다. 이러한 문장을 관계 연산문 또는 비교 연산문이라고 한다. 이 책에서는 관계 연산문으로 통일하여 사용한다.

C 언어에서 사용되는 관계 연산문은 일상의 생활에서 사용하는 비교 문장과는 조금 다르게 사용한다. 일상의 생활에서는 어떠한 상황의 결론적인 의미로 많이 사용되지만, C 언어에서는 가정의 의미로 또는 질의어의 의미로 사용된다. 예를 들어서 KTX 열차는 새마을보다 빠른가? 또는 누구는 누구보다 공부를 잘하는가? 또는 누가 누구보다 키가 크다면... 와 같이 사용된다. 따라서 이러한 문장을 수행하면 발생되는 결과 값은 당연히 예스(yes) 또는 노(no)가 될 것이다. 예스(yes) 또는 노(no)는 컴퓨터 환경에서는 참(true) 또는 거짓(false)이라고 한다. 아니면 1 또는 0이라고도 한다. 여기에 있는 3가지는 다 같은 의미를 나타내는 용어이며, 때로는 서로 혼합해서 사용하기도 한다.

결론적으로 관계 연산문은 관계 연산자를 포함하고 있는 문장을 나타내는 용어이다. 관계 연산자는 관계 연산문을 구성하는 2개 또는 그 이상의 피연산자(operand)인 변수의 값이나 수식을 비교하여, 대소 관계를 나타내기 위해 사용하는 연산자이다. 따라서 관계 연산자는 대소 관계를 비교하여 결과 값으로 참(true) 또는 거짓(false)이라는 값을 발생시키는 연산자이다.

여기에서 한 가지 기억해야 되는 사항은 컴퓨터 환경에서는 참(true) 또는 거짓(false)이라는 데이터를 직접 저장할 수 없으므로 참(true)이라는 데이터는 1로 표현하고, 거짓(false)이라는 데이터는 0으로 표현하여 사용한다. 따라서 이 후로 1과 0으로 표현되는 사항은 참(true) 과 거짓(false)이라고 파악하면 된다.

4.6.2 관계 연산자의 종류와 의미

관계 연산자는 일반적인 이항 연산자와 마찬가지로 관계 연산문을 구성하는 2개의 피연산자(operand)인 변수의 값이나 수식을 비교하여, 대소 관계를 나타내기 위해 사용하는 연산자이다. 관계 연산자의 종류는 ==, !=, 〉, 〈 , 〉=, 〈= 등과 같이 6가지가 존재한다. 여기서 주의할 점은 관계 연산자 중에서 같은 것을 표현하는 관계 연산자는 = 기호를 2번 사용한다는 것이다. 관계 연산 처리의 연산 결과는 참(true) 또는 거짓(false)을 나타낸다. 다음의 표는 6가지 관계 연산자의 종류와 의미를 나타낸다.

표 4-10 관계 연산자의 종류와 의미 　　　　op는 피연산자(operand)

관계 연산자	형식	의미	사용 예
==	op1 == op2	op1과 op2가 같은가?	x == 80
!=	op1 != op2	op1이 op2와 같지 않은가?	x != 75
〉	op1 〉 op2	op1이 op2 보다 큰가?	x 〉 60
〈	op1 〈 op2	op1이 op2 보다 작은가?	x 〈 (a +b)
〉=	op1 〉= op2	op1이 op2 보다 크거나 같은가?	x 〉= a*b
〈=	op1 〈= op2	op1이 op2 보다 작거나 같은가?	x 〈= 60

위에서 보여준 표와 같이 관계 연산자의 형식에 따라 관계 연산식을 표현할 수 있다. 관계 연산식은 표에서 보여준 사용 예와 같이 나타내면 되고, 관계 연산식의 처리 결과는 참과 거짓으로 결정된다. 다음의 예제를 보면서 관계 연산식의 처리 결과를 분석한다.

만약에 x = 70 이고, a = 10 이고, b = 8 인 경우에 다음과 같은 결과 값을 생성한다.

```
x == 80        // x가 70이므로 70과 80은 같지 않아서 거짓
x != 75        // x가 70이므로 70과 75은 같지 않아서 참
x > 60         // x가 70이므로 70이 60보다 커서 참
x < (a +b)     // x가 70, 70이 a+b의 값 18보다 작지 않아 거짓
x >= a*b       // x가 70, 70이 a*b의 값 80보다 크지 않아 거짓
x <= 60        // x가 70, 70이 60보다 작거나 같지 않아 거짓
```

4.6.3 관계 연산문의 의미와 관계 연산식의 값

관계 연산문은 관계 연산자를 사용하여 표현하는 관계 연산식과 대입 연산문을 혼합하여 표현하는 형식을 말한다. 관계 연산식은 x <= 60 과 같이 관계 연산자와 2개의 피연산자(operand)인 변수의 값이나 수식을 사용하여 만들어지는 수식을 말한다. 관계 연산문은 l = x <= 60 과 같이 관계 연산식과 대입 연산자인 = 기호와 같이 표현되는 문장을 의미한다.

```
관계 연산식과 관계 연산문)
                    관계 연산식        x <= 60
                    관계 연산문        l = x <= 60;
```

관계 연산문은 공부한 대입 연산문과 처리 방식이 동일하다. a = b + c와 같은 대입 연산문에서 b + c 수식을 먼저 연산 처리를 수행하는 것처럼, a = b <= c 와 같은 관계 연산문에서도 r-value인 관계 연산식 b <= c 을 먼저 연산 처리를 수행하여 참 아니면 거짓이라는 값을 생성하고 생성된 결과 값을 l-value에 해당하는 변수 a 에 대입하는 것이다. 이때 결과 값을 대입할 때 참은 1로 저장되고 거짓은 0으로 저장이 된다. 다음에서 보여주는 프로그램을 통해서 참 아니면 거짓이라는 논리 값이 1 또는 0으로 저장되는 것을 살펴볼 수 있다.

```c
/* 관계 연산문의 결과를 출력하는 프로그램 */
#include <stdio.h>

int main(void)
{
    int                 x, y, z;

    x = 5 == 5;         // 5와 5가 같아서 결과는 참, 대입되는 값은 1
    y = 5 <= 9;         // 5와 9보다 작아서 결과는 참, 대입 값은 1
    z = (5 == 5) + (5 <= 9);      // (5==5)는 참, (5<=9) 참, 1+1으로 대입 값은 2

    printf("x = 5 == 5의 결과 : x = %d \n", x);
    printf("y = 5 <= 9의 결과 : y = %d \n", y);
    printf("z = (5 == 5) + (5 <= 9)의 결과 : z = %d \n", z);
}
```

프로그램 실행 결과

```
x = 5 == 5의 결과 : x = 1
y = 5 <= 9의 결과 : y = 1
z = (5 == 5) + (5 <= 9)의 결과 : z = 2
```

4.6.4 관계 연산문의 우선순위

우리는 바로 이전의 프로그램에서 관계 연산식의 연산 처리 결과가 생성되는 것을 살펴보았다. 우리는 예제로 제시한 프로그램에서 하나의 관계 연산문에 해당하는 문장을 가지고 설명을 계속 한다.

```
x = 5 == 5;
```

위에서 제시된 관계 연산문을 처리하는 과정은 관계 연산문 중에서 먼저 관계 연산식 5 == 5가 처리된다. 5 == 5의 처리 결과는 5와 5가 같으므로 결과 값은 참을 나타내는 값으로 1이 생성되고, 생성된 값은 x = 1과 같은 대입 연산문이 수행되어 변수 x에 1이 저장되는 것을 알 수 있다. 여기에서 처리되는 과정을 살펴보면 어떤 것은 먼저 처리되고, 어떤 것은 나중에 처리되는 것을 볼 수 있다. 하나의 문장이 처리되는 과정에는 분명히 처리되는 순서가 존재하는 것을 알 수 있다. 이렇게 하나의 문장이 처리되는 순서를 우리는 연산자의 우선순위(priority)라고 부른다.

연산자의 우선순위(priority)는 각각의 연산자에 대하여 연산자의 우선순위가 정의되어 있으며, 연산자의 우선순위에 따라 처리되는 순서를 다르게 하여 연산 처리를 수행한다. 연산자의 우선순위가 제일 높은 연산자는 산술 연산자이다. 관계 연산자는 산술 연산자보다 연산자의 우선순위가 낮다. 연산자의 우선순위가 제일 낮은 연산자는 대입 연산자로 마지막으로 생성된 결과 값을 대입하는 과정을 수행한다.

그러므로 하나의 연산문에 산술 연산자와 관계 연산자가 혼합되어 있는 경우는 산술 연산자가 포함된 산술 연산식을 먼저 처리하고, 발생된 처리 결과 값을 가지고 관계 연산자를 포함하는 관계 연산식을 처리하여 결과를 생성한다.

여기에서 반드시 주의해야 되는 한 가지 중요한 사항이 있다. 우리는 표 4-6 산술 연산자의 우선순위를 설명하는 과정에서 우선순위가 제일 높은 것이 괄호()라는 것을 이해했다. 따라서 여기에서도 괄호를 사용하는 경우는 하나의 연산문에서 산술 연산자와 관계 연산자에 대하여 연산자의 우선순위가 변경될 수 있다는 것을 반드시 기억해야 한다. 또 하나 반드시 기억해야 되는 사항은 관계 연산자 중에서도 == 과 != 은 다른 관계 연산자보다 연산자의 우선순위가 낮다는 것이다. 따라서 == 과 != 연산자는 다른 관계 연산자를 처리하고 그 이후에 처리가 된다는 것이다.

표 4-11 관계 연산자의 우선순위

관계 연산자	우선순위	처리 순서
==	동일하며, 낮다.	동일한 경우는 왼쪽에서 오른쪽으로 진행
!=		
>	동일하며, 높다.	
<		
>=		
<=		

다음에 나열하는 예제는 산술 연산자와 관계 연산자가 혼합되어 있는 경우에 대하여 연산자의 우선순위에 따라 연산 처리를 수행한 결과를 나타낸다. x = 1, y = 8 이라고 가정한다.

1. 5 + x <= 9
2. (5 == 5) + (5 <= 9)
3. 5 == 5 + 5 <= 9
4. x == y > 6

위에서 보여준 수식에 대한 설명은 다음과 같다.

1. 5+x<=9와 같은 수식은 산술 연산자와 관계 연산자가 혼합되어 있는 경우 산술 연산자부터 처리가 진행되므로 산술 연산식 5+x는 x=1이므로 결과는 6이 된다. 따라서 관계 연산식은 6<=9가 되어 최종 결과는 참이 되고, 결과 값으로 1을 생성한다. 만약에 1)과 같은 수식이 혼란스러운 경우는 괄호를 사용하여 다음과 같이 표현해도 실행 결과는 동일하다. 괄호를 사용하면 수식의 연산 순서를 명확하게 표현되며, 이해도 쉽다.

```
( 5 + x ) <= 9
```

2. (5==5)+(5<=9)와 같은 수식은 2개의 괄호가 사용되면서 산술 연산자와 관계 연산자가 혼합되어 있는 경우, 2개의 괄호는 왼쪽의 괄호에 있는 관계 연산식 5==5는 서로 같으므로 참이 되고, 결과 값으로 1을 생성한다. 그리고 오른쪽 괄호에 있는 관계 연산식 5<=9은 5가 9보다

작으므로 참이 되고, 결과 값으로 1을 생성한다. 처리 결과로 생성된 2개의 결과 값에 의해 산술 연산식 1+1을 처리하여 최종 결과 값으로 2를 생성한다.

3 5==5+5<=9와 같은 수식은 2)와 같은 수식에서 괄호가 제거된 경우의 보기이다. 우리는 표 4-11 관계 연산자의 우선순위에서 == 연산자는 연산자의 우선순위가 낮다고 하였다. 따라서 5+5<=9와 같은 수식을 먼저 처리하여 10<=9가 성립이 안 되므로, 거짓이 되고, 결과 값으로 0을 생성한다. 그리고 생성된 결과 값에 의해 관계 연산식 5==0을 처리하여 5와 0은 같지 않으므로 거짓이 되고, 최종 결과 값으로 0을 생성한다.

4 x==y>6와 같은 수식은 3)번과 같은 경우이다. == 연산자와 > 연산자는 연산자의 우선순위가 > 연산자 높다. 관계 연산식 y> 6은 y의 값이 8 이므로 8>6 과 같은 수식을 처리하여 참이 되고, 결과 값으로 1을 생성한다. 그리고 생성된 결과 값에 의해 관계 연산식 x==1을 처리한다. 여기에서 x의 값이 1이므로 1==1은 참이 되고, 최종 결과 값으로 1을 생성한다.

```
/* 산술 연산자와 관계 연산자가 혼합된 경우의 결과를 출력하는 프로그램 */
#include <stdio.h>

int main(void)
{
    int     x = 1, y = 8;                       // x, y의 초기 값 설정
    int     r1 = 0, r2 = 0, r3 = 0, r4 = 0;     // 처리 결과 저장 변수

    r1 = 5 + x <= 9;
    r2 = (5 == 5) + (5 <= 9);
    r3 = 5 == 5 + 5 <= 9;
    r4 = x == y > 6;

    printf("5 + x <= 9의 결과 : r1 = %d \n", r1);
    printf("(5 == 5) + (5 <= 9)의 결과 : r2 = %d \n", r2);
    printf("5 == 5 + 5 <= 9의 결과 : r3 = %d \n", r3);
    printf("x == y > 6의 결과 : r4 = %d \n", r4);
}
```

프로그램 실행 결과

```
5 + x <= 9의 결과 : r1 = 1
(5 == 5) + (5 <= 9)의 결과 : r2 = 2
5 == 5 + 5 <= 9의 결과 : r3 = 0
x == y > 6의 결과 : r4 = 1
```

다음의 그림은 위에서 보여준 프로그램에서 어렵게 생각하기 쉬운 r2=(5==5)+(5<=9); 문장과 r3=5==5+5<=9; 문장의 처리 절차를 보여준다.

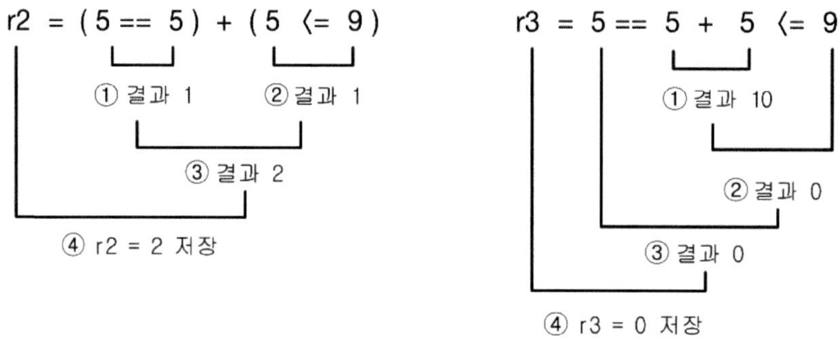

그림 4-10 r2=(5= =5)+(5<=9);와 r3=5= =5+5<=9;의 처리 절차

[4.7] 논리 연산문과 논리 연산자

논리 연산문은 논리 연산자(logical operator)를 사용하여 표현한 문장이다. 논리 연산자는 AND, OR, NOT의 논리 연산을 정의하는 연산자이다. AND, OR, NOT의 논리 연산자는 우리말로 "그리고", "또는", "부정"으로 사용되기도 한다. C 언어에서는 AND, OR, NOT에 대한 연산자를 &&, ||, ! 기호를 사용하여 표현한다.

4.7.1 논리 연산자의 개념

우리는 일상의 생활에서 논리 연산문은 자주 사용한다. 예를 들어서 "치킨과 콜라를 먹는다." "우리는 매일 식사를 할 때 밥과 국과 반찬을 먹는다.", "이번 학기 수강하는 과목은 C 프로그래밍 언어와 운영체제와 자료 구조이다.", "오늘 점심은 비빔밥 아니면 칼국수를 먹자", "이번 요리를 위한 육수는 멸치를 사용하거나, 바지락을 사용하거나, 황태를 사용한다."와 같은 문장을 자주 사용한다. 우리가 사용하는 문장에는 자연적으로 논리 연산자를 사용하여 문장을 표현한다.

위에서 제시한 문장 중에서 "우리는 매일 식사를 할 때 밥과 국과 반찬을 먹는다."와 같은 문장은 논리 연산자 AND를 사용하는 경우이다. 여기에서 "밥과 국과 반찬"은 "밥", "국", "반찬"이라는 명사를 접속사 "과"에 의해 연결한 것이다. 따라서 "과"의 의미는 "그리고"와 동일하며, AND 연산자를 의미하는 것이다. 그러므로 "밥 그리고 국 그리고 반찬"과 같은 의미가 되는 것이다.

그리고 위에서 제시한 문장 중에서 "이번 요리를 위한 육수는 멸치를 사용하거나, 바지락을 사용하거나, 황태를 사용한다."와 같은 문장은 논리 연산자 OR를 사용하는 경우이다. 여기에서 "멸치를 사용하거나, 바지락을 사용하거나, 황태를 사용한다."의 문장에서 "~하거나"와 같은 문장은 의미는 "또는"과 동일하며, OR 연산자를 의미하는 것이다. 그러므로 "이번 요리를 위한 육수는 멸치 또는 바지락 또는 황태를 사용한다."와 같은 문장이 된다.

4.7.2 논리 연산자의 종류와 의미

C 프로그래밍 언어에서는 사용할 수 있는 논리 연산자로 AND, OR, NOT의 3가지 연산자를 준비하고 있다. C 언어에서 3가지의 논리 연산자를 사용하기 위해서는 AND, OR, NOT을 그대로 사용하는 것이 아니라, 여기에 대응되는 &&, ||, ! 기호를 사용하여 표현한다. &&(double ampersand) 기호는 AND 연산자를 나타내며, ||(double vertical bar) 기호는 OR 연산자를 나타내며, !(exclamation mark) 기호는 NOT 연산자를 나타낸다.

다음의 표는 논리 연산자의 종류를 나타내며, 연산자의 사용 방법에 대하여 보여준다.

표 4-12 논리 연산자의 종류와 사용 방법

논리 연산자	의미	사용 방법	처리 결과
&&	AND 연산	a && b	a와 b가 모두 참인 경우 결과는 참, 나머지는 거짓
||	OR 연산	a || b	a와 b중에 하나만 참인 경우 결과는 참, 나머지는 거짓
!	NOT 연산	!(b 〉 c)	반대 값으로 출력, b 〉 c 결과를 반대로 출력

우리가 위의 표에서 나열한 논리 연산자는 C 언어에서 정의된 것이 아니라 예로부터 수학의 논리학에서 정의되어 내려오던 것을 C 언어에서 가져와 사용하는 것이다. 따라서 이 2가지는 의미는 같지만 약간의 표현 방법에서 차이가 나타난다. 그 차이점은 다음의 표를 참고하면 되고, 사용 방법의 차이점을 말하는 것이고, 동일한 개념이므로 편하게 이해하면 된다.

표 4-13 수학적인 논리 연산의 표현

x의 값	y의 값	x AND y의 결과값	x OR y의 결과값	NOT x의 결과값
거짓	거짓	거짓	거짓	참
거짓	참	거짓	참	참
참	거짓	거짓	참	거짓
참	참	참	참	거짓

위의 표에서 보는 것처럼 수학적인 논리 연산에서는 논리 값을 참과 거짓으로 표현하여 각각의 논리 연산에 대하여 연산 결과를 표현한다. 이에 반하여 C 언어에서는 참에 대한 논리 값을 1로 표현하고 그리고 거짓에 대한 논리 값을 0으로 표현하며, 논리 연산자도 AND, OR, NOT의 3가지 연산자를 그대로 사용하는 것이 아니라 C 언어에서 정의된 기호로 &&, ||, ! 와 같이 표현하여, 각각의 논리 연산에 대하여 연산 결과를 나타낸다.

표 4-14 C 언어에서의 논리 연산의 표현

x의 값	y의 값	x && y의 결과값	x ‖ y의 결과값	!x의 결과값
0	0	0	0	1
0	1	0	1	1
1	0	0	1	0
1	1	1	1	0

4.7.3 AND 연산자의 사용 방법

AND 연산자는 연산에 사용되는 2개의 피연산자(operand)의 값이 모두 참일 때 결과 값을 참으로 생성하는 연산자이다. 예를 들어서 4-7. 논리 연산문의 개념에서 보여준 "우리는 매일 식사를 할 때 밥과 국과 반찬을 먹는다."라는 보기를 가지고 설명한다. 예제로 제시한 문장에서 식사를 하기 위해서 "밥과 국과 반찬을 먹는다."라는 의미는 밥과 국과 반찬 3가지가 항상 준비되어야 한다. 다시 말해서 식사를 하기 위해서는 "밥"이 있어야 하고, 그리고 "국"이 있어야 하고, 그리고 "반찬"이 있어야 한다는 것이다. 따라서 "밥"이 참이고, 그리고 "국"도 참이고, 그리고 "반찬"도 참이어야 한다는 것이다. 이러한 3가지가 모두 참일 때 처리 결과로 식사를 한다. 즉 식사하는 것도 참이라는 것이다.

위의 문장에서 보는 것처럼 AND 연산자는 &&(double ampersand) 기호를 사용하며, AND 연산자를 기준으로 2개의 피연산자로 오는 조건식, 또는 수식의 값이 참인 경우에 처리 결과로 참을 생성하는 연산자이다. 다음에 열거한 논리 연산식의 결과를 생성해 본다.

1. 1 && 9
2. (5 == 5) && (5 〈= 9)
3. (x 〉 6) && (x 〈 15)
4. 1 && 0 == 4 〉 6

위에서 보여준 수식에 대한 설명은 다음과 같다.

1. 1&&9와 같은 논리 연산식에서 논리 연산자 &&의 왼쪽과 오른쪽에는 논리 값인 0 또는 1이 표현되어야 한다. 따라서 9는 논리 값이 아니고 산술값이다. 논리 연산자 &&는 피연산자의 값이 0인가 아닌가를 파악하여 0이 아니면 무조건 참인 1로 인식을 한다. 따라서 1&&9는 1&&1로 인식되어 결과 값은 1을 생성한다.
2. (5==5)&&(5〈=9)와 같은 논리 연산식은 (5==5)의 결과가 1, (5〈=9)의 결과가 1이 되므로 1&&1로 인식되어 결과 값은 1을 생성한다.
3. (x〉6)&&(x〈15)와 같은 논리 연산식은 x〉6 조건을 만족하면 1이 되고 아니면 0이 된다. 그리고 x〈15 조건을 만족하면 1이 되고 아니면 0이 되어, AND 연산을 수행하므로, x의 값이 6보다 크고 15보다 작은 경우는 모두 참으로 결과 값은 1을 생성한다.
4. 1&&0==4〉6와 같은 논리 연산식은 논리 연산식과 관계 연산식이 혼합된 경우이다. 이러한 경우는 관계 연산식부터 처리하고, 처리 결과를 가지고 논리 연산식을 처리하면 된다. 관계 연산식은 관계 연산식의 처리 절차에 따라 4〉6의 결과 값으로 0이 되어 0==0을 처리하여 값으로 1이 생성된다, 따라서 최종적으로 1&&1이 처리되어 결과 값으로 1이 생성된다.

4.7.4 OR 연산자의 사용 방법

OR 연산자는 연산에 사용되는 2개의 피연산자(operand)의 값 중에서 하나만 참일 때 결과 값을 참으로 생성하는 연산자이다. 예를 들어서 4-7. 논리 연산문의 개념에서 보여준 "오늘 점심은 비빔밥 아니면 칼국수를 먹자"라는 보기를 가지고 설명한다. 예제로 제시한 문장에서 오늘 점심은 취향에 따라 비빔밥을 먹을 수도 있고 아니면 칼국수를 먹을 수도 있을 것이다. 따라서 오늘 점심은 2가지 중에서 1가지를 먹게 되거나 욕심이 많으면 2가지 모두를 먹게 될 것이다.

위의 문장에서 보는 것처럼 OR 연산자는 ||(double vertical bar) 기호를 사용하며, OR 연산자를 기준으로 2개의 피연산자로 오는 값 중에서 최소한 하나의 값이 참인 경우에 처리 결과로 참을 생성하는 연산자이다. 다음에 열거한 논리 연산식의 결과를 생성해 본다.

1. 1 || 9
2. (5 == 5) || (5 〈= 9)
3. (x 〈 6) || (x 〉 15)
4. 1 || 0 == 4 〉 6

위에서 보여준 수식에 대한 설명은 다음과 같다.

1 1||9와 같은 논리 연산식에서 9는 0이 아니므로 참으로 인식되어 1이 되어 1||1을 처리하여 결과 값으로 1이 생성된다.
2 (5==5)||(5<=9)와 같은 논리 연산식에서 (5==5)는 결과 값으로 1이 생성되고, (5<=9)는 결과 값으로 1이 생성되어 최종 결과는 1||1을 처리하여 결과 값으로 1이 생성된다.
3 (x<6)||(x>15)와 같은 논리 연산식에서 x의 값이 (x<6)와 같은 조건을 만족하면 1이 되고, x의 값이 (x>15)와 같은 조건을 만족하는 경우도 1이 되므로 x의 값이 2가지 조건 중에서 하나만 만족하면 결과 값으로 1이 생성된다.
4 1||0==4>6와 같은 논리 연산식은 OR 연산자인 || 기호의 왼쪽의 값이 1이므로 연산자의 오른쪽 값과는 상관없이 결과 값으로 1이 생성된다.

4.7.5 NOT 연산자의 사용 방법

NOT 연산자는 논리 연산식 뿐만 아니라 모든 연산식에 사용될 수 있다. NOT 연산자가 연산 처리를 하기 위한 값은 기본적으로 참 아니면 거짓의 값을 사용하지만, 이 뿐만 아니라 일반적인 값들도 사용할 수 있다. 이때 0과 1이 아닌 일반적인 값은 무조건 1로 취급된다.

NOT 연산자는 !(exclamation mark) 기호를 사용하며, 참을 거짓으로 만들고, 거짓은 참으로 만드는 연산자이다. 다음에 열거한 논리 연산식의 결과를 생성해 본다.

1 !0
2 !9
3 !(5 == 5) || (5 <= 9)

위에서 보여준 수식에 대한 설명은 다음과 같다.

1 !0과 같은 논리 연산식에서 0은 논리 값 거짓으로 인식되어 거짓의 반대를 처리하여 결과 값으로 1이 생성된다.
2 !9와 같은 논리 연산식에서 9는 0이 아니므로 참으로 인식되어 1이 되어 !1을 처리하여 결과 값으로 0이 생성된다.
3 !(5==5)||(5<=9)와 같은 논리 연산식에서 !(5==5)을 처리하면, (5==5)는 1이 되어, !1을 처리하여 0을 생성하고, (5<=9)는 참으로 1이 생성됨으로 최종적으로 0||1이 되어 결과 값으로 0이 생성된다.

4.7.6 논리 연산자의 우선순위

우리는 각각의 연산자에 대한 이전의 설명에서 산술 연산자, 관계 연산자 그리고 논리 연산자를 설명하였다. 그러면서 산술 연산자와 관계 연산자는 각각의 연산자에 대해서 연산자의 우선순위가 존재하는 것을 이해하였다. 그리고 산술 연산자가 관계 연산자보다 연산자의 우선순위가 또한 높아서 먼저 처리되는 것을 알았다. 마찬가지로 지금 우리가 다루고 있는 논리 연산자도 연산자의 우선순위가 존재한다. 논리 연산자는 AND, OR, NOT을 표현하는 &&, ||, ! 연산자 3가지가 존재하지만, &&, ||, ! 연산자도 연산자의 우선순위가 존재한다.

논리 연산자의 우선순위는 NOT을 나타내는 ! 연산자가 우선순위가 제일 높다. 그리고 &&와 || 연산자는 우선순위가 동일하다. ! 연산자의 우선순위는 산술 연산자보다 높은 단항 연산자와 동일하다. 만약에 하나의 수식에 산술 연산자, 관계 연산자 그리고 논리 연산자가 혼합되어 있는 경우에는, 이전에 설명한 것처럼 논리 연산자인 ! 연산자가 우선순위가 제일 높고, 다음은 산술 연산자, 관계 연산자 그리고 논리 연산자인 &&, || 순으로 연산자의 우선순위가 정의되어 있다.

여기에서 사용하는 연산자가 많아서 혼란스러울 수 있지만 결론적으로 정리하면 논리 연산자 !가 우선순위가 제일 높아서 제일 먼저 처리되고, 산술 연산자를 처리하고, 다음으로 관계 연산자를 처리하고, 논리 연산자인 &&를 처리하고, 마지막으로 논리 연산자인 || 순으로 처리하면 된다. 한 가지 주의할 점은 논리 연산자는 && 연산자와 || 연산자도 우선순위가 존재하는데 && 연산자가 || 연산자보다 우선순위가 높다.

여기에서도 마찬가지로 우선순위를 변경하려면 괄호를 사용하면 일반적인 우선순위는 괄호에 의해서 다르게 정의된다. 다음에 열거한 논리 연산식의 결과를 생성해 본다.

1 5 < 4 || 5 <= 9
2 5 < 4 || 5 <= 9 && 8 < 3 + 9
3 !(5 == 5) || (5 <= 9)
4 !5 == 5 || 5 <= 9

위에서 보여준 수식에 대한 설명은 다음과 같다.

1 5<4||5<=9와 같은 논리 연산식에서 연산자의 우선순위는 관계 연산자가 높음으로, 5<4의 결과는 0, 5<=9의 결과는 1이 되어 최종적으로 0||1이 처리되어, 결과 값으로 1이 생성된다.
2 5<4||5<=9&&8<3+9와 같은 논리 연산식에서 우선순위는 산술 연산자가 제일 높음으로 3+9는 12가 되어, 5<4||5<=9&&8<12를 가지고 관계 연산자를 왼쪽에서 오른쪽으로 처리한다. 5<4의 결과는 0, 5<=9의 결과는 1, 8<12의 결과는 1이 되어, 0||1&&1을 처리한다. &&가

||보다 우선순위가 높으므로, 1&&1의 결과는 1이 되어 최종적으로 0||1이 처리되고, 결과 값으로 1이 생성된다.

3 !(5==5)||(5<=9)와 같은 논리 연산식에서는 우선순위가 제일 높은 것은 괄호이므로, (5==5)의 결과는 1이 되고, (5<=9)의 결과도 1이 되어 최종적으로 !1||1의 결과는 1이 생성된다.

4 !5==5||5<=9와 같은 논리 연산식에서는 ! 연산자가 우선순위가 제일 높아서 제일 먼저 처리되어 !5의 결과는 0이 되어, 0==5||5<=9을 처리한다. 0==5의 결과는 0이 되고, 5<=9의 결과는 1이 되어, 최종적으로 0||1의 결과는 1이 생성된다.

위에서 열거한 설명이 혼란스러울 경우는 다음에서 보여주는 그림을 참조하면서 이해하면 된다.

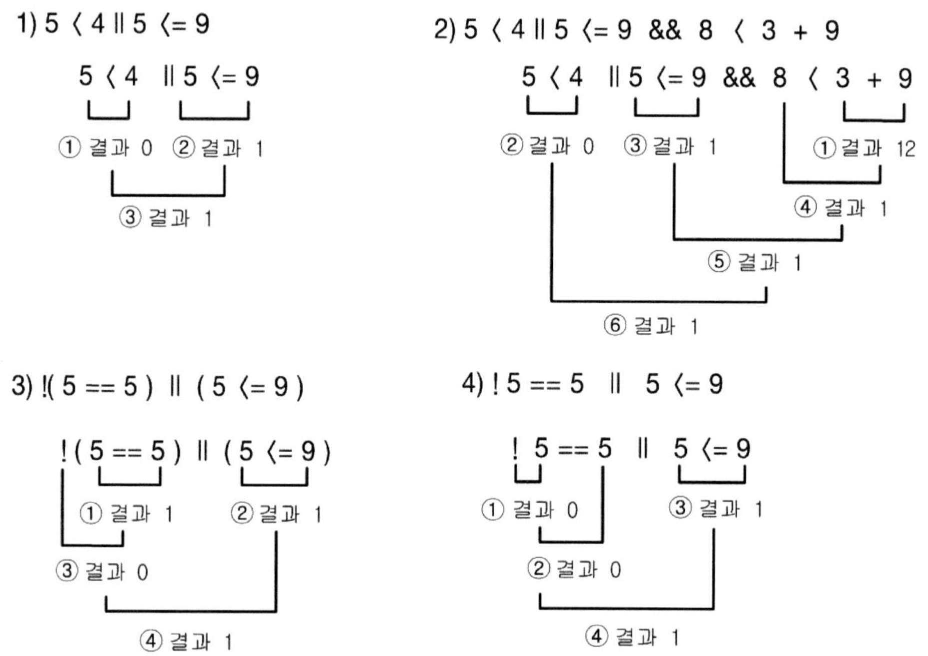

그림 4-11 위에서 열거한 논리 연산식의 처리 절차

여기에서 한 가지 팁을 제공한다. 위에서 열거한 논리 연산식에서 결과 값을 생성하려고 열심히 계산을 수행했을 것이다. 그러나 여러분들이 && 연산자와 || 연산자의 정의를 충분하게 이해하고 있다면, 결과 값을 생성하려고 열심히 계산을 하지 않아도 손쉽게 결과 값을 생성할 수 있다.

우리는 이존의 설명에서 && 연산자 정의는 2개의 피연산자 값이 모두 1일 때 결과 값이 1이 된다고 하였다. 따라서 && 연산을 수행하는 값이 하나가 0이 있으면 나머지는 계산할 필요도 없이 무조건 결과 값은 0이 된다.

이와는 반대로 || 연산자 정의는 2개의 피연산자 값 중에서 최소한 하나가 1일 때 결과 값이 1이 된다고 하였다. 따라서 || 연산을 수행하는 값이 하나가 1이 있으면 나머지는 계산할 필요도 없이 무조건 결과 값은 1이 되는 것이다.

[4.8] 조건 연산문과 조건 연산자

조건 연산문은 조건 연산자를 사용하여 표현한 문장이다. 조건 연산문은 일반적인 대입 연산문에 조건문에서 사용하는 조건 연산식과 조건 연산자를 사용하여 표현한다. 조건 연산자를 3항 연산자라고도 부른다.

4.8.1 조건 연산자의 개념

지금까지 우리가 사용한 연산자는 +, -와 같은 산술 연산자, <=, >=와 같은 관계 연산자, &&, ||와 같은 논리 연산자 등이다. 이러한 연산자는 연산 처리를 위한 피연산자가 2개이므로 이항 연산자라고 한다. 이에 반하여 !, ++, --와 같은 연산자는 피연산자가 1개이므로 단항 연산자라고 한다. 그러나 조건 연산자는 피연산자 3개를 사용하여 표현함으로 3항 연산자라고 한다. 조건 연산자는 ?(question mark)와 :(colon)을 말하는 것으로 조건 연산자 왼쪽, 오른쪽에 3개의 수식을 나타내면 된다.

조건 연산문의 형식은 다음과 같다.

```
l-value인 변수 = 수식_1 ? 수식_2 : 수식_3;
```

여기에서

```
l-value인 변수는 조건 연산자에 의해 생성된 결과 값을 저장할 장소이며,
수식_1은 조건식으로 참과 거짓을 생성하며,
수식_2는 수식_1이 참인 경우 결과 값으로 생성되고,
수식_3는 수식_1이 거짓인 경우 결과 값으로 생성된다.
```

조건 연산문에서 l-value인 변수를 제거하고 조건 연산자만으로 수식을 표현할 수 있다. 여기에서 l-value인 변수는 조건 연산자에 의해 생성된 결과를 저장하여, 이해를 돕기 위하여 첨가한 것이다.

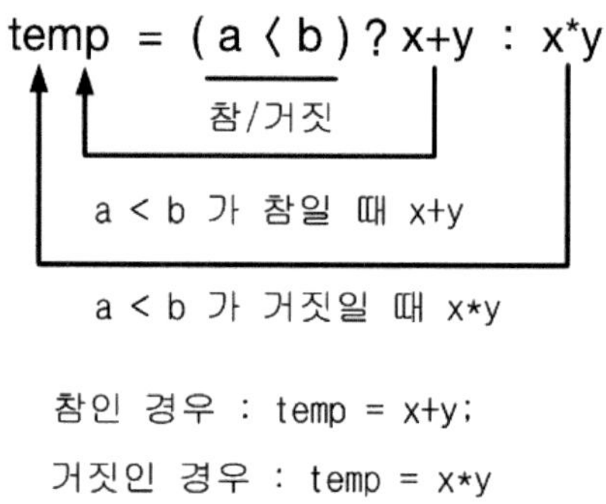

그림 4-12 조건 연산자의 처리 절차

조건 연산자는 사용하는 연산자와 수식이 많아서 매우 혼란스러울 수도 있지만, 조건 연산자를 자주 사용하여 문장이 눈에 익숙하면, 매우 편리하고 이해하기도 쉽다는 것을 알 것이다. 또한 조건 연산자를 사용하면 하나의 문장으로 여러 가지 문장을 표현할 수 있어서 프로그램 간결화에도 도움이 된다.

다음은 조건 연산자를 사용하는 수식을 나열한 것이다. 결과 값으로 생성되는 값을 계산하여 조건 연산자의 처리 과정을 이해하면 된다.

1 (5 〈 4) ? 5 + 10 : 5 - 1
2 5 〈 4 || 5 〈= 9 ? 8 + 3 : 9
3 !(5 == 5) || 100 : 200

1 (5〈4) ? 5+10 : 5-1과 같은 조건 연산식에서 (5〈4)가 거짓이므로 생성되는 값은 5-1로 4가 된다.
2 5〈4||5〈=9 ? 8+3 : 9와 같은 조건 연산식에서 5〈4는 0, 5〈=9는 1이 되어 0||1을 처리하여 결과는 참이 되므로 생성되는 값은 8+3으로 11이 된다.
3 !(5==5) || 100 : 200과 같은 조건 연산식에서 !(5==5)는 거짓이 되어, 생성되는 값은 200이 된다.

위에서 제시한 예제를 프로그램으로 작성하여 결과를 확인한다.

```
/* 조건 연산자를 사용하는 수식의 결과를 출력하는 프로그램 */
#include <stdio.h>

int main(void)
{
    int          x = 1, y = 8;                          // x, y의 초기 값 설정
    int          r1 = 0, r2 = 0, r3 = 0;                // 처리 결과 저장 변수

    r1 = (x < 4) ? 5 + 10 : 5 - 1;
    r2 = y < 4 || x <= 9 ? 8 + 3 : 9;
    r3 = !(x == 5) || 100 : 200;

    printf("(x < 4) ? 5 + 10 : 5 - 1의 결과 : r1 = %d \n", r1);
    printf("y < 4 || x <= 9 ? 8 + 3 : 9의 결과 : r2 = %d \n", r2);
    printf("!(x == 5) || 100 : 200의 결과 : r3 = %d \n", r3);
}
```

프로그램 실행 결과

```
(x < 4) ? 5 + 10 : 5 - 1의 결과 : r1 = 15
y < 4 || x <= 9 ? 8 + 3 : 9의 결과 : r2 = 11
!(x == 5) || 100 : 200의 결과 : r3 = 100
```

[4.9] sizeof 연산자

sizeof 연산자는 sizeof()라는 함수로 착각할 수 있지만, 데이터 타입의 크기를 알려주는 연산자이다. 우리가 지금까지 사용한 연산자는 +, -, 〈, &&와 같이 기호를 사용하여 표현하였지만, sizeof 연산자는 기호가 아닌 sizeof라는 단어를 사용하여 표현한다. sizeof 연산자는 연산 처리의 결과를 바이트 단위의 값으로 생성한다. sizeof 연산자의 피연산자(operand)는 데이터 타입 또는 변수 이름을 사용하여 표현한다. 여기에서 피연산자의 값으로 데이터 타입을 사용하는 경우는 반드시 괄호를 사용해야하지만, 변수 이름을 사용하는 경우는 괄호를 생략해도 된다.

다음은 sizeof 연산자의 사용 방법을 열거한 것이다.

```
sizeof(int);            // int형 데이터의 크기인 4바이트 생성
sizeof(double);         // double형 데이터의 크기인 8바이트 생성
r1 = sizeof(x);         // 변수 x의 크기를 생성
r2 = sizeof y;          // 변수 x의 크기를 생성
```

sizeof 연산자가 처리 결과를 생성하는 것은 헤더 파일인 stdio.h에 의해서 결과를 생성한다. 생성된 결과 값의 데이터 타입은 헤더 파일인 stdio.h에 size_t로 정의되어 있다. size_t는 헤더 파일인 stdio.h에 unsigned int로 재정의 되어 있다. 그러므로 sizeof 연산자의 실행 결과를 임의의 변수에 저장하기를 원하는 경우에는 해당 변수의 데이터 타입을 int나 long이 아니고 이 경우에는 size_t로 선언해야만 된다.

이러한 경우의 실행 결과는 다음의 프로그램을 참조하면 된다.

```
/* sizeof 연산자의 결과를 출력하는 프로그램 */
#include <stdio.h>

int main(void)
{
    int           x;
    double        y;
    size_t        r1, r2, r3, r4;           // 처리 결과 저장 변수

    r1 = sizeof(int);
    r2 = sizeof(float);
    r3 = sizeof(x);
    r4 = sizeof y;

    printf("sizeof(int)의 결과 : r1 = %u \n", r1);
    printf("sizeof(float)의 결과 : r2 = %u \n", r2);
    printf("sizeof(x)의 결과 : r3 = %u \n", r3);
    printf("sizeof y의 결과 : r4 = %u \n", r4);
}
```

프로그램 실행 결과

```
sizeof(int)의 결과 : r1 = 4
sizeof(float)의 결과 : r2 = 4
sizeof(x)의 결과 : r3 = 4
sizeof y의 결과 : r4 = 8
```

[4.10] 연산자의 우선순위와 처리 순서

우리는 지금까지 많은 연산자(operator)에 대해 기능, 사용 방법 등에 대해 살펴보았다. 연산자는 연산 처리를 위해 필요한 피연산자(operand)의 개수에 의해 단항 연산자, 이항 연산자, 3항 연산자로 분류할 수 있다. 연산자의 또 다른 분류는 산술 연산자, 관계 연산자, 논리 연산자, 그 외의 연산자 등으로 분류할 수 있다.

4.10.1 연산자 우선순위의 개념

일반적으로 하나의 연산자(operator)는 연산자의 왼쪽, 오른쪽에 하나씩, 2개의 피연산자(operand)를 사용하여 간단한 연산식을 표현한다. 그러나 우리가 수학 공식에서 보는 것처럼 일반적인 연산문은 여러 개의 연산자를 사용하여 연산식을 사용한다. 이렇게 많은 여러 개의 연산자가 사용되었을 경우 어떤 연산자부터 처리를 실행할 것인가가 문제이다. 이러한 연산자의 처리 순서를 연산자의 우선순위라고 부르며, 연산자의 우선순위는 사용하는 프로그램 언어에 정의되어 있다.

만약에 하나의 연산문에 더하기 연산자와 곱하기 연산자가 혼합되어 있는 경우 어떤 연산자부터 연산 처리를 수행해야 되는가를 생각해 본다.

```
temp = 1 + 2 * 3;
```

위의 연산문은 덧셈 연산자와 곱셈 연산자가 혼합되어 있는 경우이다. 덧셈 연산자와 곱셈 연산자 중에서 어느 연산자를 먼저 처리해야 되는가? 이것은 우리가 예전에 수학을 공부하면서 덧셈보다는 곱셈을 먼저 처리해야 된다는 것을 알고 있다. 이렇게 먼저 처리되는 경우는 연산자의 우선순위가 높기 때문이다. 따라서 연산자의 우선순위가 높은 연산자는 항상 먼저 처리되고, 다음으로 높은 연산자 순으로 처리가 된다.

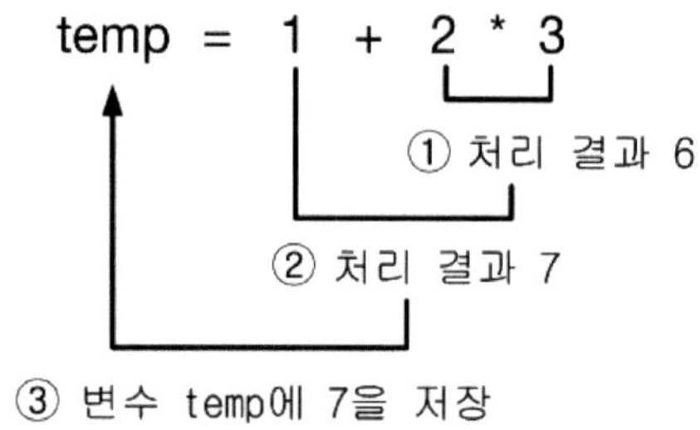

그림 4-13 연산자의 우선순위에 따른 처리 절차

위에서 보여준 그림 4-13과 같이 곱셈이 덧셈보다 연산자의 우선순위 높으므로 먼저 처리가 된다. C 언어에서는 이것뿐만 아니라 나눗셈과 뺄셈에 대한 우선순위도 정의되어 있다. 이러한 곱셈, 나눗셈, 덧셈, 뺄셈에 대한 연산자를 산술 연산자라고 부르며, 곱셈, 나눗셈에 대한 연산자가 덧셈, 뺄셈에 대한 연산자보다 우선순위가 높다. 나머지 연산자는 곱셈, 나눗셈 연산자와 우선순위가 동일하다.

연산자의 처리 순서는 높은 우선순위를 갖는 연산자부터 처리되고, 우선순위가 동일한 연산자들은 왼쪽에서부터 오른쪽으로 진행하면서 각각의 해당하는 연산자를 처리하면 된다. 만약에 연산자의 우선순위를 변경해서 우선순위가 낮은 연산자를 먼저 처리해야 되는 경우는 괄호를 사용하여 표현하면 된다. 괄호는 연산자의 우선순위가 제일 높은 연산자이므로 괄호안에 있는 연산자부터 처리가 된다.

```
temp = (1 + 2) * 3;
```

위의 연산 대입문과 같이 괄호를 사용하면 연산자의 우선순위가 변경되어 처리된다. 처리 과정은 다음의 그림에서 보여준다.

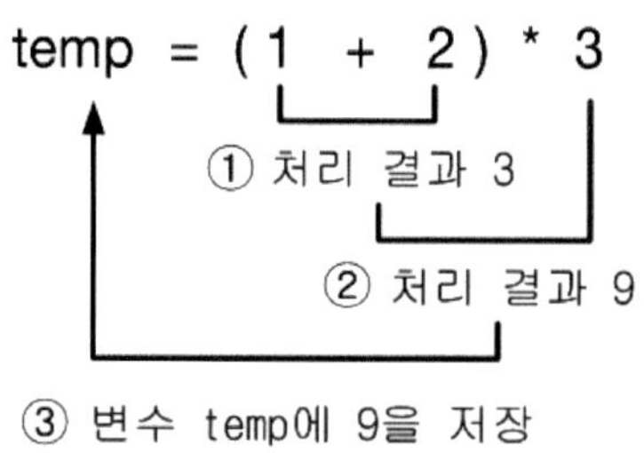

그림 4-14 연산자의 우선순위에 따른 처리 절차

4.10.2 C 언어에서 제공하는 연산자와 우선순위

지금까지 우리가 살펴본 것처럼 C 프로그래밍 언어에서는 많은 연산자를 제공하고 있다. 이렇게 많은 연산자를 제공한다는 것은 제공하는 연산자에 따르는 많은 연산을 처리할 수 있다는 것이다. 이 또한 C 언어가 가지고 있는 장점이 된다. C 언어에서는 많은 연산자를 제공하면서 그에 따르는 연산자의 우선순위도 제공하고 있다. 다음의 표는 C 언어에서 정의된 연산자와 연산자의 우선순위를 나타내고 있다.

표 4-15 C 언어에서 정의된 연산자와 연산자의 우선순위

<table>
<tr><th>우선순위</th><th colspan="2">연산자의 의미</th><th>연산자의 표현</th><th>처리 방향</th></tr>
<tr><td rowspan="16">높다
↑
낮다</td><td colspan="2">괄호</td><td>( )</td><td rowspan="3">좌 → 우</td></tr>
<tr><td colspan="2">배열 첨자</td><td>[ ]</td></tr>
<tr><td colspan="2">구조체 연산자</td><td>.(dot), ->(화살표)</td></tr>
<tr><td colspan="2">단항 연산자
(우선순위 모두 동일)</td><td>!, ~, ++, --, (type),
&, *, sizeof()</td><td>좌 ← 우</td></tr>
<tr><td rowspan="2">산술 연산자</td><td>곱셈, 나눗셈</td><td>*, /, %</td><td rowspan="11">좌 → 우</td></tr>
<tr><td>덧셈, 뺄셈</td><td>+, -</td></tr>
<tr><td colspan="2">비트 이동 연산자</td><td>>>, <<</td></tr>
<tr><td rowspan="2">관계 연산자</td><td>비교</td><td><, <=, >, >=</td></tr>
<tr><td>등가</td><td>==, !=</td></tr>
<tr><td colspan="2">비트 연산자</td><td>&(AND), ·(XOR), I(OR)</td></tr>
<tr><td colspan="2">논리 연산자</td><td>&&(AND), II(OR)</td></tr>
<tr><td colspan="2">조건 연산자(3항 연산자)</td><td>? :</td></tr>
<tr><td rowspan="3">혼합
연산자</td><td>대입</td><td>=</td></tr>
<tr><td>축약형 대입</td><td>+=, -=, *=, /=, %=,</td></tr>
<tr><td>축약형 비트 대입</td><td>>>=, <<=</td></tr>
<tr><td colspan="2">컴마 연산자</td><td>,</td><td>좌 ← 우</td></tr>
</table>

위의 표에서 보는 것처럼 연산자의 우선순위는 괄호 연산자가 제일 높고, 단항 연산자, 산술 연산자, 관계 연산자, 논리 연산자, 등등 순서로 대략 정의되어 있다. 좀 더 자세한 연산자의 우선순위는 자세하게 나타나 있는 위의 표 4-15를 참고하기 바란다. 여기에서 C 언어는 괄호도 연산자로 취급하면서, 우선순위를 제일 높게 설정하였다.

위의 표에서 *, /, %와 같이 같은 라인에 있는 연산자들은 우선순위가 동일한 것으로 취급한다. 연산자의 우선순위가 동일한 경우는 위의 표에서 정의한 처리 방향에 따라서 연산자를 처리해 간다.

다음은 연산자의 기능 및 의미에 따라 우선순위를 정리한 것이다.

괄호 〉 단항 〉 산술 〉 관계 〉 논리 〉 3항 〉 대입 〉 콤마

1. 연산자의 우선순위는 괄호 연산자가 제일 높고, 콤마 연산자가 제일 낮다.
2. 모든 단항 연산자는 다른 이항 연산자보다 우선순위가 높다.
3. 산술 연산자는 다른 관계 연산자, 논리 연산자보다 우선순위가 높다.
4. 논리 연산자 ! 연산자는 단항 연산자이며, 우선순위가 매우 높다.
5. 논리 연산자는 && 연산자가 || 연산자보다 우선순위가 높다.

연산자의 우선순위는 각각의 연산자에 대한 이전의 설명에서 자세하게 나타나 있으므로 여기에서는 또 다시 설명을 하지 않고, 이전의 예제를 살펴보기 바란다.

4.10.3 연산자의 연산 처리 방향

위의 표에서 한 가지 주의 깊게 살펴볼 것은 연산자의 연산 처리 방향이다. 위의 표에서 *, /, %와 같이 같은 라인에 있는 연산자들은 우선순위가 동일한 것이다. 이전에 몇 가지 연산자의 우선순위를 설명하면서 우선순위가 동일한 경우는 연산 처리 순서가 왼쪽에서부터 오른쪽으로 진행하면서 처리를 한다고 하였는데, C 언어에서 제공하는 모든 연산자에서는 연산 처리 순서가 항상 왼쪽에서부터 오른쪽으로 진행하지 않는다는 것이다.

위의 표에서 연산 처리 방향을 살펴보면 연산자에 따라 좌 → 우 또는 좌 ← 우 형태로 설정되어 있음을 알 수 있다. 좌 → 우 형태의 의미는 일반적인 순서와 동일하게 문장의 왼쪽에서부터 오른쪽으로 진행하면서 연산 처리를 하는 것이고, 좌 ← 우 형태의 의미는 특별하게 문장의 마지막인 오른쪽에서부터 왼쪽으로 진행하면서 연산 처리를 한다는 것이다. 위의 표에서 보는 것처럼 좌 → 우 형태로 연산 처리를 진행하는 연산자는 지금까지 우리가 살펴본 괄호와 대부분의 이항 연산자들이며, 좌 ← 우 형태로 연산 처리를 진행하는 연산자는 단항 연산자와 콤마 연산자가 여기에 속한다. 이점을 명심해서 연산자를 사용하면 정확한 문장을 만들 수 있다.

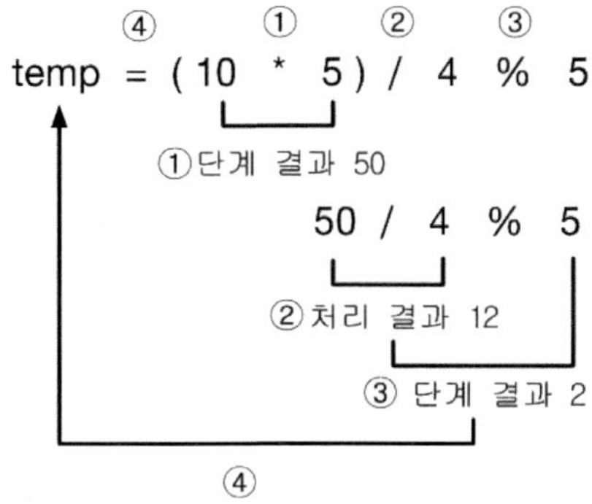

그림 4-15 연산자의 연산 처리 방향

이렇게 연산자의 우선순위에 따라 연산 처리 순서가 좌 → 우 또는 좌 ← 우 형태로 설정되어 있으므로, 연산 처리 순서도 좌 → 우 또는 좌 ← 우 형태로 진행하면서 처리를 하는 것을 연산자의 결합 규칙(associative regulation)이라고도 한다.

연산 처리 순서가 좌 → 우 형태의 의미는 동일한 우선순위를 갖는 연산자들을 왼쪽에서 오른쪽으로 진행하면서 연산 처리하는 것을 말한다. 이것은 우리가 지금까지 살펴본 대부분의 이항 연산자가 처리되는 과정을 말한다. 왼쪽에서부터 나타나는 연산자를 처리해가면 되는 방법이다. 이에 반하여 연산 처리 순서가 좌 ← 우 형태의 의미는 문장의 오른쪽에 있는 연산자부터 처리하며 진행하는 방법이다. 이러한 방법은 대부분의 단항 연산자와 대입 연산자가 오른쪽에서 왼쪽으로 진행하면서 연산자가 처리되는 과정이다.

지금까지 우리가 사용한 연산자는 대부분 연산 처리 순서가 좌 → 우 형태로 진행하는 경우이다. 따라서 이러한 연산자는 너무 많이 사용하였음으로 더 이상의 설명은 생략하고 반대의 경우인 연산 처리 순서가 좌 ← 우 형태에 집중하여 설명한다.

연산 처리 순서가 좌 ← 우 형태로 연산 처리하는 경우는 !, ~, ++, --, (type), &, *, sizeof()와 같은 단항 연산자, 콤마 연산자 그리고 대입 연산자가 오른쪽에서 왼쪽으로 진행하면서 연산자가 처리되는 과정이다. 우선 대입 연산자부터 살펴보기로 한다. 다음의 연산문이 처리되는 절차를 살펴본다.

```
x = y = z = 0;
```

앞에서도 언급한 것처럼 대입 연산자 = 기호는 좌 ← 우 형태로 오른쪽에서 왼쪽으로 연산 처리하는 경우에 해당한다. 따라서 오른쪽 마지막 연산자는 z = 0이므로 변수 z에 0이 저장되고, 저장된 0이 다른 연산자 영향을 미치게 된다. 다음의 연산자는 y = z가 처리되는데 변수 z의 값이

0이므로 변수 y에 0이 저장된다. 그리고 마지막으로 x = y가 처리되는데 y의 값이 0이므로 변수 x에 0이 저장된다. 이렇게 처리하면 변수 x, y, z 값이 모두 0이 되는 것이다.

다음으로는 단항 연산자에 대하여 살펴보기로 한다. 단항 연산자도 좌 ← 우 형태로 오른쪽에서 왼쪽으로 연산 처리하는 경우에 해당한다. 예를 들어서 이해를 돕기 위해 다음의 경우를 살펴본다.

```
y = - ++ --10;
```

연산 처리를 위해 오른쪽 맨 끝에서부터 진행하면 10이라는 상수를 만나고 -- 연산자를 처리하여 9가 생성이 되고, 다시 ++ 연산자에 의해 9가 1증가하여 10이 되고, 마지막 - 연산자에 의해 부호가 바뀌게 되어 결과는 -10이 된다.

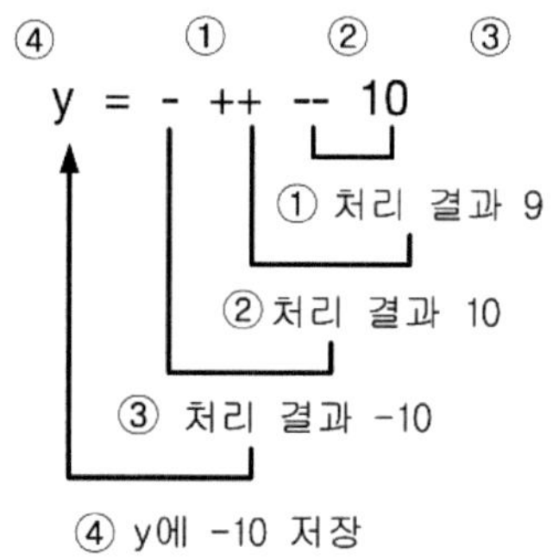

그림 4-16 단항 연산자의 연산 처리 순서

단항 연산자에는 !, ~, ++, --, (type), &, *, sizeof()와 같은 연산자가 존재한다. 변수나 상수의 데이터 타입을 강제적으로 변환을 시키는 (type) 연산자도 단항 연산자로 좌 ← 우 형태로 오른쪽에서 왼쪽으로 연산 처리하는 경우에 해당한다.

예를 들어서

```
a = (double)(unsigned int)x;
```

와 같이 사용하면 변수 x의 데이터 타입을 unsigned int형으로 변환하고, 다음에 이것을 다시 double형으로 변환하여 double형 데이터를 변수 a에 저장한다.

결론적으로 연산문에 다양한 연산자가 혼합되어 있는 경우에는 표 4-15에서 정의한 연산자의 우선순위와 처리 방향에 의하여 연산 처리되어 결과 값을 생성한다.

연습문제

1) 연산문에서 정의되는 r-value와 l-value의 의미를 A = A;을 가지고 설명하라.

2) 연산자(operator)와 피연산자(operand)에 대하여 기술하라.

3) sum = eng + (temp = kor - 10);와 같이 중첩된 대입 연산문을 일반적인 대입 연산문으로 변경하라.

4) 산술 연산자의 우선순위에 대하여 기술하라.

5) 다음의 산술 연산문에서 연산자의 우선순위에 의한 연산 순서를 나타내어라.
   1) a+b*(c+d/e)-f   2) a+b/c-d*e
   3) a*b/(c-d/e+f)-g   4) ((a+b)/c-d)*(e-f))*g+h

6) C 언어에서 연산 처리의 생성 규칙을 기술하고, 연산 처리 결과를 변경하는 방법에 대하여 기술하라.

7) x = x * (a + b)와 같은 연산문을 복합 대입 연산문으로 변경하라.

8) 형 변환(type conversion)에 대하여 기술하라.

9) 다음의 관계 연산문에서 연산자의 우선순위에 의한 연산 순서를 나타내어라.
   5 == 5 〈 8 + 5 〈= 9 - 6 * 2

10) 다음의 논리 연산문에서 연산자의 우선순위에 의한 연산 순서를 나타내어라.
   1) x 〉 6 && x 〈 15 || 5 == 5 && 5 〈= 9
   2) 5 〈 4 || 5 〈= 9 && 8 〈 3 + 9

Chapter 05

조건문

제5장 조건문

학습목표

- ▷ 조건문의 개념과 조건문을 표현할 때 사용되는 연산자에 대하여 이해한다.
- ▷ 다양한 if 조건문의 형태와 각각의 if 조건문의 처리 과정을 이해한다.
- ▷ 하나의 if 조건문을 다른 형태의 if 조건문으로 변형하는 방법을 이해한다.
- ▷ if 조건문과 유사한 기능을 수행하는 switch 조건문에 대하여 이해한다

조건문은 4장에서 설명한 조건식(관계 연산식)이 사용된 문장이다. 조건문은 지금까지 공부한 다른 문장들과는 다르게 비순차적인 문장이다. 비순차적인 문장의 의미는 하나의 문장을 처리하고 다음 문장을 처리하는 순차적인 문장과는 반대적인 개념이다. 따라서 조건문을 실행하면 문장의 처리 순서가 변경될 수 있고, 조건에 따라 서로 다른 작업을 실행할 수 있다.

[5.1] 조건문의 개념

조건문(Conditional statement)은 관계 연산자(조건 연산자)를 사용하는 문장이다. 관계 연산자를 다른 용어로 조건 연산자라고도 한다. 이것은 4장에서 살펴본 조건 연산문과는 다른 의미이다. 관계 연산자(조건 연산자)에는 피연산자(operand) 2개의 크기를 비교하는 <, <=, >, >=와 같은 연산자와 등가(equivalence)를 비교하는 ==, !=와 같은 연산자가 존재한다.

5.1.1 조건문의 사용

우리는 일상의 생활에서 조건문을 많이 사용하면서 생활을 한다. 예를 들어서 "비가 오면 칼국수와 쫀득쫀득한 파전이 최고다.", 또는 "공부를 열심히 하면 C 프로그래밍 언어 성적이 잘 나올 수 있다." 등등과 같이 문장 중에 조건을 넣어 사용한다. 더 나아가서 하나의 조건만을 사용하는

것이 아니라 한 번에 여러 개의 조건을 사용하는 경우도 발생한다. 위에서 제시한 예제 중에서 "비가 오면"은 조건식에 해당하고, "칼국수와 쫀득쫀득한 파전이 최고다."는 처리할 문장이 된다.

조건문은 지금까지 우리가 공부한 문장들은 대부분 순차적인 문장이다. 순차적인 문장의 의미는 하나의 문장을 처리하고, 그리고 그 다음의 문장을 처리하는 방식으로, 준비된 문장을 하나씩 하나씩 처리하는 방법이다. 그러나 실제로 프로그램을 작성하다 보면 이러한 경우는 극히 일부분이다. 이전에 우리가 공부한 각 장의 예제 프로그램도 많지 않은 이유가 바로 이러한 이유 때문이다.

그러나 조건문은 순차적인 문장과는 다르게 처리되는 형태이다. 조건문을 표현하는 방법은 조건문에 사용되는 조건식을 정의하고, 각각의 조건식은 처리되는 값에 의해 참과 거짓을 결과로 생성하므로, 조건식의 값이 참인 경우에 처리되는 문장을 나열하고, 조건식의 값이 거짓인 경우에 처리되는 문장을 나열하면 된다. 이러한 형태로 조건문을 작성하고, 작성된 조건문을 실행하면 정의된 조건식의 결과 값에 의해 제시된 문장 중에서 1개를 선택하여 처리하게 된다.

조건문은 이전에 공부한 순서도에서 마름모 기호에 해당하는 것을 의미한다. 다음의 그림은 조건문을 나타내는 순서도를 보여준다.

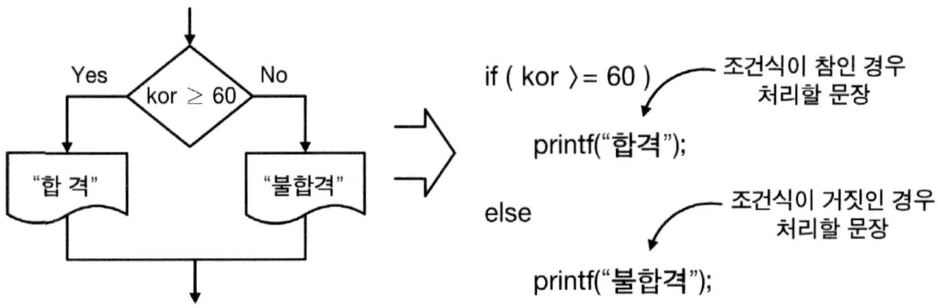

그림 5-1 순서도에 의한 조건문의 표현

위에서 보여준 그림과 같이 조건문은 조건식에 따라 처리할 문장을 1개 또는 2개를 표현하여 조건식의 결과로 생성된 값이 참 또는 거짓에 따라 처리할 문장을 선택해서 실행하게 하는 문장이다. 위의 그림에서는 국어 점수인 변수 kor의 값이 60점 이상이면 "합격"이라는 메시지를 출력하거나, 아니면 "불합격"이라는 메시지를 출력하는 경우를 나타내고 있다.

여기에서 "합격" 메시지를 출력하는 작업과 "불합격" 메시지를 출력하는 작업은 동시에 같이 처리되는 것이 아니라 제시된 조건식의 값에 의하여 2가지 작업 중에서 1가지의 작업이 처리되는 것이다. 따라서 이와 같이 정의된 조건문은 조건문을 실행하면 문장의 처리 순서가 변경될 수 있고, 조건에 따라 서로 다른 작업을 실행할 수 있다. 조건문을 나타내는 키워드는 if와 switch라는 단어이다. 키워드 if를 사용하는 문장은 if 문으로 정의되며, 키워드 switch를 사용하는 문장은 switch 문으로 정의된다.

5.2 if 조건문

조건문의 대표적인 형태는 if 조건문이며, 조건문 중에는 가장 많이 사용된다. if 조건문은 정의된 조건에 의해 처리하는 문장을 다르게 하여 실행하는 문장이다.

5.2.1 if 조건문의 개념

우리는 일상의 생활에서 행동하는 모든 작업은 조건의 연속이라고 할 수 있다. 내가 취하는 모든 동작은 항상 조건과 같이 한다고 해도 과언이 아닐 것이다. 예를 들어서 "비가 오면 칼국수와 파전을 먹고 아니면 등산을 한다."와 같이 ~~하면 ~~하고 아니면 ~~한다.와 같은 동작을 하고 있을 것이다.

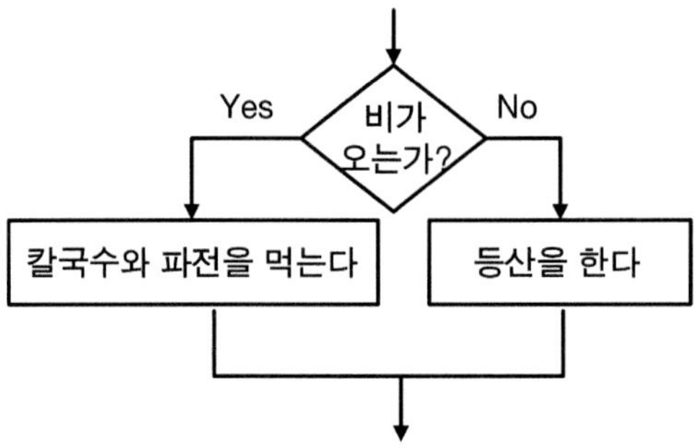

그림 5-2 조건에 따라 처리되는 작업의 형태

위의 그림에서 보는 것처럼 조건식인 비가 오는지 여부에 따라 칼국수와 파전을 먹을 수도 있고, 아니면 등산을 할 수도 있게 된다. 이와 같이 일상적인 문장에서는 ~~하면 ~~하고 아니면 ~~한다. 와 같이 문장을 표현하지만 C 프로그래밍 언어에서는 이러한 방법으로 표현하는 것이 불가능하므로 if 조건문으로 표현한다. if 조건문은 if라는 영어의 의미처럼 "만약에 ~~하면 ~~한다."처럼 사용된다. 따라서 C 언어에서 사용하는 if 조건문 형식에 맞추어서 각각의 문장을 표현하면 제시된 조건식의 값에 의하여 각각의 문장들을 처리하게 된다.

다음은 if 조건문의 기본적인 형식을 나타낸다.

```
1) if (조건식) 문장;      또는      2) if (조건식)
                                          문장;
```

위에서 표현한 기본적인 if 조건문의 형식에서 1)과 같이 if (조건식)을 표현하고 이어서 문장을 나타내도 되고, 2)과 같이 if (조건식)을 표현하고 다음 줄에 문장을 나타내도 상관이 없다. 결론적으로 위에 보여준 2가지 표현 방법은 모두 정확한 if 조건문의 표현 방법이다. 취향대로 선택하여 사용하면 된다.

5.2.2 if 조건문의 사용

위에서 정의한 if 조건문의 기본적인 형식에서 (조건식)은 우리가 앞에서 공부한 연산자를 사용하여 수식으로 표현하면 된다. 정의된 수식 형태의 조건식은 결과 값으로 "참" 아니면 "거짓"을 생성한다. if 조건문의 기본적인 형식에서는 조건식의 결과 값이 "참"인 경우에는 제시된 문장을 실행하게 되지만, 조건식의 결과 값이 "거짓"인 경우에는 제시된 문장을 실행하지 않고 무시하고 건너간다.

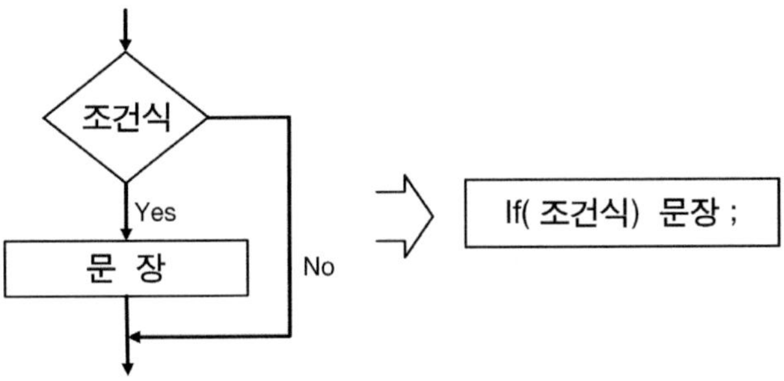

그림 5-3 기본적인 if 조건문의 처리 과정

기본적인 if 조건문에서 조건식은 괄호를 사용하여 표현하며, 참 또는 거짓의 결과 값을 생성하는 수식을 정의하면 된다. 여기에서도 명심해야 되는 사항은 실제로 계산된 조건식의 결과 값은 참 또는 거짓을 생성하는 것이 아니라 1 또는 0의 값을 생성한다는 것이다. 즉 조건식의 결과 값이 0인 경우는 거짓으로 처리되고, 0이 아닌 경우에는 참으로 처리된다는 것이다. 따라서 조건식에 사용되는 연산자는 관계 연산자를 사용하는 관계 연산식이나 논리 연산자를 사용하는 논리 연산식으로 표현하면 된다. 다음은 조건식으로 나타낼 수 있는 수식의 형태를 나열한 것이다.

```
x < (a +b)              // 관계 연산식
x == 999                // 관계 연산식
(x > 6) && (x < 15)     // 논리 연산식
(a < 10) || (b > 20)    // 논리 연산식
```

여기에서 기본적인 if 조건문의 문장 범위는 세미콜론(semicolon, ;)이 나타날 때까지를 기본적인 if 조건문으로 처리한다. if 조건문의 형식이 if (조건식) 문장;과 같이 표현됨으로 조건식의 결과 값이 참인 경우는 if 조건문의 범위 안에 있는 문장을 처리하고, 거짓인 경우에는 if 조건문의 밖으로 나가서 if 조건문 다음 문장을 처리하게 된다. 만약에 if 조건문을 다음과 같이 표현한 경우에 처리되는 과정을 살펴보면 if 조건문을 충분하게 이해할 수 있다.

```
if (조건식) 문장_1;
문장_2;
```

위에 제시된 문장은 우리가 많이 사용할 수 있는 if 조건문의 형태이다. 여기에서 if 조건문의 범위는 문장_1까지를 말한다. 따라서 조건식의 결과 값이 참인 경우에는 문장_1을 실행하여 if 조건문을 처리하고, 이어서 연속적으로 다음 문장인 문장_2를 처리한다. 그러나 조건식의 결과 값이 거짓인 경우에는 문장_1은 처리하지 않고 if 조건문을 마치고, 이어서 연속적으로 다음 문장인 문장_2를 처리한다. 즉 조건식의 결과 값이 거짓인 경우에는 if 조건문 다음 문장을 실행하는 것이다.

```
조건식의 결과 값이 참인 경우 처리되는 문장 :        문장_1;
                                                    문장_2;
조건식의 결과 값이 거짓인 경우 처리되는 문장 :      문장_2;
```

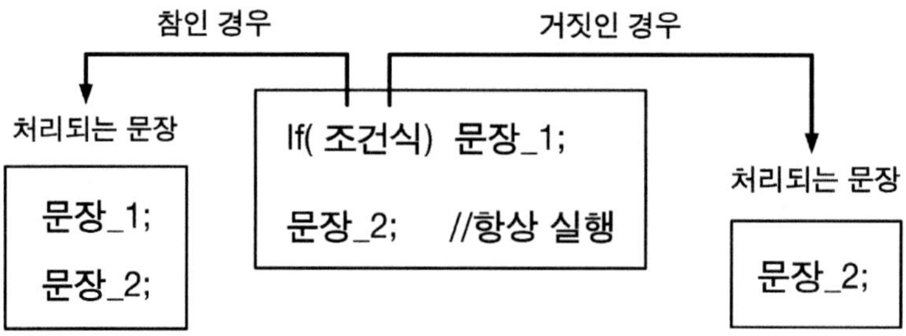

그림 5-4 기본적인 if 조건문의 처리 과정 2

다음의 예제들을 보면서 if 조건문에 대해 확실하게 이해하기 바란다.

```
첫 번째 경우
if (kor_score<60) printf("국어 점수가 %d점으로 60 미만이므로 경고\n", kor_score);
```

또는

```
if (kor_score<60)
    printf("국어 점수가 %d점으로 60 미만이므로 경고\n", kor_score);
```

위와 같이 표현한 2개의 방법은 가능하다. 이와 같이 if 조건문을 기술하고, kor_score 값으로 50을 입력하면 "국어 점수가 50점으로 60 미만이므로 경고"라는 메시지가 출력되지만, kor_score 값으로 80을 입력하면, 조건식의 결과 값이 거짓이 되어 아무런 메시지도 출력하지 않게 된다.

```
두 번째 경우
if (c_score<60)
    printf("C 점수가 %d점, 60 미만이므로 경고\n", c_score);  // 조건이 참인 경우 실행
    printf("계속해서 C 언어 열심히 노력하자\n", c_score);    // 항상 실행한다.
```

위와 같이 표현하고, c_score 점수 80을 입력하면 조건식의 결과 값이 거짓이 되어 "계속 해서 C 언어 열심히 노력하자"라는 메시지가 출력되지만, c_score 점수 50을 입력하면 조건식의 결과 값이 참이 되어 문장_1에 해당하는 "C 점수가 50점, 60 미만이므로 경고"와 함께 if 조건문과 관계 없는 "계속해서 C 언어 열심히 노력하자"라는 메시지가 출력된다.

```
세 번째 경우
if ( x > 6 && x < 15 )
    printf("x값 %d이 6보다 크고 15보다 작으므로 OK\n", x);  // 조건이 참인 경우 실행
```

위와 같이 표현하고, x의 값 10을 입력하면, x값 10은 10〉6 && 10〈15을 만족하여, 조건식의 결과 값이 참이 되어 "x값 10이 6보다 크고 15보다 작으므로 OK"라는 메시지가 출력되지만, x의 값 20을 입력하면 조건식의 결과 값이 거짓이 되어 아무런 메시지도 출력하지 않게 된다.

위와 같은 경우는 조건식으로 논리 연산식을 사용하는 경우를 나타낸 것이다. 여기에서는 if 조건문의 처리 과정은 이전과 모두 동일하다. 단지 다른 점은 조건식의 표현 형태를 정확하게 나타내야 한다는 것이다. 여기에서는 이점만 주의하면 될 것이다.

5.2.3 복합문의 개념

우리가 if 조건문이나 어떤 다른 문장을 사용하다보면 처리해야 되는 문장이 1개가 아니라 여러 문장이 되는 경우가 종종 발생한다. 예를 들어서 if 조건문을 실행하는데 있어서 조건식의 결과 값이 참인 경우에 처리해야 되는 문장이 이전처럼 하나가 아니라 여러 문장이 되는 경우에는 정의된 조건문의 형식에 따라 표현이 불가능하다. 따라서 이러한 경우를 위해서 복합문(compound statement)이라는 개념을 사용하여 문장들을 표현할 수가 있다.

복합문은 여러 개의 문장을 묶어서 하나의 문장처럼 사용하는 방법을 말한다. 복합문의 표현은 중괄호("{", "}") 기호를 사용하여 "{" 기호와 "}" 기호 사이에 표현하기를 원하는 여러 문장을 나타내면 된다. "{" 기호와 "}" 기호로 표현된 복합문을 또 다른 용어로 블록(block)이라고도 한다. 블록(block)은 복합문으로 표현된 여러 문장의 집합을 하나의 단위로 지정하는 의미로 사용된다.

다음은 복합문의 표현 방법을 나타낸다. "{" 와 "}" 기호를 사용하여 원하는 문장을 묶어주면 된다.

```
{
    문장_1;
    문장_2;
     .....

    문장_n;
}
```

다음은 복합문을 사용하는 if 조건문을 표현하는 방법에 대하여 알아본다. 이해를 돕기 위하여 이전에 사용한 기본적인 if 조건문에 대한 예제를 다시 사용하여 설명한다.

```
첫 번째 경우
if (kor_score<60)
{
    printf("국어 점수가 %d점으로 60 미만이므로 경고\n", kor_score);
    printf("점수가 너무 낮으니까 앞으로 좀 더 열심히 하세요\n");
}
```

이와 같이 if 조건문을 기술하고, kor_score 값으로 50을 입력하면 조건식의 결과 값이 참이 되어 복합문 안에 나열된 문장을 처리하여 "국어 점수가 50점으로 60 미만이므로 경고"라는 메시지와 "점수가 너무 낮으니까 앞으로 좀 더 열심히 하세요"라는 메시지가 출력된다. 그러나 kor_score

값으로 80을 입력하면, 조건식의 결과 값이 거짓이 되어 복합문을 처리하지 않으므로 아무런 메시지도 출력하지 않게 된다.

```
두 번째 경우
if (c_score<60)
{
    printf("C 점수가 %d점, 60 미만이므로 경고\n", c_score); //조건이 참인경우 실행
    printf("점수가 너무 낮으니까 앞으로 좀 더 열심히 하세요\n");
}
printf("계속해서 C 언어 열심히 노력하자\n", c_score);  // 항상 실행한다.
```

위와 같이 표현하고, c_score 점수 80을 입력하면 조건식의 결과 값이 거짓이 되어 "계속 해서 C 언어 열심히 노력하자"라는 메시지가 출력되지만, c_score 점수 50을 입력하면 조건식의 결과 값이 참이 되어 문장_1에 해당하는 복합문이 처리 되어 "C 점수가 50점, 60 미만이므로 경고"와 함께 "점수가 너무 낮으니까 앞으로 좀 더 열심히 하세요"라는 메시지가 출력되고 그리고 if 조건문과 관계없는 "계속해서 C 언어 열심히 노력하자"라는 메시지가 출력된다.

```
세 번째 경우
if ( x > 6 && x < 15 )
{
    printf("x값 %d이 6보다 크고 15보다 작으므로 OK\n", x);  // 조건이 참인 경우 실행
    printf("x값을 정확하게 입력하였음\n", x);  // 조건이 참인 경우 실행
}
```

위와 같이 표현하고, x의 값 10을 입력하면, x값 10은 10>6 && 10<15을 만족하여, 조건식의 결과 값이 참이 되어 "x값 10이 6보다 크고 15보다 작으므로 OK"라는 메시지가 출력되고 "x값을 정확하게 입력하였음"이라는 메시지를 출력하지만, x의 값 20을 입력하면 조건식의 결과 값이 거짓이 되어 아무런 메시지도 출력하지 않게 된다.

위에서 보여준 예제처럼 if 조건문에서 조건식이 참인 경우 처리되는 문장은 반드시 복합문 안에 포함되어야 한다. 만약에 실수를 해서 복합문으로 표현하지 못한 경우에는 if 조건문의 처리 결과는 생각했던 것과는 전혀 다른 엉뚱한 결과를 만들어 낼 것이다. C 프로그래밍 언어를 계속 공부하다보면 복합문이 얼마나 중요한 것인가를 새삼 느끼게 될 것이다. 따라서 복합문 표현을 신중하게 생각하고 참인 경우 처리할 문장과 아닌 문장을 잘 분석하여 표현을 해야 한다.

5.2.4 if 조건문을 사용하는 예제 프로그램

지금부터는 if 조건문을 사용하는 몇 가지 예제 프로그램을 작성해 본다. 우선 이 책에서 강조하는 기본 문제를 계속 확장하기 위하여 3장에서 제시된 기본 문제 1을 확장한다. 앞으로도 계속해서 제시된 기본 문제를 확장해서 커다란 문제로 키워갈 것이다. 따라서 제시된 기본 문제를 충분하게 숙지하면 여러분들이 C 프로그래밍 언어를 공부하는데 많은 도움이 될 것이다.

기본문제 2

국어, 영어, 수학 점수의 총점과 평균을 계산하고, 평균이 60점 미만이면 "C 언어 경고 F" 메시지를 출력하고, 아니면 "C 언어 PASS"라는 메시지를 출력하는 프로그램

제시된 문제는 국어, 영어, 수학 점수를 입력하면, 입력된 데이터를 가지고 총점과 평균 계산하고 평균값에 의해 각각의 메시지를 출력하는 문제이다. 앞에서 설명한대로 제시된 문제를 해결하기 위한 입력 데이터를 결정하고 문제가 원하는 출력 데이터를 결정한다. 그리고 출력 데이터를 얻기 위한 처리 절차를 순서에 맞게 나열하면 된다. 따라서 우리는 제시된 문제를 해결하기 위하여 다음과 같은 알고리즘을 작성할 수 있다.

문제 해결을 위한 알고리즘

입력 국어 점수, 영어 점수, 수학 점수

출력 국어 점수, 영어 점수, 수학 점수, 그리고 총점, 평균

처리 과정

1. 총점을 구하기 위하여 국어 점수를 입력한다.
2. 총점을 구하기 위하여 영어 점수를 입력한다.
3. 총점을 구하기 위하여 수학 점수를 입력한다.
4. 각각의 점수가 입력되었으면 총점을 계산한다.
5. 총점을 계산했으면 다음은 평균을 계산한다.
6. 총점과 평균이 계산되었으면 평균값을 비교하여,
   평균이 60점 이상이면 "C 언어 PASS"라는 메시지를 출력하고,
   평균이 60점 미만이면 "C 언어 경고 F"라는 메시지를 출력한다.

프로그램 작성 과정

1. 프로그램 작성 절차에 의해서 먼저 각각의 데이터 저장을 위한 변수 이름과 데이터 타입을 결정한다.
   국어 점수 : kor, 영어 점수 : eng, 수학 점수 : mat
   총점 : sum, 평균 : ave
2. 변수 선언문을 작성한다.
3. 처리 과정을 C 프로그램 형식으로 작성한다.

프로그램 작성 결과

```
/* 3개의 점수 데이터에 대한 총점과 평균을 계산하고 */
/* 평균에 의해 각각 다른 메시지를 출력하는 프로그램 */
#include <stdio.h>
int main(void)
{
    int kor, eng, mat, sum;          //국어, 영어, 수학, 총점 점수 데이터 저장
    float ave;                       //평균 점수 저장

    printf("국어 점수를 입력하세요? ");      //국어 점수 입력
    scanf("%d", &kor);
    printf("영어 점수를 입력하세요? ");      //영어 점수 입력
    scanf("%d", &eng);
    printf("수학 점수를 입력하세요? ");      //수학 점수 입력
    scanf("%d", &mat);

    sum = kor + eng + mat;                              //총점 계산
    ave = sum / 3.0;                                    //평균 계산

    printf("국어 점수 = %d\n", kor);                     //국어 점수 출력
    printf("영어 점수 = %d\n수학 점수 = %d\n", eng, mat);  //영어, 수학 점수 출력
    printf("총점 값은 = %d\n평균 값은 = %f\n", sum, ave);  //총점, 평균값 출력
    if (ave < 60)
      printf("평균 점수가 %f점, 60 미만이므로 C 언어 경고 F\n", ave);
    if (ave >= 60)
      printf("평균 점수가 %f점, 60 이상이므로 C 언어 PASS\n", ave);

    return 0;
}
```

프로그램 실행과 데이터 입력

```
국어 점수를 입력하세요? 70↵
영어 점수를 입력하세요? 80↵
수학 점수를 입력하세요? 90↵
```

프로그램 실행 결과

```
국어 점수 = 70
영어 점수 = 80
수학 점수 = 90
총점 값은 = 240
평균 값은 = 80.0
평균 점수가 80.0점, 60 이상이므로 C 언어 PASS
```

예제 5.1 if 조건문

임의의 데이터를 입력받아서 양수인지 음수인지를 나타내는 메시지를 출력하고, 음수인 경우에는 절대값으로 변경하여 출력하는 프로그램을 작성

문제 해결을 위한 알고리즘

입력 임의의 데이터 1개

출력 양수인지 음수인지를 나타내는 메시지

처리 과정

1. 임의의 데이터를 입력한다.
2. 입력한 데이터를 출력한다.
3. 임의의 데이터가 0이면, 0을 나타내는 메시지를 출력한다.
4. 임의의 데이터가 양수이면, 양수를 나타내는 메시지를 출력한다.
5. 임의의 데이터가 음수이면, 음수를 나타내는 메시지를 출력한다.
   절대값으로 표현하기 위하여 음수 값을 양수 값으로 변경한다.
   절대값으로 표현된 결과를 출력한다.

프로그램 작성 과정

1 프로그램 작성 절차에 의해서 먼저 각각의 데이터 저장을 위한 변수 이름과 데이터 타입을 결정한다.

임의의 데이터 : in_data

절대값 데이터 : final_data

2 변수 선언문을 작성한다.

3 처리 과정을 C 프로그램 형식으로 작성한다.

프로그램 작성 결과

```
/* 임의의 데이터에 대해 양수인지 음수인지를 나타내는 메시지를 출력하고 */
/* 음수인 경우에는 절대값으로 변경하여 출력하는 프로그램 */
#include <stdio.h>

int main(void)
{
    int in_data, final_data;                //임의의 데이터, 최종 데이터 저장

    printf("임의의 데이터를 입력하세요? ");   //임의의 데이터 입력
    scanf("%d", &in_data);

    if (in_data == 0)
        printf("입력한 데이터 %d은 0입니다.\n", in_data);
    if (in_data > 0)
        printf("입력한 데이터 %d은 양수입니다.\n", in_data);
    if (in_data < 0)
    {
        printf("입력한 데이터 %d은 음수입니다.\n", in_data);
        final_data = in_data * -1
    }

    printf("절대값은 %d입니다.\n", final_data);

    return 0;
}
```

프로그램 실행과 데이터 입력

```
임의의 데이터를 입력하세요? -70↵
```

프로그램 실행 결과

```
입력한 데이터 -70은 음수입니다.
절대값은 70입니다.
```

예제 5.2 if 조건문

임의의 데이터를 입력받아서 홀수인지 짝수인지를 나타내는 메시지를 출력하는 프로그램을 작성, 이 문제는 해결 방법이 2가지가 존재한다. 하나는 나머지 연산자인 % 기호를 사용하는 경우이고, 또 다른 하나는 대입 연산문을 이용하는 방법이 있다.

문제 해결을 위한 알고리즘

입력 임의의 데이터 1개

출력 홀수인지 짝수인지를 나타내는 메시지

처리 과정

1. 임의의 데이터를 입력한다.
2. 임의의 데이터를 2로 나누어 나머지를 계산한다.
3. 임의의 데이터가 짝수이면, 짝수를 나타내는 메시지를 출력한다.
4. 임의의 데이터가 홀수이면, 홀수를 나타내는 메시지를 출력한다.

프로그램 작성 과정

1. 프로그램 작성 절차에 의해서 먼저 각각의 데이터 저장을 위한 변수 이름과 데이터 타입을 결정한다.

   임의의 데이터 : in_data

   나머지 값 : remainder_data
2. 변수 선언문을 작성한다.
3. 처리 과정을 C 프로그램 형식으로 작성한다.

프로그램 작성 결과_1(나머지 연산자인 % 기호 사용)

```
/* 입력 데이터가 홀수인지 짝수인지를 나타내는 메시지를 출력하는 프로그램 */
#include <stdio.h>

int main(void)
{
    int in_data, remainder_data;     //임의의 데이터, 나머지 값 저장

    printf("임의의 데이터를 입력하세요? ");   //임의의 데이터 입력
    scanf("%d", &in_data);

    remainder_data = in_data % 2;          // 나머지 값 계산

    if (remainder_data == 0)
        printf("입력한 데이터 %d은 짝수입니다.\n", in_data);
    if (in_data != 0)
        printf("입력한 데이터 %d은 홀수입니다.\n", in_data);

    return 0;
}
```

프로그램 실행과 데이터 입력

```
임의의 데이터를 입력하세요? 35↵
```

프로그램 실행 결과

```
입력한 데이터 35은 홀수입니다.
```

프로그램 작성 결과_2("/" 연산자와 대입 연산문을 사용)

```
/* 입력 데이터가 홀수인지 짝수인지를 나타내는 메시지를 출력하는 프로그램 */
#include <stdio.h>

int main(void)
{
    int in_data, remainder_data;          //임의의 데이터, 나머지 값 저장
    int temp;                             //임시 데이터 저장을 위한 변수

    printf("임의의 데이터를 입력하세요? ");   //임의의 데이터 입력
    scanf("%d", &in_data);

//  remainder_data = in_data % 2;         // 나머지 값 계산
//  이 문장과 동일한 작업을 수행하는 문장을 만든다.

    temp = in_data / 2;                   // 2로 나눈 몫을 계산
    remainder_data = in_data - temp * 2;  // 나머지 값 계산

    printf("입력 데이터 %d / 2의 몫은 %d이고\n", in_data, temp);
    printf("입력 데이터 %d / 2의 나머지는 %d이다.\n", in_data, remainder_data);
    if (remainder_data == 0)
       printf("입력한 데이터 %d은 짝수입니다.\n\n", in_data);
    if (in_data != 0)
       printf("입력한 데이터 %d은 홀수입니다.\n", in_data);

    return 0;
}
```

프로그램 실행과 데이터 입력

```
임의의 데이터를 입력하세요? 35 ↵
```

프로그램 실행 결과

```
입력 데이터 35 / 2의 몫은 17이고
입력 데이터 35 / 2의 나머지는 1이다.

입력한 데이터 35은 홀수입니다.
```

[5.3] if-else 조건문

우리가 5.2절에서 살펴본 기본적인 if 조건문은 가장 간단한 형태로 조건식이 참인 경우에 처리해야 하는 문장을 나타내면 된다. 그러나 이러한 형태로 if 조건문을 사용하다 보면 많이 불편함을 느끼게 될 것이다. 왜냐하면 대부분의 경우에서 if 조건문은 조건식이 참인 경우에 처리할 문장도 존재하지만, 조건식이 거짓인 경우에도 처리해야 하는 문장이 존재하기 때문이다.

5.3.1 if-else 조건문의 개념

if 조건문 중에서 대부분의 경우는 if-else 조건문을 사용한다. 기본적인 if 조건문 만을 사용해도 작업은 완료될 수 있으나, 세상에 모든 일이 참인 경우만 있는 것이 아니고 거짓인 경우에도 처리할 일이 존재하기 때문에 기본적인 if 조건문으로 표현하는 것은 번거로운 작업이 될 것이다. 이러한 경우를 위해서 C 프로그래밍 언어에서는 if-else 조건문을 제공하고 있다. 다음의 그림은 if-else 조건문의 의미를 보여주고 있다.

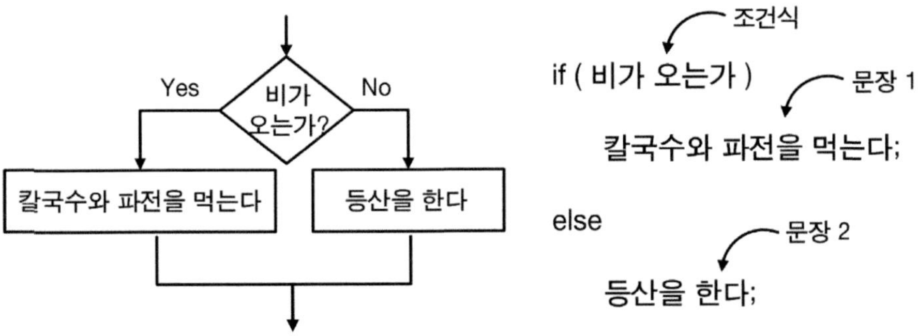

그림 5-5 if-else 조건문의 개념

위의 그림에서 보는 것처럼 if-else 조건문은 하나의 조건식을 표현하고, 조건식의 값이 참인 경우 처리되는 문장과 거짓인 경우 처리되는 문장을 정의하면 된다. 만약에 거짓인 경우 처리되는 문장이 필요가 없는 경우에는 거짓인 경우의 문장을 생략하면 된다. 거짓인 경우의 문장을 생략하면 기본적인 if 조건문이 되는 것이다.

다음은 if-else 조건문을 정의하는 형식을 나타낸다.

```
if ( 조건식 )
        문장_1;
else
        문장_2;
```

if-else 조건문에서도 마찬가지로 if-else 조건문의 형식에서 정의한 문장_1과 문장_2는 단일 문장으로 표현할 수도 있지만, 처리해야 되는 작업이 여러 개인 경우에는 중괄호 기호 "{"와 "}"를 사용하여 여러 문장을 복합문으로 표현할 수도 있다. 또한 if-else 조건문을 판독할 때에는 Yes를 then(그러면)으로 읽고, No는 그대로 else(아니면)로 읽어주면 된다. 따라서 위에 정의된 조건문의 형식을 판독해 보면 다음과 같이 읽어주면 되는 것이다.

```
if (조건식)이 then이면 문장_1을 처리하고 else이면 문장_2를 처리한다.
if (조건식)이 그러면 문장_1을 처리하고 아니면 문장_2를 처리한다.
```

그러므로 if-else 조건문에서 참일 때 처리되는 문장을 then 절(then clause)이라고 하며, 참일 때 처리되는 문장을 else 절(else clause)이라고 한다.

우리는 이전의 기본 문제 2 국어, 영어, 수학 점수의 총점과 평균을 계산하고, 평균이 60점 미만이면 "C 언어 경고 F" 메시지를 출력하고, 아니면 "C 언어 PASS"라는 메시지를 출력하는 프로그램을 작성하는 과정에서 기본적인 if 조건문을 사용하여 프로그램을 작성해 보았다. 이제는 기본적인 if 조건문을 if-else 조건문으로 변경하여 프로그램을 작성해 본다. if-else 조건문으로 작성해도 처리 결과는 동일하게 출력이 된다.

기본적인 if 조건문을 사용하여 작성된 문장을

```
if (ave < 60)
    printf("평균 점수가 %f점, 60 미만이므로 C 언어 경고 F\n", ave);
if (ave >= 60)
    printf("평균 점수가 %f점, 60 이상이므로 C 언어 PASS\n", ave);
```

if-else 조건문을 사용하여 작성된 문장으로 변경하면 된다.

```
if (ave < 60)
   printf("평균 점수가 %f점, 60 미만이므로 C 언어 경고 F\n", ave);
else
   printf("평균 점수가 %f점, 60 이상이므로 C 언어 PASS\n", ave);
```

조건에 따라 여러 문장을 처리할 수 있는 복합문으로 작성하는 경우

```
if (ave < 60)
{
    printf("평균 점수가 %f점, 60 미만이므로 C 언어 경고 F\n", ave);
    printf(""점수가 너무 낮으니까 앞으로 좀 더 열심히 하세요\n");
}
else
{
    printf("평균 점수가 %f점, 60 이상이므로 C 언어 PASS\n", ave);
    printf("계속해서 C 언어 열심히 노력하자\n");
}
```

예제 5.3 if-else 조건문

```
/* 3개의 점수 데이터에 대한 총점과 평균을 계산하고 */
/* 평균에 의해 각각 다른 메시지를 출력하는 프로그램 */
#include <stdio.h>

int main(void)
{
    int kor, eng, mat, sum;         //국어, 영어, 수학, 총점 점수 데이터 저장
    float ave;                      //평균 점수 저장

    printf("국어 점수를 입력하세요? ");       //국어 점수 입력
    scanf("%d", &kor);
    printf("영어 점수를 입력하세요? ");       //영어 점수 입력
    scanf("%d", &eng);
    printf("수학 점수를 입력하세요? ");       //수학 점수 입력
    scanf("%d", &mat);

    sum = kor + eng + mat;                           //총점 계산
    ave = sum / 3.0;                                 //평균 계산

    printf("국어 점수 = %d\n", kor);                  //국어 점수 출력
    printf("영어 점수 = %d\n수학 점수 = %d\n", eng, mat);  //영어, 수학 점수 출력
    printf("총점 값은 = %d\n평균 값은 = %f\n", sum, ave);  //총점, 평균값 출력
    if (ave < 60)
    {
        printf("평균 점수가 %f점, 60 미만이므로 C 언어 경고 F\n", ave);
```

```
        printf(""점수가 너무 낮으니까 앞으로 좀 더 열심히 하세요\n");
    }
    else
    {
        printf("평균 점수가 %f점, 60 이상이므로 C 언어 PASS\n", ave);
        printf("계속해서 C 언어 열심히 노력하자\n");
    }

    return 0;
}
```

프로그램 실행과 데이터 입력

```
국어 점수를 입력하세요? 70↵
영어 점수를 입력하세요? 80↵
수학 점수를 입력하세요? 90↵
```

프로그램 실행 결과

```
국어 점수 = 70
영어 점수 = 80
수학 점수 = 90
총점 값은 = 240
평균 값은 = 80.0
평균 점수가 80.0점, 60 이상이므로 C 언어 PASS
계속해서 C 언어 열심히 노력하자
```

예제 5.4 if–else 조건문

우리가 이전에 프로그램을 작성하는 과정에서 기본적인 if 조건문을 사용하여 프로그램을 작성해 보았다. 이제는 기본적인 if 조건문을 if-else 조건문으로 변경하여 프로그램을 작성해 본다. if-else 조건문으로 변경하는 과정이 대부분 유사하기 때문에 다음의 예제 프로그램 하나만 if-else 조건문으로 변경하기로 한다. 다른 나머지는 여러분이 직접 변경하여 프로그램을 실행시켜 보고 생성된 결과를 확인해 보기 바란다.

임의의 데이터를 입력받아서 홀수인지 짝수인지를 나타내는 메시지를 출력하는 프로그램을 작성한다.

프로그램 작성 결과(나머지 연산자인 % 기호 사용)

```
/* 입력 데이터가 홀수인지 짝수인지를 나타내는 메시지를 출력하는 프로그램 */
#include <stdio.h>

int main(void)
{
     int in_data, remainder_data;    //임의의 데이터, 나머지 값 저장

     printf("임의의 데이터를 입력하세요? ");  //임의의 데이터 입력
     scanf("%d", &in_data);

//   remainder_data = in_data % 2;           // 나머지 값 계산
//   이 프로그램에서는 나머지 값을 계산하여 변수 remainder_data에 저장하지 않고
//   직접 조건식에 삽입하여 표현해 본다.

    if (in_data % 2 == 0)
        printf("입력한 데이터 %d은 짝수입니다.\n", in_data);
    else
        printf("입력한 데이터 %d은 홀수입니다.\n", in_data);

    return 0;
}
```

프로그램 실행과 데이터 입력

```
임의의 데이터를 입력하세요? 35 ↵
```

프로그램 실행 결과

```
입력한 데이터 35은 홀수입니다.
```

예제 5.5 **if-else 조건문**

임의의 정수 데이터 2개를 입력받고, 2개의 데이터 중에서 큰 데이터를 작은 데이터로 나누는 나눗셈을 실행하여 정수와 실수 결과를 각각 출력한다. 이때 나누기를 실행하는 데이터가 0인 경우는 나눗셈을 처리하지 못함으로 나눌 수 없다는 메시지를 출력한다.

입력 임의의 정수 데이터 2개

출력 나눌 수 없다는 메시지를 출력
나눗셈 처리 결과 값

처리 과정

1. 임의의 데이터 2개를 입력한다.
2. 2개의 데이터 중에서 값이 큰 데이터를 결정한다.
3. 작은 데이터가 0인지 파악한다.
4. 작은 데이터가 0이면 메시지를 출력한다.
5. 큰 데이터를 작은 데이터로 나눗셈을 한다.

프로그램 작성 과정

1. 프로그램 작성 절차에 의해서 먼저 각각의 데이터 저장을 위한 변수 이름과 데이터 타입을 결정한다.
   임의의 데이터 : data_1, data_2
   피제수 : dividend
   나눗수 : divisor
   몫 : quotient
2. 변수 선언문을 작성한다.
3. 처리 과정을 C 프로그램 형식으로 작성한다.

프로그램 작성 결과

```
/* 임의의 정수 데이터 2개를 입력받고, 2개의 데이터 중에서 큰 데이터를 */
/* 작은 데이터로 나누는 나눗셈을 실행하여 정수와 실수 결과를 출력한다. */
#include <stdio.h>
```

```
int main(void)
{
    int     data_1, data_2;                    // 임의의 정수 데이터 2개 저장
    int     dividend, divisor;         // 피제수, 나눗수 저장
    int     quotient;                  // 나누기 몫을 정수로 저장
    float   division_result;                   // 나누기 결과를 실수 값 저장

    printf("첫 번째 데이터를 입력? ");        //첫 번째 데이터를 입력
    scanf("%d", &data_1);
    printf("두 번째 데이터를 입력? ");        //두 번째 데이터를 입력
    scanf("%d", &data_2);

    if (data_1 > data_2)
    {
        dividend = data_1;
        divisor = data_2;
    }
    else
    {
        dividend = data_2;
        divisor = data_1;
    }

    if (divisor == 0)
    {
        printf("나눗수가 0이므로 나눗셈을 처리하지 못함\n");    //메시지 출력
    }
    else
    {
        quotient = dividend / divisor;            // 큰 수를 작은 수로 정수 나누기
        division_result = (float)dividend / divisor;            // 실수 나누기
    }

    printf("입력 데이터_1 = %d\n입력 데이터_2 = %d\n\n", data_1, data_2);
                                                //2개의 입력 데이터 출력
    printf("정수형 출력 결과 몫 = %d\n", quotient);   //나누기 결과 출력
    printf("실수형 출력 결과  = %f\n", division_result); //나누기 결과 출력

    return 0;
}
```

프로그램 실행과 데이터 입력

```
첫 번째 데이터를 입력? 37↵
첫 번째 데이터를 입력? 5↵
```

프로그램 실행 결과_1

```
입력 데이터_1 = 37
입력 데이터_2 = 5

정수형 출력 결과 몫 = 7
실수형 출력 결과  = 7.4
```

프로그램 실행 결과_2

```
입력 데이터_1 = 37
입력 데이터_2 = 0

나눗수가 0이므로 나눗셈을 처리하지 못함
```

5.3.2 처리할 조건이 많은 경우의 조건문

지금까지 작성해 본 기본적인 if 조건문 또는 if-else 조건문에서 사용한 조건식은 data_1 〉 data_2와 같이 아주 간단한 형태로 표현하는 경우가 대부분이다. 그러나 문제를 해결하기 위해 프로그램을 작성하다 보면 처리할 조건이 복잡한 경우도 발생한다. 아마도 간단한 형태의 조건식을 사용하는 경우는 그렇게 많이 없을 것이다. 따라서 여기에서는 조건식을 좀 더 복잡하게 만들어서 문제를 처리하는 방법에 대하여 설명한다.

만약에 C 프로그래밍 언어, 자바, C++의 프로그램 능력에 대하여 자격증을 주는 시험이 있다고 했을 때, 일반적인 경우에는 평균 60점 이상이면 "합격"이 되고 자격증을 받게 된다. 그러나 평균 60점 이상이라고 모두 합격을 시키지 않는다. 그 이유는 각 과목마다 기본 점수인 "과락"이 존재하여 하나의 과목이라도 40점 미만이면 무조건 "불합격"이 되는 것이다. 이러한 경우에는 처리할 조건이 많고 복잡한 경우에 해당한다. 여기에서는 3개의 과목에 대해 40점 미만인가 여부를 파악하는 조건식이 필요한 경우이다. 처리할 조건이 복잡한 경우는 우리가 5장에서 공부한 것처럼 관계 연산자 그리고 논리 연산자를 사용하여 조건식을 표현하면 된다.

이러한 경우에는 조건문을 사용하여 과락 여부를 파악할 수 있는데, 사용할 수 있는 조건문의 형태가 다양하게 존재한다. 다음은 사용할 수 있는 다양한 조건문의 형태를 나열한 것이다.

첫 번째의 경우 : 기본적인 if 조건문을 사용하는 경우

```
if (C_language < 40)  printf("C 언어 과락입니다.\n");
if (Java < 40)  printf("자바 언어 과락입니다.\n");
if (C_pp < 40)  printf("C++ 언어 과락입니다.\n");
```

위와 같이 기본적인 if 조건문을 사용하고 조건식을 참이 되게 표현하고, 조건식이 참인 경우 처리할 문장을 표현하면 된다. 이러한 방법으로 각각의 조건에 대하여 기본적인 if 조건문을 나타내면 된다.

두 번째의 경우 : if-else 조건문을 사용하는 경우

```
if (C_language < 40)
{
    printf("C 언어 과락입니다.\n");
}
else if (Java < 40)
{
    printf("자바 언어 과락입니다.\n");
}
else if (C_pp < 40)
{
    printf("C++ 언어 과락입니다.\n");
}
else
{
    printf(" 과락 과목은 없습니다.\n");
}
```

위와 같은 방법은 다음 절에서 설명을 할 것인데 먼저 간단하게 설명하면, 기본적인 if 조건문을 계속 사용하는 것이 아니고, if-else 조건문을 이어서 사용하는 방법이다. if-else 조건문을 각각의 조건에 대하여 if-else 조건문으로 계속해서 표현하고, 마지막 조건은 if-else 조건문이 아니고 else

조건문으로 표현하면 된다. 이렇게 표현하는 경우에는 하나의 조건문 형태로 표현하는 것이고, 이 중에서 조건식이 참인 경우의 문장만 처리가 된다.

세 번째의 경우 : 논리 연산자를 사용하는 if 조건문으로 표현하는 경우

```
if (C_language < 40 || Java < 40 || C_pp < 40)
    printf("40점 미만인 과목이 있어서 과락입니다.\n");
```

위와 같은 방법은 우리가 4장에서 살펴본 것처럼 논리 연산자를 사용하여 조건식을 간단하게 표현하는 방법이다. 여기에서 과락이 발생하는 경우는 C_language 〈 40 또는 Java 〈 40 또는 C_pp 〈 40와 같이 정의한 3개의 관계 연산식 중에서 하나만 참이 되도 과락이 발생하므로 3개의 관계 연산식이 OR 연산을 의미하게 되므로, OR 연산자인 || 기호를 사용하여 연결하면 된다. 따라서 3개의 과목 중에서 하나의 과목에서 과락이 발생하면 전체가 과락이 되는 것이다.

기본문제 3

국어, 영어, 수학 점수의 과락 여부를 검사하여 과락이 아니면 총점과 평균을 계산하고, 평균이 60점 미만이면 "C 언어 경고 F" 메시지를 출력하고, 아니면 "C 언어 PASS"라는 메시지를 출력하고, 과락이면 과락이라는 메시지를 출력하는 프로그램

제시된 문제는 국어, 영어, 수학 점수를 입력하여 과락을 검사하여 과락이 아니면, 총점과 평균 계산하고 평균값에 의해 각각의 메시지를 출력하고, 과락이면 과락 메시지를 출력하는 문제이다.

문제 해결을 위한 알고리즘

입력 국어, 영어, 수학 점수

출력 국어, 영어, 수학 점수
과락 여부 메시지
총점, 평균
평균에 의한 출력 메시지

처리 과정

1 총점을 구하기 위하여 국어, 영어, 수학 점수를 입력한다.

2 국어, 영어, 수학 점수의 과락 여부를 검사

3 과락이 아니면 총점과 평균을 계산한다.

4 평균이 60점 이상이면 "C 언어 PASS"라는 메시지를 출력하고, 평균이 60점 미만이면 "C 언어 경고 F"라는 메시지를 출력한다.

프로그램 작성 과정

1 프로그램 작성 절차에 의해서 먼저 각각의 데이터 저장을 위한 변수 이름과 데이터 타입을 결정한다.
국어 점수 : kor, 영어 점수 : eng, 수학 점수 : mat
총점 : sum, 평균 : ave

2 변수 선언문을 작성한다.

3 처리 과정을 C 프로그램 형식으로 작성한다.

프로그램 작성 결과

```
/* 3개의 점수 데이터에 대한 과락 여부에 따라 총점과 평균을 계산하고 */
/* 평균에 의해 각각 다른 메시지를 출력하는 프로그램 */
#include <stdio.h>

int main(void)
{
    int kor, eng, mat, sum;          //국어, 영어, 수학, 총점 점수 데이터 저장
    float ave;                       //평균 점수 저장

    printf("국어 점수를 입력하세요? ");       //국어 점수 입력
    scanf("%d", &kor);
    printf("영어 점수를 입력하세요? ");       //영어 점수 입력
    scanf("%d", &eng);
    printf("수학 점수를 입력하세요? ");       //수학 점수 입력
    scanf("%d", &mat);

    printf("국어 점수 = %d\n", kor);                          //국어 점수 출력
    rintf("영어 점수 = %d\n수학 점수 = %d\n\n", eng, mat); //영어, 수학 점수 출력
    if (kor < 40 || eng < 40 || mat < 40)
    {
        printf("40점 미만인 과목이 있어서 과락입니다.\n");
    }
    else
    {
```

```
        sum = kor + eng + mat;                              //총점 계산
        ave = sum / 3.0;                                    //평균 계산
        printf("총점 값은 = %d\n평균 값은 = %f\n", sum, ave);  //총점, 평균값 출력
        if (ave < 60)
        {
            printf("평균 점수가 %f점, 60 미만이므로 C 언어 경고 F\n", ave);
        }
        else
        {
            printf("평균 점수가 %f점, 60 이상이므로 C 언어 PASS\n", ave);
        }
    }

    return 0;
}
```

프로그램 실행과 데이터 입력

```
국어 점수를 입력하세요? 70↵
영어 점수를 입력하세요? 80↵
수학 점수를 입력하세요? 90↵
```

프로그램 실행 결과_1

```
국어 점수 = 70
영어 점수 = 80
수학 점수 = 90

총점 값은 = 240
평균 값은 = 80.0
평균 점수가 80.0점, 60 이상이므로 C 언어 PASS
```

프로그램 실행 결과_2

```
국어 점수 = 70
영어 점수 = 80
```

```
수학 점수 = 35

40점 미만인 과목이 있어서 과락입니다.
```

예제 5.6 처리할 조건이 많은 경우 1

임의의 정수 데이터 3개를 입력받고, 3개의 데이터 중에서 가장 큰 데이터와 가장 작은 데이터를 출력한다.

입력 임의의 정수 데이터 3개

출력 가장 큰 데이터를 출력
가장 작은 데이터를 출력

처리 과정

1. 임의의 데이터 3개를 입력한다.
2. 3개의 데이터 중에서 값이 가장 큰 데이터를 결정한다.
3. 3개의 데이터 중에서 값이 가장 작은 데이터를 결정한다.
4. 가장 큰 데이터와 작은 데이터를 출력한다.

프로그램 작성 과정

1. 프로그램 작성 절차에 의해서 먼저 각각의 데이터 저장을 위한 변수 이름과 데이터 타입을 결정한다.
   임의의 데이터 : a, b, c
   가장 큰 데이터 : max
   가장 작은 데이터 : min
2. 변수 선언문을 작성한다.
3. 처리 과정을 C 프로그램 형식으로 작성한다.

프로그램 작성 결과

```
/* 임의의 정수 데이터 3개를 입력받고, 3개의 데이터 중에서 가장 큰 데이터 */
/*  가장 작은 데이터를 출력 */
```

```
#include <stdio.h>

int main(void)
{
    int     a, b, c;                        // 임의의 정수 데이터 3개 저장
    int     max, min;                       // 최대값, 최소값 저장

    printf("첫 번째 데이터를 입력? ");       // 첫 번째 데이터를 입력
    scanf("%d", &a);
    printf("두 번째 데이터를 입력? ");       // 두 번째 데이터를 입력
    scanf("%d", &b);
    printf("세 번째 데이터를 입력? ");       // 세 번째 데이터를 입력
    scanf("%d", &c);

    if (a > b && a > c)             // a, b, c 중에서 최대값 계산
    {
        max = a;
    }
    else if (b > c)
         max = b;
    else
         max = c;

    if (a < b && a < c)             // a, b, c 중에서 최소값 계산
    {
        min = a;
    }
    else
    {
        if (b < c)
            min = b;
        else
            min = c;
    }

     printf("입력 데이터 %d, %d, %d 중에서 최대값 = %d\n", a, b, c, max);
     printf("입력 데이터 %d, %d, %d 중에서 최소값 = %d\n", a, b, c, min);

     return 0;
}
```

프로그램 실행과 데이터 입력

```
첫 번째 데이터를 입력? 7↵
두 번째 데이터를 입력? 5↵
세 번째 데이터를 입력? 3↵
```

프로그램 실행 결과

```
입력 데이터 7, 5, 3 중에서 최대값 = 7
입력 데이터 7, 5, 3 중에서 최소값 = 3
```

예제 5.7 처리할 조건이 많은 경우 2

다음은 if 조건문을 공부하면서 가장 많이 다루는 문제에 대하여 프로그램을 작성해 본다. 임의의 연도를 입력하면, 입력한 연도가 윤년인지, 평년인지를 판별하는 프로그램을 작성한다.

입력 연도를 나타내는 데이터 1개

출력 입력한 연도를 출력
윤년, 평년 여부를 출력

처리 과정

1. 연도를 나타내는 데이터 1개를 입력한다.
2. 윤년, 평년 여부를 판단할 수 있는 조건을 결정한다.
   입력한 연도를 4로 나누어 떨어지지 않으면 평년이다.
3. 입력한 연도를 4로 나누어 떨어지는 경우에
   100으로 나누어 떨어지는 경우는 평년이다.
   400으로 나누어 떨어지는 경우는 윤년이다.

프로그램 작성 과정

1. 프로그램 작성 절차에 의해서 먼저 각각의 데이터 저장을 위한 변수 이름과 데이터 타입을 결정한다.
   임의의 연도 : year

2 변수 선언문을 작성한다.

3 처리 과정을 C 프로그램 형식으로 작성한다.

프로그램 작성 결과

```
/* 임의의 연도를 입력받고, 윤년, 평년 여부를 출력 */

#include <stdio.h>

int main(void)
{
    int     year;                            // 임의의 연도를 저장

    printf("임의의 연도 데이터를 입력? ");    // 첫 번째 데이터를 입력
    scanf("%d", &year);

    if (year % 4 != 0)                       // 연도를 4로 나누어 떨어지는가를 검사
    {
        printf("입력 연도 %d는 평년입니다.\n", year); // 나머지가 0이 아닌 경우
    }
    else                                     // 나머지가 0인 경우
    {
       if (year % 100 == 0)
       {
          if (year % 400 == 0)
              printf("입력 연도 %d는 윤년입니다.\n", year);
          else
              printf("입력 연도 %d는 평년입니다.\n", year);
       }
    }

    return 0;
}
```

프로그램 실행과 데이터 입력_1

```
임의의 연도 데이터를 입력? 2011↵
```

프로그램 실행 결과

```
입력 연도 2011는 평년입니다.
```

프로그램 실행과 데이터 입력_2

```
임의의 연도 데이터를 입력? 2000↵
```

프로그램 실행 결과

```
입력 연도 2011는 윤년입니다.
```

프로그램 실행과 데이터 입력_3

```
임의의 연도 데이터를 입력? 2000↵
```

프로그램 실행 결과

```
입력 연도 1900는 평년입니다.
```

위의 프로그램에서 윤년, 평년 여부를 판단할 수 있는 조건을 나타내는 if 조건문을 관계 연산자와 논리 연산자를 사용하여 다른 형식으로 정의하면 다음과 같이 표현할 수 있다.

```
if (year % 4 != 0)                          // 연도를 4로 나누어 떨어지는가를 검사
{
   printf("입력 연도 %d는 평년입니다.\n", year); // 나머지가 0이 아닌 경우
}
else                                          // 나머지가 0인 경우
{
    if (year % 100 == 0)
    {
```

```
            if (year % 400 == 0)
                printf("입력 연도 %d는 윤년입니다.\n", year);
            else
                printf("입력 연도 %d는 평년입니다.\n", year);
        }
    }

이러한 if 조건문을

        if (year % 4 == 0 && year % 100 == 0 || year % 400 == 0)
            printf("입력 연도 %d는 윤년입니다.\n", year);
        else
            printf("입력 연도 %d는 평년입니다.\n", year);
```

위와 같은 형식은 관계 연산자와 논리 연산자를 사용하여 관련된 조건식을 하나로 표현하는 방법으로, if 조건문의 조건식을 정의하는 것은 조금 어려울지는 몰라도 if 조건문은 간단하게 표현이 되어 정의된 조건의 파악이 쉬운 장점이 있다. 이러한 기법을 많이 활용하면 좋은 프로그램을 생성하는데 많이 도움이 될 것이다.

[5.4] 중첩된 다중 if 조건문

다중 if 조건문은 기본적인 if 조건문이나 if-else 조건문처럼 조건식에 의해 처리되는 문장을 표현하여 if 조건문을 마무리하는 것이 아니라, if 조건문 안에 또 다른 if 조건문이 연속해서 표현되는 경우를 말한다. 다시 말해서 if 조건문이 계속 이어지거나 if 조건문 속에 또 다른 if 조건문이 나타나는 경우를 다중 if 조건문 이라고 부른다.

5.4.1 중첩된 다중 if 조건문(중첩 if)의 개념

중첩된 다중 if 조건문은 하나의 if 조건문으로 문장을 끝내지 않는다. 중첩된 다중 if 조건문은 앞 절에서 설명한 것과 같이 처리할 조건이 많은 경우에 if 조건문을 표현하는 방법이다. 하나의 문제를 해결하는데 처리할 조건이 많으므로 각각의 조건을 if 조건문으로 나타내야 하기 때문에 당연히 if 조건문을 많이 사용하게 되는 것이다.

중첩된 다중 if 조건문에서는 if 조건문이 표현되는 형태가 몇 가지가 존재한다. 다음의 그림은 중첩된 다중 if 조건문에서 if 조건문이 표현되는 형태를 나타내고 있다.

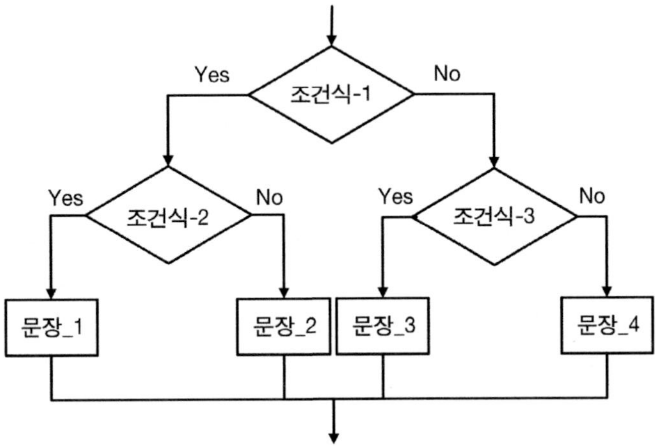

그림 5-6 다중 if 조건문에서 if 조건문의 형태

위의 그림에서 보여주는 것처럼 중첩된 다중 if 조건문은 if 조건문에서 문장이 들어갈 자리에 또 다른 if 조건문을 표현하는 것이다. 경우에 따라서는 if 조건문이 계속해서 나타날 수도 있다. 이러한 경우에서는 if 조건문 또는 if-else 조건문 안에 또 다른 if 조건문 또는 if-else 조건문이 포함되면서 하나의 if 조건문이 확장되는 형태를 나타난다. 계속해서 if 조건문이 포함되므로 다른 용어로 중첩 if(nested if) 조건문이라고도 한다.

다음은 if-else 조건문을 중첩된 다중 if 조건문으로 확장한 경우를 나타낸다.

(1) if-else 조건문

```
if ( 조건식 )
{
      문장_1;
}
else
{
      문장_2;
}
```

(2) 다중 if 조건문

```
if ( 조건식_1 )
{
    if ( 조건식_2 )
            문장_1;
    else
            문장_2;
}
else
{
    if ( 조건식_3 )
            문장_3;
    else
            문장_4;
}
```

if 조건문_1
조건식이 참인 경우 실행하는 또 다른 if 조건문

if 조건문_2
조건식_1이 거짓인 경우 실행하는 또 다른 if 조건문

위에서 정의한 if 조건문이 중첩된 다중 if 조건문은 일반적인 형식을 보여준 것으로 항상 이러한 형식과 같이 다중 if 조건문을 표현하라는 것이 아니고, 조건식의 유무에 의해 필요에 따라서 if 조건문_1 또는 if 조건문_2를 생략할 수 있다. 다음은 if 조건문_2를 생략하고 표현한 다중 if 조건문을 나타내고 있다.

```
if ( 조건식_1 )
    {
        if ( 조건식_2 )
                문장_1;
        else
                문장_2;
    }
    else
    {
        문장_3;
    }
```

if 조건문_1
조건식_1이 참인 경우 실행하는 또 다른 if 조건문

조건식_1이 거짓인 경우
실행하는 문장

위에서 보여준 그림은 조건식_1이 거짓일 때 실행하는 if 조건문_2를 생략하고, 거짓일 때 실행할 문장을 표현한 것이다. 따라서 조건식_1의 결과 값이 거짓이면 당연히 문장_3을 처리할 것이다. 그러나 조건식_1의 결과 값이 참일 때는 if 조건문_1을 처리하게 된다. 따라서 if 조건문_1이 실행되는 경우는 조건식_1의 결과 값이 참인 경우이다. 그리고 문장_1이 실행되는 경우는 조건식_2의 결과 값이 참인 경우이다. 따라서 문장_1은 조건식_1과 조건식_2의 결과 값이 참인 경우에 실행하게 된다.

위에서 보여준 중첩된 다중 if 조건문처럼 일반적인 다중 if 조건문에서 조건식_1이 거짓인 경우에 나타내야 하는 if 조건문이 생략된 경우에는 else 문장이 2개가 생성되게 되므로 if 조건식과 연관된 else를 정확하게 파악하는 것이 중요하다.

중첩된 다중 if 조건문에서 else와 if 조건식의 관계를 정확하게 파악하기 힘든 경우에는 중괄호를 사용하여 블록으로 표현하면 다중 if 조건문의 해석이 쉽게 된다. 위에서 보여준 다중 if 조건문의 형식에서 중괄호를 생략하지 않고 그대로 남겨두고 설명을 이어간 이유도 바로 이 때문이다. 블록 개념을 적절하게 이용하면 많은 도움이 될 것이다.

다음은 C 프로그래밍 언어의 점수에 대하여 학점을 출력하는 프로그램을 작성한다. 작업의 편의를 위해서 학점은 A, B, C와 같이 출력한다. 여기에서 제일 중요한 학점을 판단하는 if 조건문의 형태에 대하여 설명한다.

첫 번째의 경우 : 논리 연산자를 사용하는 if 조건문으로 표현하는 경우

```
if (C_language >= 90 && C_language <= 100)
        printf("C 언어 학점은 A 학점입니다.\n");
if (C_language >= 80 && C_language < 90)
        printf("C 언어 학점은 B 학점입니다.\n");
if (C_language >= 70 && C_language < 80)
        printf("C 언어 학점은 C 학점입니다.\n");
```

두 번째의 경우 : else if를 사용하는 경우

```
if (C_language >= 90)
        printf("C 언어 학점은 A 학점입니다.\n");
else if (C_language >= 80)
        printf("C 언어 학점은 B 학점입니다.\n");
else if (C_language >= 70)
        printf("C 언어 학점은 C 학점입니다.\n");
```

세 번째의 경우 : 다중 if 조건문을 사용하는 경우

```
if (C_language >= 70)
     if (C_language >= 80)
        if (C_language >= 90)
                printf("C 언어 학점은 A 학점입니다.\n");
        else
```

```
            printf("C 언어 학점은 B 학점입니다.\n");
    else
        printf("C 언어 학점은 C 학점입니다.\n");
```

하나의 문제를 해결하기 위해서 사용하는 if 조건문은 문제의 복잡도에 따라 위와 같은 형태로 논리 연산자를 사용할 수도 있고, else if를 사용할 수도 있고, 중첩된 다중 if 조건문 형태로 표현할 수도 있다. 위의 3가지 형태는 모두 동일한 작업을 처리하지만 일반적으로는 두 번째의 else if를 사용하는 경우를 가장 많아 사용한다. 따라서 else if 형태로 다중 if 조건문으로 표현되도록 조건식을 결정하는 것이 중요하다.

5.4.2 else if 조건문의 개념

위에서 정의한 중첩된 다중 if 조건문은 일반적인 형식을 보여준 것으로 항상 이러한 형식과 같이 다중 if 조건문을 표현하라는 것이 아니고, 조건식의 유무에 의해 필요에 따라서 if 조건문_1 또는 if 조건문_2를 생략할 수 있다. 다음은 if 조건문_1를 생략하고 표현한 다중 if 조건문을 나타내고 있다.

```
if ( 조건식1 )
{
    문장_1;
}
else
{
    if ( 조건식2 )
        문장_2;
    else
        문장_3;
}
```

이러한 형태의 다중 if 조건문은 일반적으로 많이 사용되는 다중 if 조건문의 형태이다. 위의 형식에서 보여주는 것처럼 다중 if 조건문은 if-else 다음에 다른 if-else 조건문이 계속해서 나타나는 형태를 보여주고 있다. 이러한 경우에는 else 다음에 오는 중괄호("{") 기호는 생략이 가능하므로 else if와 같이 연속해서 표현할 수 있다. 다음은 위에서 보여준 다중 if 조건문을 else if를 사용하여 다시 표현한 형태이다.

```
if ( 조건식1 )
        문장_1;
else if ( 조건식2 )
        문장_2;
else if ( 조건식3 )
        문장_3;
else if ( 조건식4 )
        문장_4;
else
    문장_5;
```

위의 형식에서 보는 것처럼 다중 if 조건문의 마지막은 조건에 따라서 else if 또는 else 로 끝을 나타내고 처리할 문장을 표현하면 된다. 다음의 그림은 else if 형태로 표현되는 다중 if 조건문의 순서도를 보여주고 있다.

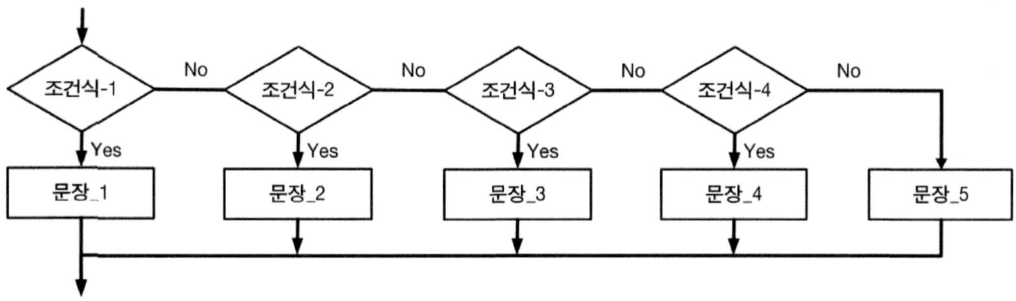

그림 5-7 다중 if 조건문에서 if 조건문의 형태

지금까지 기본적인 if 조건문, if-else 조건문, 중첩된 다중 if 조건문, else if 조건문과 같이 다양한 if 조건문의 형식을 살펴보았다. 지금까지 살펴본 다양한 if 조건문에서 if 조건문을 구성하는 조건식이 1개에서부터 여러 개의 조건식이 존재하는 것이 존재하는 것을 알 수가 있었다. 그러나 여기에서 하나의 공통적인 개념은 아무리 조건식이 여러 개가 존재하고, 처리될 문장 또는 블록이 많다고 하여도 결과 값이 참인 조건식은 1개라는 사실이다. 따라서 많은 조건식 중에서 결과가 참인 문장 또는 블록 하나를 처리하고 if 조건문의 처리를 종료한다는 것이다.

예제 5.8 다중 if 조건문

C 프로그래밍 언어의 점수에 대하여 학점을 출력하는 프로그램을 작성한다. 작업의 편의를 위해서 학점은 A, B, C와 같이 출력한다.

입력 C 프로그래밍 언어의 점수 1개

출력 입력한 점수를 출력
점수에 대한 학점

처리 과정

1. C 프로그래밍 언어의 점수 1개를 입력한다.
2. 입력한 점수에 대한 학점의 조건을 결정한다.
3. 처리 결과를 출력한다.

프로그램 작성 과정

1. 프로그램 작성 절차에 의해서 먼저 각각의 데이터 저장을 위한 변수 이름과 데이터 타입을 결정한다.
   C 프로그래밍 언어의 점수 : C_language
2. 변수 선언문을 작성한다.
3. 처리 과정을 C 프로그램 형식으로 작성한다.

프로그램 작성 결과

```
/* C 언어의 점수에 대하여 학점을 출력 */

#include <stdio.h>

int main(void)
{
    int     C_language;               // C 언어의 점수를 저장

    printf("C 언어의 점수를 입력? ");   // 첫 번째 데이터를 입력
    scanf("%d", &C_language);

    if (C_language >= 90)
```

```
            printf("C 언어 학점은 A 학점입니다.\n");
    else if (C_language >= 80)
            printf("C 언어 학점은 B 학점입니다.\n");
    else if (C_language >= 70)
            printf("C 언어 학점은 C 학점입니다.\n");
    else if (C_language >= 60)
            printf("C 언어 학점은 D 학점입니다.\n");
    else
        printf("C 언어 학점은 F 학점입니다.\n");

    return 0;
}
```

프로그램 실행과 데이터 입력

```
C 언어의 점수를 입력? 85↵
```

프로그램 실행 결과

```
C 언어 학점은 B 학점입니다.
```

예제 5.9 다중 if 조건문

각 가정의 전기 요금을 계산하기 위하여 사용자번호, 종별, 전기사용량(Kw)을 입력 받아서, 각각의 종별에 해당하는 전기 요금을 계산하여 출력하는 프로그램을 작성한다.(단, 세금은 10%로 모든 종별이 동일하고, 각각의 종별에 대한 단가는 다음과 같다.)

종별 1 : 50원/kw
종별 2 : 30원/kw
종별 3 : 20원/kw

입력 사용자번호, 종별, 전기사용량 3개

출력 입력한 각각의 데이터를 출력
전기 요금, 세금을 출력
납부할 금액을 출력

처리 과정

1 사용자번호, 종별, 전기사용량 데이터 3개를 입력한다.
2 각각의 종별에 대한 전기 요금을 결정한다.
3 계산한 전기 요금, 세금을 출력한다.
4 실제로 납부할 금액을 출력한다.

프로그램 작성 과정

1 프로그램 작성 절차에 의해서 먼저 각각의 데이터 저장을 위한 변수 이름과 데이터 타입을 결정한다.
   사용자번호 : id_no
   종별 : grade
   사용량 : quantity
2 변수 선언문을 작성한다.
3 처리 과정을 C 프로그램 형식으로 작성한다.

프로그램 작성 결과

```
/* 각각의 종별에 해당하는 전기 요금을 계산 */

#include <stdio.h>

int main(void)
{
    int     id_no;                          // 사용자번호를 저장
    int     grade;                          // 종별을 저장
    int     quantity;                       // 사용량을 저장
    int     unit_cost;                      // 각 종별에 대한 단가를 저장
    int     temp;                           // 임시 계산값을 저장
    int     tax;                            // 세금을 저장
    int     gross;                          // 실제로 납부할 금액을 저장

    printf("사용자번호를 입력? ");          // 사용자번호를 입력
    scanf("%d", &id_no);
    printf("사용자의 종별을 입력? ");       // 사용자의 종별을 입력
    scanf("%d", &grade);
    printf("사용량을 입력? ");              // 사용량을 입력
    scanf("%d", &quantity);
```

```
    if (grade == 1) unit_cost = 50;
    else if (grade == 2) unit_cost = 30;
    else if (grade == 3) unit_cost = 20;
    else printf("종별을 잘못 입력하였습니다.\n");

    temp = quantity * unit_cost;
    tax = temp * 0.1;
    gross = temp + tax;

    printf("사용자 번호는 %d입니다.\n", id_no);
    printf("전기 요금 계산 금액은 %d입니다.\n", temp);
    printf("세금은 %d입니다.\n", tax);
    printf("총 납부할 전기 요금의 금액은 %d입니다.\n", gross);

    return 0;
}
```

프로그램 실행과 데이터 입력

```
사용자번호를 입력? 1111 ↵
사용자의 종별을 입력? 2 ↵
사용량을 입력? 1000 ↵
```

프로그램 실행 결과

```
사용자 번호는 1111입니다.
전기 요금 계산 금액은 30000입니다.
세금은 3000입니다.
총 납부할 전기 요금의 금액은 33000입니다.
```

[5.5] switch 조건문

조건문은 조건식의 결과에 의해서 여러 개의 문장 또는 여러 개의 블록 중에서, 하나의 문장 또는 하나의 블록을 선택적으로 처리하는 명령어이다. 지금까지 대표적인 조건문으로 기본적인 if 조건문, if-else 조건문, 중첩된 다중 if 조건문, else if 조건문과 같은 다양한 if 조건문의 형식을 살펴보았다. 그러나 이것뿐만 아니라 switch 조건문도 if 조건문과 똑같이 조건식의 결과 값에 의해 선택적으로 하나의 문장 또는 하나의 블록을 처리하는 명령어이다.

5.5.1 switch 조건문의 개념

switch 조건문도 if 조건문과 유사한 조건문이다. switch 조건문의 형식은 if 조건문과 유사하게 조건식을 표현하고, 조건식에 따라 처리될 문장 또는 블록을 나타내면 된다. 따라서 처리 방식도 조건식의 결과 값에 의해 선택적으로 하나의 문장 또는 하나의 블록을 처리하는 명령어이다. 그러나 모든 형식의 표현이 if 조건문과 유사하지만, if 조건문과는 다르게 switch 조건문에서는 반드시 지켜야 되는 규칙이 존재한다. 이러한 규칙은 switch 조건문에 대해 설명하면서 지적할 것이다.

지금까지 우리가 공부한 if 조건문은 조건식의 결과 값이 참 아니면 거짓으로 생성되고, 조건식의 결과 값에 의해 지정한 문장을 선택하여 처리하게 된다. if 조건문의 표현 방법에서 문제 해결을 위한 조건이 참 또는 거짓과 같이 2개 이하로 적은 경우에는 기본적인 if 조건문으로 표현하고, 이 보다 많은 경우에는 논리 연산자를 사용하는 논리 연산식으로 표현하거나, 중첩된 다중 if 조건문 또는 else if 조건문으로 다양하게 표현할 수 있다. 그러나 이러한 경우는 이전의 설명에서 보는 것처럼 if 조건문 표현이 좀 까다로운 것은 사실이다. 따라서 문제 해결을 위한 조건이 2개 이상으로 많은 경우에는 복잡한 if 조건문 보다는 switch 조건문으로 표현하는 것이 좀 더 간단하고, 편리하고, 표현된 문장도 한눈에 들어와서 이해도 빠를 것이다.

5.5.2 switch 조건문의 사용

다음은 switch 조건문의 형식을 나타내고 있다. 우리가 공부한 if 조건문과 비교하면서 살펴보면 이해가 빠를 것이다.

```
switch (조건식)
{
    case cond_value_1 :   // 조건식의 값이 cond_value_1이면
        문장_1;
        break;
    case cond_value_2 :   // 조건식의 값이 cond_value_2이면
        문장_2;
        break;

        .........

    case cond_value_n :   // 조건식의 값이 cond_value_n이면
        문장_n;
        break;
    default :      // 조건식의 값이 cond_value_n이면
        default_문장;
        break;
}
```

위에서 보여준 switch 조건문의 형식에서 조건식과 조건식의 결과 값의 표현 방법을 주목해야 한다. 우리가 공부한 if 조건문과는 다르게 조건식과 조건식의 값을 같이 사용하여 관계 연산식 또는 논리 연산식으로 표현하는 것이 아니라 분리하여 따로따로 표현한다는 것이다. switch 조건문에서는 조건식을 표현하고, 조건식의 값을 경우에 따라서(case by case) 나열한 형태로 표현하는 것이다.

위에서 정의한 switch 조건문의 형식에서 보는 것처럼 조건식의 결과 값마다 앞에 case 키워드를 정의하고, 조건식의 결과 값을 그대로 표현하고, 콜론(colon) 기호를 표현하면 조건에 대한 정의가 마무리 된다. 즉 case cond_value_1 : 과 형식으로 표현된다. 그리고 조건 값에 의해 처리될 문장을 나열하면 된다.

여기에서 가장 중요한 요소는 각각의 조건 값에 의해 처리될 문장을 나열한 이후에는 의무적으로 break; 이라는 하나의 문장을 반드시 첨부하라는 것이다. 위에서 정의한 switch 조건문의 형식에서 보는 것처럼, switch 조건문에 사용되는 case 조건 값 : 에 의해 하나 이상의 문장이 실행되고 나면, 다음에도 처리될 문장이 존재하므로 계속해서 나열된 문장을 처리하게 된다. 따라서 필요한 문장들이 처리된 이후에는 문장의 처리를 멈추게 해야 되는 것이다. 따라서 문장의 처리를 멈추게 하기 위하여 삽입해야 되는 문장이 break; 이라는 문장이다. break 키워드는 break 키워드가 정의된 위치에서 실행을 멈추고 지정된 범위를 벗어나서 범위 밖에 있는 작업을 처리하게 하는 명령어이다.

다음에서 보여주는 그림은 switch 조건문의 처리 과정을 순서도로 나타낸 것이다.

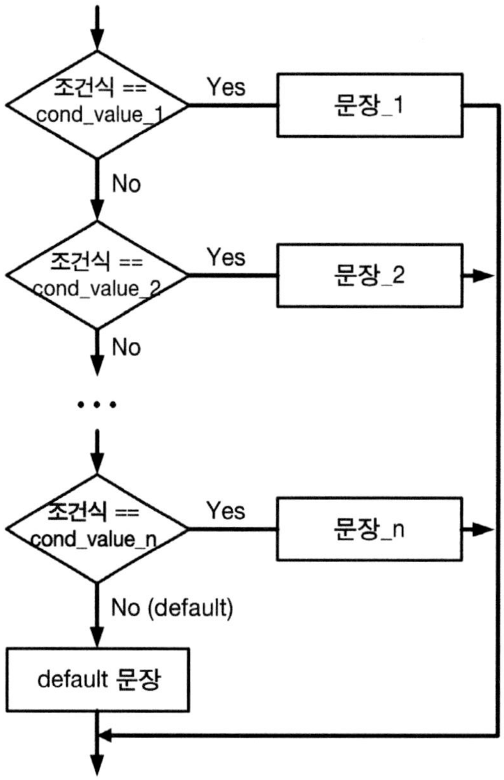

그림 5-8 switch 조건문의 처리 과정

위의 그림에서 보는 것처럼 조건식의 결과 값이 n+1의 경우가 존재하고, n+1가지의 처리될 문장을 정의하지만, 순서도에서 보는 것처럼 조건식의 결과 값에 의해 하나의 문장이 처리되고, 다음의 문장을 처리하지 않고 순서도를 완전히 벗어나야 되므로 break 키워드가 필요한 것이다. 여기에서 문장의 의미는 마찬가지로 하나의 문장을 의미하는 것이 아니라 관련된 여러 문장들을 의미하는 것이다. 단 블록을 정의하는 것처럼 중괄호 기호는 사용하지 않아도 된다. 이유는 break 키워드가 문장의 범위를 지정하는 역할도 수행하기 때문이다. 따라서 switch 조건문을 연상하면 반드시 break 키워드를 머릿속에서 떠 올려야 된다.

지금부터는 switch 조건문을 사용하는데 있어서 반드시 지켜야 되는 몇 가지 규칙에 대하여 설명한다.

switch 조건문에서 표현하는 조건식은 우리가 공부한 모든 조건식이 가능하지 않다는 것이다. 조건식에서 생성되는 결과 값이 반드시 정수형 상수로 나타나는 경우에만 조건식으로 가능하다는 것이다. 이때 문자의 경우는 하나의 문자가 각각의 코드 값을 가지고 있으므로 사용이 가능하다. 그 이유는 결과 값이 정수형 상수 형태로 나타나는 경우에만 결과 값을 case 절로 표현하는 것이 가능하기 때문이다. 따라서 case "조건식의 결과 값" 형태로 case 절을 표현하고, 처리될 문장들을 차례로 정의하고, 마지막에 break 문장을 정의하면 된다. 그렇게 case 절과 처리될 문장들을 정의하면 처리 과정에서 case 절에 해당하는 문장들을 처리하다가 break 문장을 만나면, switch 조건문을 종료하고 switch 조건문 다음 문장을 처리하게 된다. 만약에 조건식의 결과 값에 해당하는 case 절을 검색하였는데 일치하는 case 절을 찾지 못하면 마지막에 있는 default_문장을 처리하고 switch 조건문을 종료한다.

예제 5.10 **switch 조건문 1**

switch 조건문을 연습하는 목적으로 1에서부터 5까지 임의의 숫자를 입력하면, 입력한 숫자에 대한 메시지를 출력하는 프로그램을 작성한다.

입력 1에서부터 5까지 임의의 숫자 1개

출력 입력한 숫자에 대한 메시지를 출력

처리 과정

1. 숫자 1개를 입력한다.
2. 입력한 숫자가 1이면 1에 대한 메시지 출력
3. 2와 같은 방법으로 5까지 출력한다.
4. 범위를 넘으면 범위를 넘었다는 메시지를 출력한다.

프로그램 작성 결과

```
/* 입력한 숫자에 대한 메시지를 출력하는 프로그램 */

#include <stdio.h>

int main(void)
{
    int     number;                          // 입력한 숫자를 저장

    printf("임의의 숫자를 입력? ");          // 임의의 숫자를 입력
```

```
    scanf("%d", &number);

    switch (number)
    {
      case 1 :   // number의 값이 1이면
            printf("입력한 숫자는 %d이며, 하나라고 합니다.\n", number);
            break;
      case 2 :   // number의 값이 2이면
            printf("입력한 숫자는 %d이며, 둘이라고 합니다.\n", number);
            break;
      case 3 :   // number의 값이 3이면
            printf("입력한 숫자는 %d이며, 셋이라고 합니다.\n", number);
            break;
      case 4 :   // number의 값이 4이면
            printf("입력한 숫자는 %d이며, 넷이라고 합니다.\n", number);
            break;
      case 5 :   // number의 값이 5이면
            printf("입력한 숫자는 %d이며, 다섯이라고 합니다.\n", number);
            break;
      default :  // 조건식의 값이 1~5가 아닌 경우이면
            printf("%d는 범위 밖의 숫자입니다.\n", number);
            break;
    }

    return 0;
}
```

프로그램 실행과 데이터 입력_1

```
임의의 숫자를 입력? 3↵
```

프로그램 실행 결과

```
입력한 숫자는 3이며, 셋이라고 합니다.
```

프로그램 실행과 데이터 입력_2

```
임의의 숫자를 입력? 0↵
```

프로그램 실행 결과

```
0는 범위 밖의 숫자입니다.
```

5.5.3 break 문장의 중요성

break 문장은 switch 조건문에서 뿐만 아니라 반복문 등에서 많이 사용되는 키워드이다. break 문장은 작업을 처리하고 있는 문장 또는 명령어의 실행을 종료시키는 명령어이다. 따라서 break 문장이 필요한 위치에 반드시 나타나야 프로그램이 정확하게 처리될 수 있다.

switch 조건문은 조건식과 조건식의 결과 값에 해당하는 각각의 case 절을 나열하고, 나열된 각각의 case 절마다 처리될 문장들을 표현하면 switch 조건문을 정확하게 표현한 것이다. 그러나 각각의 case 절마다 처리될 문장들의 형태를 살펴보면 모든 문장이 연속해서 이어져 있다는 것이다. 따라서 아무런 제약이 없으면 조건에 해당하는 문장들만 처리되는 것이 아니라, 나열된 문장들은 계속해서 이어져 처리가 된다는 것이다.

다음의 예제 프로그램은 break 문장이 생략된 경우 처리 결과가 어떻게 생성되는가를 보여주고 있다. 이전에 살펴본 예제 5.10과 결과를 비교하면서 break 문장의 의미를 다시 한 번 생각해 보기를 바란다.

예제 5.11 switch 조건문 2

switch 조건문에서 반드시 필요한 break; 문장의 중요성을 확인하기 위하여 예제 5.10에서 break; 문장을 삭제하고 프로그램을 실행하여 본다.

프로그램 작성 결과

```
/* 입력한 숫자에 대한 메시지를 출력하는 프로그램 */

#include <stdio.h>

int main(void)
{
    int     number;                          // 입력한 숫자를 저장

    printf("임의의 숫자를 입력? ");          // 임의의 숫자를 입력
    scanf("%d", &number);

    switch (number)
    {
      case 1 :   // number의 값이 1이면
            printf("입력한 숫자는 %d이며, 하나라고 합니다.\n", number);
      case 2 :   // number의 값이 2이면
            printf("입력한 숫자는 %d이며, 둘이라고 합니다.\n", number);
      case 3 :   // number의 값이 3이면
            printf("입력한 숫자는 %d이며, 셋이라고 합니다.\n", number);
      case 4 :   // number의 값이 4이면
            printf("입력한 숫자는 %d이며, 넷이라고 합니다.\n", number);
      case 5 :   // number의 값이 5이면
            printf("입력한 숫자는 %d이며, 다섯이라고 합니다.\n", number);
      default :  // 조건식의 값이 1~5가 아닌 경우이면
            printf("%d는 범위 밖의 숫자입니다.\n", number);
    }

    return 0;
}
```

프로그램 실행과 데이터 입력

```
임의의 숫자를 입력? 3↵
```

프로그램 실행 결과

```
입력한 숫자는 3이며, 셋이라고 합니다.
입력한 숫자는 3이며, 넷이라고 합니다.
입력한 숫자는 3이며, 다섯이라고 합니다.
3는 범위 밖의 숫자입니다.
```

위의 실행 결과에서 보는 것처럼 입력한 데이터는 3이다. 그러므로 조건식의 값이 3이 되어 3에 해당하는 "입력한 숫자는 3이며, 셋이라고 합니다."와 같이 출력하고 switch 조건문을 종료하여야 하는데 실행을 멈추게 하는 break; 문장이 존재하지 않기 때문에 다음 문장, 다음 문장을 처리하여 마지막까지 4가지의 결과가 출력된다. 이것은 해당하는 문장부터 마지막까지에 존재하는 모든 문장이 처리되어 프로그램 실행 결과가 엉망이 된다는 것을 보여주는 하나의 사례이다. 따라서 반드시 break; 문장의 표현을 잊지 않기를 한 번 더 강조한다.

5.5.4 default 문장

switch 조건문에서 default 문장은 경우에 따라서 생략해도 아무 상관은 없다. 그러나 default 문장은 정의된 조건식의 범위 밖을 의미하는 용어로 사용된다. default 문장은 조건식의 결과 값에 해당하는 case 절을 검색하여 일치하는 case 절을 찾지 못하면 자동적으로 마지막에 있는 default_ 문장을 처리하고 switch 조건문을 종료한다.

default 문장이 사용되는 경우는 예제 프로그램처럼 입력 데이터를 조건식으로 사용하는 경우 사용자에게 데이터 입력을 잘못하였다는 것을 지적하거나, 정해진 범위를 넘은 경우 경고 메시지를 출력하는 용도로 많이 사용된다. 따라서 생략할 수 있다고 무조건 생략하는 것은 능사가 아니라고 생각된다.

예제 5.12 switch 조건문

우리가 이전의 예제 프로그램에서 else if 조건문을 사용하여 해결한 문제를 다시 switch 조건문으로 변형하여 프로그램을 작성한다. 제시된 문제는 동일하며, else if 조건문으로 표현된 문장들을 switch 조건문으로 변형하면 된다.
각 가정의 전기 요금을 계산하기 위하여 사용자번호, 종별, 전기사용량(Kw)을 입력 받아서, 각각의 종별에 해당하는 전기 요금을 계산하여 출력하는 프로그램을 작성한다.(단, 세금은 10%로 모든 종별이 동일하고, 각각의 종별에 대한 단가는 다음과 같다.)

```
종별 1 : 50원/kw
종별 2 : 30원/kw
종별 3 : 20원/kw
```

프로그램 작성 결과

```
/* 각각의 종별에 해당하는 전기 요금을 계산 */

#include <stdio.h>

int main(void)
{
     int     id_no;                          // 사용자번호를 저장
     int     grade;                          // 종별을 저장
     int     quantity;                       // 사용량을 저장
     int     unit_cost;                      // 각 종별에 대한 단가를 저장
     int     temp;                           // 임시 계산값을 저장
     int     tax;                            // 세금을 저장
     int     gross;                          // 실제로 납부할 금액을 저장

     printf("사용자번호를 입력? ");          // 사용자번호를 입력
     scanf("%d", &id_no);
     printf("사용자의 종별을 입력? ");       // 사용자의 종별을 입력
     scanf("%d", &grade);
     printf("사용량을 입력? ");              // 사용량을 입력
     scanf("%d", &quantity);

     switch (grade)
     {
       case 1 : unit_cost = 50;              // 종별의 값이 1이면
                break;
       case 2 : unit_cost = 30;              // 종별의 값이 2이면
                break;
       case 3 : unit_cost = 20;              // 종별의 값이 3이면
                break;
       default :                     // 조건식의 값이 1~3이 아닌 경우이면
               printf("%d는 범위 밖의 숫자입니다.\n");
               break;
     }
```

```
    temp = quantity * unit_cost;
    tax = temp * 0.1;
    gross = temp + tax;

    printf("사용자 번호는 %d입니다.\n", id_no);
    printf("전기 요금 계산 금액은 %d입니다.\n", temp);
    printf("세금은 %d입니다.\n", tax);
    printf("총 납부할 전기 요금의 금액은 %d입니다.\n", gross);

    return 0;
}
```

프로그램 실행과 데이터 입력

```
사용자번호를 입력? 1111 ↵
사용자의 종별을 입력? 2 ↵
사용량을 입력? 1000 ↵
```

프로그램 실행 결과

```
사용자 번호는 1111입니다.
전기 요금 계산 금액은 30000입니다.
세금은 3000입니다.
총 납부할 전기 요금의 금액은 33000입니다.
```

연습문제

1) 임의로 2개의 숫자를 입력하여 두 수의 합계와 차이를 계산하는 프로그램을 작성하라.

2) 임의로 2개의 숫자 A와 B를 입력하여 A〉B인 경우는 A에 B를 곱하고, A=B인 경우는 A에서 5를 빼고 B에 3을 더하고, A〈B인 경우는 A를 B로 나누어 결과를 출력하는 프로그램을 작성하라.

3) 다음의 조건을 가지고 병원 주차장의 주차 요금을 계산하는 프로그램을 작성하라.
   1) 30분까지 500원
   2) 15분 초과마다 300원
   3) 보호자증 지참 4시간 무료
   4) 보호자증 지참 18:00~07:00 야간 주차 1,000원

4) 1부터 99 사이에 있는 정수 중에서 7의 배수이거나 9의 배수인 정수를 출력하는 프로그램을 작성하라. 단! 7의 배수이자 9의 배수인 수는 한 번만 출력해야 한다.

5) 학생의 최종 학점을 계산하는 프로그램을 작성하자. 학생의 성적이 90점 이상이면 A, 80점 이상이면 B, 70점 이상이면 C, 50점 이상이면 D이고 그 미만이면 F다.
   프로그램 실행 시 순서대로 국어, 영어, 수학의 점수를 입력받는다. 그리고는 평균을 구한 다음 그에 적절한 학점을 출력해 주면 된다. 단 프로그램 구현의 편의를 위해서 평균을 구하는 과정에서 발생할 수 있는 소수부의 손실은 무시하기로 하자.

6) 키보드로부터 하나의 문자를 입력 받아서 입력된 문자가 소문자, 대문자, 숫자, 특수 문자 여부를 출력하는 프로그램을 if문과 switch문으로 각각 작성하라.

7) 한 사람의 생년월일을 입력하면 만으로 몇 살인가와 그 사람의 띠를 출력하는 프로그램을 if문과 switch case문으로 작성하시오.

8) 한 사람의 주민등록 번호를 입력하여 생년월일과 남자, 여자 여부를 출력하는 프로그램을 작성하라.

9) 임의의 정수 데이터 4개를 입력받고, 4개의 데이터 중에서 가장 큰 데이터와 가장 작은 데이터를 출력한다.

Chapter 06

반복문

제6장 반복문

학습목표

- for, while, do while 반복문의 개념과 정의 방법 그리고 처리 절차에 대하여 이해한다.
- 하나의 반복문 안에 또 다른 반복문이 포함되는 중첩된 반복문에 대하여 이해한다.
- 반복 처리에서 벗어나기 위해 사용하는 break 명령어에 대하여 이해한다.
- 다음의 반복 처리를 계속해서 수행하게 하는 continue 명령어에 대하여 이해한다.

반복문은 지정된 작업을 사용자가 원하는 만큼 처리하는 명령어 또는 문장이다. 만약에 반복문이 존재하지 않는다면 프로그램은 거의 불가능하다. 컴퓨터에서는 프로그램에서 정의한 반복문을 반복의 횟수가 아무리 많아도 순식간에 처리하는 능력을 가지고 있다. 그러므로 컴퓨터는 반복문을 사용하는 복잡한 작업도 간단하게 처리한다. 따라서 이 장에서는 프로그램의 핵심이 되는 다양한 반복문의 형식과 사용 방법을 살펴본다.

6.1 반복문의 개념

반복문(Repetitional statement)은 사용자가 정의한 문장을 정의한 횟수만큼 처리하는 문장이다. 반복문은 순차적으로 처리되던 문장들이 정의된 반복문에 의해 계속해서 재실행되는 경우를 말하며, 프로그램의 실행 순서가 변경되므로 제어문(control statement)이라고도 한다. 프로그램의 실행 순서를 변경하는 제어문에는 if 조건문, 반복문, continue, break 등이 존재한다.

6.1.1 반복문의 개념

우리는 일상의 생활에서 처리하는 모든 일은 반복 작업의 연속이다. 예를 들어서 매일같이 학교에 등교하는 작업, 은행에 매달 일정 금액을 저축하는 적금도 반복 작업을 의미한다. 이와 같이 반복이라고 하는 것은 우리의 생활하고 아주 친숙한 개념이다. C 언어에서 사용하는 반복문은 우리가 이전에서 다루었던 if 조건문과 같이 약간의 형식이 존재하므로, 반복문의 형식을 이해하고, 사용하는 방법을 이해하면 아주 쉽게 사용할 수 있다. 결론적으로 지금까지 우리가 다루었던 명령어 또는 문장들을 필요한 부분을 블록으로 지정하는 것처럼, 반복문으로 지정하고 원하는 반복 횟수를 정의해 주면, 컴퓨터가 알아서 정의된 반복문 안에 존재하는 문장들을 반복 처리해 주는 것이다.

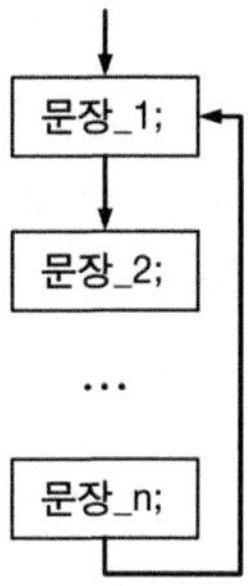

그림 6-1 반복의 개념과 처리

위의 그림에서 보는 것처럼 문장_1에서부터 문장_n까지 순차적으로 처리되고 이후에 다시 문장_1에서부터 문장_n까지 계속해서 반복 처리하게 된다. 따라서 위에서 보여준 그림은 반복 처리를 수행하기는 하는데 빠져나오지 못하고 계속해서 무한대로 반복 처리하는 경우이다.

6.1.2 구조적 프로그램을 위한 문장

예전에는 프로그램 문장을 나열식으로 작성하고, 경우에 따라서는 단순한 if 조건문도 사용하고, 필요하면 분기시키는 문장도 삽입하는 형태로 프로그램을 작성하였다. 이렇게 작성된 프로그램은 읽기도 힘들고, 이해하기도 쉽지가 않았다. 따라서 프로그램을 쉽게 이해하고, 작성하는 것도 쉽게 하기 위하여, 블록이라는 개념이 나타나게 되었고, C 언어에서 이러한 개념을 받아들여서 분기문을 제거하고, 새로운 프로그램 작성 기법을 사용하게 되었다. 그것이 바로 구조적인 프로그램을 작성하기 위한 기본적인 3가지 문장이다.

구조적인 프로그램의 개념은 프로그램을 작성할 때, 프로그램의 기능 단위로 서로 분리하여 설계하고, 코딩하고, 작업의 필요에 따라서 이들을 상호 연관시킬 수 있도록 하는 모듈화(modularization) 특성을 의미한다. C 언어는 정의된 모듈(module)과 함수(function)들의 집합이다. 즉 C 언어의 중요한 구조적 언어로서의 요소가 모듈과 함수라는 것이다.

구조적인 프로그램을 작성하는 장점은 다음과 같다.

1 기존의 프로그램 작성 방식보다 제약 조건인 규칙성으로 인하여, 프로그램 작성 시간이 단축되고, 프로그램의 정확도가 향상된다.

2 구조적인 프로그램 작성 기법에서 제공하는 기본적인 3가지 논리 구조만을 사용함으로써, 프로그램을 간결하게 표현할 수 있다.

3 프로그램의 모듈화 개념을 사용함으로 프로그램의 오류 수정, 삽입, 삭제가 용이해 진다.

4 작업의 흐름과 프로그램을 작성하는 코딩(coding) 순서가 일치함으로, 프로그램의 논리적인 흐름을 쉽게 이해할 수 있다.

구조적인 프로그램을 작성하기 위한 기본적인 3가지 문장은 순차적인(sequential) 문장, 선택적인(selectional) 문장, 반복적인(repetitive) 문장으로 구성된다. 다음의 그림은 구조적인 프로그램을 작성하기 위한 기본적인 3가지 문장의 형태를 나타내고 있다.

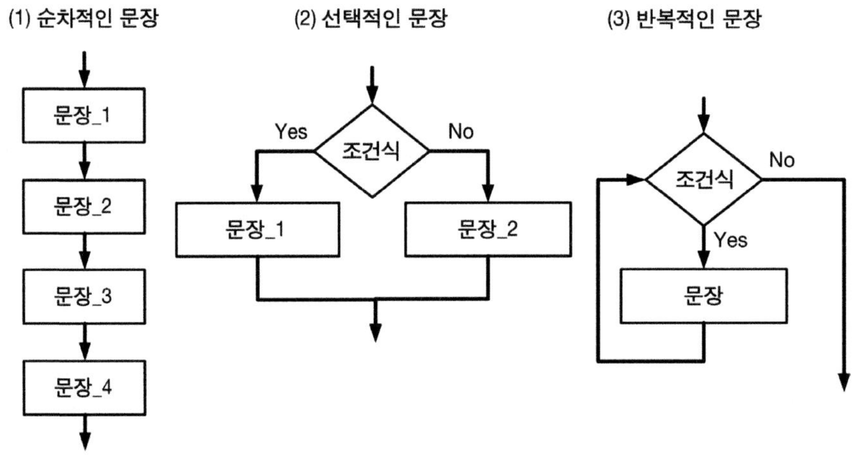

그림 6-2 기본적인 3가지 문장의 형태

위의 그림에서 보여주는 것과 같이 프로그램을 구조적으로 작성하기 위한 기본적인 3가지 문장의 개념 및 처리 과정은 다음과 같다.

첫 번째, 순차적인(sequential) 문장은 준비된 문장들이 직선형으로 처리되는 구조를 의미하며, 프로그램의 실행 순서를 나타내는 제어의 흐름이 위에서 아래로, 또는 왼쪽에서 오른쪽으로 순차적으로 처리되는 형태이다. 각각의 문장들이 처리가 끝나면 제어의 흐름은 하나의 출구에서 만나게 되는 형태이다.

두 번째, 선택적인(selectional) 문장은 정의된 조건식에 의해 분기되는 분기형 구조를 의미한다.

선택적인 문장은 제시된 조건식의 결과 값인 참과 거짓에 의해 처리되는 문장을 달리하거나 또는 처리 순서를 변경할 때 사용되는 문장이다.

세 번째, 반복적인(repetitive) 문장은 반복형 문장이라고도 한다. 반복적인 문장은 반복 횟수를 결정하기 위해서 지정된 조건이 만족될 때까지 반복을 위해 정의된 부분(블록)을 반복적으로 처리하는 형태이다.

6.1.3 반복문의 사용

지금까지 우리가 작성하고, 살펴본 프로그램들은 모두 순차적인 문장과 선택적인 문장만을 사용하여 프로그램을 작성하였다. 이렇게 작성된 프로그램들은 순차적으로 나열된 문장을 처리하거나, 또는 조건식의 결과 값에 의해 선택적으로 처리될 문장 중에 하나의 문장이나 블록을 처리한다. 이러한 방법으로 나열된 문장들이 처리되고 그에 따르는 결과를 출력하는 것을 볼 수 있었다.

그러나 이러한 방식으로 작성된 프로그램의 실행 결과를 하나만 출력하는 것이 아니라, 여러 번 실행한 결과를 출력하고 싶은 경우에는 어떻게 해야 가능한가를 생각해 본다. 예를 들어서 우리가 이전에 살펴본 국어, 영어, 수학 점수의 총점과 평균 계산하는 문제를 가지고 질문에 대한 답을 생각해 본다.

반복문을 정의할 때 제일 먼저 해야 되는 사항은 프로그램에서 반복하는 영역, 또는 부분, 또는 블록을 결정하는 것이다. 여기에서 반복하는 영역, 또는 부분, 또는 블록은 모두 같은 의미이며, 우리가 공부한 중괄호 기호를 사용하여 반복하는 영역의 시작 부분과 마지막 부분을 나타내면 된다. 즉 블록으로 표현하라는 것이다. 위의 프로그램에서 반복하는 영역은 국어, 영어, 수학 점수 입력하는 부분부터 총점, 평균값 출력하는 부분까지를 블록으로 설정하면 된다. 그러면 데이터 입력하고, 계산하고, 총점, 평균값 출력하는 작업이 반복적으로 실행하게 되는 것이다.

다음으로는 반복 횟수를 지정하는 문장 또는 반복 횟수를 지정하는 조건식을 정의해야 한다. 앞에서 설명한 블록을 지정하는 작업은 반복 수행하는 영역을 설정하는 것이지, 정의된 블록만으로 반복을 수행하는 것은 아니다. 정의된 블록의 반복 수행은 반복 횟수를 지정하는 문장 또는 조건식이 지정된 블록을 반복 처리해 준다. 따라서 원하는 반복 처리 횟수에 따라 반복문의 문장 또는 조건식을 정의해 주면 된다.

결론적으로 반복 횟수를 지정하는 문장 또는 조건식과 반복 수행하는 영역을 설정하는 블록을 합쳐서 반복문이라고 부른다. 반복문을 정의할 때에는 이러한 2가지가 반드시 표현되어야 정해진 만큼 자동적으로 반복 처리가 되는 것이다. 이러한 2가지는 반드시 명심해야 되는 사항이다.

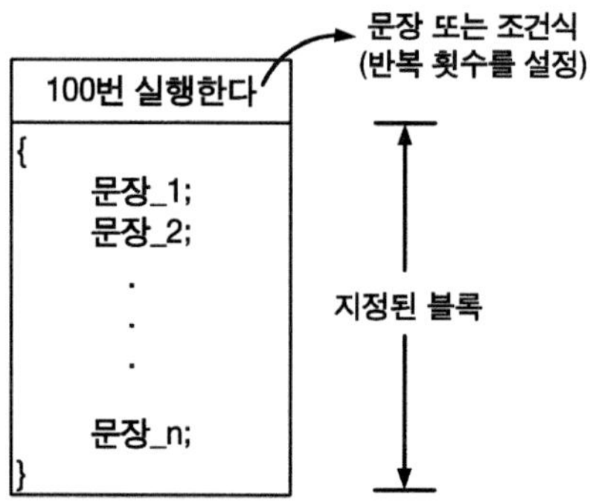

그림 6-3 반복문의 정의 방법

6.1.4 반복문의 종류

C 프로그래밍 언어에서 사용할 수 있는 반복문은 for 반복문, while 반복문, do while 반복문이 존재하고, 그리고 반복문과 관련하여 같이 사용되는 명령어로 break, continue가 있다.

for 반복문은 반복 횟수를 설정하는 형태이며, 정해진 반복 횟수만큼 정의된 블록을 처리하는 문장이다. 블록의 설정은 블록으로 지정할 부분과 마지막 부분에 중괄호 기호를 표시하면 된다. while 반복문, do while 반복문은 반복 횟수를 설정하는 형태가 아니라, 반복문에 정의된 조건식에 의해 반복을 수행하는 경우에 사용된다. 따라서 반복 횟수를 알 수가 없고, 반복문을 실행해 봐야 반복 횟수를 알 수 있다. 그리고 while 반복문, do while 반복문은 거의 유사하며, 표현 방법에서 약간의 차이를 나타낸다.

[6.2] for 반복문

for 반복문은 반복문 중에서 가장 많이 사용되는 문장이며, 반복문을 정의하는 형식도 다른 반복문에 비해서 간단하다. for 반복문은 프로그램 작성자가 원하는 만큼의 반복 횟수를 설정하는 형태이며, 정해진 반복 횟수만큼 반복 처리를 위해 정의된 블록을 처리하는 문장이다.

6.2.1 for 반복문의 형식

for 반복문에서 반복문 횟수를 정의하는 형식은 초기값(initial value), 조건식(conditional expression), 증감식(increment/decrement expression)의 3가지 항목에 의해 결정된다. 이들 3가지 항

목들은 각각의 문장에 해당하므로 세미콜론에 의해 분리하여, 연속적으로 표현하면 된다.

다음은 for 반복문을 정의하는 형식을 나타내고 있다.

```
for ( 초기값; 조건식; 증감식 )
{
    반복 처리할 문장 또는 블록;
}
```

위에서 정의된 for 반복문에서 중괄호("{", "}") 기호는 반복 처리될 문장이 하나인 경우에는 생략될 수 있다. 그리고 반복문 횟수를 정의하기 위해 사용하는 3가지 항목은 세미콜론을 사용하여 분리하지만, 마지막 항목인 증감식 다음에는 세미콜론을 사용하지 않는 것을 주의하면 된다.

for 반복문은 무조건 정해진 횟수만큼 반복하는 것이 아니라, for 반복문의 반복을 제어하는 3가지 항목에 의해서 반복문을 수행한다. 이때 반복을 제어하는 값을 저장하는 기억 공간을 제어 변수(control variable)라고 한다. 제어 변수는 반복을 제어하는 3가지 항목에 모두 사용되어 반복을 통제하는데 사용된다.

6.2.2 for 반복문의 사용 및 처리 절차

지금부터는 반복을 제어하는 3가지 항목에 대하여 개념 및 사용 방법에 대하여 살펴본다.

다음의 그림은 for 반복문에서 반복을 제어하는 3가지 항목의 구성 형태와 처리 방법을 순서도와 알고리즘으로 나타낸 것이다.

(1) 순서도

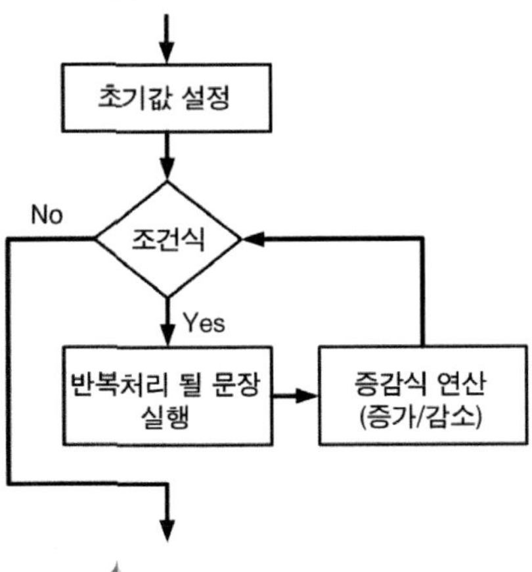

(2) 알고리즘

① 초기값을 설정한다.
② 초기값을 가지고 조건식을 계산한다.
③ 만약에 조건식이 참이면 반복처리 될 문장을 실행한다.
④ 만약에 조건식이 거짓이면 ⑦번을 실행한다.
⑤ 초기값을 증감식으로 연산하여 값을 증가시키거나 감소시킨다.
⑥ ②번부터 다시 처리한다.
⑦ for 반복문을 종료한다.

그림 6-4 for 반복문의 실행 방법

위의 그림에서 보는 것처럼 첫 번째로 for 반복문을 정의하는 초기 값의 설정은 for 반복문의 반복을 제어하는 제어 변수의 초기화를 의미하는 것이다. 따라서 제어 변수에 초기 값으로 임의의 값을 대입할 수 있는 문장은 모두 사용할 수 있다. 예를 들어서 i = 0; 과 같이 사용하는 경우이며, 변수 i의 값을 0으로 초기화한다는 의미이다.

두 번째로 조건식은 결과 값으로 참 또는 거짓을 생성할 수 있는 수식이 사용된다. 따라서 조건식으로 사용되는 수식은 관계 연산문 또는 논리 연산문을 사용하면 된다. 예를 들어서 i < 10; 과 같이 사용하는 경우이며, 변수 i의 값이 10보다 작으면 참이 되어 for 반복문을 다시 처리하게 된다.

세 번째로 증감식은 제어 변수에 저장된 값을 증가시키거나, 감소시키는 산술 연산문이 사용된다. 따라서 증감식으로 사용할 수 있는 연산문은 산술 연산문, 복합 대입 연산문, 증감 연산자 등을 사용한다. 예를 들어서 i++ 과 같이 사용하는 경우이며, 변수 i의 값이 1 증가하게 된다.

다음은 for 반복문이 처리되는 절차에 대하여 살펴본다. 하나의 for 반복문이 처리되기 위해서는 for 반복문 안에 표현하는 반복을 제어하는 3가지 항목과 반복 처리를 위한 블록이 유기적으로 결합하여 for 반복문을 처리한다. for 반복문의 처리 절차는 다음과 같은 알고리즘의 순서로 진행된다.

1 초기 값의 설정 실행
2 조건식의 실행
   1) 만약에 조건식의 결과가 참이면 반복 처리를 위한 블록 실행
   2) 거짓이면 for 반복문의 처리 종료
3 증감식의 실행
4 2번 문장부터 실행

위와 같은 for 반복문의 형식과 처리 절차에 의해 C 언어를 사용하여 for 반복문의 간단한 예제 프로그램을 작성하면 다음과 같다.

```
int i;                    //제어 변수 설정

for ( i = 0; i < 10; i++ )
{
   printf("for 반복문 테스트입니다.\n");
}
```

위에서 보여준 for 반복문의 간단한 예제 프로그램은 for 반복문의 제어 변수 i의 값을 0으로 초기화를 수행하고, 조건식의 값을 계산하여 다시 블록을 처리할 것인가 아니면 for 반복문을 종료

할 것인가를 수행한다. 제어 변수 i의 값이 10보다 적으므로 반복 처리를 위한 블록의 printf를 실행하고, 제어 변수 i의 값을 1 증가시키고, 조건식의 값을 다시 계산하고 비교 판단하여 참과 거짓에 따라 작업 처리를 결정한다. 따라서 제어 변수 i의 값이 0부터 9까지 변경되며, 각각의 값에 따라 10번의 결과를 출력한다.

위에서 제시한 알고리즘을 그림으로 나타내면 다음과 같다.

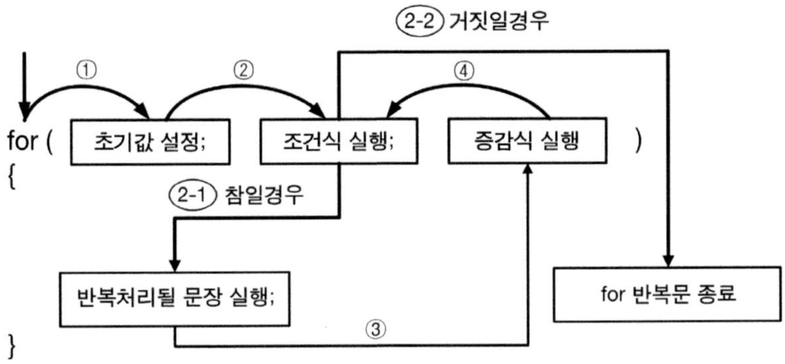

그림 6-5 for 반복문의 처리 절차

for 반복문에 대한 주의사항

for 반복문을 사용하는데 있어서 프로그램 작성자들이 무심코 그냥 지나갈 수 있는 한 가지 사항에 대하여 살펴본다. for 반복문은 반복을 제어하는 제어 변수에 의해서 정해진 반복 횟수의 반복을 처리한다고 하였다. 그렇다면 for 반복문이 종료되면 제어 변수는 어떻게 되는 것인가를 생각해 본다. 결론적으로 for 반복문이 종료되었다고 제어 변수도 사라지는 것이 아니다. 제어 변수는 그대로 생존해 있으며, 반복을 실행시킨 제어 변수의 값도 존재한다. 그러나 제어 변수의 값은 조건식에서 정의된 값보다 크다는 것이다. 다음의 예제 프로그램을 분석하면 제어 변수에 대해 이해가 될 것이다.

```
int i;                //제어 변수 설정

for ( i = 0; i < 5; i++ )
{
   printf("제어 변수 i = %d 입니다.\n", i);
}
printf("for 반복문 밖의 i = %d 입니다.\n", i);
```

출력 결과

```
제어 변수 i = 0 입니다.
제어 변수 i = 1 입니다.
제어 변수 i = 2 입니다.
제어 변수 i = 3 입니다.
제어 변수 i = 4 입니다.
for 반복문 밖의 i = 5입니다.
```

위의 프로그램에서 보는 것처럼 for 반복문 안에 표현된 printf 문장은 조건식을 만족하는 경우에만 수행되므로 제어 변수 i의 값은 출력 결과에서 보는 것처럼 0에서부터 4까지 변하면서 반복 처리가 된다. 그러나 for 반복문을 종료한다는 것은 조건식이 거짓이 되는 경우이므로 제어변수 i의 값이 5가되면 조건식은 5 〈 5가 되어 거짓이 되고, for 반복문을 종료한다, 따라서 for 반복문 다음에서 제어 변수 i의 값을 출력하면 출력 결과에서 보는 것처럼 5가 출력된다는 것이다.

지금부터는 위의 그림과 예제 프로그램에서 보여준 것과 같이 반복을 제어하는 3가지 항목의 역할과 반복 처리 과정을 살펴본다.

초기 값을 설정하는 작업

초기 값을 설정하는 작업은 for 반복문이 처리될 때 가장 먼저 실행되는 항목이며, for 반복문의 처리 과정에서 초기에 단 한번만 실행된다. 또한 초기 값의 설정은 제어 변수를 초기화하는 것으로 i = 0; 은 제어 변수 i의 값을 0으로 초기화한다는 의미이다.

조건식의 처리 과정

for 반복문에서 반복 처리의 수행 여부를 결정하는 것은 조건식이다. 조건식의 결과 값에 따라서 반복 처리를 계속할 것인지 아니면 종료할 것인지를 결정하는 항목이다. 따라서 반복을 계속 진행하기를 원하는 경우에는 조건식의 결과 값이 참이 되게 관계 연산문 또는 논리 연산문을 사용하여 조건식을 만드는 것이 중요하다. 여기에서 조건식을 잘못 정의하여 i 〉 10;과 같이 정의하면 조건식의 결과가 거짓이 되어 반복 처리를 한 번도 수행하지 않고 for 반복문을 종료할 수도 있다. 예를 들어서 i 〈 10; 과 같이 사용하는 경우이며, 변수 i의 값이 10보다 작으면 참이 되어 for 반복문을 다시 처리하게 된다.

증감식의 처리 과정

증감식의 처리 과정은 반복 처리 작업을 수행하면, 다음으로 자동 처리되는 작업이다. 제어 변수에 저장된 값을 증가시키거나, 감소시키는 산술 연산문이 사용된다. 따라서 증감식으로 사용할 수 있는 연산문은 산술 연산문, 복합 대입 연산문, 증감 연산자 등을 사용한다. 예를 들어서 i++과 같이 사용하는 경우는 증감 연산자를 사용하여 제어 변수 i의 값을 1 증가하게 한다.

6.2.3 반복을 제어하는 3가지 항목의 다른 표현 방법

위에서 설명한 for 반복문의 형식과 처리 절차에서 볼 수 있는 것처럼, for 반복문에서 반복을 제어하는 것은 초기 값을 설정하는 작업과 반복을 위한 조건식을 정의하는 작업 그리고 증감식을 정의하는 작업과 같이 3가지 항목의 유기적인 관계에 의해서 반복하기 위해 정의한 블록이 수행되는 것을 알 수 있었다. 따라서 이러한 3가지 항목의 형태에 의해서 반복 처리를 한 번도 수행하지 않을 수도 있고, 지금까지 처리된 결과와 다르게 반복 처리를 할 수도 있다.

지금부터는 for 반복문에서 반복을 제어하는 3가지 항목의 다른 표현 방법과 처리 과정에 대하여 살펴본다. 제일 먼저 초기 값을 설정하는 작업에서 초기 값이 항상 0으로 초기화 되는 것은 아니다. i = 0; 대신에 초기 값은 문제의 특성과 필요에 따라서 i = 100; 또는 i = 1000;과 같이 정의할 수 있다. 다음으로 반복을 위한 조건식을 정의하는 작업도 i 〈 10;과 같이 표현하는 것뿐만 아니라 반대로 i 〉 0; 와 같이 표현할 수 있다. 마지막으로 증감식을 정의하는 작업도 항상 i++ 만을 사용하는 것이 아니라 i-- 와 같이 표현할 수 있다.

이와 같이 반복을 제어하는 3가지 항목의 정의는 해결하려고 하는 문제를 정확하게 분석하여 위에서 제시한 형태 중에서 알맞은 방법을 선택하여 for 반복문을 정의하면 된다. 그러나 만약에 제대로 정의하지 않은 경우에는 for 반복문은 반복 처리를 수행하지 못하고 종료된다는 것을 반드시 알고 있어야 한다. 그러나 정확하게 정의된 경우에는 for 반복문의 표현 방법이 다르더라도 for 반복문의 반복 처리는 정확하게 수행된다.

다음은 for 반복문에서 반복을 제어하는 3가지 항목을 다르게 표현하였을 때 반복이 처리되는 형태를 살펴보기로 한다.

(1) 기존의 방법

```
int i;                //제어 변수 설정

for ( i = 0; i < 5; i++ )
{
   printf("제어 변수 i = %d 입니다.\n", i);
}
```

출력 결과

```
제어 변수 i = 0 입니다.
제어 변수 i = 1 입니다.
제어 변수 i = 2 입니다.
제어 변수 i = 3 입니다.
제어 변수 i = 4 입니다.
```

(1)번과 같은 경우는 기존의 for 반복문을 정의하는 형식으로 초기 값과 조건식의 최종 값을 비교하여 최종 값이 초기 값보다 큰 경우이므로 제어 변수의 값이 증가되는 경우에 해당하므로 증감식은 증가 연산자를 사용하였음으로 정확하게 초기 값에서 최종 값까지 반복 처리된 경우이다.

(2) 반복을 제어하는 3가지 항목 변경한 경우

```
int i;                 //제어 변수 설정

for ( i = 5; i > 0; i-- )
{
   printf("제어 변수 i = %d 입니다.\n", i);
}
```

출력 결과

```
제어 변수 i = 5 입니다.
제어 변수 i = 4 입니다.
제어 변수 i = 3 입니다.
제어 변수 i = 2 입니다.
제어 변수 i = 1 입니다.
```

(2)번과 같은 경우는 초기 값과 조건식의 최종 값을 비교하여 초기 값이 최종 값보다 작은 경우이므로 제어 변수의 값이 감소되는 경우에 해당하므로 증감식은 감소 연산자를 사용하였음으로 정확하게 초기 값에서 최종 값까지 반복 처리된 경우이다.

(3) 조건식을 잘못 사용한 경우

```
int i;                 //제어 변수 설정

for ( i = 0; i > 5; i++ )
{
   printf("제어 변수 i = %d 입니다.\n", i);
}
```

출력 결과

```
결과 없음
```

(3)번과 같은 경우는 조건식의 수식을 잘못 사용한 경우로 제어 변수 i의 값이 0인데 조건식은 i 〉 5와 같이 i가 5보다 큰 경우인가를 비교하므로 0 〉 5가되어 결과는 거짓이 되므로 for 반복문이 처리되지 못하고 종료가 된 경우이다.

(4) 증감식을 잘못 사용한 경우

```
int i;                 //제어 변수 설정

for ( i = 0; i < 5; i-- )
{
   printf("제어 변수 i = %d 입니다.\n", i);
}
```

출력 결과

```
제어 변수 i = 0 입니다.
제어 변수 i = -1 입니다.
제어 변수 i = -2 입니다.
제어 변수 i = -3 입니다.
제어 변수 i = -4 입니다.
       .......
무한대 반복 처리
```

(4)번과 같은 경우는 초기 값과 조건식의 최종 값을 비교하여 최종 값이 초기 값보다 큰 경우이므로 제어 변수의 값이 증가되는 경우에 해당하므로 증감식은 증가 연산자를 사용하여야 되는데, 감소 연산자를 사용하였음으로 제어 변수 i의 값이 계속 작아지면서 조건식의 결과도 계속 참이 되어 무한대로 반복 처리가 수행되는 경우이다.

6.2.4 증감식의 표현 방법

for 반복문을 정의하는 과정에서 증감식의 표현도 정확한 반복 처리를 위해서 중요하다고 했다. 이전의 (4)번과 같은 예제에서 증감식을 잘못 사용하여 무한대로 반복 처리되는 결과를 볼 수가 있었다.

증감식의 처리 과정은 반복 처리 작업을 수행하면, 다음으로 자동 처리되는 작업이다. 제어 변수에 저장된 값을 증가시키거나, 감소시키기 위하여 사용되는 연산문은 산술 연산문을 사용한다. 따라서 증감식으로 사용할 수 있는 연산문은 산술 연산문, 복합 대입 연산문, 증감 연산자 등을 사용한다. 다음은 각각의 연산문을 사용한 경우의 for 반복문을 나타내고 있다.

(1) 증가 연산자를 사용하는 경우

일반적으로 가장 많이 사용되는 경우이다, 제어 변수의 값을 사용하는 것이 아니라, 반복 횟수에 목적을 두고 for 반복문 정의할 때 많이 사용된다.

```
for ( i = 0; i < 5; i++ )
{
   printf("제어 변수 i = %d 입니다.\n", i);
}
```

(2) 감소 연산자를 사용하는 경우

감소 연산자를 사용하는 경우는 5, 4, 3, 2, 1과 같이 내림차순으로 변하는 제어 변수의 값을 사용하는 경우에 많이 사용된다. 이때 반복 횟수는 정의된 만큼을 처리한다.

```
for ( i = 5; i > 0; i-- )
{
   printf("제어 변수 i = %d 입니다.\n", i);
}
```

(3) 산술 대입 연산문을 사용하는 경우

증감식을 정의하는 이유는 반복을 제어하는 제어 변수의 값을 증가시키거나 감소시키기 위함이다. 따라서 증감식으로 사용될 수 있는 연산문은 제어 변수의 값을 증가/감소시키는 어떠한 연산문도 사용이 가능하다. 곱셈, 나눗셈, 복잡한 수식 등을 사용하여 제어 변수의 값을 변경시키는 모든 연산문은 사용이 가능하다.

```
for ( i = 0; i < 1000; i = i + 4 )
{
   printf("제어 변수 i = %d 입니다.\n", i);
}
```

(4) 복합 연산문을 사용하는 경우

일반적으로 많이 사용되는 증감식의 형태는 i++ 또는 i— 와 같은 증감 연산자를 사용하여 제어 변수의 값을 1 증가시키거나 1 감소시키는 경우가 대부분이다. 그러나 경우에 따라서는 2 또는 3과 같이 어느 일정한 값으로 증가/감소하게 하는 경우가 필요하다. 그러한 경우는 예제는 3번과 같이 산술 대입 연산문을 사용하여 표현이 가능하지만, 연산문의 표현을 간결하게 하기 위하여 복합 연산문을 사용할 수도 있다.

일반적으로는 산술 대입 연산문과 같은 복잡한 수식보다는 복합 연산문을 주로 많이 사용한다. 다음의 예제는 제어 변수 의 값이 4씩 증가되어 0, 4, 8과 같이 증가한다.

```
for ( i = 0; i < 1000; i += 4 )
{
   printf("제어 변수 i = %d 입니다.\n", i);
}
```

6.2.5 for 반복문의 또 다른 표현 방법

일반적으로 for 반복문의 표현 방법은 초기 값 설정, 조건식, 증감식과 같이 반복을 제어하는 3가지 항목으로 구성되어 있다. 그러나 경우에 따라서 3가지 항목 중에서 하나 또는 그 이상을 생략하고 for 반복문을 표현할 수도 있고, 초기 값 설정도 기존 방법과 다르게 표현할 수도 있다. 다음은 for 반복문을 다르게 표현한 경우를 보여주고 있다.

(1) 반복을 제어하는 3가지 항목이 모두 생략된 경우

초기 값 설정, 조건식, 증감식과 같이 반복을 제어하는 3가지 항목중에서 하나 또는 그 이상을 생략이 가능한 경우이며, 3가지 항목이 모두 생략이 되면 반복을 제어하는 제어 변수가 생략된 경우로, 반복을 통제하기 위한 수단이 없어 반복은 무한대로 처리되는 경우이다.

```
for ( ; ; )
{
    printf("for 반복문 테스트입니다.\n", i);
}
```

프로그램을 실행하다보면 위와 같이 무한대로 반복을 수행하는 경우를 만나게 된다. 이러한 경우에는 프로그램 실행을 멈추게 해야 하는데 이때는 CTRL+S 또는 Pause 키를 누르면 실행이 멈춘다. 또한 프로그램을 완전히 종료하기를 원하는 경우에는 CTRL+C 또는 CTRL+break 키를 누르면 실행이 종료된다. 이렇게 무한대로 반복을 수행할 때마다 강제로 종료시키는 것은 번거롭기 때문에 반복문 안에 프로그램 작성자가 의도적으로 break 문장을 삽입하여 무한대로 반복 처리되는 과정에서 알아서 강제 종료 하도록 하는 방법도 존재한다.

(2) 2개 이상의 초기 값을 설정하는 경우

for 반복문을 처리하는 과정에서 초기 값을 설정하는 경우 기존의 방법은 하나의 초기 값을 설정하였지만, 콤마(,) 연산자를 사용하여 여러 변수의 초기 값을 설정하는 것도 가능하다.

```
for ( i = 0, j = 0; i < 1000; i ++ )

{
    printf("제어 변수 i = %d 입니다.\n", i);
}
```

for 반복문을 처리하는 과정은 괄호 안에 표현된 항목을 왼쪽에서 오른쪽으로 진행하면서 처리가 되므로, 변수 i의 값을 0으로 초기화하고, 이어서 변수 j의 값을 0으로 초기화 한 이후에 조건식을 비교 판단하므로 2개 이상 여러 변수의 초기 값을 설정할 수 있다.

(3) for 반복문에 다른 문장이 포함되는 경우

for 반복문은 반복을 제어하는 3가지 항목뿐만 아니라 다른 문장의 표현도 가능하다. for 반복문을 처리하는 과정은 (2)번의 경우에서 설명하였듯이 왼쪽부터 표현된 문장들이 순서대로 처리가 되므로 다른 문장도 표현이 된다. 이러한 경우에도 문장의 구분은 콤마를 사용한다.

```
for ( printf("다른 문장이 포함"), i = 0, j = 0; i < 1000; i ++ )
{
   printf("제어 변수 i = %d 입니다.\n", i);
}
```

위에서 제시한 예제는 초기 값을 설정하는 위치에 printf 문장을 표현한 것으로 제일 먼저 printf 문장을 처리하고, 초기 값을 설정하는 작업을 처리한다.

(4) 다양한 조건식을 표현하는 경우

for 반복문은 반복을 제어하는 조건식은 관계 연산자뿐만 아니라 논리 연산자를 사용하여 다양한 조건식을 만들 수 있다.

```
for ( i = 0; i < 10 && j < 20; i ++ )
      {
         printf("제어 변수 i = %d 입니다.\n", i);
      }
```

기본문제 4

10명의 학생에 대하여 각각 국어, 영어, 수학 점수의 총점과 평균을 계산하는 프로그램을 작성한다. 제시된 문제는 문제에서는 언급이 없었지만 10명의 학생을 구분하기 위하여 학생 번호가 입력되어야 한다. 그리고 국어, 영어, 수학 점수를 입력하여 총점과 평균 계산하고 계산 결과를 출력하는 문제이다.

문제 해결을 위한 알고리즘

입력 학생 번호, 국어, 영어, 수학 점수

출력 학생 번호, 국어, 영어, 수학 점수
총점, 평균

처리 과정

1 총점을 구하기 위하여 국어, 영어, 수학 점수를 입력한다.

2 총점과 평균을 계산한다.
3 입력 데이터를 출력한다.
4 계산 결과를 출력한다.
5 1번부터 4번을 10번 반복시킨다.

프로그램 작성 과정

1 프로그램 작성 절차에 의해서 먼저 각각의 데이터 저장을 위한 변수 이름과 데이터 타입을 결정한다.
국어 점수 : kor, 영어 점수 : eng, 수학 점수 : mat
총점 : sum, 평균 : ave
반복을 위한 제어 변수 : i

프로그램 작성 결과

```
/* 10명의 학생 각각의 국어, 영어, 수학 점수의 총점과 평균을 계산는 프로그램 */
#include <stdio.h>

int main(void)
{
    int kor, eng, mat, sum;         // 국어, 영어, 수학, 총점 점수 데이터 저장
    int i, student_no;              // 제어 변수, 학생 번호 설정
    float ave;                      // 평균 점수 저장

    for ( i = 0; i < 10; i++ )                      // 10번 반복
    {
      printf("학생 번호를 입력하세요? ");    // 학생 번호 입력
      scanf("%d", &student_no);

      printf("국어 점수를 입력하세요? ");    // 국어 점수 입력
      scanf("%d", &kor);
      printf("영어 점수를 입력하세요? ");    // 영어 점수 입력
      scanf("%d", &eng);
      printf("수학 점수를 입력하세요? ");    // 수학 점수 입력
      scanf("%d", &mat);

      printf("학생 번호 = %d\n", student_no);       // 학생 번호 출력
      printf("국어 점수 = %d\n", kor);              // 국어 점수 출력
      printf("영어 점수 = %d\n", eng);              // 영어 점수 출력
```

```
        printf("수학 점수 = %d\n\n", mat);      // 수학 점수 출력

        sum = kor + eng + mat;                  // 총점 계산
        ave = sum / 3.0;                        // 평균 계산

        printf("총점 값은 = %d\n평균 값은 = %f\n\n", sum, ave);  //총점, 평균값 출력
    }

    return 0;
}
```

프로그램 실행과 데이터 입력

```
학생 번호를 입력하세요? 1111↵
국어 점수를 입력하세요? 70↵
영어 점수를 입력하세요? 80↵
수학 점수를 입력하세요? 90↵
```

프로그램 실행 결과

```
학생 번호 = 1111
국어 점수 = 70
영어 점수 = 80
수학 점수 = 90

총점 값은 = 240
평균 값은 = 80.000000

학생 번호를 입력하세요?
```

여기에서 데이터를 계속 입력하면 출력 결과가 계속 나타난다.

위에서 보여준 프로그램과 같이 10명의 학생에 대하여 각각 국어, 영어, 수학 점수의 총점과 평균을 계산하기 위해서는 먼저 1명에 대해 국어, 영어, 수학 점수의 총점과 평균을 계산하고 결과가 정확하게 출력되면 작성된 프로그램을 블록으로 설정하고, for 반복문으로 표현하면 1명에 대해 작성된 프로그램이 10번 반복 처리되어 10명의 결과가 출력되는 것이다.

예제 6.1

1에서부터 10까지의 합계를 구하는 프로그램을 작성한다.

제시된 문제는 1+2+3+ .... +8+9+10의 합계를 계산하라는 의미이다. 여기에서 합계를 계산하는 데이터는 1부터 10까지 규칙적으로 변경되므로 for 반복문의 제어 변수를 생각하면 된다. 다시 말해서 for 반복문의 제어 변수를 이용하여 하나의 변수에 누적을 시키는 연산문을 생각하면 된다.

문제 해결을 위한 알고리즘

입력 제어 변수를 이용

출력 합계

처리 과정

1. 하나의 변수에 누적을 시키는 연산문을 만든다.
2. 10번 반복하는 for 반복문을 만든다.
3. 1번과 2번을 결합한다.
4. 계산 결과를 출력한다.

프로그램 작성 과정

1. 합계 : sum
   반복을 위한 제어 변수 : i

프로그램 작성 결과

```
/* 1에서부터 10까지의 합계를 구하는 프로그램 */
#include <stdio.h>

int main(void)
{
    int sum;                        // 누적되는 합계를 저장
    int i;                          // 제어 변수

    sum = 0;                        // 누적시키기 위해 초기화
    for ( i = 1; i <= 10; i++ )     // 10번 반복
```

```
    {
        sum = sum + i;              // 반복시마다 i값을 sum에 계속 누적
        printf("i 값은 = %d  누적된 sum 값은 = %d\n", i, sum);  //i값, sum값 출력
    }

    return 0;
}
```

프로그램 실행 결과

```
i 값은 = 1  누적된 sum 값은 = 1
i 값은 = 2  누적된 sum 값은 = 3
i 값은 = 3  누적된 sum 값은 = 6
i 값은 = 4  누적된 sum 값은 = 10
i 값은 = 5  누적된 sum 값은 = 15
i 값은 = 6  누적된 sum 값은 = 21
i 값은 = 7  누적된 sum 값은 = 28
i 값은 = 8  누적된 sum 값은 = 36
i 값은 = 9  누적된 sum 값은 = 45
i 값은 = 10  누적된 sum 값은 = 55
```

기본문제 5

10명의 학생에 대하여 각각 국어, 영어, 수학 점수를 입력 받아서, 각 학생의 총점과 평균과 각 과목의 총점과 평균을 계산하는 프로그램을 작성한다.

제시된 문제는 문제에서는 언급이 없었지만 10명의 학생을 구분하기 위하여 학생 번호가 입력되어야 한다. 그리고 국어, 영어, 수학 점수를 입력하여 총점과 평균 계산하면서 동시에 각 과목의 합계를 계산하고, 계산 결과를 출력하는 문제이다.

문제 해결을 위한 알고리즘

입력 학생 번호, 국어, 영어, 수학 점수

출력 학생 번호, 국어, 영어, 수학 점수
각 학생의 총점, 평균, 그리고 국어, 영어, 수학의 합계와 평균

처리 과정

1 총점을 구하기 위하여 국어, 영어, 수학 점수를 입력한다.
2 입력 데이터를 출력한다.
3 총점과 평균을 계산한다.
4 계산 결과를 출력한다.
5 각 과목별 합계를 계산한다.
6 1번부터 4번을 10번 반복시킨다.
7 반복이 종료되면 각 과목별 평균을 계산한다.
8 각 과목별 평균을 출력한다.

프로그램 작성 과정

1 프로그램 작성 절차에 의해서 먼저 각각의 데이터 저장을 위한 변수 이름과 데이터 타입을 결정한다.

국어 점수 : kor, 영어 점수 : eng, 수학 점수 : mat
총점 : sum, 평균 : ave
국어 합계 : kor_sum, 영어 합계 : eng_sum, 수학 합계 : mat_sum
반복을 위한 제어 변수 : i

프로그램 작성 결과

```
/* 5명의 학생에 대하여 각각 국어, 영어, 수학 점수를 입력 받아서, */
/* 각 학생의 총점과 평균과 각 과목의 총점과 평균을 계산하는 프로그램*/
#include <stdio.h>

int main(void)
{
    int kor, eng, mat, sum;            // 국어, 영어, 수학, 총점 점수 데이터 저장
    int kor_sum, eng_sum, mat_sum;         // 국어, 영어, 수학 각각의 합계
    int i, student_no;                     // 제어 변수, 학생 번호 설정
    float ave;                             // 평균 점수 저장
    float kor_ave, eng_ave, mat_ave;       // 국어, 영어, 수학 각각의 평균

    kor_sum = eng_sum = mat_sum = 0;

    for ( i = 0; i < 5; i++ )              // 10번 반복
    {
        printf("학생 번호를 입력하세요? "); // 학생 번호 입력
```

```
        scanf("%d", &student_no);

        printf("국어 점수를 입력하세요? "); // 국어 점수 입력
        scanf("%d", &kor);
        printf("영어 점수를 입력하세요? "); // 영어 점수 입력
        scanf("%d", &eng);
        printf("수학 점수를 입력하세요? "); // 수학 점수 입력
        scanf("%d", &mat);

        printf("학생 번호 = %d\n", student_no);     // 학생 번호 출력
        printf("국어 점수 = %d\n", kor);            // 국어 점수 출력
        printf("영어 점수 = %d\n", eng);            // 영어 점수 출력
        printf("수학 점수 = %d\n\n", mat);   // 수학 점수 출력

        sum = kor + eng + mat;                // 총점 계산
        ave = sum / 3.0;                      // 평균 계산

        printf("총점 값은 = %d\n", sum);      // 총점 값 출력
        printf("평균값은 = %f\n\n", ave);    // 평균값 출력

        kor_sum = kor_sum + kor;              // 국어 과목 합계 계산
        eng_sum = eng_sum + eng;              // 영어 과목 합계 계산
        mat_sum = mat_sum + mat;              // 수학 과목 합계 계산
    }

    kor_ave = (float)kor_sum / i;   // 국어 과목 평균 계산
    eng_ave = (float)eng_sum / i;   // 영어 과목 평균 계산
    mat_ave = (float)mat_sum / i;   // 수학 과목 평균 계산

    printf("국어 과목 합계는 = %d\n", kor_sum);      //국어 과목 합계 출력
    printf("영어 과목 합계는 = %d\n", eng_sum);      //영어 과목 합계 출력
    printf("수학 과목 합계는 = %d\n\n", mat_sum);    //수학 과목 합계 출력

    printf("국어 과목 평균값은 = %f\n", kor_ave);    //국어 과목 평균값 출력
    printf("영어 과목 평균값은 = %f\n", eng_ave);    //영어 과목 평균값 출력
    printf("수학 과목 평균값은 = %f\n", mat_ave);    //수학 과목 평균값 출력

    return 0;
}
```

프로그램 실행과 데이터 입력

```
학생 번호를 입력하세요? 1111 ↵
국어 점수를 입력하세요? 70 ↵
영어 점수를 입력하세요? 80 ↵
수학 점수를 입력하세요? 90 ↵
```

프로그램 실행 결과

```
학생 번호 = 1111
국어 점수 = 70
영어 점수 = 80
수학 점수 = 90

총점 값은 = 240
평균값은 = 80.000000

   출력이 반복됨

국어 과목 합계는 = 388
영어 과목 합계는 = 393
수학 과목 합계는 = 398

국어 과목 평균값은 = 77.599998
영어 과목 평균값은 = 78.599998
수학 과목 평균값은 = 79.599998
```

예제 6.2

1에서부터 10까지 중에서 홀수의 합과 짝수의 합계를 구하는 프로그램을 작성한다.

제시된 문제는 1+3+5+7+9의 합계와 2+4+6+8+10의 합계를 계산하라는 의미이다. 즉 홀수의 합과 짝수의 합을 계산하는 프로그램을 작성하면 된다. 여기에서 합계를 계산하는 데이터는 1부터 10까지 2씩 증가하면서 규칙적으로 변경되므로 for 반복문의 제어 변수를 생각하면 된다. 다시 말해서 이전에 작성한 예제 6.1 문제를 생각하면 된다.

1 for 반복문을 사용하여 홀수의 합과 짝수의 합을 각각 계산한다. 계산 결과를 확인하기 위하여 1부터 10까지의 합을 출력해 보고, 홀수의 합과 짝수의 합을 더해서 결과를 확인한다.

프로그램 작성 결과_1

```
/* 1에서부터 10 중에서 */
/* 1+3+5+7+9의 합계와 2+4+6+8+10의 합계를 계산하는 프로그램 */
#include <stdio.h>

int main(void)
{
    int odd_sum, even_sum, sum;              // 누적되는 합계를 저장
    int i;                                   // 제어 변수 설정
    int test_sum;                            // 제어 변수 설정

    odd_sum = even_sum = sum = 0;            // 누적시키기 위해 초기화

    for ( i = 1; i <= 10; i++ )              // 1부터 10까지의 합 계산
    {
        sum = sum + i;              // 반복시마다 i값을 sum에 계속 누적
    }

    for ( i = 1; i < 10; i+= 2 )             // 홀수의 합을 계산
    {
        odd_sum = odd_sum + i;    // 반복시마다 i값을 odd_sum에 누적
    }

    for ( i = 2; i <= 10; i+= 2 )            // 짝수의 합을 계산
    {
        even_sum = even_sum + i;  // 반복시마다 i값을 even_sum에 누적
    }

    test_sum = odd_sum + even_sum;

    printf("1부터 10까지의 합 = %d\n홀수의 합 = %d\n", sum, odd_sum);
    printf("짝수의 합 = %d\n홀수 합 + 짝수 합= %d\n", even_sum, test_sum);

    return 0;
}
```

프로그램 실행 결과

```
1부터 10까지의 합 = 55
홀수의 합 = 25
짝수의 합 = 30
홀수 합 + 짝수 합= 55
```

2 for 반복문과 if 조건문과 % 연산자를 사용하여 홀수의 합과 짝수의 합을 각각 계산한다. for 반복문 안에서 % 연산자를 사용하여 제어 변수의 값이 홀수인지, 짝수인지를 파악하여 홀수이면 홀수 합에 누적시키고, 짝수이면 짝수 합에 누적시킨다.

프로그램 작성 결과_2

```
/* 1에서부터 10 중에서 */
/* 1+3+5+7+9의 합계와 2+4+6+8+10의 합계를 계산하는 프로그램 */
#include <stdio.h>

int main(void)
{
    int odd_sum, even_sum, sum;           // 누적되는 합계를 저장
    int i, temp;                          // 제어 변수 설정
    int test_sum;                         // 제어 변수 설정

    odd_sum = even_sum = sum = 0;         // 누적시키기 위해 초기화

    for ( i = 1; i <= 10; i++ )           // 1부터 10까지의 합 계산
    {
      sum = sum + i;                      // 반복시마다 i값을 sum에 계속 누적

      temp = i % 2;
      if( temp == 0 )
            even_sum = even_sum + i;
      else
            odd_sum = odd_sum + i;
    }

    test_sum = odd_sum + even_sum;

    printf("1부터 10까지의 합 = %d\n홀수의 합 = %d\n", sum, odd_sum);
```

```
    printf("짝수의 합 = %d\n홀수 합 + 짝수 합= %d\n", even_sum, test_sum);

    return 0;
}
```

프로그램 실행 결과

```
1부터 10까지의 합 = 55
홀수의 합 = 25
짝수의 합 = 30
홀수 합 + 짝수 합= 55
```

예제 6.3

5개의 데이터를 입력하여 합계를 계산하고, 입력된 데이터 중에서 최대값과 최소값을 계산하는 프로그램을 작성한다.

제시된 문제는 5개의 데이터가 계속해서 입력되면, 데이터가 입력될 때마다 최대값인지 또는 최소값인지를 판별하여 5개의 데이터가 모두 입력되면 계산된 최대값과 최소값을 출력산하는 프로그램을 작성하면 된다.

처리 과정

1. 최대값을 저장하는 변수의 초기값을 아주 작게 설정한다.
2. 최소값을 저장하는 변수의 초기값을 아주 크게 설정한다.
3. 하나의 데이터를 입력한다.
4. 입력된 데이터 합계를 계산한다.
5. 입력된 데이터와 최대값을 비교하여 입력된 데이터가 최대값보다 큰 경우에는 최대값을 입력된 데이터로 변경한다.
6. 입력된 데이터와 최소값을 비교하여 입력된 데이터가 최소값보다 작은 경우에는 최소값을 입력된 데이터로 변경한다.
7. 3번부터 6번을 5번 반복시킨다.
8. 최대값과 최소값을 출력한다.

프로그램 작성 결과

```
/* 5개의 데이터 중에서 최대값과 최소값을 계산하는 프로그램 */

#include <stdio.h>

int main(void)
{
    int max = -9999;                                    // 최대값 설정
    int min = 9999;                                     // 최소값 설정
    int in_data;                                        // 입력된 데이터 저장
    int sum = 0;                                        // 합계를 저장
    int i;                                              // 제어 변수 설정

    for ( i = 1; i <= 5; i++ )                          // 1부터 10까지 반복
    {
       printf("%d 번째 데이터를 입력하세요? ", i);    // 점수 입력
       scanf("%d", &in_data);

       printf("입력된 데이터 = %d\n", in_data);      // 입력된 데이터 출력

       sum = sum + in_data;        // 반복시마다 in_data값을 sum에 계속 누적

       if( in_data > max ) max = in_data;
       if( in_data < min ) min = in_data;
    }

       printf("최대값 = %d\n", max);               // 입력된 데이터 출력
       printf("최소값 = %d\n", min);               // 입력된 데이터 출력
       printf("합계 = %d\n", sum);                 // 합계 출력

    return 0;
}
```

프로그램 실행 결과

```
1 번째 데이터를 입력하세요? 86
입력된 데이터 = 86
2 번째 데이터를 입력하세요? 74
입력된 데이터 = 74
```

```
3 번째 데이터를 입력하세요? 66
입력된 데이터 = 66
4 번째 데이터를 입력하세요? 95
입력된 데이터 = 95
5 번째 데이터를 입력하세요? 82
입력된 데이터 = 82
최대값 = 95
최소값 = 66
합계 = 403
```

[6.3] 중첩된 for 반복문

지금까지 설명한 for 반복문에 대하여 충분하게 이해가 되었으면, 다음은 for 반복문을 응용하는 경우로 for 반복문 안에 for 반복문이 들어가는 중첩된 for 반복문에 대하여 살펴본다. 중첩된 for 반복문은 실제로 프로그램 작성 과정에서 많이 사용되는 구조이므로 정확하고, 충분한 이해가 필요하다.

6.3.1 중첩된 for 반복문의 개념

for 반복문이 중첩되어 있다고 해서 두려워 할 것은 없다. 중첩된(nested) for 반복문도 똑같은 for 반복문처럼 이해하면 된다. 우선은 for 반복문이 처리되는 과정을 다시 한 번 정리하고 중첩된 for 반복문을 검토해야 한다.

중첩된 for 반복문은 for 반복문 안에 또 다른 for 반복문을 표현하는 것이다. 중첩된 for 반복문은 중첩된 구조로 표현된 여러 개의 for 반복문이 중첩되면서 서로 유기적으로 반복 처리를 수행하는 경우이다. 만약에 2개의 for 반복문이 중첩되어 있는 경우에는 바깥쪽에 위치한 for 반복문이 존재할 것이고, 안쪽에 위치한 for 반복문이 존재할 것이다. 이때 바깥쪽에 위치한 for 반복문을 외부 for 반복문(external for loop)이라고 하며, 안쪽에 위치한 for 반복문을 내부 for 반복문(internal for loop)이라고 한다.

중첩된 for 반복문의 처리 과정은 외부 for 반복문이 1번 반복 처리되는 동안에 내부 for 반복문은 외부 for 반복문의 안에서 정해진 횟수만큼을 반복 처리한다. 따라서 외부 for 반복문이 n번 반복 처리되면, 내부 for 반복문 안에 표현된 블록은 n * 내부 for 반복문의 정해진 횟수만큼의 반복 처리를 수행하는 것이다. 다시 말해서 외부 for 반복문이 5번 반복 처리되고, 내부 for 반복문이 10번 반복 처리되면, 내부 for 반복문 안에 표현된 블록은 5 * 10만큼의 반복 처리를 수행하는 것이다.

다음의 그림은 중첩된 for 반복문의 형태를 나타내고 있다.

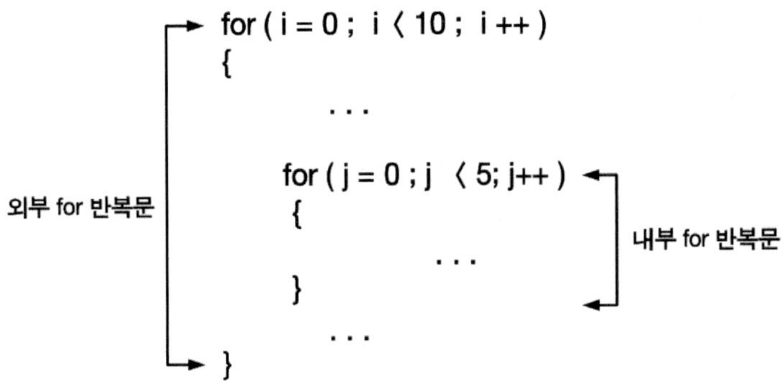

그림 6-6 중첩된 for 반복문의 형태

위의 그림에서 보여주는 것처럼 2개의 for 반복문 중첩된 형태를 나타내고 있다. 여기에서 2개의 for 반복문은 각각 다른 for 반복문이다. 따라서 각각의 for 반복문에서 반복을 제어하는 제어 변수는 다르게 정의되어야 한다. 위에서 보여준 그림과 같이 제어 변수는 i와 j로 다르게 정의되어 있다. 만약에 실수로 중첩된 for 반복문의 제어 변수를 동일하게 정의하면 프로그램의 실행 결과는 의도한 결과를 나타내지 못하는 논리적인 에러(logical error)를 포함하게 될 것이다.

다음의 프로그램 예제는 중첩된 for 반복문의 규칙을 정확하게 지키면서 중첩된 for 반복문을 표현한 경우와 정확하게 지키지 않고 표현한 경우의 실행 결과를 나타내고 있다.

1) for 반복문의 규칙을 정확하게 지킨 경우

```
for ( i = 1; i <= 3; i++ )                    // 1부터 3까지 반복
{
    for ( j = 1; j <= 4; j++ )                // 1부터 4까지 반복
    {
        printf("i의 값 = %d,   j의 값 = %d\n", i, j);
    }
}
```

프로그램 실행 결과

```
i의 값 = 1,   j의 값 = 1              i의 값 = 2,   j의 값 = 3
i의 값 = 1,   j의 값 = 2              i의 값 = 2,   j의 값 = 4
i의 값 = 1,   j의 값 = 3              i의 값 = 3,   j의 값 = 1
i의 값 = 1,   j의 값 = 4              i의 값 = 3,   j의 값 = 2
i의 값 = 2,   j의 값 = 1              i의 값 = 3,   j의 값 = 3
i의 값 = 2,   j의 값 = 2              i의 값 = 3,   j의 값 = 4
```

위의 실행 결과에서 보는 것처럼 외부 for 반복문이 3번 반복 처리되고, 내부 for 반복문이 4번 반복 처리되어, 내부 for 반복문 안에 표현된 블록의 printf 문장은 3 * 4만큼의 반복 처리되어 12번을 수행하는 것이다. 따라서 출력된 결과도 12개가 출력되었으며, 반복할 때마다 변하는 제어 변수의 값도 출력해 보았다.

2) for 반복문의 규칙을 정확하게 지키지 않은 경우

```
for ( i = 1; i <= 3; i++ )                    // 1부터 3까지 반복
{
    for ( i = 1; i <= 4; i++ )                // 1부터 4까지 반복
    {
        printf("i의 값 = %d\n", i);
    }
}
```

프로그램 실행 결과

```
i의 값 = 1
i의 값 = 2
i의 값 = 3
i의 값 = 4
```

위의 프로그램과 실행 결과에서 보는 것처럼 중첩된 for 반복문을 사용한 목적은 외부 for 반복문이 3번 반복 처리되고, 내부 for 반복문이 4번 반복 처리되어, 내부 for 반복문 안에 표현된 블록의 printf 문장이 12번 반복 처리되게 하려고 중첩된 for 반복문을 사용하였다. 그러나 2개의 for

반복문에 사용된 제어 변수가 동일하므로 정해진 횟수만큼 반복 처리되지 않고 중첩된 for 반복문을 종료한 것을 나타내고 있다.

이렇게 수행된 이유는 먼저 외부 for 반복문이 수행되면서 제어 변수 i의 값을 1로 초기화 시키고, 조건식이 참이 되어 안에 있는 내부 for 반복문을 수행한다. 내부 for 반복문에서 제어 변수 i의 값을 다시 1로 초기화시키고, 조건식이 참이 되어 안에 있는 printf 문장을 수행하여 결과를 출력한다. 그리고 i의 값을 증가시키고, 조건식을 판단하고, printf 문장을 수행하는 작업을 4번 반복하고 내부 for 반복문을 종료한다. 이때 제어 변수 i의 값은 조건식이 거짓이 되어야 내부 for 반복문이 종료되므로 제어 변수 i의 값은 5가 된다. 그리고 다시 외부 for 반복문을 수행하기 위하여 외부 for 반복문의 조건식과 비교하는데, 내부 for 반복문에서 i의 값을 5로 증가시켜 놓았기 때문에 결과는 거짓이 되어 외부 for 반복문도 종료되어, 중첩된 for 반복문이 종료되는 것이다.

그러므로 위에서 보여주는 프로그램의 실행 결과는 내부 for 반복문이 4번 실행한 결과만을 보여주고 있는 것이다.

6.3.2 중첩된 for 반복문의 사용

우리가 프로그램을 작성하다 보면 단일 for 반복문으로는 문제 해결이 안 되는 경우가 종종 발생한다. 이러한 경우에는 중첩된 for 반복문을 사용하면 쉽게 해결이 된다. 중첩된 for 반복문은 프로그램 작성 과정에서 자주 사용되는 중요한 문장이다. 따라서 중첩된 for 반복문을 정확하게 이해하고 사용하는 것이 필요하다.

위의 중첩된 for 반복문의 규칙을 설명하는 과정에서 사용한 예제 프로그램에서 보여주는 것처럼 중첩된 for 반복문에서 각각의 제어 변수는 제어 변수가 연관된 for 반복문의 반복을 제어하는 역할을 수행한다. 그러므로 정확하게 정해진 반복 횟수를 반복 처리하기 위해서는 하나의 제어 변수가 다른 for 반복문의 반복 처리에 영향을 주지 않아야 한다.

그러나 중첩된 for 반복문에서 내부 for 반복문의 반복 횟수를 외부 for 반복문이 조정할 필요가 있는 경우에는 내부 for 반복문의 초기 값 설정 또는 조건식을 정의하는 과정에서 외부 for 반복문의 제어 변수를 사용하여 조건식을 표현하면 내부 for 반복문의 반복 횟수를 원하는 만큼 반복 처리할 수 있다. 이러한 경우에는 외부 for 반복문의 제어 변수와 내부 for 반복문의 제어 변수의 값들이 어떻게 변경되는지를 확실하게 알아야 한다. 그 이유는 변화된 각각의 제어 변수의 값을 이용하게 많은 문제들을 해결할 수 있기 때문이다.

다음의 예제 프로그램은 for 반복문의 규칙을 설명하는 과정에서 사용된 프로그램의 제어 변수를 사용하여 내부 for 반복문의 반복 횟수를 조정할 수 있는 방법을 나타내고 있다.

```
for ( i = 1; i <= 3; i++ )                    // 1부터 3까지 반복
{
    for ( j = i; j <= 4; j++ )                // 1부터 4까지 반복
    {
        printf("i의 값 = %d,  j의 값 = %d\n", i, j);
    }
}
```

프로그램 실행 결과

```
i의 값 = 1,  j의 값 = 1
i의 값 = 1,  j의 값 = 2
i의 값 = 1,  j의 값 = 3
i의 값 = 1,  j의 값 = 4
i의 값 = 2,  j의 값 = 2
i의 값 = 2,  j의 값 = 3
i의 값 = 2,  j의 값 = 4
i의 값 = 3,  j의 값 = 3
i의 값 = 3,  j의 값 = 4
```

위의 프로그램과 실행 결과에서 보는 것처럼, 이전의 프로그램과 비교하여 내부 for 반복문의 초기 값 설정을 j = i 라고 하였다. 이것은 제어 변수 j의 값을 항상 0부터 설정하는 것이 아니라, 외부 for 반복문의 제어 변수인 i의 값을 가져다가 초기 값으로 설정하겠다는 의미이다. 따라서 제어 변수 i의 값이 2이면 초기 값이 2로 설정되어 2부터 4까지 즉 3번 반복하겠다는 의미로 사용된다. 그러므로 위의 실행 결과도 12번 반복 처리를 수행하지 않고 4번, 3번, 2번을 반복 처리하여 9번 수행한 결과를 보여주고 있다.

지금부터는 중첩된 for 반복문을 보다 쉽게 이해하기 위하여 많이 작성되는 예제 프로그램들을 살펴본다. 여기에서 중점적으로 관심을 가져야 되는 사항은 각각의 for 반복문의 반복 횟수와 각각의 제어 변수의 값들이 어떻게 변하는지를 주의 깊게 살펴봐야 한다.

예제 6.4

중첩된 for 반복문을 이해하기 위하여 가장 많이 사용하는 문제이다. *(asterisk) 기호를 다음과 같이 출력하는 프로그램을 작성한다.

```
**********
**********
```

```
**********
**********
**********
```

처리 과정

1 한 줄에 * 기호 하나를 10번 출력한다.
2 1번을 5번 반복한다.

프로그램 작성 결과_1

```
/* 한 줄씩 5번 출력하는 프로그램*/
#include <stdio.h>

int main(void)
{
    int i;                          // 제어 변수 설정

    for ( i = 1; i <= 5; i++ )
    {
        printf("**********\n");
    }

    return 0;
}
```

위의 프로그램은 **********와 같은 모양이 5번 반복되는 것을 파악하고, 단일 for 반복문을 이용하여 5번 반복 처리를 수행하게 작성한 것이다. 이렇게 문제를 검토하여 빠르게 처리 방식을 파악하는 것이 중요하다. 그러나 좀 더 살펴보면 **********와 같은 모양은 * 기호 하나가 또 10번 반복하는 것을 알 수 있다. 따라서 **********와 같은 모양도 for 반복문을 이용하여 표현할 수 있다. 즉 중첩된 for 반복문으로 표현이 가능하다는 것이다. 다음의 프로그램 작성 결과_2는 중첩된 for 반복문으로 작성된 결과를 나타내고 있다. 출력된 결과는 프로그램 작성 결과_1과 동일하다.

프로그램 작성 결과_2

```
/* * 기호 하나를 이용하여 사각형 모양으로 출력하는 프로그램*/
#include <stdio.h>

int main(void)
{
    int i, j;                          // 제어 변수 설정
    for ( i = 1; i <= 5; i++ )
    {
        for ( j = 1; j <= 10; j++ )
        {
            printf("*");               // * 기호 10개 연속 출력
        }
        printf("\n");                  // * 기호 10개 출력 후 줄바꾸기
    }
    return 0;
}
```

프로그램 실행 결과

```
**********
**********
**********
**********
**********
```

예제 6.5

앞에서 작성한 프로그램 작성 결과_2를 응용하여 중첩된 for 반복문으로 표현하는 문제이다. *(asterisk) 기호를 다음과 같이 출력하는 프로그램을 작성한다.

```
*
**
***
****
*****
******
*******
```

처리 과정

1 출력하는 라인 수가 7이므로 7번 반복하여 7줄을 출력하게 한다.

2 1번째 줄은 * 기호 1개, 2번째 줄은 * 기호 2개, 3번째 줄은 * 기호 3개를 출력하므로 출력하는 줄과 출력 개수가 서로 관계가 존재한다. 따라서 각 줄의 출력 개수는 줄 번호만큼만 출력하면 되므로 외부 for 반복문의 제어 변수를 내부 for 반복문에서 사용하여 정의하면 된다.

프로그램 작성 결과

```
/* * 기호 하나를 이용하여 삼각뿔 모양으로 출력하는 프로그램*/
#include <stdio.h>

int main(void)
{
    int i, j;                                // 제어 변수 설정

    for ( i = 1; i <= 7; i++ )
    {
          for ( j = 1; j <= i; j++ )
          {
                printf("*");                 // * 기호 10개 연속 출력
          }

          printf("\n");                      // * 기호 10개 출력 후 줄바꾸기
    }

    return 0;
}
```

프로그램 실행 결과

```
*
**
***
****
*****
******
*******
```

위의 프로그램에서 보는 것처럼 * 기호가 출력되는 줄 수가 7줄이므로 외부 for 반복문을 7번 반복하게 한다. 그리고 내부 for 반복문은 외부 for 반복문의 제어 변수 값만큼 반복하면 되므로 조건식을 j <= i 와 같이 변경하여 반복 횟수를 i값만큼 수행하게 한다. 따라서 i값이 1이면 1부터 1까지 1번 수행하고, i값이 2이면 1부터 2까지 2번 수행하는 식으로 출력되고, 각 줄에 출력이 완료되면 줄 바꾸기를 수행하여 처리 결과와 같이 나타낸다.

기본문제 6

기본 문제 5의 변형된 형태이다. C 언어에 대한 성적을 산출하기 위하여 10명의 학생에 대하여 각각 C 언어 시험을 5번 실시하였다. 최종적인 C 언어 시험 성적을 발표하기 위하여 평균을 계산하는 프로그램을 작성한다.

제시된 문제는 학생 10명이라는 의미와 시험을 실시한 5번의 점수의 관계를 의미하는 것이다. 학생 1명에 대하여 각각 5번씩의 시험을 치르는 것을 10번 반복한다는 의미이므로 중첩된 for 반복문으로 표현이 가능하다는 것이다. 10명의 학생은 외부 for 반복문으로 표현하고, 5번의 시험 점수 입력은 내부 for 반복문으로 표현하면 된다. 문제에서 언급이 없었지만 10명의 학생을 구분하기 위하여 학생 번호가 입력되어야 한다. 그리고 5번의 시험 점수의 총점과 평균 계산하고, 계산 결과를 출력하는 문제이다.

문제 해결을 위한 알고리즘

입력 학생 번호, 5번의 시험 점수

출력 학생 번호, 5번의 시험 점수
각 학생의 총점, 평균

처리 과정

1. 학생 번호를 입력한다.
2. 시험 점수를 입력한다.
3. 2번을 5번 반복한다.
4. 5번의 시험 점수에 대한 총점, 평균을 계산한다.
5. 입력 데이터를 출력한다.
6. 총점, 평균을 출력한다
7. 1번부터 6번을 10번 반복시킨다.

프로그램 작성 과정

1 프로그램 작성 절차에 의해서 먼저 각각의 데이터 저장을 위한 변수 이름과 데이터 타입을 결정한다.

C 언어 점수 : C_language

총점 : sum, 평균 : ave

반복을 위한 제어 변수 : i, j

프로그램 작성 결과

```
/* 10명의 학생이 각각 C 언어 시험을 5번 실시하여 */
/* 최종적인 C 언어 시험 성적의 총점과 평균을 계산하는 프로그램*/
#include <stdio.h>

int main(void)
{
    int student_no;                      // 학생 번호 설정
    int C_language;                      // C_언어 점수 데이터 저장
    int sum;                             // C_언어 점수 데이터 저장
    float ave;                           // 평균 점수 저장
    int i, j;                            // 제어 변수 설정

    for ( i = 0; i < 10; i++ )           // 10번 반복
    {
      printf("학생 번호를 입력하세요? ");   // 학생 번호 입력
      scanf("%d", &student_no);

      printf("학생 번호 = %d\n", student_no);       // 학생 번호 출력

      sum = 0;            // 5번 시험 점수의 합을 계산하기 위해 초기화

      for ( i = 1; i <= 5; i++ )                   // 5번 반복
      {
          printf("%d 번째 C_언어 점수를 입력하세요? ", i);    // 점수 입력
          scanf("%d", &C_language);

          sum = sum + C_language;                  // 총점 계산
      }

      printf("\n");                       // C_언어 점수 5개 출력하고 줄바꾸기
```

```
        ave = sum / 5.0;                        // 평균 계산

        printf("총점 값은 = %d\n", sum);        // 총점 값 출력
        printf("평균값은 = %f\n\n", ave);       // 평균값 출력
    }
    return 0;
}
```

프로그램 실행 결과

```
학생 번호를 입력하세요? 1111↵
1 번째 C_언어 점수를 입력하세요? 70↵
2 번째 C_언어 점수를 입력하세요? 80↵
3 번째 C_언어 점수를 입력하세요? 90↵
4 번째 C_언어 점수를 입력하세요? 850↵
5 번째 C_언어 점수를 입력하세요? 79↵

총점 값은 = 404
평균값은 = 80.800003

출력이 반복됨

학생 번호를 입력하세요?
```

예제 6.6

1단에서 9단까지의 구구단을 출력하는 프로그램을 작성한다.

제시된 문제는 1단에서 9단까지의 구구단을 출력하는 프로그램으로 출력 형태는 다음과 같이 표현된다. 일단은 가장 쉽게 이해할 수 있는 형태로 구구단을 출력하는 프로그램을 작성한다.

```
a * b = a와 b를 곱한 값
```

여기에서 a는 출력할 단을 의미하는 것으로 1단인 경우는 a의 값은 항상 1이고, 2단인 경우는 a의 값은 항상 2이고, 이러한 형태로 9단까지 표현되며, b는 1부터 9까지 각 단을 구성하는 숫자를

나타낸다. 따라서 a와 b의 값이 변하는 형태는 중첩된 for 반복문에서 제어 변수가 변하는 형태와 동일하다. 그러므로 a는 외부 for 반복문으로 표현하고, b는 내부 for 반복문으로 표현하면 된다.

프로그램 작성 결과

```
/* 1단에서 9단까지의 구구단을 출력하는 프로그램 */
#include <stdio.h>

int main(void)
{
    int a, b;                                   // 제어 변수 설정
    int temp;                                   // a * b 값 저장

    for ( a = 1; a <= 9; a++ )
    {
        for ( b = 1; b <= 9; b++ )
        {
            temp = a * b;                                   // 구구단 결과 계산
            printf("%d * %d = %2d\n", a, b, temp);          // 구구단 출력
        }
    }

    return 0;
}
```

프로그램 실행 결과

```
1 * 1 =  1
1 * 2 =  2
1 * 3 =  3
1 * 4 =  4
1 * 5 =  5
1 * 6 =  6
1 * 7 =  7
1 * 8 =  8
1 * 9 =  9
2 * 1 =  2
2 * 2 =  4
2 * 3 =  6
2 * 4 =  9
. . . . .
9 * 9 = 81
```

예제 6.7

1단에서 9단까지의 구구단을 다음의 그림과 같은 형태로 출력하는 프로그램을 작성한다.

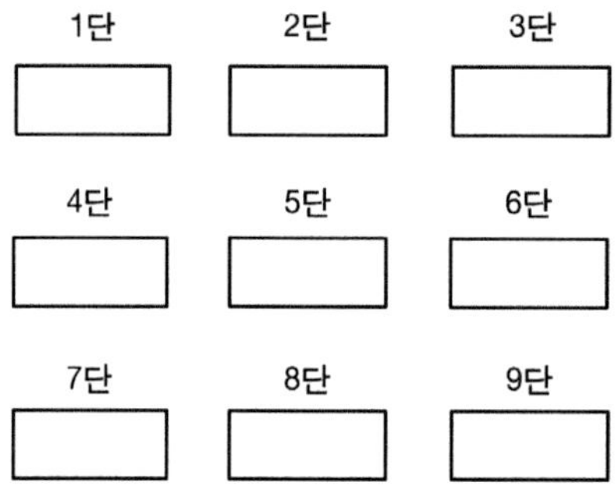

그림 6-7 구구단의 출력 형태

제시된 문제는 1단에서 9단까지의 구구단을 출력하는데, 앞에서와 같이 간단하게 일렬로 구구단을 출력하는 것이 아니라, 하나의 행에 3개의 구구단을 출력하여, 3행으로 9개의 구구단을 출력하는 문제이다.

제시된 문제를 한꺼번에 해결하려는 것은 어렵다고 생각이 들 것이다. 따라서 하나의 행만을 가지고 프로그램을 작성하고, 이 후에 전체적인 해결 방법을 모색하는 것이 바람직하다. 먼저 하나의 행에서 출력되는 형태를 살펴보면 다음과 같은 형태로 출력이 될 것이다.

1. 제일 먼저 생각해야 되는 사항은 출력되는 구구단의 타이틀이다. 타이틀이 1단 2단 3단과 같이 출력되므로 1부터 3까지의 for 반복문으로 표현하면 된다.
2. 다음으로는 출력되는 구구단을 생각한다. 한 줄에 출력되는 구구단은 다음과 같은 형태이다.

```
1 * 1 =  1     2 * 1 =  2     3 * 1 =  3
1 * 2 =  2     2 * 2 =  4     3 * 2 =  6

. . . . . . . . . . . . . . . . . . . . . . . . . .

1 * 9 =  9     2 * 9 = 18     3 * 9 = 27
```

이와 같이 각각의 줄이 9번 반복되어 구구단을 출력하므로 이것도 for 반복문으로 표현하면 된다.

3 다음으로는 한 줄에 표현되는 출력 내용을 생각한다. 임의의 한 줄에 표현되는 출력 내용 다음과 같은 형태이다.

```
1 * 1 =  1     2 * 1 =  2     3 * 1 =  3
```

위에서 보는 것처럼 하나의 구구단 내용이 3번 반복하고, 뒤의 숫자인 1은 고정되어 있고, 앞의 숫자는 1부터 3까지 변하므로 내부 for 반복문으로 표현하고 출력 순서도 내부 for 반복문의 제어 변수부터 출력하면 된다. 그리고 한 줄에 구구단 3개를 연속하여 출력하고 줄바꾸기를 한다. 그러면 지금부터는 위에서 제시한 방법에 의해서 하나의 행에 출력되는 구구단을 나타내는 프로그램을 중첩된 for 반복문을 이용하여 작성한다.

프로그램 작성 결과_1

```
/* 1단에서 3단까지의 구구단을 출력하는 프로그램 */
#include <stdio.h>

int main(void)
{
    int a, b;                          // 제어 변수 설정
    int t;                             // 타이틀 제어 변수 설정
    int temp;                          // a * b 값 저장

    for ( t = 1; t <= 3; t++ )         // 1번 작업 처리
    {
        printf("   %d 단        ", t);  // 타이틀 3개 연속하여 출력
    }
    printf("\n\n");                    // 구구단 3개를 연속하여 출력하고 줄바꾸기

    for ( a = 1; a <= 9; a++ )                 // 2번 작업 처리
    {
       for ( b = 1; b <= 3; b++ )              // 3번 작업 처리
       {
              temp = a * b;                    // 구구단 결과 계산
              printf("%d * %d = %2d     ", b, a, temp);
       }
       printf("\n");                   // 구구단 3개를 연속하여 출력하고 줄바꾸기
    }

    return 0;
}
```

프로그램 실행 결과

```
         1 단          2 단          3 단

      1 * 1 =  1    2 * 1 =  2    3 * 1 =  3
      1 * 2 =  2    2 * 2 =  4    3 * 2 =  6
      1 * 3 =  3    2 * 3 =  6    3 * 3 =  9
      . . . . . . . . . . . . . . . . . . . .
      1 * 9 =  9    2 * 9 = 18    3 * 9 = 27
```

위에서 제시한 방법에 의해 프로그램을 작성하여 위와 같이 하나의 행에 3개의 구구단이 연속하여 출력되는 것을 볼 수 있었다.

지금부터는 3개의 행에 9개의 구구단이 출력되는 과정을 생각해 본다. 3개의 행에 9개의 구구단이 출력하기 위해서는 하나의 행에 출력된 3개의 구구단을 다시 3번 반복하면 9개의 구구단이 만들어질 것이다. 그리고 위의 출력 결과에서 보는 것처럼 1단인 경우는 구구단의 앞자리 숫자가 1이고, 2단인 경우는 2이며, 3단인 경우는 3으로 출력되는 타이틀과 연관되어 있다는 것을 알 수 있다. 따라서 타이틀을 출력하는 작업과 구구단을 출력하는 작업이 연관되는 것이다. 그러므로 별도의 for 반복문을 사용하여 타이틀을 출력하는 작업과 구구단을 출력하는 작업을 중첩을 시키고 구구단을 생성하는 앞자리 숫자의 값은 별도의 for 반복문의 제어 변수를 사용하면 되는 것이다.

그리고 첫 번째 행에는 타이틀이 1단, 2단, 3단이 출력되고, 두 번째 행에는 타이틀이 4단, 5단, 6단이 출력되고, 세 번째 행에는 타이틀이 7단, 8단, 9단이 출력된다. 따라서 각 행의 첫 번째 타이틀이 1단, 4단, 7단으로 시작되므로 3씩 증가하는 것을 알 수 있다. 그러므로 1부터 9까지 3씩 증가하는 복합 대입 연산문을 사용하여 for 반복문으로 표현하면 된다.

프로그램 작성 결과_2

```
/* 1단에서 9단까지의 구구단을 출력하는 프로그램 */
#include <stdio.h>

int main(void)
{
    int a, b, c;                              // 제어 변수 설정
    int t;                                    // 타이틀 제어 변수 설정
    int temp;                                 // a * b 값 저장

    for ( c = 1; c <= 9; c+=3 )
```

```
    {
        for ( t = c; t <= c+2; t++ )        // 1번 작업 처리
        {
            printf("   %d 단         ", t);   // 타이틀 3개 연속하여 출력
        }
        printf("\n\n");                 // 구구단 3개를 연속하여 출력하고 줄바꾸기

        for ( a = 1; a <= 9; a++ )                      // 2번 작업 처리
        {
           for ( b = c; b <= c+2; b++ )                 // 3번 작업 처리
           {
               temp = a * b;                            // 구구단 결과 계산
               printf("%d * %d = %2d     ", b, a, temp);
           }
           printf("\n");    // 구구단 3개를 연속하여 출력하고 줄바꾸기
        }
       printf("\n");         // 하나의 행을 출력하고 줄바꾸기
    }

    return 0;
}
```

프로그램 실행 결과

```
   1 단          2 단          3 단

1 * 1 =  1    2 * 1 =  2    3 * 1 =  3
1 * 2 =  2    2 * 2 =  4    3 * 2 =  6
1 * 3 =  3    2 * 3 =  6    3 * 3 =  9
. . . . . . . . . . . . . . . . . . . .
1 * 9 =  9    2 * 9 = 18    3 * 9 = 27

   4 단          5 단          6 단

4 * 1 =  4    5 * 1 =  5    6 * 1 =  6
4 * 2 =  8    5 * 2 = 10    6 * 2 = 12
4 * 3 = 12    5 * 3 = 15    6 * 3 = 18
. . . . . . . . . . . . . . . . . . . .
4 * 9 = 36    5 * 9 = 45    6 * 9 = 54

   7 단          8 단          9 단

7 * 1 =  7    8 * 1 =  8    9 * 1 =  9
```

```
7 * 2 = 14     8 * 2 = 16     9 * 2 = 18
7 * 3 = 21     8 * 3 = 24     9 * 3 = 27
. . . . . . . . . . . . . . . . . . . . . . . . . . .
7 * 9 = 63     8 * 9 = 72     9 * 9 = 81
```

[6.4] while 반복문

while 반복문도 for 반복문과 유사한 반복문이다. for 반복문에서 초기 값 설정, 반복을 위한 조건식 정의, 증감식 설정과 같이 반복을 제어하는 3가지 항목이 존재하는 것처럼 while 반복문에서도 반복을 제어하는 3가지 항목을 사용한다. 그러나 표현 형식은 for 반복문과는 다르게 표현한다.

6.4.1 while 반복문의 개념

while 반복문은 for 반복문과 같이 설정된 문장 또는 블록을 반복 처리하는 반복문이다. for 반복문이 반복 횟수에 의해서 반복 처리된다면 while 반복문은 조건식에 의해서 반복 처리되는 형태라고 할 수 있다. while 반복문에서도 for 반복문의 초기 값 설정, 반복을 위한 조건식 정의, 증감식 설정과 같은 반복을 제어하는 3가지 항목이 존재한다. for 반복문에서는 한 줄에 반복을 제어하는 3가지 항목을 표현하였지만, while 반복문에서는 반복을 제어하는 3가지 항목을 각각 하나의 문장으로 표현하여 필요한 위치에 사용하는 차이점이 있다.

다음은 while 반복문이 처리되는 절차를 나타낸 순서도이다.

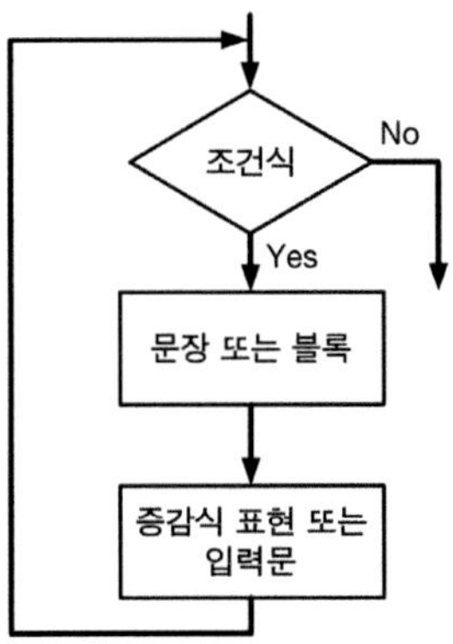

그림 6-8 while 반복문이 처리되는 절차

위의 그림에서 보여주는 것처럼 while 반복문은 조건식이 만족되어 참인 경우에는 설정된 문장 또는 블록의 반복 처리를 계속해서 수행하는 형태이다. 그렇게 반복 처리를 계속하다가 조건식이 거짓이 되는 경우에 반복 처리를 종료하게 된다. 따라서 반복 횟수는 while 반복문을 수행해 봐야 알 수 있는 것이다.

다음은 while 반복문의 형식을 나타내고 있다.

```
while (조건식)
{
      반복 처리할 문장 또는 블록;
}
```

위에서 정의한 while 반복문의 형식에서 보여주는 것처럼 while 반복문이 for 반복문과 다른 특징은 while 반복문의 기본적인 형식에서는 반복을 제어하는 3가지 항목 중에서 조건식만을 표현한다. 그러면 반복을 제어하는 3가지 항목 중에서 나머지 2개의 항목은 어떻게 되었는지를 살펴본다.

while 반복문은 while (조건식)과 같이 조건식만을 사용하여 정의하지만, 실제로는 나머지 2개의 항목도 사용하여 표현한다. while 반복문의 표현에서 나타나지 않은 나머지 2개의 항목인 초기 값 설정 작업과 증감식을 표현하는 작업은 프로그램 작성자의 의도에 따라 하나의 문장으로 while 반복문과 결합되어 사용된다. 따라서 while 반복문도 for 반복문과 마찬가지로 반복을 제어하는 3가지 항목이 모두 사용된다는 것이다.

다음은 일반적으로 사용되는 while 반복문의 표현 형식을 나타낸다. 다음과 같이 사용되는 while 반복문을 반드시 기억하고, 사용해야 프로그램이 정확한 결과를 나타낼 것이다.

```
초기 값 설정 작업;

while (조건식)
{
      반복 처리할 문장 또는 블록;

      증감식을 표현하는 작업
}
```

위에서 보여준 while 반복문의 형식에서 조건식은 반복 처리를 수행하기 위한 조건식으로 while 반복문은 조건식의 결과 값이 참인 경우에 반복 처리를 수행하기 때문에 산술 연산자, 관계 연산자, 논리 연산자를 사용하여 결과 값이 참이 되게 표현한다. 초기 값을 설정하는 작업은 while 반복문의 조건식으로 사용된 제어 변수의 값을 i = 0과 같이 초기화하는 작업으로, while 반복문을 시작하기 이전에 어떠한 부분에서나 정의하면 된다. 증감식은 제어 변수의 값을 i++ 또는 i = i + 4와 같이 증가시키거나, 감소시키는 연산문을 반복 처리를 위한 설정된 블록 안에 표현하여야 한다. 증감식은 제어 변수의 값을 변경하는 문장인 경우는 모두 사용이 가능하다, 따라서 연산문뿐만 아니라 입력문을 사용하여 반복 처리를 위해 설정된 블록 안에 표현하여 제어 변수의 값을 변경할 수도 있다.

다음의 프로그램은 while 반복문이 반복 처리되면서 제어 변수의 값과 반복 횟수가 변경되는 경우를 나타낸다.

```
int i;                                          // 제어 변수 설정
int loop_count = 0;                             // 반복 횟수 저장

i = 0;                                          // 초기 값 설정 작업

while ( i < 5 )  // 조건식 정의
{
   loop_count = loop_count + 1;                 // 반복 횟수 증가

   printf("제어 변수 i = %d입니다.  반복 횟수 = %d\n", i, loop_count);

   i++;
}

printf("while 반복문 밖의 i = %d 입니다.\n", i);
```

프로그램 실행 결과

```
제어 변수 i = 0 입니다.  반복 횟수 =1
제어 변수 i = 1 입니다.  반복 횟수 =2
제어 변수 i = 2 입니다.  반복 횟수 =3
제어 변수 i = 3 입니다.  반복 횟수 =4
제어 변수 i = 4 입니다.  반복 횟수 =5
while 반복문 밖의 i = 5 입니다.
```

6.4.2 while 반복문의 사용

while 반복문은 위에서 보여준 형식처럼 사용하는 것이 바람직하다. 만약에 위에서 보여준 형식을 무시하고, 초기 값 설정 작업, 조건식, 증감식의 표현과 같이 반복을 제어하는 3가지 항목 중에서 하나라도 빠지면 반복 처리는 프로그램 작성자가 의도하는 형태로 수행하지 않고, 엉뚱한 방향으로 수행하게 될 것이고, 출력 결과 또한 엉망일 것이다.

다음은 while 반복문을 작성할 때 반드시 확인해야하는 사항이다.

1. 반복을 제어하기 위한 조건식의 설정
2. while 반복문 앞에서 조건식에 사용된 제어 변수의 초기 값 설정
3. 반복 처리를 위해 설정된 블록 안에서 제어 변수의 값을 변경(입력문 사용 가능)

다음의 설명은 while 반복문의 형식을 무시하고 프로그램을 작성했을 때, 해당 프로그램의 실행 결과가 프로그램 작성자가 의도하는 형태로 반복 처리 되지 않고, 어떻게 나타나는지를 보여준다.

첫 번째로 위에서 보여준 while 반복문의 형식에서 초기 값을 설정하는 작업은 while 반복문의 조건식으로 사용된 제어 변수의 값을 초기화하는 작업으로, while 반복문을 시작하기 이전에 어떠한 부분에서나 정의하면 된다. 만약에 제어 변수의 초기 값을 설정하지 않으면 C 언어의 특징처럼 메모리에 저장되어 있던 그 어떤 값이 자동적으로 제어 변수의 초기 값으로 설정되어 반복 횟수를 원하는 형태로 수행하지 못하게 된다.

다음의 예제 프로그램은 초기 값을 설정하는 작업을 실수로 생략하고 while 반복문을 작성한 경우를 나타내고 있다. 작업의 편의를 위해서 위에서 작성한 예제 프로그램에서 초기 값을 설정하는 i = 0 문장이 빠진 경우의 실행 결과이다.

```
int i;                          //제어 변수 설정

while ( i < 5 )   // 조건식 정의
{
   printf("제어 변수 i = %d 입니다.\n", i);

   i++;                         // 증감식을 표현
}
```

프로그램 실행 결과

```
제어 변수 i = -858992858 입니다.
제어 변수 i = -858992857 입니다.
제어 변수 i = -858992856 입니다.
         . . . . . . . .
계속 번복 수행 ... 언제까지인지 알 수 없음
```

두 번째로 위에서 보여준 while 반복문의 형식에서 증감식을 표현하는 작업은 for 반복문에서 사용하는 것처럼 제어 변수의 값을 i++ 또는 i = i + 4와 같이 증가시키거나, 감소시키는 연산문을 반복 처리를 위해 설정된 블록 안에 사용하여 제어 변수의 값을 변경하는 문장을 반복 처리를 위해 설정된 블록 안에 표현하여야 한다. 만약에 제어 변수의 값을 변경하기 위한 연산문이나 입력문이 생략된다면, 조건식 i 〈 5에서 제어 변수 i의 값이 변경되지 않고, 초기값으로 그대로 존재하므로 조건식은 계속 참이 되어 무한대로 반복 처리를 수행하게 된다.

다음의 예제 프로그램은 설정된 블록 안에 제어 변수의 값을 변경하는 문장을 실수로 생략하고 while 반복문을 작성한 경우를 나타내고 있다. 이전에 작성한 예제 프로그램의 블록 안에서 i++ 과 같이 제어 변수의 값을 변경하기 위한 연산문이나 입력문이 생략된 경우의 실행 결과이다.

```
int i;                    //제어 변수 설정

i = 0;                    // 초기 값 설정 작업

while ( i < 5 )   // 조건식 정의
{
   printf("제어 변수 i = %d 입니다.\n", i);
}

printf("while 반복문 밖의 i = %d 입니다.\n", i);
```

프로그램 실행 결과

```
제어 변수 i = 0 입니다.
제어 변수 i = 0 입니다.
제어 변수 i = 0 입니다.
   . . . . . . . .
  무한대 번복 수행
```

예제 6.8

1에서부터 10까지의 합계를 구하는 프로그램을 while 반복문을 사용하여 작성한다.

프로그램 작성 과정

1 합계 : sum

반복을 위한 제어 변수 : i

프로그램 작성 결과

```
/* 1에서부터 10까지의 합계를 구하는 프로그램 */
#include <stdio.h>

int main(void)
{
    int sum;                        // 누적되는 합계를 저장
    int i = 1;                      // 제어 변수

    sum = 0;                        // 누적시키기 위해 초기화

    while ( i <= 10 )               // 10번 반복
    {
        sum = sum + i;              // 반복시마다 i값을 sum에 계속 누적

        printf("i 값은 = %d  누적된 sum 값은 = %d\n", i, sum);  //i값, sum값 출력
        i++;
    }

    return 0;
}
```

프로그램 실행 결과

```
i 값은 = 1  누적된 sum 값은 = 1
i 값은 = 2  누적된 sum 값은 = 3
i 값은 = 3  누적된 sum 값은 = 6
i 값은 = 4  누적된 sum 값은 = 10
```

```
i 값은 = 5  누적된 sum 값은 = 15
i 값은 = 6  누적된 sum 값은 = 21
i 값은 = 7  누적된 sum 값은 = 28
i 값은 = 8  누적된 sum 값은 = 36
i 값은 = 9  누적된 sum 값은 = 45
i 값은 = 10  누적된 sum 값은 = 55
```

예제 6.9

1에서부터 10까지 중에서 홀수의 합과 짝수의 합계를 구하는 프로그램을 작성한다.

1 while 반복문을 사용하여 홀수의 합과 짝수의 합을 각각 계산한다.
계산 결과를 확인하기 위하여 1부터 10까지의 합을 출력해 보고, 홀수의 합과 짝수의 합을 더해서 결과를 확인한다.

프로그램 작성 결과_1

```
/* 1에서부터 10 중에서 */
/* 1+3+5+7+9의 합계와 2+4+6+8+10의 합계를 계산하는 프로그램 */
#include <stdio.h>

int main(void)
{
    int odd_sum, even_sum, sum;            // 누적되는 합계를 저장
    int i;                                 // 제어 변수 설정
    int test_sum;                          // 제어 변수 설정

    odd_sum = even_sum = sum = 0;          // 누적시키기 위해 초기화

    i = 1;                                 // 제어 변수 초기화 작업
    while ( i <= 10 )                      // 1부터 10까지의 합 계산
    {
       sum = sum + i;                      // 반복시마다 i값을 sum에 계속 누적
       i++;                                // 제어 변수 증가
    }

    i = 1;                                 // 제어 변수 초기화 작업
    while ( i < 10 )                       // 홀수의 합을 계산
    {
```

```
        odd_sum = odd_sum + i;     // 반복시마다 i값을 odd_sum에 누적
        i += 2;                             // 제어 변수 증가
    }

    i = 2;                                  // 제어 변수 초기화 작업
    while ( i <= 10 )                       // 짝수의 합을 계산
    {
        even_sum = even_sum + i;   // 반복시마다 i값을 even_sum에 누적
        i += 2;                             // 제어 변수 증가
    }

    test_sum = odd_sum + even_sum;

    printf("1부터 10까지의 합 = %d\n홀수의 합 = %d\n", sum, odd_sum);
    printf("짝수의 합 = %d\n홀수 합 + 짝수 합= %d\n", even_sum, test_sum);

    return 0;
}
```

프로그램 실행 결과

```
1부터 10까지의 합 = 55
홀수의 합 = 25
짝수의 합 = 30
홀수 합 + 짝수 합= 55
```

2 while 반복문과 if 조건문과 % 연산자를 사용하여 홀수의 합과 짝수의 합을 각각 계산한다. for 반복문 안에서 % 연산자를 사용하여 제어 변수의 값이 홀수인지, 짝수인지를 파악하여 홀수이면 홀수 합에 누적시키고, 짝수이면 짝수 합에 누적시킨다.

프로그램 작성 결과_2

```
/* 1에서부터 10 중에서 */
/* 1+3+5+7+9의 합계와 2+4+6+8+10의 합계를 계산하는 프로그램 */
#include <stdio.h>

int main(void)
{
    int odd_sum, even_sum, sum;             // 누적되는 합계를 저장
```

```
    int i, temp;                         // 제어 변수 설정
    int test_sum;                        // 제어 변수 설정

    odd_sum = even_sum = sum = 0;        // 누적시키기 위해 초기화

    i = 1;                               // 제어 변수 초기화 작업
    while ( i <= 10 )                    // 1부터 10까지의 합 계산
    {
      sum = sum + i;                     // 반복시마다 i값을 sum에 계속 누적

      temp = i % 2;
      if( temp == 0 )
              even_sum = even_sum + i;   // 짝수의 합을 계산
      else
              odd_sum = odd_sum + i;     // 홀수의 합을 계산

      i++;                               // 제어 변수 증가
    }

    test_sum = odd_sum + even_sum;

    printf("1부터 10까지의 합 = %d\n홀수의 합 = %d\n", sum, odd_sum);
    printf("짝수의 합 = %d\n홀수 합 + 짝수 합= %d\n", even_sum, test_sum);

    return 0;
}
```

프로그램 실행 결과

```
1부터 10까지의 합 = 55
홀수의 합 = 25
짝수의 합 = 30
홀수 합 + 짝수 합= 55
```

기본문제 7

기본 문제 6의 변형된 형태이다. C 언어에 대한 성적을 입력하여 총점과 평균을 계산하는 프로그램을 작성한다. 단 학생의 인원수를 알지 못하고, 데이터의 마지막을 나타내기 위하여 데이터 입력이 끝나면 999를 입력한다.

제시된 문제는 학생 인원수를 모르는 상태에서 계속해서 시험 점수를 입력하고 마지막 데이터로 999가 입력되는 경우이다. 따라서 999는 시험 점수가 아니고 마지막을 의미하는 표시와 같은 역할을 한다. 그러므로 총점은 입력된 999 이전까지 점수를 합하여 계산하면 된다.

문제 해결을 위한 알고리즘

입력 C 언어 시험 점수 계속 입력, 999 입력

출력 C 언어 시험 점수의 총점, 평균

처리 과정

1. 시험 점수를 입력한다.
2. 입력된 데이터가 999가 아니면 시험 점수이므로 sum에 더한다.
   입력된 데이터가 999이면 반복 처리를 중지하고 4번부터 처리한다.
3. 입력된 점수를 카운트한다.
4. 평균을 계산한다.
5. 총점, 평균을 출력한다.

프로그램 작성 과정

1. C 언어 점수 : C_language
   총점 : sum, 평균 : ave
   반복을 위한 제어 변수 : i, j

프로그램 작성 결과

```
/* 학생의 인원수를 알지 못하는 경우 C 언어에 대한 성적을 입력하여 */
/* 총점과 평균을 계산하는 프로그램, 마지막 데이터로 999가 입력 */
#include <stdio.h>

int main(void)
{
    int C_language;                                   // C_언어 점수 데이터 저장
    int sum = 0;                                      // 총점 저장
    float ave;                                        // 평균 저장
    int student_count = 0;                            // 인원수 카운트 변수

    printf("C_언어 점수를 입력하세요./입력할 데이터가 없으면 999 입력? ");
```

```
    scanf("%d", &C_language);

    while ( C_language != 999 )      // 입력 데이터가 999일 때까지 반복
    {
        sum = sum + C_language;              // C_언어 점수 sum에 합산
        student_count = student_count + 1;  // 인원수 카운트

        printf("C_언어 점수를 입력하세요./입력할 데이터가 없으면 999 입력? ");
        scanf("%d", &C_language);
    }

    ave = (float)sum / student_count;                         // 평균 계산

    printf("인원수 = %d\n", student_count);                   // 인원수 출력
    printf("총점 값은 = %d\n", sum);                          // 총점 값 출력
    printf("평균값은 = %f\n\n", ave);                         // 평균값 출력

    }

    return 0;
}
```

프로그램 실행 결과

```
C_언어 점수를 입력하세요./입력할 데이터가 없으면 999 입력? 70↵
C_언어 점수를 입력하세요./입력할 데이터가 없으면 999 입력? 80↵
C_언어 점수를 입력하세요./입력할 데이터가 없으면 999 입력? 90↵
C_언어 점수를 입력하세요./입력할 데이터가 없으면 999 입력? 83↵
C_언어 점수를 입력하세요./입력할 데이터가 없으면 999 입력? 91↵
C_언어 점수를 입력하세요./입력할 데이터가 없으면 999 입력? 999↵

총점 값은 = 414
평균값은 = 82.800003
```

6.4.3 while 반복문과 for 반복문의 관계

while 반복문과 for 반복문은 반복 처리를 위해 설정된 문장 또는 블록을 반복 수행하는 입장에서는 둘 다 동일한 반복문이라고 말 할 수 있다. 그리고 while 반복문과 for 반복문 2개 모두 반복

을 제어하는 3가지 항목이 모두 사용된다는 것이다. 따라서 기능상으로는 2개의 반복문이 거의 유사하다고 할 수 있다.

그러나 반복문을 사용하는 목적에 있어서 for 반복문은 반복 횟수에 초점을 두고 많이 사용되고 있으며, while 반복문은 우리가 앞에서 다루었던 999라는 데이터 입력과 같이 마지막 값에 의해 반복 처리를 수행하는 것처럼 제시된 조건에 의해 반복 처리를 수행하는 것에 목적을 두고 있다.

또한 for 반복문은 반복을 정의하는 for 문에 초기값 설정, 조건식 정의, 증감식의 표현과 같이 반복을 제어하는 3가지 항목을 함께 표현하지만, while 반복문은 반복을 제어하는 3가지 항목이 분산되어 필요한 위치에 표현된다. while 반복문과 for 반복문 모두의 처리 과정은 정의된 조건식의 결과 값이 참인 경우에 반복 처리를 위해 설정되어 있는 문장 또는 블록을 수행하고, 거짓인 경우에는 반복 처리를 종료한다.

이와 같이 while 반복문과 for 반복문은 어떤 측면에서는 동일하다고 할 수 있고, 어떤 측면에서는 차이가 난다고 할 수 있다. 다음에서 보여주는 그림은 while 반복문과 for 반복문의 표현 과정에서의 관계를 나타내고 있다.

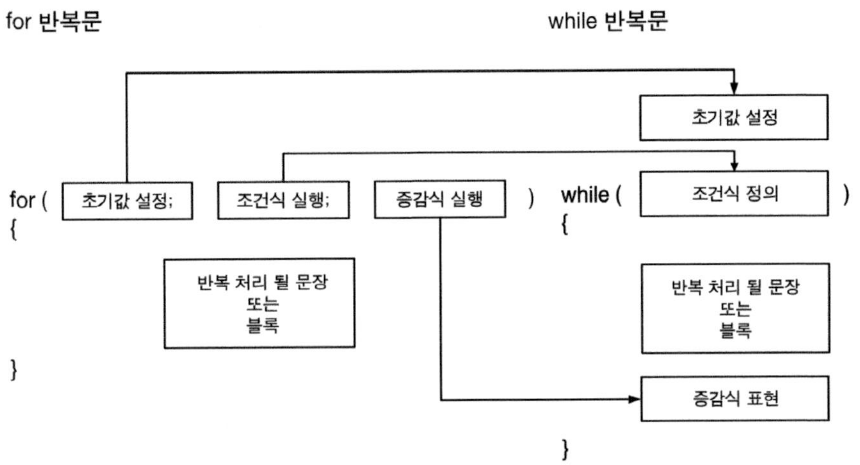

그림 6-9 while 반복문과 for 반복문의 관계

위의 그림에서 보여주는 것처럼 while 반복문과 for 반복문은 반복을 제어하는 3가지 항목을 위치만 다르고, 나머지는 거의 똑같다. 따라서 이전의 예제 프로그램과 같이 while 반복문으로 작성된 프로그램들은 for 반복문으로 아주 쉽게 변경할 수 있으며, 마찬가지로 for 반복문으로 작성된 프로그램들도 while 반복문으로 아주 쉽게 변경할 수 있다.

[6.5] 중첩된 while 반복문

while 반복문도 for 반복문과 마찬가지로 2개의 반복문을 중첩하여 사용할 수 있다. 중첩의 의미는 반복문 안에 또 다른 반복문을 끼워 넣는다는 의미이므로, 반드시 동일한 반복문을 사용하여 중첩된 반복문을 사용할 필요는 없다. 다시 말해서 필요에 따라 while 반복문 안에 for 반복문을 사용할 수도 있다는 것이다.

6.5.1 중첩된 while 반복문의 개념

중첩된(nested) while 반복문은 중첩된 for 반복문과 같은 방법으로 표현하면 된다. 중첩된 while 반복문은 while 반복문 안에 또 다른 while 반복문을 표현하는 것이다. 중첩된 while 반복문은 중첩된 구조로 표현된 여러 개의 while 반복문이 중첩되면서 서로 유기적으로 반복 처리를 수행하는 경우이다. 만약에 2개의 while 반복문이 중첩되어 있는 경우에 바깥쪽에 위치한 while 반복문을 외부 while 반복문(external while loop)이라고 하며, 안쪽에 위치한 while 반복문을 내부 while 반복문(internal while loop)이라고 한다.

중첩된 while 반복문의 처리 과정은 외부 while 반복문이 1번 반복 처리되는 동안에 외부 while 반복문의 안에서 내부 while 반복문은 정의한 조건식의 결과 값이 참인 동안 반복 처리를 수행한다. 이러한 절차에 의해 반복 처리를 수행하다가 조건식의 결과 값이 거짓이 되면 내부 while 반복문은 종료되고, 다시 외부 while 반복문의 조건식의 결과 값이 참/거짓 여부에 의해 외부 while 반복문의 반복 처리를 수행할 것인가, 아니면 외부 while 반복문을 종료할 것인가를 결정한다. 그러므로 중첩된 while 반복문은 반복 처리 횟수는 for 반복문과는 다르게 대부분 while 반복문을 실행해야만 알 수가 있다.

그림 6-10은 중첩된 while 반복문에 대한 순서도와 중첩된 while 반복문의 형태를 나타내고 있다.

그림 6-10에서 보여주는 것처럼 2개의 while 반복문이 중첩된 형태를 나타내고 있으며, 여기에서 2개의 while 반복문은 각각 다른 while 반복문이다. 각각 다른 while 반복문 중에 하나의 while 반복문 안으로 다른 while 반복문이 들어가는 형태이다. 따라서 각각의 while 반복문에서 반복을 제어하는 제어 변수와 조건식은 다르게 정의되어야 한다. 위에서 보여준 그림 6-10과 같이 제어 변수를 포함하는 조건식이 다르게 정의되어 있다. 만약에 실수로 중첩된 while 반복문의 제어 변수를 동일하게 정의하면 프로그램의 실행 결과는 의도한 결과를 나타내지 못하는 논리적인 에러(logical error)를 포함하게 될 것이다.

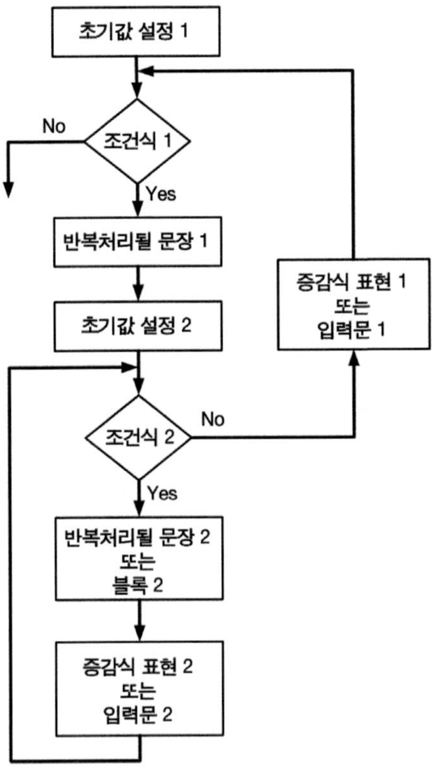


```
초기값 설정 1;
While(조건식 1)
{
     반복 처리될 문장 1;
     초기값 설정 2;
     while(조건식 2)
     {
       반복 처리될 문장 2;
        또는
        블록 2

       증감식 표현 2
         또는
       입력문 1;
     }
}
```

그림 6-10 중첩된 while 반복문의 형태

예제 6.10

임의의 정수 5개를 입력하면, 데이터를 입력할 때마다 1부터 입력된 데이터까지의 합계를 계산하는 프로그램을 작성한다.

제시된 문제는 2가지의 반복 처리가 필요하다.

1. 하나는 임의의 정수 5개를 입력하는 작업이다.
2. 다른 하나는 1부터 입력된 데이터까지의 합계를 계산하는 작업이다.

따라서 각각의 처리 작업에 대하여 각각의 while 반복문을 작성하고, 처리 결과에 문제가 없으면 중첩을 시키면 된다.

프로그램 작성 결과_1

```
/* 임의의 정수 5개를 입력하는 프로그램 */
#include <stdio.h>

int main(void)
{
    int number;                                 // 임의의 정수를 저장
    int i, j;                                   // 제어 변수 설정

    i = 1;                                      // 제어 변수 초기화 작업

    while ( i <= 5 )                            // 1부터 10까지의 합 계산
    {
      printf("임의의 정수를  입력하세요? ");
      scanf("%d", &number);

      printf("입력된 정수의 값 = %d\n", number);

      i++;                                      // 제어 변수 증가
    }

    return 0;
}
```

프로그램 실행 결과

```
임의의 정수를  입력하세요? 10↵
입력된 정수의 값 = 10
임의의 정수를  입력하세요? 30↵
입력된 정수의 값 = 30
임의의 정수를  입력하세요? 50↵
입력된 정수의 값 = 50
임의의 정수를  입력하세요? 80↵
입력된 정수의 값 = 80
임의의 정수를  입력하세요? 100↵
입력된 정수의 값 = 100
```

프로그램 작성 결과_2

```
/* 1부터 10까지 합계를 계산하는 프로그램 */
#include <stdio.h>

int main(void)
{
    int number, sum;                        // 임의의 정수, 합계를 저장
    int i, j;                               // 제어 변수 설정

    sum = 0;                                // sum 변수 초기화 작업
    j = 1;                                  // 제어 변수 초기화 작업

    while ( j <= 10 )                       // 1부터 10까지의 합 계산
    {
        sum = sum + j;                      // C_언어 점수 sum에 합산

        j++;                                // 제어 변수 증가
    }
    printf("1부터 10까지의 합계 = %d\n", sum);

    return 0;
}
```

프로그램 실행 결과

```
1부터 10까지의 합계 = 55
```

이와 같이 제시된 문제 해결을 위해서 각각의 프로그램을 완성하고, 실행 결과도 확인하였다. 지금부터는 각각의 프로그램을 중첩하는 과정을 설명한다. 임의의 정수 1개가 입력되면 그 후에 1부터 입력된 데이터까지 합계를 계산해야 되므로 프로그램 작성 결과_2가 프로그램 작성 결과_1 안으로 중첩되면 된다. 이때 중첩될 때 그대로 끼워만 놓으면 되는 것이 아니라 프로그램 작성 결과_1에 따라 프로그램 작성 결과_2를 약간 변경할 사항이 존재한다. 프로그램 작성 결과_2는 10까지로 한정되어 있으므로 이것을 입력된 데이터를 나타내는 number로 변경하면 된다.

다음은 최종적으로 작성된 프로그램을 나타낸다.

최종적인 프로그램 작성 결과

```
/* 임의의 정수 5개를 입력하여 */
/* 1부터 입력된 데이터까지 합계를 계산하는 프로그램 */
#include <stdio.h>

int main(void)
{
    int number, sum;                        // 임의의 정수, 합계를 저장
    int i, j;                               // 제어 변수 설정

    i = 1;                                  // 제어 변수 초기화 작업

    while ( i <= 5 )                        // 1부터 10까지의 합 계산
    {
      printf("임의의 정수를  입력하세요? ");
      scanf("%d", &number);

      printf("입력된 정수의 값 = %d\n", number);
      sum = 0;                              // sum 변수 초기화 작업
      j = 1;                                // 제어 변수 초기화 작업

      while ( j <= number )                 // 1부터 number까지의 합 계산
      {
            sum = sum + j;                  // C_언어 점수 sum에 합산

            j++;                            // 제어 변수 증가
      }
      printf("1부터 입력된 데이터 %d까지의 합계 = %d\n\n", number, sum);

      i++;                                  // 제어 변수 증가
    }

    return 0;
}
```

프로그램 실행 결과

```
임의의 정수를  입력하세요? 10↵
입력된 정수의 값 = 10
1부터 입력된 데이터 10까지의 합계 = 55

임의의 정수를  입력하세요? 30↵
입력된 정수의 값 = 30
1부터 입력된 데이터 30까지의 합계 = 465

임의의 정수를  입력하세요? 50↵
입력된 정수의 값 = 50
1부터 입력된 데이터 50까지의 합계 = 1275

임의의 정수를  입력하세요? 80↵
입력된 정수의 값 = 80
1부터 입력된 데이터 80까지의 합계 = 3240

임의의 정수를  입력하세요? 100↵
입력된 정수의 값 = 100
1부터 입력된 데이터 100까지의 합계 = 5050
```

예제 6.11

예제 6.10을 변형한 문제이다. 임의의 정수 n을 입력하면, 데이터를 입력할 때마다 1부터 입력된 데이터까지의 합계를 계산하는 프로그램을 작성한다. 이때 데이터 입력은 계속되고 마지막 데이터(sentinel value)로 999가 입력된다.

예제 6.10에서는 임의의 정수 5개를 입력하여 데이터를 입력할 때마다 1부터 입력된 데이터까지의 합계를 계산하는 프로그램을 작성하는 경우였지만, 여기에서는 입력 데이터의 개수가 결정되지 않고 마지막에 입력되는 데이터는 합계를 계산하기 위한 데이터는 아니지만 입력 데이터의 끝을 나타내는 마지막 값으로 999를 입력한다, 따라서 입력 데이터가 999가 아니면 입력 데이터까지 합계를 계산하고, 입력 데이터가 999인 경우는 반복을 종료하면 된다.

제시된 문제는 2가지의 반복 처리가 필요하다.

1 하나는 임의의 정수가 999일 때까지 입력하는 작업이다.(999가 아니면 반복 처리)

2 다른 하나는 1부터 입력된 데이터까지의 합계를 계산하는 작업이다.

따라서 각각의 처리 작업에 대하여 각각의 while 반복문을 작성하고, 처리 결과에 문제가 없으면 중첩을 시키면 된다. 여기에서 2번째 반복 작업인 1부터 입력된 데이터까지의 합계를 계산하는 작업은 변경 사항이 없으므로 예제 6.10을 참고하고, 1번째 반복 작업에 대한 프로그램을 작성한다.

프로그램 작성 결과

```
/* 마지막 값에 의해 입력하는 프로그램 */
#include <stdio.h>

int main(void)
{
    int number;                                  // 임의의 정수를 저장
    int i, j;                                          // 제어 변수 설정

    i = 1;                                             // 제어 변수 초기화 작업

    printf("임의의 정수를  입력하세요? ");        // 데이터 입력 작업
    scanf("%d", &number);

    while ( number != 999 )                            // 마지막 값인가를 검사
    {
        printf("입력된 정수의 값 = %d\n\n", number);
        i++;                                           // 제어 변수 증가

        printf("임의의 정수를  입력하세요? ");            // 데이터 입력 작업
        scanf("%d", &number);                          // 데이터 입력 작업
    }
    printf("입력된 데이터 개수 = %d\n", i-1);    // 데이터 입력 작업

    return 0;
}
```

프로그램 실행 결과

```
임의의 정수를  입력하세요? 10 ↵
입력된 정수의 값 = 10

임의의 정수를  입력하세요? 30 ↵
입력된 정수의 값 = 30

임의의 정수를  입력하세요? 999 ↵
입력된 데이터 개수 = 2
```

최종적인 프로그램 작성 결과_1

```
/* 임의의 정수 5개를 입력하여 */
/* 1부터 입력된 데이터까지 합계를 계산하는 프로그램 */
#include <stdio.h>

int main(void)
{
     int number, sum;                         // 임의의 정수, 합계를 저장
     int i, j;                                // 제어 변수 설정

     i = 1;                                   // 제어 변수 초기화 작업

     printf("임의의 정수를  입력하세요? ");   // 데이터 입력 작업
     scanf("%d", &number);

     while ( number != 999 )                  // 마지막 값인가를 검사
     {
        printf("입력된 정수의 값 = %d\n", number);

        sum = 0;                              // sum 변수 초기화 작업
        j = 1;                                // 제어 변수 초기화 작업

        while ( j <= number )                 // 1부터 number까지의 합 계산
        {
                sum = sum + j;                // C_언어 점수 sum에 합산

                j++;                          // 제어 변수 증가
        }
```

```
        printf("1부터 입력된 데이터 %d까지의 합계 = %d\n\n", number, sum);

        i++;                                        // 입력된 데이터 개수 증가

        printf("임의의 정수를  입력하세요? ");
        scanf("%d", &number);
    }
    printf("입력된 데이터 개수 = %d\n", i-1);   // 데이터 입력 작업

    return 0;
}
```

프로그램 실행 결과

```
임의의 정수를  입력하세요? 10↵
입력된 정수의 값 = 10
1부터 입력된 데이터 10까지의 합계 = 55

임의의 정수를  입력하세요? 30↵
입력된 정수의 값 = 30
1부터 입력된 데이터 30까지의 합계 = 465

임의의 정수를  입력하세요? 999↵
입력된 데이터 개수 = 2
```

중첩된 반복문은 하나의 반복문 안에 또 다른 반복문이 포함되는 경우를 의미한다. 중첩된 반복문을 표현할 때 동일한 반복문을 사용하여 중첩된 반복문을 사용할 필요는 없다. 다시 말해서 필요에 따라 while 반복문 안에 for 반복문을 사용할 수도 있고, 반대의 경우도 가능하다는 것이다. 따라서 위에서 작성한 예제 6.11의 최종적인 프로그램 작성 결과_1을 서로 다른 반복문을 사용하여 중첩된 반복문으로 표현해 본다.

최종적인 프로그램 작성 결과_2

```
/* 입력 데이터가 999가 아니면 입력 데이터까지 합계를 계산하고, */
/* 입력 데이터가 999인 경우는 반복을 종료하는 프로그램 */
#include <stdio.h>

int main(void)
{
    int number, sum;                              // 임의의 정수, 합계를 저장
    int i, j;                                     // 제어 변수 설정

    i = 1;                                        // 제어 변수 초기화 작업

    printf("임의의 정수를  입력하세요? ");        // 데이터 입력 작업
    scanf("%d", &number);

    while ( number != 999 )                       // 마지막 값인가를 검사
    {
       printf("입력된 정수의 값 = %d\n", number);

       sum = 0;                                   // sum 변수 초기화 작업

       for ( j = 1; j <= number; j++ )            // 1부터 number까지의 합 계산
       {
           sum = sum + j;                         // C_언어 점수 sum에 합산
       }
       printf("1부터 입력된 데이터 %d까지의 합계 = %d\n\n", number, sum);

       i++;                                       // 입력된 데이터 개수 증가

       printf("임의의 정수를  입력하세요? ");
       scanf("%d", &number);
    }
    printf("입력된 데이터 개수 = %d\n", i-1);    // 데이터 입력 작업

    return 0;
}
```

프로그램 실행 결과

```
임의의 정수를 입력하세요? 10↵
입력된 정수의 값 = 10
1부터 입력된 데이터 10까지의 합계 = 55

임의의 정수를 입력하세요? 30↵
입력된 정수의 값 = 30
1부터 입력된 데이터 30까지의 합계 = 465

임의의 정수를 입력하세요? 999↵
입력된 데이터 개수 = 2
```

[6.6] do ... while 반복문

do ... while 반복문은 while 반복문과 한 가지만 다르고, 나머지는 동일하다고 할 수 있다. 또한 do ... while 반복문은 while 반복문의 모든 규정과 처리 절차를 똑같이 수행하므로 한 가지 차이점만 반드시 기억하면 된다.

6.6.1 do ... while 반복문의 개념

do ... while 반복문은 while 반복문과 모든 측면에서 유사하지만, 차이가 나는 한 가지는 반복을 제어하는 조건식을 정의하는 위치가 다르다는 것이다. 이것을 제외하면 while 반복문과 동일하다고 생각하면 된다. 따라서 do ... while 반복문을 이해하는 것은 매우 쉽고, 빠를 것이다.

그림 6-11은 do ... while 반복문에서 반복을 제어하는 조건식의 위치와 처리 절차에 대하여 나타낸 것이다.

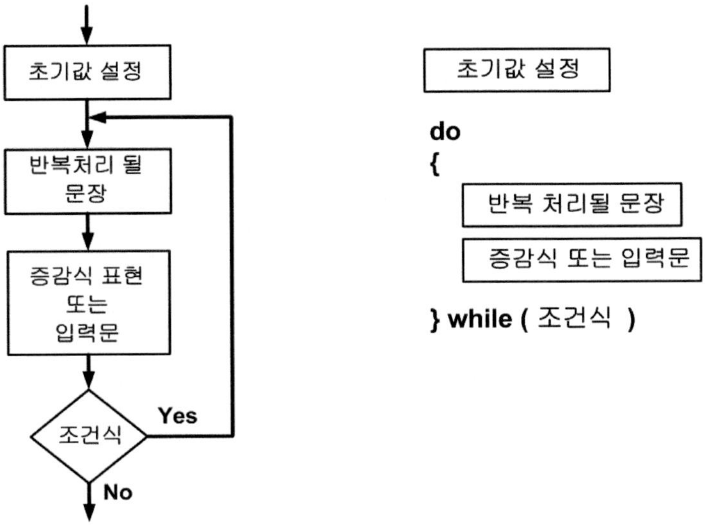

그림 6-11 do ... while 반복문의 처리 절차

위의 그림에서 보여주는 것처럼 do ... while 반복문에서 반복을 제어하는 3가지 항목이 동일하게 사용되고 있다. 이전에 설명한 것처럼 반복을 제어하는 조건식의 위치가 반복으로 설정된 부분의 처음이 아니라 마지막 부분에 위치한다는 것이다.

그러므로 반복을 제어하는 조건식의 위치가 마지막 부분에 존재하므로 조건식의 결과 값이 거짓이라도 이미 앞부분에 정의된 문장들은 실행을 마친 상태이다. 따라서 조건식의 결과가 거짓이라도 반복 처리될 부분으로 설정된 문장이나 블록은 반드시 1번은 수행하고 do ... while 반복문을 종료한다는 것이다. do ... while 반복문의 이러한 사항이 다른 반복문과 차이가 나는 특징이다.

다음은 do ... while 반복문의 표현 형식을 나타낸다.

```
초기 값을 설정하는 작업
do
{
    반복 처리될 문장들
    증감식의 표현 또는 입력문
} while (조건식);
```

위의 형식에서 보여주는 것처럼 do ... while 반복문은 반복 처리될 문장들의 블록을 중괄호 기호를 사용하여 정의해야 한다. 프로그램의 가독성을 위해서 중괄호 기호를 적절하게 사용하는 것이 바람직하다. 그리고 깜빡하면 실수할 수 있는 사항으로 while (조건식) 다음에 세미콜론을 반드시 표현해야 한다는 것이다.

do ... while 반복문에서 사용하는 조건식은 다른 반복문과 마찬가지로 참과 거짓을 나타낼 수 있는 관계 연산문이나 논리 연산문을 사용하면 된다. 초기 값을 설정하는 작업은 반복을 제어하는 제어 변수의 값을 정의할 수 있는 어떠한 문장도 가능하고, 반복 처리될 문장들은 단일 문장 또는 여러 문장이 나열 될 수 있다. 그리고 증감식의 표현 또는 입력문은 제어 변수의 값을 변경시킬 수 있는 증감식이나 입력문이 사용될 수 있다.

다음의 간단한 프로그램은 조건식이 거짓인 경우 do ... while 반복문이 수행되는 결과를 나타낸다.

(1) do ... while 반복문의 조건식이 참인 경우

```
int i;

i = 1;

do
{
    printf("do ... while 테스트, i의 값 = %d\n", i);

    i++;
} while ( i <= 5 )
printf("do ... while 테스트가 끝났습니다.\n");
```

프로그램 실행 결과

```
do ... while 테스트,  i의 값 = 1
do ... while 테스트,  i의 값 = 2
do ... while 테스트,  i의 값 = 3
do ... while 테스트,  i의 값 = 4
do ... while 테스트,  i의 값 = 5
do ... while 테스트가 끝났습니다.
```

(2) do ... while 반복문의 조건식이 거짓인 경우

```
int i;

i = 1;

do
{
    printf("do ... while 테스트, i의 값 = %d\n", i);

    i++;
} while ( i > 5 )
printf("do ... while 테스트가 끝났습니다.\n");
```

프로그램 실행 결과

```
do ... while 테스트,  i의 값 = 1
do ... while 테스트가 끝났습니다.
```

예제 6.12

사용자가 원하는 구구단을 출력하는 프로그램을 작성한다.

문제 해결을 위한 알고리즘

입력 원하는 구구단의 숫자

출력 입력된 데이터에 해당하는 구구단

프로그램 작성 결과

```
/* 사용자가 원하는 구구단을 출력하는 프로그램 */

#include <stdio.h>

int main(void)
{
```

```
    int input_data;                               // 원하는 구구단 숫자 저장
    int i;                                        // 제어 변수
    int temp;                                     // 구구단 계산 결과 저장

    printf("원하는 구구단 숫자를 입력하세요? ");
    scanf("%d", &input_data);

    printf("%d 단입니다.\n", input_data);          // 원하는 구구단 숫자 출력

    i = 1;
    do
    {
       temp = input_data * i;                              // 구구단 계산
       printf("%d * %d = %d\n", input_data, i, temp);      // 구구단 출력
       i++;

    } while ( i <= 9 );

    return 0;
}
```

프로그램 실행 결과

```
원하는 구구단 숫자를 입력하세요? 8↵
8 단입니다.
8 * 1 = 8
8 * 2 = 16
8 * 3 = 24
8 * 4 = 32
8 * 5 = 40
8 * 6 = 48
8 * 7 = 56
8 * 8 = 64
8 * 9 = 72
```

예제 6.13

사용자가 원하는 구구단의 숫자를 입력할 때마다 해당 구구단을 출력하는 프로그램을 작성한다. 구구단을 출력하는 작업을 종료하고 싶으면 999를 입력한다.

제시된 문제는 예제 6.12를 중첩된 반복문을 사용하여 해결할 수 있다. 마지막 값을 사용하므로 while 반복문으로 표현하면 가능하므로, while 반복문과 do ... while 반복문을 사용하여 프로그램을 작성하면 될 것이다.

프로그램 작성 결과

```
/* 원하는 구구단의 숫자를 입력할 때마다 해당 구구단을 출력하는 프로그램 */
/* 구구단을 출력하는 작업을 종료하고 싶으면 999를 입력한다. */

#include <stdio.h>

int main(void)
{
    int input_data;                                // 원하는 구구단 숫자 저장
    int i;                                         // 제어 변수
    int temp;                                      // 구구단 계산 결과 저장

    printf("원하는 구구단 숫자를 입력하세요? ");
    scanf("%d", &input_data);

    while ( input_data != 999 )
    {

        printf("%d 단입니다.\n", input_data);            // 원하는 구구단 숫자 출력

        i = 1;
        do
        {
            temp = input_data * i;                          // 구구단 계산
            printf("%d * %d = %d\n", input_data, i, temp);  // 구구단 출력
            i++;

        } while ( i <= 9 );
        printf("\n");                                       // 줄바꾸기
```

```
        printf("원하는 구구단 숫자를 입력하세요? ");
        scanf("%d", &input_data);
    }

    return 0;
}
```

프로그램 실행 결과

```
원하는 구구단 숫자를 입력하세요? 8↵
8 단입니다.
8 * 1 = 8
8 * 2 = 16
8 * 3 = 24
8 * 4 = 32
8 * 5 = 40
8 * 6 = 48
8 * 7 = 56
8 * 8 = 64
8 * 9 = 72

원하는 구구단 숫자를 입력하세요? 999↵
```

[6.7] break와 continue 명령어

우리가 앞에서 공부한 for 반복문, while 반복문 그리고 do ... while 반복문은 반복 처리를 제어하는 조건식에 의해 반복 처리가 결정되고, 반복을 수행하고 있는 동안에는 반복 처리를 종료할 수가 없다. 즉 반복 처리를 제어하는 조건식에 의해서만 반복문이 종료되고 반복문 다음에 수행할 문장이 처리될 수 있다는 것이다. 따라서 반복 처리를 프로그램 작성자가 마음대로 제어하기 위해 준비된 명령어가 break와 continue 명령어이다.

6.7.1 break 명령어의 개념

break와 continue 명령어는 용어의 의미에서 나타내는 것과 같이 반복 처리 작업의 수행을 중단시키고, 계속 처리하기 위해 준비된 명령어이다. break 명령어는 for 반복문, while 반복문 그리고 do ... while 반복문의 반복 처리 작업을 위해 정의된 조건식을 무시하고 강제로 종료시켜 반복 처리에서 벗어나기 위해 사용한다.

그러므로 break 명령어를 사용하면 문제 해결을 위해 반복문을 선택하는 과정에서의 고민을 해결해 준다. 문제 해결을 위해 for 반복문을 사용해야 하는지, 아니면 while 반복문을 사용해야 맞는 것인지와 같은 고민을 할 필요가 없다는 것이다. 반복문 중에서 아무 것이나 하나의 반복문을 선택하고 반복 처리되는 블록 안에 if 조건문을 사용하여 break 명령어를 표현하면 된다.

break 명령어는 반복 처리를 위해 설정된 블록 안에 위치하며, break 명령어가 실행되면 반복 처리는 강제로 종료되고, 정의된 반복문의 다음 문장이 실행된다. 그리고 break 명령어는 대부분 독자적으로 표현되는 것이 아니라, if 조건문과 같이 사용되어 어떠한 조건을 만족하면 반복문을 종료하기 위하여 사용된다.

다음의 프로그램은 반복 처리를 수행하다가 break 명령어가 수행되어 반복문문이 강제 종료되는 경우를 나타내고 있다.

```
int i;
for ( i = 0; i < 10; i ++ )
{
   if ( i == 4 )
         break;
   else
         printf("반복 테스트, 제어 변수 i = %d 입니다.\n", i);
}
printf("반복문 밖이고, 제어 변수 i = %d 입니다.\n", i);
```

프로그램 실행 결과

```
반복 테스트, 제어 변수 i = 0 입니다.
반복 테스트, 제어 변수 i = 1 입니다.
반복 테스트, 제어 변수 i = 2 입니다.
반복 테스트, 제어 변수 i = 3입니다.
반복문 밖이고, 제어 변수 i = 4 입니다.
```

위의 프로그램 실행 결과에서 보는 것처럼 제어 변수 i의 값을 1씩 증가시키면서 0부터 9까지 10번을 반복하기 위해 for 반복문을 정의하였지만, 반복문 안에서 제어 변수 i의 값을 검사하여 i의 값이 4인 경우에는 break 명령어를 실행시켜 정해진 10번을 반복하지 못하고 for 반복문을 종료하고 다음 문장을 수행하여 수행된 결과를 출력하였다. 따라서 반복 횟수는 4번을 실행하고 종료되었다.

다음의 예제 프로그램은 중첩된 반복문에서 break 명령어를 사용하는 경우에 실행 결과를 나타낸다.

```
int i, j;

for ( i = 0; i < 10; i ++ )
{
   for ( j = 0; j < 10; j ++ )
   {
       if ( j == 4 ) break;
       else printf("반복 테스트, 제어 변수 i = %d이고  j = %d입니다.\n", i, j);
   }
}
```

프로그램 실행 결과

```
반복 테스트, 제어 변수 i = 0이고  j = 1입니다.
반복 테스트, 제어 변수 i = 0이고  j = 2입니다.
반복 테스트, 제어 변수 i = 0이고  j = 3입니다.
반복 테스트, 제어 변수 i = 1이고  j = 0입니다.
반복 테스트, 제어 변수 i = 1이고  j = 1입니다.
      . . . . . . . . . . . . . . . . . . . . . .
반복 테스트, 제어 변수 i = 9이고  j = 3입니다.
```

위의 프로그램 실행 결과에서 보는 것처럼 중첩된 반복문에서 break 명령어를 사용하는 경우에는 전체 반복문에 영향을 끼치는 것이 아니라, break 명령어를 포함하고 있는 반복문만이 영향을 받아서 반복 실행을 종료하게 된다.

기본문제 8

기본 문제 7의 변형된 형태이다. C 언어에 대한 성적을 입력하여 총점과 평균을 계산하는 프로그램을 작성한다. 단 학생의 인원수를 알지 못하고, 데이터의 마지막을 나타내기 위하여 데이터 입력이 끝나면 999를 입력한다.

제시된 문제는 학생 인원수를 모르는 상태에서 계속해서 시험 점수를 입력하고 마지막 데이터로 999가 입력되는 경우이다. 따라서 999는 시험 점수가 아니고 마지막을 의미하는 표시와 같은 역할을 한다. 여기에서 학생 인원수를 모르는 상태이므로 for 반복문을 사용하여 임의로 100번 반복하게 작성한다. 총점은 입력된 999 이전까지 점수를 합하여 계산하면 된다.

프로그램 작성 결과

```
/* 학생의 인원수를 알지 못하는 경우 C 언어에 대한 성적을 입력하여 */
/* 총점과 평균을 계산하는 프로그램, 마지막 데이터로 999가 입력 */
#include <stdio.h>

int main(void)
{
    int C_language;                       // C_언어 점수 데이터 저장
    int i;                                // 제어 변수 설정
    int sum = 0;                          // 총점 저장
    float ave;                            // 평균 저장
    int student_count;                    // 인원수 카운트 변수

    for ( i = 1; i < 100; i ++ )
    {
        printf("C_언어 점수를 입력하세요./입력할 데이터가 없으면 999 입력? ");
        scanf("%d", &C_language);

        if ( C_language == 999 )          // 입력 데이터가 999일 때까지 반복
                break;
        else
        {
            sum = sum + C_language;       // C_언어 점수 sum에 합산
            student_count = i + 1;        // 인원수 카운트
        }
    }
```

```
    student_count = student_count -1;       // 인원수 카운트

    ave = (float)sum / student_count;               // 평균 계산

    printf("인원수 = %d\n", student_count);         // 인원수 출력
    printf("총점 값은 = %d\n", sum);                // 총점 값 출력
    printf("평균값은 = %f\n\n", ave);               // 평균값 출력

    return 0;
}
```

프로그램 실행 결과

```
C_언어 점수를 입력하세요./입력할 데이터가 없으면 999 입력? 70↵
C_언어 점수를 입력하세요./입력할 데이터가 없으면 999 입력? 80↵
C_언어 점수를 입력하세요./입력할 데이터가 없으면 999 입력? 90↵
C_언어 점수를 입력하세요./입력할 데이터가 없으면 999 입력? 83↵
C_언어 점수를 입력하세요./입력할 데이터가 없으면 999 입력? 91↵
C_언어 점수를 입력하세요./입력할 데이터가 없으면 999 입력? 999↵

총점 값은 = 414
평균값은 = 82.800003
```

예제 6.14

while 반복문에서 작성한 예제 6.11을 break 명령어를 사용하여 다시 작성한다. 임의의 정수 n을 입력하면, 데이터를 입력할 때마다 1부터 입력된 데이터까지의 합계를 계산하는 프로그램을 작성한다. 이때 데이터 입력은 계속되고 마지막 데이터(sentinel value)로 999가 입력된다.

프로그램 작성 결과

```
/* 입력 데이터가 999가 아니면 입력 데이터까지 합계를 계산하고, */
/* 입력 데이터가 999인 경우는 반복을 종료하는 프로그램 */
#include <stdio.h>

int main(void)
```

```
{
    int number, sum;                                // 임의의 정수, 합계를 저장
    int i, j;                                       // 제어 변수 설정

    for ( i = 0; i < 100; i ++ )
    {
        printf("임의의 정수를  입력하세요? ");        // 데이터 입력 작업
        scanf("%d", &number);

        if ( number == 999 ) break;                 // 마지막 값인가를 검사
        else
        {
            printf("입력된 정수의 값 = %d\n", number);

            sum = 0;                                // sum 변수 초기화 작업

            for ( j = 1; j <= number; j++ )         // 1부터 number까지의 합 계산
            {
                sum = sum + j;                      // C_언어 정수 sum에 합산
            }
            printf("1부터 입력된 %d까지의 합계 = %d\n\n", number, sum);

        }
    }
    printf("입력된 데이터 개수 = %d\n", i);           // 데이터 입력 작업

    return 0;
}
```

프로그램 실행 결과

```
임의의 정수를  입력하세요? 10 ↵
입력된 정수의 값 = 10
1부터 입력된 데이터 10까지의 합계 = 55

임의의 정수를  입력하세요? 30 ↵
입력된 정수의 값 = 30
1부터 입력된 데이터 30까지의 합계 = 465

임의의 정수를  입력하세요? 999 ↵
입력된 데이터 개수 = 2
```

위의 프로그램에서 보는 것처럼 while 반복문을 제거하고 for 반복문을 사용하여 반복 횟수를 알지 못하므로 임의로 100번 수행하게 정의하였다. 그리고 if 조건문을 사용하여 마지막 값인 999인가를 검사하여 마지막 값이 999이면 break 명령어를 수행하여 반복문을 종료하게 하였고, 마지막 값이 999가 아닌 경우에는 1부터 입력된 데이터까지 합계를 계산하여 출력하게 하였다. 이전에 while 반복문을 사용하여 작성한 프로그램과 break 명령어를 사용하여 작성한 프로그램을 비교해 보면 2개의 프로그램이 약간은 다르게 정의되는 것을 볼 수가 있다.

6.7.2 continue 명령어의 개념

break 명령어는 break 명령어가 포함된 반복문의 반복 처리를 완전히 종료시키는 것과 비교하여 continue 명령어는 continue 명령어가 포함된 반복문의 반복 처리를 완전히 종료시키지 않고 continue 명령어가 실행되면 continue 명령어 다음에 나열된 문장들만을 실행하지 않고 다음의 반복 처리를 계속해서 수행하게 하는 명령어이다.

continue 명령어는 for 반복문, while 반복문 그리고 do ... while 반복문과 같이 C 언어에서 제공하는 모든 반복문에서 사용이 가능하다. 각각의 반복문이 처리되는 과정에서 continue 명령어를 실행하는 경우에는 continue 명령어의 다음에 정의된 명령어들의 실행은 생략하고, 다음의 반복 처리를 위해 반복 처리를 정의하는 문장을 실행하여 반복 여부를 판단하고, 계속해서 반복 처리를 수행하거나 아니면 반복을 종료한다.

다음의 그림은 C 언어에서 제공하는 3가지 반복문에서 continue 명령어를 실행하는 경우에 반복 처리를 위해 실행하는 명령어를 찾아가는 형태를 나타내고 있다.

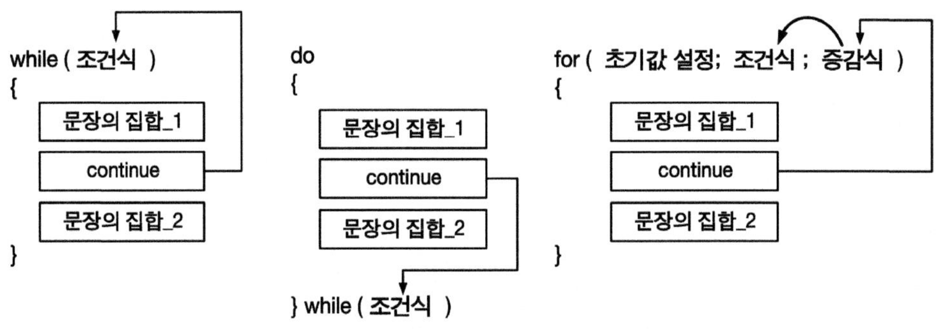

그림 6-12 3가지 반복문에서 continue 명령어의 처리 과정

위의 그림에서 보여주는 것처럼 while 반복문과 do ... while 반복문에서 continue 명령어가 실행되는 경우에는 continue 명령어 다음의 문장들을 실행하지 않고, 곧바로 반복 처리를 위해 정의된 조건식으로 건너가서 조건식의 값을 계산하고 반복 처리의 진행 여부를 판단한다. 그러나 for 반복문은 조건식으로 건너가기 전에 증감식을 계산하고, 조건식으로 건너가서 조건식의 값을 계산하고 반복 처리의 진행 여부를 판단한다.

다음의 프로그램은 for 반복문에서 continue 명령어가 실행되었을 때 처리되는 과정을 나타내고 있다.

```
int i;                                          // 제어 변수 설정

for ( i = 1; i <= 4; i ++ )
{
   printf("continue 명령어 이전 작업,  i의 값 = %d\n", i);
   if ( i == 3 ) continue;
   printf("continue 다음 작업,  i의 값 = %d\n", i);
}
```

프로그램 실행 결과

```
continue 명령어 이전 작업,  i의 값 = 1
continue 다음 작업,  i의 값 = 1
continue 명령어 이전 작업,  i의 값 = 2
continue 다음 작업,  i의 값 = 2
continue 명령어 이전 작업,  i의 값 = 3
continue 명령어 이전 작업,  i의 값 = 4
continue 다음 작업,  i의 값 = 4
```

위에서 보여준 프로그램의 실행 결과에서 보는 것처럼 제어 변수 i의 값이 3인 경우에 continue 명령어가 실행되므로, continue 명령어 이전 작업은 수행되어 제대로 된 결과를 출력하였지만, continue 명령어 이후 작업은 수행되지 않고, for 반복문의 증감식을 계산하고, 다음 반복 처리가 수행된 결과를 나타내고 있다.

위에서 작성된 프로그램은 for 반복문을 사용하여 continue 명령어가 처리 되는 과정을 보여주고 있지만, for 반복문뿐만 아니라 while 반복문과 do ... while 반복문을 사용하여 표현할 수도 있다.

예제 6.15

임의의 숫자 10개를 계속하여 입력하고, 입력된 데이터를 출력한다. 여기에서 한 가지 조건은 40에서 80까지는 출력되지 않게 한다.

프로그램 작성 결과

```
/*임의의 숫자 10개를 입력하여, 40에서 80까지는 출력되지 않게 하는 프로그램 */

#include <stdio.h>

int main(void)
{
    int i, j;                              // 제어 변수 설정
    int number;                            // 입력 데이터 저장

    for ( i = 1; i <= 10; i ++ )
    {
       printf("임의의 정수를  입력하세요? ")         // 데이터 입력 작업
       scanf(“%d”, &number);

       if ( number >= 40 && number <= 80 ) continue;

       printf("출력되는 값 = %d\n", number);
    }

    return 0;
}
```

프로그램 실행 결과

```
임의의 정수를  입력하세요? 10
출력되는 값 = 10
임의의 정수를  입력하세요? 20
출력되는 값 = 20
임의의 정수를  입력하세요? 30
출력되는 값 = 30
임의의 정수를  입력하세요? 40
임의의 정수를  입력하세요? 50
임의의 정수를  입력하세요? 60
임의의 정수를  입력하세요? 70
임의의 정수를  입력하세요? 80
임의의 정수를  입력하세요? 90
출력되는 값 = 90
임의의 정수를  입력하세요? 100
출력되는 값 = 100
```

예제 6.16

1부터 50까지 숫자 중에서 짝수의 합계를 계산하는 프로그램을 작성한다.

프로그램 작성 결과

```
/* 1부터 50까지 숫자 중에서 짝수의 합계를 계산하는 프로그램 */

#include <stdio.h>

int main(void)
{
	int i, j;                                   // 제어 변수 설정
	int remainder, sum;                         // 나머지. 합계 저장

	sum = 0;
	for ( i = 1; i <= 50; i ++ )
	{
		remainder = i % 2;                      // 나머지 계산하는 작업

		if ( remainder == 1 ) continue;

		sum = sum + i;
	}
	printf("1 ~ 50 중에서 짝수의 합계 = %d\n", sum);

	return 0;
}
```

프로그램 실행 결과

```
1 ~ 50 중에서 짝수의 합계 = 650
```

예제 6.17

임의의 숫자를 계속하여 입력하고, 입력된 데이터를 출력한다. 여기에서 한 가지 조건은 40에서 80까지는 출력되지 않게 한다. 이때 데이터 입력은 계속되고 마지막 데이터(sentinel value)로 999가 입력된다.

프로그램 작성 결과_for 반복문을 사용하는 경우

```
/*임의의 숫자 10개를 입력하여, 40에서 80까지는 출력되지 않게 하는 프로그램 */
/* 입력 데이터가 999가 아니면 입력 데이터까지 합계를 계산하고, */
/* 입력 데이터가 999인 경우는 반복을 종료하는 프로그램 */

#include <stdio.h>

int main(void)
{
    int i, j;                                   // 제어 변수 설정
    int number;                                 // 입력 데이터 저장

    for ( i = 1; i <= 100; i ++ )
    {
        printf("임의의 정수를  입력하세요? ");        // 데이터 입력 작업
        scanf("%d", &number);

        if ( number == 999 ) break;
        if ( number >= 40 && number <= 80 ) continue;

        printf("출력되는 값 = %d\n", number);
    }

    return 0;
}
```

프로그램 실행 결과

```
임의의 정수를  입력하세요? 10        임의의 정수를  입력하세요? 60
출력되는 값 = 10                    임의의 정수를  입력하세요? 70
임의의 정수를  입력하세요? 20        임의의 정수를  입력하세요? 80
출력되는 값 = 20                    임의의 정수를  입력하세요? 90
임의의 정수를  입력하세요? 30        출력되는 값 = 90
출력되는 값 = 30                    임의의 정수를  입력하세요? 100
임의의 정수를  입력하세요? 40        출력되는 값 = 100
임의의 정수를  입력하세요? 50        임의의 정수를  입력하세요? 999
```

프로그램 작성 결과_while 반복문을 사용하는 경우

```
/*임의의 숫자 10개를 입력하여, 40에서 80까지는 출력되지 않게 하는 프로그램 */
/* 입력 데이터가 999가 아니면 입력 데이터까지 합계를 계산하고, */
/* 입력 데이터가 999인 경우는 반복을 종료하는 프로그램 */

#include <stdio.h>

int main(void)
{
    int i, j;                                          // 제어 변수 설정
    int number;                                        // 입력 데이터 저장

    printf("임의의 정수를  입력하세요? ");             // 데이터 입력 작업
    scanf("%d", &number);

    while ( number != 999 )
    {
      if ( number >= 40 && number <= 80 )
      {
            printf("임의의 정수를  입력하세요? ");     // 데이터 입력 작업
            scanf("%d", &number);
            continue;
      }
      else
            printf("출력되는 값 = %d\n", number);

      printf("임의의 정수를  입력하세요? ");           // 데이터 입력 작업
      scanf("%d", &number);

    }

    return 0;
}
```

프로그램 실행 결과

```
임의의 정수를  입력하세요? 10        임의의 정수를  입력하세요? 60
출력되는 값 = 10                     임의의 정수를  입력하세요? 70
임의의 정수를  입력하세요? 20        임의의 정수를  입력하세요? 80
출력되는 값 = 20                     임의의 정수를  입력하세요? 90
임의의 정수를  입력하세요? 30        출력되는 값 = 90
출력되는 값 = 30                     임의의 정수를  입력하세요? 100
임의의 정수를  입력하세요? 40        출력되는 값 = 100
임의의 정수를  입력하세요? 50        임의의 정수를  입력하세요? 999
```

연습문제

1) 다음과 같은 for 반복문을 실행을 완료하였을 경우 제어 변수 i에는 얼마가 저장되어 있는가?
for (i = 0; i 〈 1000; i = i + 4)

2) 다음의 그림과 같이 출력되도록 프로그램을 작성하라.

```
1)          *                        2)        ***********
           ***                                  *********
          *****                                  *******
         *******                                  *****
        *********                                  ***
       ***********                                  *
      *************
```

3) 다음과 같은 수열의 합을 계산하는 프로그램을 for 반복문을 이용하여 작성하라.
1+1+2+1+2+3+1+2+3+4+1+2+3+4+5+................+1+2+3+4+5+.........+10

4) 1부터 100 중에서 3의 배수와 6의 배수를 출력하는 프로그램을 작성하라, 단 3의 배수이면서 6의 배수에 해당하는 숫자는 1번만 출력한다.

5) 바둑판의 각 칸에 매일 순서대로 1원, 2원, 4원, 8원씩 올려놓으면서 저금을 한다고 가정한다. 바둑판의 모든 칸을 채우면 저금한 총액은 얼마가 되는지를 계산하는 프로그램을 작성하라.

6) 사용자가 원하는 구구단을 출력할 수 있는 프로그램을 작성하라.

7) 다음과 같은 for 반복문을 while 반복문 그리고 do ... while 반복문으로 변환하라.
for (i = 0; i < 1000; i = i + 4)

8) 다음과 같은 수열의 합을 계산하는 프로그램을 while 반복문을 이용하여 작성하라.
1+1+2+1+2+3+1+2+3+4+1+2+3+4+5+................+1+2+3+4+5+.........+10

9) 데이터의 개수가 정해지지 않으면서 데이터가 임으로 입력될 때 입력된 데이터의 합계, 평균, 최대값, 최소값, 그리고 최대값, 최소값의 위치를 계산하는 프로그램을 for 반복문과 while 반복문을 이용하여 각각 작성하라. 단 입력 데이터의 맨 마지막에는 임으로 9999를 입력한다.

10) 다음의 아래와 같은 형태로 출력하면서 각 라인의 마지막에 해당 라인에 나타나는 숫자들의 합계를 출력하는 프로그램을 작성하라.

```
                                합계
------------------------------------
1                                  1
1 2                                3
1 2 3                              6
1 2 3 4                           10
1 2 3 4 5                         15
1 2 3 4 5 6                       21
1 2 3 4 5 6 7                     28
```

Chapter 07

배열

제 7 장 배열

학습목표

- ▷ 변수와 배열의 차이점과 배열의 필요성에 대하여 이해한다.
- ▷ 배열을 선언하는 방법과 첨자에 의해서 데이터를 참조하는 방법에 대하여 이해한다.
- ▷ 선언된 배열을 초기화하는 방법에 대하여 이해한다.
- ▷ 배열에 저장되어 있는 데이터를 크기 순서대로 재구성하는 배열의 정렬 작업에 대하여 이해한다.
- ▷ 1차원 배열뿐만 아니라, 2차원 배열, 3차원 배열, ... , n차원 배열 등등 다양한 배열에 대하여 이해한다.
- ▷ 1차원 배열과 2차원 배열에 문자 또는 문자열을 저장하는 방식과 출력하는 방식에 대하여 이해한다.

배열은 많은 데이터를 저장할 수 있고, 저장된 데이터를 이용하여 다양한 작업을 처리할 수 있다. 배열과 비교되는 단일 변수의 데이터 저장 능력은 하나의 데이터 밖에 저장하지 못한다. 따라서 여러 데이터를 입력하여도 최종적으로 저장되는 데이터는 마지막에 입력된 데이터이다. 그러므로 이러한 경우에는 단일 변수를 사용하는 것이 아니고, 배열을 사용해야 입력된 데이터 모두를 기억할 수 있다. 따라서 이 장에서는 프로그램의 핵심이 되는 다양한 배열의 형식과 사용 방법을 살펴본다.

[7.1] 배열의 개념

7.1.1 배열의 필요성

지금까지 여러 프로그램을 작성하면서 뭐라고 딱 꼬집어서 말은 못하지만, 무엇인가 아쉬운 점이 있었을 것이라고 생각된다. 그러한 아쉬운 점의 대표적인 경우는 데이터 입력하고 결과를 출력하고 또 다시 입력, 출력하는 방법으로 프로그램을 실행시키면, 출력 결과가 어수선 할 것이다. 그래서 생각하는 것이 모든 데이터를 입력한 뒤에 모든 결과가 출력되면 좋을 것인데...... 라고 생각이 들 것이다. 또 이전의 예제 프로그램에서 사용된 변수인 C_language 변수와 같이 하나의 변수를 통해서 몇 개의 데이터를 입력하였는데, 다시 필요한데 어떻게 방법이 없을까..... 하고 생각이 들 것이다.

이러한 경우의 해결 방법으로 가장 좋은 것이 바로 배열(array)이라는 것이다. 배열을 사용하면 이전에 입력한 데이터를 모두 저장할 수 있다. 그러나 단일 변수는 용어의 의미처럼 단 하나의 데이터 밖에 저장하지 못한다. 따라서 이전의 예제 프로그램에서 사용된 변수인 C_language 변수와 같이 하나의 변수를 통해서 몇 개의 데이터를 입력하면 최종적으로 저장되어 있는 데이터는 마지막에 입력된 데이터가 되는 것이다.

만약에 우리가 프로그램을 작성할 때 배열을 사용하지 않는다면 다음과 같은 일이 발생할 것이다. 프로그램에서 입력된 데이터를 나중에 사용할 필요가 있는 경우, 하나의 단일 변수를 통해서 데이터를 입력하면 마지막에 입력된 데이터만이 저장되므로, 단일 변수를 여러 개 사용해야 한다. 예를 들어서 다음의 그림 7-1과 같이 입력할 점수가 10개인 경우에는 데이터 저장을 위해서 선언하는 변수도 10개를 준비해야 한다.

변수 선언

```
int a0, a1, a2, a3, a4, a5, a6, a7, a8, a9;
```

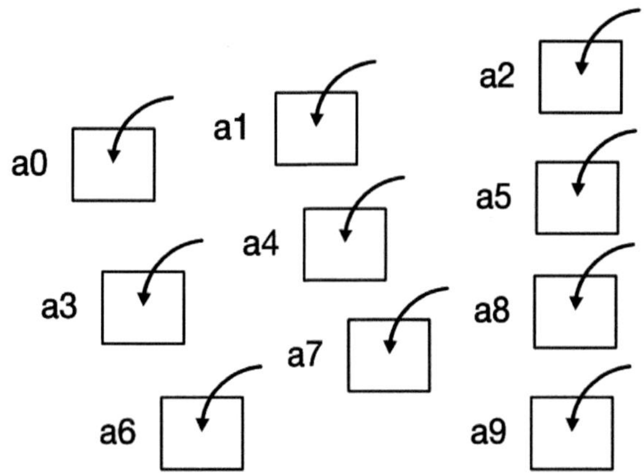

그림 7-1 10개의 변수 선언 후 기억 장소 생성

위의 그림에서 보여주는 것처럼 필요에 따라서 단일 변수 10개를 선언하면 컴파일러는 메모리에 어느 곳인지는 모르지만, 컴파일러만이 알 수 있는 위치에 10개의 저장 공간을 확보하고, 이후에 데이터를 저장하고 사용한다. 그러면 만약에 입력할 점수가 100개인 경우에는 어떻게 하겠는가.... 이 역시 데이터 저장을 위해서 선언하는 변수도 100개를 준비해야 한다. 선언하는 변수가 100개 또는 1,000개라 해도 컴파일러는 아무런 문제없이 선언된 변수의 저장 공간을 확보하지만,

문제는 프로그램 작성자가 필요한 만큼의 변수를 선언하는 일이다. 이렇게 많은 변수를 선언하는 작업은 당연히 문제가 된다. 이러한 경우에도 배열을 사용하면 저장할 데이터가 몇 개이던지 아무런 문제없이 아주 간단하게 사용할 수가 있다.

그러므로 배열에 대한 개념을 정확하게 이해하고 사용해야 좋은 프로그램을 작성할 수가 있고, 프로그램의 실행 결과도 프로그램 작성자가 의도하는 형태로 출력할 수 있고, 지금까지 살펴본 모든 명령어 또는 문장의 종결자가 바로 배열인 것이다. 우리가 지금까지 다룬 모든 명령어 또는 문장들은 바로 배열을 사용하기 위해서 기본을 다진 것이라고 생각하면 된다. 따라서 집중적으로 배열을 살펴봐야 할 것이다.

7.1.2 배열의 정의

배열은 입력된 여러 데이터 또는 여러 연산 결과를 저장할 수 있는 데이터 공간이다. 그러나 한꺼번에 여러 데이터를 저장할 수 있다고 하여도, 배열에서는 데이터 타입이 서로 다른 데이터들은 한꺼번에 저장할 수 없다는 것이다.

그리고 또 하나 생각해 볼 것이 임의의 배열에 여러 데이터를 저장하고 있는 경우에 저장된 데이터들을 어떻게 서로 구분할 수 있을 것인가 이것이 문제가 될 것이다. 이것을 이해하는 것은 간단하다. 대학교 내에 존재하는 강의실을 어떻게 찾아가를 생각해 보고, 우체국 집배원 아저씨는 어떻게 우리 집을 찾아서 편지를 주고 가는가를 생각해 보면 바로 답이 나온다. 이 문제의 정답은 대학교의 강의실에는 강의실 번호가 붙어있으니까 그것을 보고 강의실을 찾아가는 것이고, 우체국 집배원 아저씨는 우리 집의 주소를 보고 우편물을 배달하는 것이다.

위에서 제시한 2가지 보기의 공통점은 각각의 장소를 가리키는 그 어떤 숫자가 존재한다는 것이다. 그 숫자가 때로는 강의실 번호가 되고, 집 주소가 되며, 아파트 동 호수가 되지만 공통점은 하나의 장소를 가리킨다는 것이다. 마찬가지로 배열에서도 많은 데이터 중에서 하나의 데이터가 저장된 기억 장소를 가리키는 숫자가 존재한다는 것이다. 배열에서 많은 데이터를 저장하기 위해 정의된 기억 장소 중에서 하나의 기억 장소를 가리키는 숫자를 첨자(subscript) 또는 인덱스(index)라고 부른다.

배열의 첨자(subscript)는 강의실 번호, 집 주소 그리고 아파트 동 호수와 똑같은 역할을 한다. 배열과 첨자는 항상 같이 다니는 동행자이며, 서로에 있어서 꼭 필요한 존재이다. 배열은 변수를 선언하는 것과 같이 동일하게 선언을 하면 되고, 추가적인 사항은 필요한 기억 공간의 개수를 표시하면 된다. 배열을 선언하는 방법은 우선 정의하는 배열의 타입을 나타내고, 그리고 변수 이름과 같이 배열 이름을 나타내고, 마지막으로 배열에 정의하는 기억 공간의 개수를 나타내면 된다.

다음은 하나의 배열을 선언한 경우를 나타내고 있다.

```
int     C_language[10];
```

위에서 선언한 배열은 배열 이름은 C_language이고, C_language 배열의 타입은 정수형으로 나타내기 위하여 int를 사용하였고, C_language 배열의 개수는 10개라고 선언한 것이다. 이렇게 선언된 C_language 배열에서 선언에 의해 결정된 10개의 기억 공간의 이름은 모두 C_language이고, 10개의 기억 공간의 데이터 타입은 모두 정수형이다. 다시 말해서 배열을 구성하는 모든 요소의 데이터 타입과 배열 이름은 동일하다는 것이다.

그리고 배열의 모든 기억 공간이 동일한 이름을 가지고 있으므로 각각의 기억 공간을 구분하기 위하여 배열 이름 옆에 첨자를 붙여서 사용한다. 배열의 첨자를 표현하는 방법은 대괄호 기호("[ ]")를 사용하며, 대괄호 기호의 안에 숫자를 표현하여 기억 공간의 상태적인 위치를 나타낸다. 또한 배열의 첨자를 표현하는 숫자는 0부터 시작하여 순서적으로 나타내면 된다. 그리고 각각의 기억 공간 하나 하나를 표현할 때에는 kor[0], kor[1], kor[2], ... kor[9]와 같이 10개의 기억 공간을 하나씩 나타낼 수 있다.

다음의 그림은 int kor[10]; 으로 선언되었을 때 컴파일러가 메모리의 특정한 위치에 설정한 10개의 기억 공간 형태를 나타내고 있다.

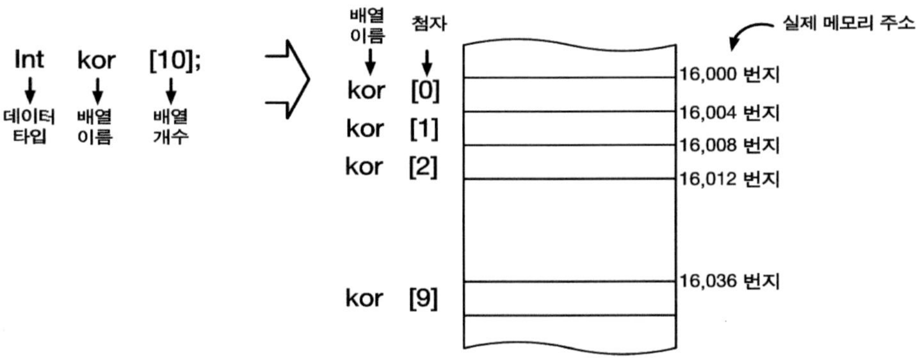

그림 7-2 배열 int kor[10];에 대한 기억 장소 형태

위의 그림 7-2에서 보여주는 것처럼 배열이 선언되면 컴파일러는 메모리의 특정 부분에 선언된 배열 개수만큼의 기억 공간을 할당해 주고, 첨자를 자동적으로 0부터 개수만큼을 할당한다. 여기에서는 배열의 개수가 10개이므로 자동적으로 0부터 9까지를 할당한 형태를 보여준다.

배열에서 할당된 기억 공간을 사용하는 경우에는 일반 변수를 사용하는 것처럼 kor[2]라고 표현하면, kor 배열에서 첨자가 2인 기억 공간으로 데이터가 저장되고, 또는 저장된 데이터를 가져와서 다른 연산을 수행한다. 결론적으로 배열에서 하나의 기억 공간은 지금까지 우리가 사용한 일반 단일 변수를 사용하는 것처럼 사용하여 프로그램을 작성하면 되는 것이다.

7.1.3 배열의 선언

우리가 이전에 프로그램을 작성한 것을 살펴보면 프로그램에서 사용되는 변수들을 사용하기 앞서서 변수 선언부에 사용하는 변수들을 모두 선언하는 작업을 수행하고, 선언된 변수들을 이용하여 프로그램을 작성하였다. 마찬가지로 배열도 배열을 사용하기 이전에 선언부에 변수를 선언하는 것과 동일한 방법으로 배열을 선언해야 한다. 따라서 변수 선언부에는 변수들과 배열이 혼합되어 선언된다. 변수 또는 배열의 선언은 컴파일러에게 사용할 변수 또는 배열에 미리 보고하는 역할을 한다. 이전에도 설명하였듯이 제일 먼저 변수나 배열이 선언되면, 컴파일러는 선언된 변수 또는 배열에 해당하는 메모리의 기억 공간을 할당해 준다.

배열은 동일한 데이터 타입의 변수를 한꺼번에 원하는 만큼을 생성하는 것이라고 생각하면 이해가 빠를 것이고, 데이터 타입이 동일한 데이터 여러 개를 저장하는 저장소 같은 역할을 한다. 배열은 배열을 선언할 때 배열의 크기를 결정해 주면, 선언된 크기에 해당하는 만큼의 데이터를 보관할 수 있다. 배열을 선언하는 방법은 우선 정의하는 배열의 타입을 나타내고, 그리고 변수 이름과 같이 배열 이름을 나타내고, 마지막으로 배열의 크기를 정의하는 기억 공간의 개수를 나타내면 된다.

다음은 배열을 선언하는 형식을 나타내고 있다.

```
정의 형식)      배열의_타입          배열_이름[배열의 크기];
사용 예)          int               C_language[10];
```

위의 사용 예에서 보는 것처럼 배열 이름은 C_language이고, 배열의 데이터 타입은 int 정수형이며, 배열의 크기는 10개를 선언한 것이다. 따라서 배열을 선언하는 문장이 실행되면 동일한 데이터 타입을 갖는 기억 공간이 10개가 생성되고, 자동적으로 0부터 9까지의 첨자가 생성된다. 배열을 선언할 때 한 줄에 하나의 배열을 선언할 수도 있고, 한 줄에 여러 개의 배열을 선언할 수도 있다. 또한 배열은 일반 변수와 함께 선언할 수도 있다.

```
int             C_language[10];
int             kor[10], eng[10], mat[10];
float           ave[5];
char            name[20];
int             C_language[10], temp, i;
```

다음은 배열에 대하여 간략하게 요약한 배열의 특징을 나타내고 있다.

- 배열은 동일한 데이터 타입의 변수를 한꺼번에 원하는 만큼을 생성한다.
- 배열의 크기를 결정해 주면, 배열의 개수만큼의 데이터를 보관할 수 있다.
- 배열의 각각의 원소는 배열의 첨자로 결정된다.
- 배열 크기만큼의 메모리는 연속적으로 할당된다.
- 배열에서 하나의 원소는 변수이다.
- 배열은 객체이다.

7.2 배열의 사용

배열을 선언하면 선언된 크기만큼의 기억 공간이 할당되고 각각의 기억 공간에 해당하는 첨자가 생성된다. 따라서 배열을 사용하는 것은 배열을 구성하는 각각의 기억 공간을 사용하는 것을 의미한다. 각각의 기억 공간을 사용하는 것은 첨자를 지정하여 사용하는 것이다. 그러므로 배열의 사용은 첨자를 얼마나 제대로 사용하는가에 달려있다. 따라서 이 장에서는 첨자를 사용하는 방법에 대하여 살펴본다.

7.2.1 배열에서 하나의 원소 참조

선언된 배열에서 배열을 구성하는 하나의 원소, 즉 하나의 기억 공간에 데이터를 저장하고, 저장된 데이터를 가져오기 위해서 반드시 필요한 요소가 첨자이다. 첨자는 배열을 구성하는 하나의 기억 공간을 가리키는 역할을 한다. 첨자는 배열이 선언되면 자동으로 생성되는 숫자로 0부터 순서적으로 부여된다. 따라서 마지막 원소의 첨자는 배열의 크기-1 값이 부여된다. 예를 들어서 kor[10]으로 배열을 선언하면 생성되는 배열 원소는 kor[0], kor[1], . . . kor[9]와 같이 10개의 배열 원소가 생성되므로 마지막 배열 원소를 가리키는 첨자는 9가 되는 것이다.

이렇게 배열의 각 원소는 첨자와 함께 표현되므로 사용하는 방법도 동일하게 첨자와 함께 사용하면 된다. 그리고 배열을 사용하는 방법은 변수를 사용하는 방법과 동일하다. 이러한 이유는 배열은 배열을 구성하는 원소의 집합이고, 배열을 구성하는 원소는 바로 변수이기 때문이다. 따라서 배열의 사용은 변수를 사용하는 것처럼 자연스럽게 사용하면 된다.

```
kor[5] = 80;
C_language[2] = 85
```

다음의 그림은 선언된 배열에 첨자를 사용하여 첨자가 지정한 위치에 원하는 값을 기억시키는 형태를 나타내고 있다.

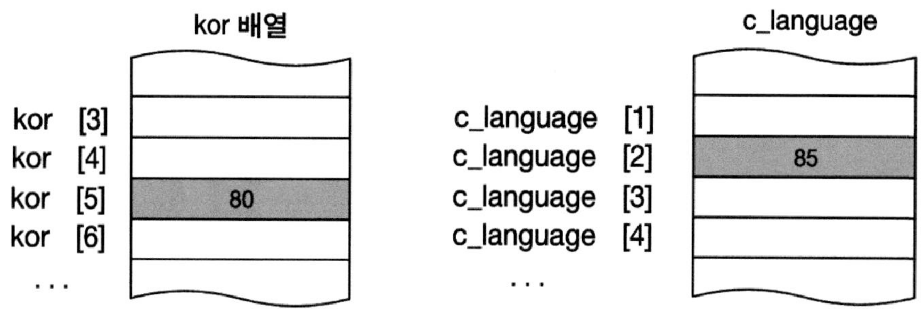

그림 7-3 첨자에 의해서 데이터 저장하는 형태

위의 그림에서 보여주는 것과 같이 대입 연산문을 사용하는 경우에는 배열의 지정된 장소에 값을 대입한다. 위의 예는 kor 배열에서 첨자 값이 5인 장소에 80을 저장한다. 그리고 C_language 배열에서 첨자 값이 2인 장소에 85을 저장한다. 그림 7-3은 각각의 80과 85를 대입한 결과를 나타낸다.

```
sum = kor[5] + eng[5] + mat[5]
```

또한 위와 같이 산술 연산문에서도 배열을 사용하여 산술 연산식을 표현할 수 있다. 위의 예는 kor, eng, mat 배열에서 첨자 값이 5인 데이터를 가져와서 합계를 계산하는 문장이다. 이와 같이 배열은 기존에 사용하던 모든 문장에 변수 대신 사용하여 프로그램을 작성하면 된다.

그리고 배열의 원소를 가리키는 첨자의 값은 숫자인 상수만 사용되는 것이 아니고, 변수나 수식과 같이 값을 나타낼 수 있는 것이면 모두 사용 가능하다.

```
kor[i] = 80;
C_language[i+j] = 85
sum = kor[i] + eng[j] + mat[k]
if( kor[i] > 60 ) printf("통과했습니다."\n);
```

7.2.2 배열의 초기화

선언된 배열을 초기화하는 방법도 변수의 초기화 작업과 동일하다. 그러나 변수의 초기화 작업에서는 초기화시키는 값을 하나만을 지정하면 되었지만, 배열의 초기화 작업에서는 배열을 구성하는 원소가 많기 때문에 초기화시키는 값을 배열의 크기만큼을 지정해야 한다는 것이다. 다시 말해서 하나의 배열에는 하나의 데이터가 저장되기 때문에 초기화 값도 하나를 설정하였지만, 하나의 배열에는 여러 개의 데이터가 저장되므로 초기화시키는 값도 하나가 아니라 배열의 크기에 해당하는 묶음으로 설정해야 한다.

배열에서 초기화를 위해 사용하는 여러 개의 데이터들은 중괄호 기호 { }를 사용하여 나타내고, 중괄호 기호 { } 안에 콤마를 사용하여 분리하면 된다. 이렇게 배열의 초기화를 설정하면 컴파일러는 자동으로 배열을 구성하는 각각의 원소에 초기화를 위해 설정된 데이터를 순서적으로 대입하여 저장을 시킨다.

다음의 그림은 배열의 초기화 작업에 의해서 배열을 구성하는 각각의 원소에 설정된 데이터가 저장되는 형태를 나타낸다.

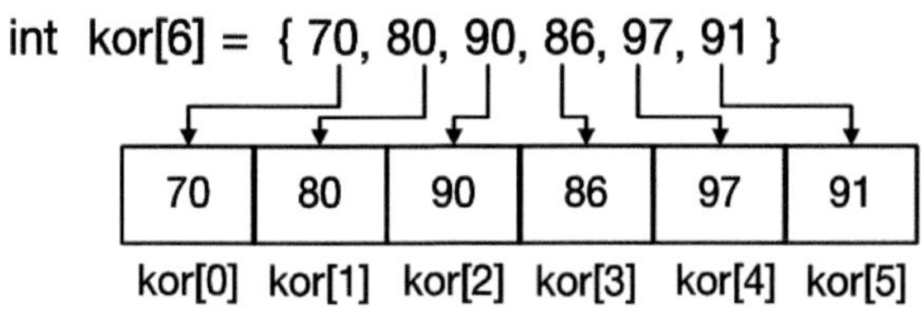

그림 7-4 배열의 초기화 작업에 의해 데이터가 저장되는 형태

위의 그림에서 보는 것과 같이 배열을 구성하는 원소가 6개인 kor 배열을 선언하고, 배열의 초기화 작업을 위해서 6개의 데이터를 설정하였다. 배열의 초기화를 위해 설정된 데이터들은 그림에서 보는 것처럼 배열의 각각의 위치에 대응되는 값이 자동적으로 저장이 된다. kor[0]에는 첫 번째 데이터인 70이 저장되고, kor[1]에는 80이 저장되면서 나머지도 순서대로 저장되는 형태를 나타낸다.

만약에 선언된 배열의 크기보다 초기화를 위해 준비된 데이터가 많은 경우에는 어떻게 될 것인가를 생각해 본다. 이러한 경우에는 컴파일 오류가 발생한다. 왜냐하면 초기화를 위해 준비된 데이터가 자동적으로 저장이 되는데 배열의 크기를 적게 선언하여 저장 공간이 부족해서 준비된 데이터를 모두 저장하지 못하기 때문에 오류가 발생하는 것이다.

첫 번째 선언된 배열의 크기와 초기화를 위해 준비된 데이터가 같은 경우는 가장 바람직한 경우이며, 초기화를 위해 준비된 데이터가 생성된 배열에 처음부터 순서적으로 저장된다. 두 번째 선언된 배열의 크기보다 초기화를 위해 준비된 데이터가 적은 경우에는 마찬가지로 배열의 처음부터 순서적으로 저장하고 나머지 부분은 자동적으로 0이 채워진다.

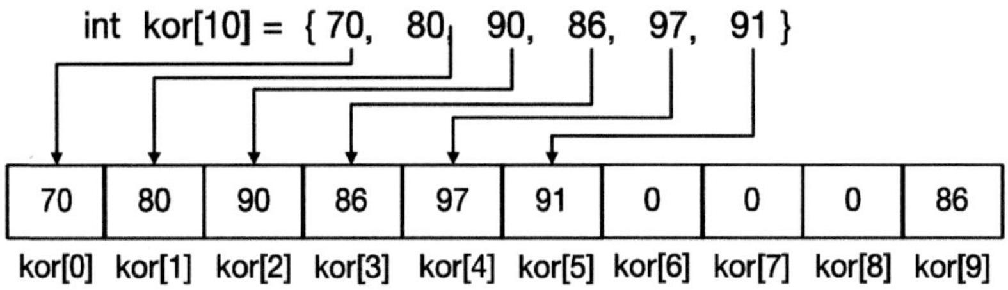

그림 7-5 배열의 초기화를 위해 준비된 데이터가 적은 경우 저장되는 형태

세 번째 선언된 배열의 크기를 표현하지 않고 초기화를 위한 데이터를 준비한 경우에는 컴파일러가 초기화를 위한 데이터의 개수를 파악하여 데이터의 개수만큼의 기억 공간을 자동적으로 할당하고, 마찬가지로 할당된 배열의 처음부터 순서적으로 저장한다.

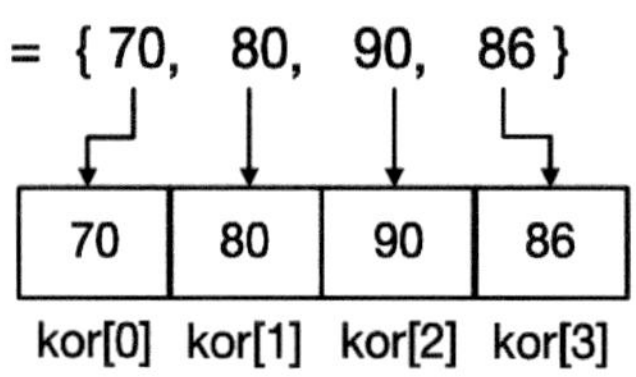

그림 7-6 배열의 크기를 표현하지 않은 경우 저장되는 형태

7.2.3 배열을 사용한 프로그램의 작업 과정

지금까지 우리가 작성한 프로그램은 데이터를 입력하고, 입력된 데이터를 처리하고, 입력된 데이터와 처리 결과를 출력하는 작업을 계속해 왔다. 이러한 형태로 작성된 프로그램을 실행시킨 결과를 보면 입력, 출력, 입력, 출력이 반복되는 형태로 결과가 출력되므로 출력 결과의 모양이 깔끔하지 못한 형태를 나타내었다. 그러나 배열을 사용하면 이러한 문제는 바로 해결이 될 수 있다. 그리고 배열에 데이터들이 보관되어 있기 때문에 필요한 경우에는 언제든지 보관된 데이터를 다시 사용하여 프로그램을 작성할 수도 있다.

그러므로 배열을 사용하면 위에서 설명한 장점들을 가지고 프로그램이 가능하고, 작업 절차도 이전의 작업과 크게 다르지 않지만, 문제 해결을 위해 다음과 같은 절차로 배열 작업을 수행하면 많은 도움이 될 것이라고 생각된다.

- 배열의 입력
- 배열의 처리
- 배열의 출력
- 제시된 문제의 결과 출력

첫 번째 배열의 입력 작업은 선언된 배열에 필요한 데이터를 저장하는 작업이다. 일반적으로 배열의 입력 작업은 다양한 방법으로 수행할 수가 있다. 우선 배열의 초기화 작업에 의해서 배열에 필요한 데이터를 입력할 수가 있고, 배열의 입력 작업은 첨자 0부터 1, 2, 3, . . . 이러한 형태로 순서적으로 이루어지기 때문에 for 반복문과 scanf 문장을 사용하여 배열에 필요한 데이터를 입력할 수가 있고, 그리고 프로그램의 실행 중간에 처리된 결과 값을 보관하기 위해서 배열의 입력 작업을 수행할 수 있다. 이중에서 배열의 입력 작업이라고 하면 일반적으로 2번째 방법을 배열의 입력 작업이라고 많이 부른다. 배열의 입력 작업을 다시 정리하면 다음과 같다.

- 배열의 초기화 작업에 의한 데이터 입력
- for 반복문과 scanf 문장에 의한 데이터 입력
- 프로그램의 실행 중간에 처리된 결과 값을 보관

두 번째 배열의 처리 작업은 제시된 문제를 해결하기 위해서 선언된 배열에 저장되어 있는 데이터를 가져와 문제가 원하는 결과를 생성하기 위해 수행하는 작업이다. 배열의 처리 작업은 우리가 이전에서 다루었던 일반적인 프로그램에서 처리 작업과 유사하게 프로그램을 작성하면 된다. 여기에서도 for 반복문을 사용하면 쉽게 해결할 수가 있다.

세 번째 배열의 출력 작업은 선언된 배열에 저장되어 있는 데이터를 가져와 화면에 출력하는 작업이다. 문제가 원하는 결과만을 출력하는 경우에는 선언된 배열에 어떤 값들이 저장되어 있는지를 알 수가 없으므로, 배열의 출력 작업을 통해서 배열에 저장된 값들을 출력하는 것이 바람직하다. 여기에서도 for 반복문을 사용하면 쉽게 해결할 수가 있다.

네 번째 제시된 문제의 결과를 출력하는 작업은 작성된 프로그램이 처리되고 생성된 결과를 출력하는 마지막 작업으로 핵심적인 작업이다.

예제 7.1

C 언어 점수 5개를 입력하고, 출력하는 프로그램을 작성한다.

처리 과정

1 C 언어 점수 5개를 입력한다.
2 C 언어 점수 5개를 출력한다.

프로그램 작성 결과

```
/* C 언어 점수 5개를 입력하고, 출력하는 프로그램 */

#include <stdio.h>

int main(void)
{
    int student_no[5];                              // 학생 번호 설정
    int C_language[5];                              // C_언어 점수 데이터 저장
    int i, j;                                       // 제어 변수 설정

    for ( i = 0; i < 5; i++ )                       // 5번 반복
    {
        printf("학생 번호를 입력하세요? ");         // 학생 번호 입력
        scanf("%d", &student_no[i]);

        printf("%d 번째 C_언어 점수를 입력하세요? ", i);       // 점수 입력
        scanf("%d", &C_language[i]);
    }

    printf("\n");                                              // 줄 바꾸기

    for ( i = 0; i < 5; i++ )                                  // 5번 반복
    {
        printf("첨자의 값 = %d    ", i);                       // 첨자의 값
        printf("학생 번호 = %d    ", student_no[i]);           // 학생 번호 출력
        printf("C_언어 점수 = %d\n", C_language[i]);           // C_언어 점수 출력
    }

    return 0;
}
```

프로그램 실행 결과

```
학생 번호를 입력하세요? 1111↵
0 번째 C_언어 점수를 입력하세요? 70↵
학생 번호를 입력하세요? 2222↵
1 번째 C_언어 점수를 입력하세요? 80↵
학생 번호를 입력하세요? 3333↵
2 번째 C_언어 점수를 입력하세요? 90↵
학생 번호를 입력하세요? 4444↵
3 번째 C_언어 점수를 입력하세요? 85↵
학생 번호를 입력하세요? 5555↵
4 번째 C_언어 점수를 입력하세요? 79↵

첨자의 값 = 0    학생 번호 = 1111    C_언어 점수 = 70
첨자의 값 = 1    학생 번호 = 2222    C_언어 점수 = 80
첨자의 값 = 2    학생 번호 = 3333    C_언어 점수 = 90
첨자의 값 = 3    학생 번호 = 4444    C_언어 점수 = 85
첨자의 값 = 4    학생 번호 = 5555    C_언어 점수 = 79
```

예제 7.2

배열에 C 언어 점수 10개를 입력하고, 점수가 60점 이상인 학생이 몇 명인가를 출력하는 프로그램을 작성한다.

처리 과정

1 C 언어 점수 10개를 배열에 입력한다.

2 첨자 값이 0인 기억 공간부터 순서적으로 검색하면서 점수가 60점 이상인가를 판단하여 60점 이상이면 카운터를 1 증가시킨다.

3 카운터 값을 출력한다.

프로그램 작성 결과

```
/* C 언어 점수 10개를 입력하고, 점수가 60점 이상인 학생이 몇 명인가를, */
/* 출력하는 프로그램 */

#include <stdio.h>
```

```
int main(void)
{
    int student_no[10];                          // 학생 번호 설정
    int C_language[10];                          // C_언어 점수 데이터 저장
    int student_counter = 0;                     // 카운터 값 설정
    int i, j;                                    // 제어 변수 설정

    for ( i = 0; i < 10; i++ )                   // 5번 반복
    {
        printf("학생 번호를 입력하세요? ");          // 학생 번호 입력
        scanf("%d", &student_no[i]);

        printf("%d 번째 C_언어 점수를 입력하세요? ", i);      // 점수 입력
        scanf("%d", &C_language[i]);
    }

    printf("\n");                                          // 줄 바꾸기

    for ( i = 0; i < 10; i++ )                             // 10번 반복
    {
        printf("첨자의 값 = %d    ", i);                    // 첨자의 값
        printf("학생 번호 = %d    ", student_no[i]);        // 학생 번호 출력
        printf("C_언어 점수 = %d\n", C_language[i]);        // C_언어 점수 출력
    }

    for ( i = 0; i < 10; i++ )                             // 10번 반복
    {
       if( C_language[i] >= 60 ) student_counter++;        // 카운터 값 증가
    }

    printf("\n");                                          // 줄 바꾸기
    printf("점수가 60점 이상인 학생 수 = %d\n", student_counter);

    return 0;
}
```

프로그램 실행 결과

```
학생 번호를 입력하세요? 1111↵
0 번째 C_언어 점수를 입력하세요? 70↵
학생 번호를 입력하세요? 1112↵
1 번째 C_언어 점수를 입력하세요? 80↵
        . . . . . . . . . . . . . . . . . . . .
            10명까지 입력

첨자의 값 = 0    학생 번호 = 1111    C_언어 점수 = 85
첨자의 값 = 1    학생 번호 = 1112    C_언어 점수 = 74
첨자의 값 = 2    학생 번호 = 1113    C_언어 점수 = 59
첨자의 값 = 3    학생 번호 = 1114    C_언어 점수 = 96
첨자의 값 = 4    학생 번호 = 1115    C_언어 점수 = 73
첨자의 값 = 5    학생 번호 = 1116    C_언어 점수 = 48
첨자의 값 = 6    학생 번호 = 1117    C_언어 점수 = 81
첨자의 값 = 7    학생 번호 = 1118    C_언어 점수 = 55
첨자의 값 = 8    학생 번호 = 1119    C_언어 점수 = 94
첨자의 값 = 9    학생 번호 = 1120    C_언어 점수 = 86

점수가 60점 이상인 학생 수 = 7
```

예제 7.3

배열에 C 언어 점수를 입력하여 총점과 평균을 계산하고, 입력된 C 언어 점수 중에서 최대 값과 최소 값을 출력하는 프로그램을 작성한다. 단 학생 수가 결정되지 않았고 마지막 값은 999가 입력된다.

처리 과정

1. C 언어 점수가 999가 입력될 때까지 데이터를 배열에 입력한다.
2. 배열에 입력된 데이터의 개수를 확인한다.
3. 배열에 저장된 데이터를 순서대로 가져와서 합계를 계산한다.
4. 평균을 계산한다.
5. 배열에 저장된 데이터를 순서대로 가져와 최대 값과 최소 값을 계산한다.
6. 배열에 저장된 데이터를 출력한다.
7. 제시된 문제가 원하는 결과를 출력한다.

프로그램 작성 결과

```
/* 배열에 C 언어 점수를 입력하여 총점과 평균을 계산하고, */
/* 입력된 C 언어 점수 중에서 최대 값과 최소 값을 출력하는 프로그램 */

#include <stdio.h>

int main(void)
{
     int student_no[100];                    // 학생 번호 설정
     int C_language[100];                    // C_언어 점수 데이터 저장
     int student_counter = 0;                // 카운터 값 설정
     int max, min, sum=0;                    // 최대 값과 최소 값을 설정
     float ave;                              // 평균 설정
     int i, j;                               // 제어 변수 설정

     printf("학생 번호를 입력하세요? ");      // 학생 번호 입력
     scanf("%d", &student_no[student_counter]);

     while ( student_no[student_counter] != 999) // 번호가 999일 때까지 반복
     {
          printf("%d 번째 C_언어 점수를 입력하세요? ", student_counter);
          scanf("%d", &C_language[student_counter]);
          student_counter++;

          printf("학생 번호를 입력하세요? ");          // 학생 번호 입력
          scanf("%d", &student_no[student_counter]);
     }

     for ( i = 0; i < student_counter; i++ )         // 입력된 데이터의 개수만큼 반복
     {
          sum = sum + C_language[i];                         // 합계 계산
     }

     ave = (float)sum / student_counter;             // 평균 계산

     max = min = C_language[0];  // 첫 번째 점수를 최대값과 최소값으로 설정

     for ( i = 1; i < student_counter; i++ )
     {
          if( C_language[i] > max ) max = C_language[i];     // 최대값 구하기
     }

     for ( i = 1; i < student_counter; i++ )
     {
```

```
        if( C_language[i] < min ) min = C_language[i];      // 최소값 구하기
    }

    printf("\n");                                           // 줄 바꾸기

    for ( i = 0; i < student_counter; i++ )
    {
        printf("첨자의 값 = %d    ", i);                      // 첨자의 값
        printf("학생 번호 = %d    ", student_no[i]);          // 학생 번호 출력
        printf("C_언어 점수 = %d\n", C_language[i]);         // C_언어 점수 출력
    }

    printf("\n");                                           // 줄 바꾸기
    printf("총점 = %d    평균 = %6.3f\n", sum, ave);
    printf("최대값 = %d    최소값 = %d\n", max, min);

    return 0;
}
```

프로그램 실행 결과

```
학생 번호를 입력하세요? 1111↵
0 번째 C_언어 점수를 입력하세요? 85↵
학생 번호를 입력하세요? 2222↵
1 번째 C_언어 점수를 입력하세요? 96↵
학생 번호를 입력하세요? 3333↵
2 번째 C_언어 점수를 입력하세요? 78↵
학생 번호를 입력하세요? 4444↵
3 번째 C_언어 점수를 입력하세요? 64↵
학생 번호를 입력하세요? 5555↵
4 번째 C_언어 점수를 입력하세요? 81↵
학생 번호를 입력하세요? 999↵

첨자의 값 = 0    학생 번호 = 1111    C_언어 점수 = 85
첨자의 값 = 1    학생 번호 = 2222    C_언어 점수 = 96
첨자의 값 = 2    학생 번호 = 3333    C_언어 점수 = 78
첨자의 값 = 3    학생 번호 = 4444    C_언어 점수 = 64
첨자의 값 = 4    학생 번호 = 5555    C_언어 점수 = 81

총점 = 404    평균 = 80.800
최대값 = 96    최소값 = 64
```

7.2.4 배열 작업에서 주의할 점

위에서 제시한 예제 프로그램에서 보는 것처럼 배열을 사용하면 여러 가지로 좋은 점이 많다는 것을 이해하였을 것이라고 생각된다. 그러나 배열을 사용하는 과정에서 반드시 지켜야하는 몇 가지 주의해야 되는 사항이 존재한다. 우선 배열을 사용하는 작업에서 주의해야 되는 사항을 정리하면 다음과 같다.

- 배열에서 사용하는 첨자는 선언된 배열의 첨자 범위 안에서만 사용이 가능하다.
- C 언어에서는 배열과 배열의 복사가 불가능하다.
- C 언어에서는 배열과 배열의 비교도 불가능하다.

첫 번째 배열에서 사용되는 첨자의 값은 선언된 배열의 첨자 범위 안에서만 사용이 가능하다는 것이다. 위의 예제 프로그램과 같이 어떤 변수를 첨자로 사용하는 경우에는 첨자로 사용하는 변수의 값이 배열에서 정의된 첨자의 값을 초과하는지를 검토해 봐야 한다. 만약에 배열에서 정의된 첨자의 범위를 넘어가는 경우에는 프로그램에서 원하지 않는 결과를 나타내게 된다.

C 언어에서 정의된 첨자의 범위를 넘어가는 경우에 컴파일러는 오류를 발생시키지 않는다. 이유는 첨자의 범위를 넘어가는 문장이 문법적으로 아무런 문제가 없기 때문에 정상적인 문장으로 간주하고 프로그램을 실행한다. 그러나 첨자의 범위가 정의된 배열의 범위를 넘어가기 때문에 컴퓨터는 프로그램에서 지정한 위치의 기억 공간으로 가서 작업을 실시한다. 즉 엉뚱한 기억 공간에서 작업을 수행하고, 엉뚱한 기억 공간에 저장된 값을 가져온다.

다음의 프로그램은 정의된 첨자의 범위를 초과해서 첨자를 사용하는 경우에 처리 결과를 나타낸다.

```
int test[5] = {75, 84, 97, 65, 81};                // 테스트 배열 초기화

for ( i = 0; i < 8; i++ )
{
    printf("첨자의 값 = %d    ", i);                // 첨자의 값
    printf("저장된 데이터 = %d    ", test[i]);      // 테스트 배열 출력
}
printf("\n");                                       // 줄 바꾸기
```

프로그램 실행 결과

```
첨자의 값 = 0    저장된 데이터 = 75
첨자의 값 = 1    저장된 데이터 = 84
첨자의 값 = 2    저장된 데이터 = 97
첨자의 값 = 3    저장된 데이터 = 65
첨자의 값 = 4    저장된 데이터 = 81
첨자의 값 = 5    저장된 데이터 = -858993460
첨자의 값 = 6    저장된 데이터 = 6
첨자의 값 = 7    저장된 데이터 = -858993460
```

위의 처리 결과에서 보는 것처럼 첨자 값이 0부터 4까지는 저장되어 있는 데이터가 그대로 출력되었지만, 첨자 값이 5인 기억 공간부터는 정의된 배열의 범위 밖에 엉뚱한 값이 저장되어 있는 것을 확인할 수가 있다. 이런 엉뚱한 값은 배열을 할당할 때 기존의 작업에서 남아 있는 처리한 데이터 즉 쓰레기 데이터가 그대로 할당되기 때문이다.

마찬가지로 다음과 같은 문장도 선언된 배열의 범위 밖을 지정하여 임의의 데이터를 저장하는 경우를 나타내고 있다.

```
int test[5] = {75, 84, 97, 65, 81};                // 테스트 배열 초기화

test[7]=123;
printf("저장된 데이터 = %d    ", test[7]);          // 테스트 배열 출력
```

위와 같은 경우에는 저장된 데이터를 출력시켜 보면 제대로 123이 출력 된다. 이것은 선언된 배열의 범위 밖에 데이터가 저장되었다가 출력된 것을 의미한다. 그러나 데이터가 정확하게 저장되었다가 출력되었지만 일반적으로 프로그램에서 처리하는 배열은 첨자 0부터 선언된 배열의 범위 안에서 운용이 되기 때문에 이러한 경우에는 선언된 배열의 범위 밖이므로 무시되기 때문에 문제가 될 수 있다는 것이다.

두 번째 C 언어에서는 배열과 배열의 복사가 불가능하다는 것이다. 2개의 배열이 존재했을 때 우리가 상식적으로 아주 쉽게 하나의 배열 내용이 다른 배열로 복사가 될 것 같지만, 이러한 작업은 불가능하다.

```
int test[10], C_language[10];      // 테스트 배열, C 언어 배열 선언
test = C_language;                 // C 언어 배열을 테스트 배열로 복사
```

위와 같은 문장은 문법적으로 정의가 되지 않기 때문에 컴파일러는 오류 메시지를 나타낸다. 일반적으로 하나의 배열 내용을 다른 배열로 복사하기 위해서는 서로 대응되는 기억 공간을 순서적으로 옮겨줘야 전체가 복사되는 것과 같은 작업을 수행할 수 있다. 따라서 위의 예제에서 컴파일 오류가 발생하는 문장을 다음과 같이 변경하면 된다.

```
int test[10], C_language[10];          // 테스트 배열, C 언어 배열 선언

for ( i = 0; i < 10; i++ )
{
    test[i] = C_language[i];           // C 언어 배열을 테스트 배열로 복사
}
```

위와 같이 for 반복문을 사용하여 배열의 처음부터 마지막까지 저장된 데이터를 하나씩 하나씩 읽어 와서 다른 배열에 저장하면 복사한 것과 동일한 효과를 나타낸다.

세 번째 C 언어에서는 배열과 배열의 비교도 불가능하다. 두 번째와 마찬가지로 배열 전체를 가지고 하는 작업은 불가능하고, 배열을 구성하는 하나의 원소는 일반적인 조건문과 같이 다른 값과 비교할 수 있다. 만약에 배열을 비교한다고 다음과 같은 문장을 표현하는 경우에는 아주 이상한 작업이 수행된다.

```
int test[10], C_language[10];            // 테스트 배열, C 언어 배열 선언

if( test == C_language ) printf("동일한 배열입니다.\n");
else printf("다른 배열입니다.\n");
```

두 개의 배열이 동일한가를 알아보기 위하여 위와 같은 문장을 수행하는 경우에 비교 대상은 배열 이름을 사용하고 있다. 이것은 우리가 이전에 공부한 것과 같이 배열 이름은 배열의 시작 주소를 의미하는 것이므로 내용 비교가 아니라 배열의 주소 비교가 되어 말이 되지 않는 문장이 되는 것이다.

[7.3] 배열을 사용하는 응용 프로그램

이 장에서는 배열을 사용하는 다양한 프로그램을 작성한다. 배열을 사용한다는 것은 우선 배열에 데이터를 저장하고, 배열에 저장된 데이터를 이용하여 다양한 처리 결과 생성하고, 마지막으로 문제에서 원하는 최종 결과를 출력하는 전반적인 과정을 의미하는 것이다. 우리 주변에는 배열을 사용하여 처리될 수 있는 문제가 매우 많이 존재하므로 생각나는 적당한 문제를 생각하여 프로그램을 작성하는 연습을 많이 해보면 좋을 것이다.

예제 7.4

배열에 저장된 데이터를 검색하는 문제이다. 임의의 데이터 10개가 저장되어 있을 때 입력한 데이터가 어느 위치에 저장되어 있는가를 출력하는 프로그램을 작성한다.

처리 과정

1. 10개의 데이터를 초기화 작업으로 배열에 저장한다.
2. 검색할 데이터를 입력한다.
3. 배열에 저장된 데이터와 검색할 데이터를 처음부터 비교하여 같은가를 검사한다.
   같은 경우에는 배열의 첨자와 위치를 출력한다.

프로그램 작성 결과

```
/* 배열에 저장된 데이터를 검색하는 문제 */
/* 입력한 데이터가 어느 위치에 저장되어 있는가를 출력하는 프로그램 */

#include <stdio.h>

int main(void)
{
    int source_data[10] = {78, 89, 98, 96, 85, 74, 61, 55, 49, 83};
    int i, search_data;
    int search_counter = 0;

    printf("검색하고 싶은 데이터 입력? ");
    scanf("%d", &search_data);
```

```
    printf("\n");
    printf("데이터  위치 :");
    for (i=0; i<10; i++)
    {
        printf("%4d", i);
    }
    printf("------------------------------------------------------------\n");

    printf("저장된 데이터 :");
    for (i=0; i<10; i++)
    {
        printf("%4d", source_data[i]);
    }
    printf("\n\n");

    for (i=0; i<10; i++)
    {
         if (source_data[i] == search_data)
         {
            printf("검색한 데이터의 첨자 위치는 %d 번째입니다.\n", i);
         }
         else
         {
            search_counter ++;
         }
    }

    if (search_counter == 10)
         {
            printf("검색할 데이터를 찾지 못했습니다.\n", i);
         }

  return 0;
}
```

프로그램 실행 결과

```
검색하고 싶은 데이터 입력? 74↵

데이터 위치 :   0  1  2  3  4  5  6  7  8  9
------------------------------------------------
저장된 데이터 : 78 89 98 96 85 74 61 55 49 83

검색한 데이터의 첨자 위치는 5 번째입니다.

검색하고 싶은 데이터 입력? 82↵
검색할 데이터를 찾지 못했습니다.
```

예제 7.5

배열 중간에 새로운 데이터를 삽입하는 문제이다. 임의의 데이터 8개가 저장되어 있을 때 입력을 원하는 위치에 새로운 데이터를 삽입하고 그 결과를 출력하는 프로그램을 작성한다.

처리 과정

1. 8개의 데이터를 초기화 작업으로 배열에 저장한다.
2. 데이터를 입력하기 전에 배열을 출력한다.
3. 삽입을 원하는 위치를 입력한다.
4. 삽입을 원하는 위치부터 마지막 데이터까지를 한 칸씩 뒤로 이동한다.
5. 삽입을 원하는 위치에 데이터를 저장한다.
6. 삽입을 원하는 새로운 데이터를 입력한다.
7. 원하는 위치에 데이터를 입력한 후 배열을 출력한다.

프로그램 작성 결과

```
/* 배열에 새로운 데이터를 삽입하는 문제 */
/* 입력을 원하는 위치에 새로운 데이터를 삽입하고 결과를 출력하는 프로그램 */

#include <stdio.h>

int main(void)
{
     int source_data[10] = {78, 89, 98, 96, 85, 74, 61, 55};
     int i;                                          // 제어 변수 설정
     int insertion_pointer;                          // 삽입할 위치 설정
     int insertion_data;                             // 삽입할 데이터 설정

     printf("삽입을 원하는 위치 입력? ");
     scanf("%d", &insertion_pointer);
     printf("삽입할 새로운 데이터 입력? ");
     scanf("%d", &insertion_data);

     printf("\n");
     printf("데이터   위치 :");
     for (i=0; i<10; i++)
     {
         printf("%4d", i);
     }
     printf("\n");
     printf("--------------------------------------------------------\n");

     printf("저장된 데이터 :");
     for (i=0; i<10; i++)
     {
         printf("%4d", source_data[i]);
     }
     printf("\n\n");

     for (i=7; i>=insertion_pointer; i--)
     {
          source_data[i+1] = source_data[i];
     }
     source_data[insertion_pointer] = insertion_data;

     printf("--------------------------------------------------------\n");
```

```
    printf("삽입후 데이터 :");
    for (i=0; i<10; i++)
    {
        printf("%4d", source_data[i]);
    }
    printf("\n\n");

  return 0;
}
```

프로그램 실행 결과

```
삽입을 원하는 위치 입력? 5↵
삽입할 새로운 데이터 입력? 99↵

데이터 위치 :   0   1   2   3   4   5   6   7   8   9
--------------------------------------------------------
저장된 데이터 :  78  89  98  96  85  74  61  55   0   0
--------------------------------------------------------
삽입후 데이터 :  78  89  98  96  85  99  74  61  55   0
```

예제 7.6

배열에 저장된 데이터를 다른 배열로 이동하는 문제이다. 10명의 학생에 대한 학생 번호와 점수 데이터가 학생의 학년과 무관하게 1학년과 2학년이 혼합되어 배열에 저장되어 있을 때, 학년별로 데이터를 구분하여 별도의 다른 배열에 각각 저장하여 출력하는 프로그램을 작성한다. 1학년과 2학년의 구분은 학생 번호의 앞자리가 1인 경우는 1학년이고, 앞자리가 2인 경우는 2학년이다.

처리 과정

1 학생 번호와 점수 데이터, 데이터를 저장할 배열을 선언한다.

2 학생 번호와 점수 데이터 10개를 초기화 작업으로 배열에 저장한다.

3 학생 번호를 가져와서 앞자리가 1 또는 2인가를 확인한다.
1000으로 나누어 몫을 구하여 사용

4 학생 번호의 앞자리가 1인 경우는 해당하는 점수 데이터를 1학년 점수 배열에 저장한다.

5 학생 번호의 앞자리가 2인 경우는 해당하는 점수 데이터를 2학년 점수 배열에 저장한다.
6 2번부터 5번까지 작업을 10번 반복한다.
7 학생 번호와 점수 배열 그리고 1학년과 2학년 배열을 출력한다.

프로그램 작성 결과

```
/* 배열에 저장된 데이터를 이동하는 문제 */
/* 점수 배열 1학년과 2학년 배열로 옮기고 출력하는 프로그램 */

#include <stdio.h>

int main(void)
{
    int student_no[10] = {2001, 2002, 1001, 2003, 1002, 1003,
                          1004, 2004, 2005, 2006};        // 학생 번호 설정
    int source_data[10] = {78, 89, 98, 96, 85, 74, 61, 55, 49, 83};
    int student1_no[10], student1_data[10];        // 1학년 번호와 점수 설정
    int student2_no[10], student2_data[10];        // 2학년 번호와 점수 설정
    int i;                                         // 제어 변수
    int pointer1, pointer2;                        // 학년 배열 포인터
    int grade;                                     // 학년 저장

    pointer1 = pointer2 = 0;                       // 학년 배열 포인터 초기화

    for (i=0; i<10; i++)                      // 1, 2학년 번호와 점수 배열 초기화
    {
        student1_no[i] = 0;
        student1_data[i] = 0;
        student2_no[i] = 0;
        student2_data[i] = 0;
    }

    for (i=0; i<10; i++)
    {
        grade = student_no[i] / 1000;
        if (grade == 1)
        {
          student1_no[pointer1] = student_no[i];
          student1_data[pointer1] = source_data[i];
          pointer1++;
        }
        else if (grade == 2)
        {
```

```
            student2_no[pointer2] = student_no[i];
            student2_data[pointer2] = source_data[i];
            pointer2++;
        }
        else
        {
            printf("학년 입력이 잘못되었습니다.\n");
            break;
        }
    }

    printf("소스_no 소스_data 1학년_no 1학년_data 2학년_no 2학년_data\n");
    printf("-----------------------------------------------------------\n");

    for (i=0; i<10; i++)
    {
        printf("%6d %8d %8d ", student_no[i], source_data[i], student1_no[i]);
        printf("%10d %8d %8d ", student1_data[i], student2_no[i], student2_data[i]);

        printf("\n");
    }

    return 0;
}
```

프로그램 실행 결과

```
소스_no   소스_data  1학년_no  1학년_data   2학년_no   2학년_data
-----------------------------------------------------------
  2001      78       1001       98        2001        78
  2002      89       1002       85        2002        89
  1001      98       1003       74        2003        96
  2003      96       1004       61        2004        55
  1002      85          0        0        2005        49
  1003      74          0        0        2006        83
  1004      61          0        0           0         0
  2004      55          0        0           0         0
  2005      49          0        0           0         0
  2006      83          0        0           0         0
```

예제 7.7

10명의 C 언어 점수를 입력하여 총점과 평균을 계산하고, 평균보다 적은 점수를 받은 학생 명단을 출력하는 프로그램을 작성한다.

처리 과정

1. 10명의 학생 번호와 C 언어 점수를 배열에 입력한다.
2. 배열에 저장된 데이터를 순서대로 가져와서 합계를 계산한다.
3. 평균을 계산한다.
4. 배열에 저장된 데이터를 순서대로 가져와 평균보다 적은가를 검사한다.
   C 언어 점수가 평균보다 적은 경우에는 학생 번호를 출력한다.

프로그램 작성 결과

```
/* 배열에 10명의 C 언어 점수를 입력하여 총점과 평균을 계산하고, */
/* 평균보다 적은 점수를 받은 학생 명단을 출력하는 프로그램 */

#include <stdio.h>

int main(void)
{
    int student_no[10];                    // 학생 번호 설정
    int C_language[10];                    // C_언어 점수 데이터 저장
    int student_counter = 0;               // 카운터 값 설정
    int max, min, sum=0;                   // 최대 값과 최소 값을 설정
    float ave;                             // 평균 설정
    int i, j;                              // 제어 변수 설정

    for ( i = 0; i < 10; i++ )             // 10명의 데이터 입력
    {
        printf("학생 번호를 입력하세요? ");             // 학생 번호 입력
        scanf("%d", &student_no[student_counter]);

        printf("%d 번째 C_언어 점수를 입력하세요? ", i); // 점수 입력
        scanf("%d", &C_language[student_counter]);

        student_counter++;                           // 학생 수 카운터
    }
```

```
    for ( i = 0; i < 10; i++ )                              // 10명의 합계 계산
    {
       sum = sum + C_language[i];
    }

    ave = (float)sum / student_counter;                     // 평균 계산

    printf("\n");                                           // 줄 바꾸기
    printf("총점 = %d    평균 = %6.3f\n\n", sum, ave);
    printf("평균보다 적은 점수를 받은 학생 리스트\n");     // 타이틀 출력
    printf("--------------------------------\n");

    for ( i = 0; i < student_counter; i++ )
    {
       if( C_language[i] < ave )          // 평균보다 적은 점수인가 검사
        {
           printf("첨자의 값 = %d    ", i);                  // 첨자의 값
           printf("학생 번호 = %d    ", student_no[i]);   // 학생 번호 출력
           printf("C_언어 점수 = %d\n", C_language[i]);   // C_언어 점수 출력
        }
    }
    return 0;
}
```

프로그램 실행 결과

```
학생 번호를 입력하세요? 1111↵
0 번째 C_언어 점수를 입력하세요? 74↵
학생 번호를 입력하세요? 1112↵
1 번째 C_언어 점수를 입력하세요? 85↵
     . . . . . . . . . . . . . . . . . . . .
          10명까지 입력

총점 = 758    평균 = 75.800

평균보다 적은 점수를 받은 학생 리스트
--------------------------------------------------
첨자의 값 = 0    학생 번호 = 1111    C_언어 점수 = 74
첨자의 값 = 3    학생 번호 = 1114    C_언어 점수 = 71
```

```
첨자의 값 = 6    학생 번호 = 1116    C_언어 점수 = 69
첨자의 값 = 7    학생 번호 = 1114    C_언어 점수 = 58
첨자의 값 = 8    학생 번호 = 1118    C_언어 점수 = 68
첨자의 값 = 9    학생 번호 = 1119    C_언어 점수 = 59
```

기본문제 9

5명의 학생에 대하여 각각 국어, 영어, 수학 점수를 입력 받아서, 각 학생의 총점과 평균과 각 과목의 총점과 평균을 계산하는 프로그램을 작성한다.

제시된 문제는 문제에서는 언급이 없었지만 5명의 학생을 구분하기 위하여 학생 번호가 입력되어야 한다. 그리고 국어, 영어, 수학 점수를 입력하여 총점과 평균 계산하면서 동시에 각 과목의 합계를 계산하고, 계산 결과를 출력하는 문제이다.

처리 과정

1. 총점을 구하기 위하여 국어, 영어, 수학 점수를 입력한다.
2. 1번을 5번 반복시킨다.
3. 반복이 종료되면 총점과 평균을 계산한다.
4. 각 과목별 합계를 계산한다.
5. 각 과목별 평균을 계산한다.
6. 입력된 데이터와 계산된 각각의 값을 출력한다.

프로그램 작성 결과

```c
/* 5명의 학생에 대하여 각각 국어, 영어, 수학 점수를 입력 받아서, */
/* 각 학생의 총점과 평균과 각 과목의 총점과 평균을 계산하는 프로그램*/
#include <stdio.h>

int main(void)
{
    int kor[5], eng[5], mat[5];      // 국어, 영어, 수학 점수 데이터 저장
    int sum[5], sum_total;           // 총점, 총점의 합계 저장
    int kor_sum, eng_sum, mat_sum;   // 국어, 영어, 수학 각각의 합계
    int i, student_no[5];            // 제어 변수, 학생 번호 설정
    float ave[5], sum_ave, total_ave, ave_ave;     // 평균, 전체 평균 저장
```

```
float kor_ave, eng_ave, mat_ave;                 // 국어, 영어, 수학 각각의 평균

kor_sum = eng_sum = mat_sum = sum_total = sum_ave = 0;

for ( i = 0; i < 5; i++ )                        // 5번 반복
{
     printf("학생 번호를 입력하세요? ");          // 학생 번호 입력
     scanf("%d", &student_no[i]);

     printf("국어 점수를 입력하세요? ");          // 국어 점수 입력
     scanf("%d", &kor[i]);
     printf("영어 점수를 입력하세요? ");          // 영어 점수 입력
     scanf("%d", &eng[i]);
     printf("수학 점수를 입력하세요? ");          // 수학 점수 입력
     scanf("%d", &mat[i]);
}

printf("\n");                                    // 줄 바꾸기

for ( i = 0; i < 5; i++ )                        // 5번 반복
{
     sum[i] = kor[i] + eng[i] + mat[i];          // 총점 계산
     ave[i] = (float)sum[i] / 3.0;               // 평균 계산

     kor_sum = kor_sum + kor[i];                 // 국어 과목 합계 계산
     eng_sum = eng_sum + eng[i];                 // 영어 과목 합계 계산
     mat_sum = mat_sum + mat[i];                 // 수학 과목 합계 계산
}

kor_ave = (float)kor_sum / i;                    // 국어 과목 평균 계산
eng_ave = (float)eng_sum / i;                    // 영어 과목 평균 계산
mat_ave = (float)mat_sum / i;                    // 수학 과목 평균 계산

for ( i = 0; i < 5; i++ )                        // 5번 반복
{
    sum_total = sum_total + sum[i];              // 전체 총점 계산
    sum_ave = sum_ave + ave[i];                  // 평균 합계 계산
}

total_ave = (float)sum_total / i;                // 전체 평균 계산
ave_ave = sum_ave / i;                           // 전체 평균 계산
```

```
    printf("학생번호  국어  영어  수학   총점  평균\n"); // 타이틀 출력
    printf("---------------------------------------\n");

    for ( i = 0; i < 5; i++ )                          // 5번 점수 출력
    {
        printf("%6d %7d %5d ", student_no[i], kor[i], eng[i]);
        printf("%5d %6d %7.2f \n", mat[i], sum[i], ave[i]);
    }
    printf("과목합계 %5d %5d ", kor_sum, eng_sum);
    printf("%5d %6d %7.2f \n", mat_sum, sum_total, sum_ave);

    printf("과목평균 %5.1f %5.1f ", kor_ave, eng_ave);
    printf("%5.1f %6.1f %6.2f \n", mat_ave, total_ave, ave_ave);

    return 0;
}
```

프로그램 실행과 데이터 입력

```
학생 번호를 입력하세요? 1111 ↵
국어 점수를 입력하세요? 74 ↵
영어 점수를 입력하세요? 85 ↵
수학 점수를 입력하세요? 96 ↵
 . . . . . . . . . . . . . . . . . . .
             5명까지 입력
```

프로그램 실행 결과

```
 학생번호    국어    영어    수학    총점     평균
---------------------------------------------------
   1111       74      85      96     255     85.00
   2222       82      71      93     246     82.00
   3333       87      54      65     206     68.67
   4444       78      89      69     236     78.67
   5555       75      81      62     218     72.67
---------------------------------------------------
 과목합계    396     380     385    1161    387.01
 과목평균   79.2    76.0    77.0   232.2     77.40
```

예제 7.8

알파벳(alphabet) 문자 A부터 Z까지를 다음의 그림과 같이 출력하는 프로그램을 작성한다.

```
A B C D E F G H I J K L M N O P Q R S T U V W X Y Z
B C D E F G H I J K L M N O P Q R S T U V W X Y Z A
C D E F G H I J K L M N O P Q R S T U V W X Y Z A B
D E F G H I J K L M N O P Q R S T U V W X Y Z A B C
E F G H I J K L M N O P Q R S T U V W X Y Z A B C D
G H I J K L M N O P Q R S T U V W X Y Z A B C D E F
F G H I J K L M N O P Q R S T U V W X Y Z A B C D E
H I J K L M N O P Q R S T U V W X Y Z A B C D E F G
I J K L M N O P Q R S T U V W X Y Z A B C D E F G H
J K L M N O P Q R S T U V W X Y Z A B C D E F G H I
K L M N O P Q R S T U V W X Y Z A B C D E F G H I J
L M N O P Q R S T U V W X Y Z A B C D E F G H I J K
M N O P Q R S T U V W X Y Z A B C D E F G H I J K L
N O P Q R S T U V W X Y Z A B C D E F G H I J K L M
O P Q R S T U V W X Y Z A B C D E F G H I J K L M N
P Q R S T U V W X Y Z A B C D E F G H I J K L M N O
Q R S T U V W X Y Z A B C D E F G H I J K L M N O P
R S T U V W X Y Z A B C D E F G H I J K L M N O P Q
S T U V W X Y Z A B C D E F G H I J K L M N O P Q R
T U V W X Y Z A B C D E F G H I J K L M N O P Q R S
U V W X Y Z A B C D E F G H I J K L M N O P Q R S T
V W X Y Z A B C D E F G H I J K L M N O P Q R S T U
W X Y Z A B C D E F G H I J K L M N O P Q R S T U V
X Y Z A B C D E F G H I J K L M N O P Q R S T U V W
Y Z A B C D E F G H I J K L M N O P Q R S T U V W X
Z A B C D E F G H I J K L M N O P Q R S T U V W X Y
```

그림 7-7 반복문의 정의 방법

처리 과정

1. 문자 배열의 초기 값을 A부터 Z까지 입력한다. 방법은 2가지 존재 배열의 초기 값으로 설정하는 방법
   A의 코드 값이 65이므로 순서적으로 배열에 대입하는 방법
2. 첨자 값이 0부터 25까지 출력
3. 배열에 저장된 문자를 한 칸씩 왼쪽으로 이동한다.
4. 2번부터 3번을 26번 번복한다.

프로그램 작성 결과_1

```
/* 배열에 저장된 문자를 한 칸씩 왼쪽으로 이동하고 한 줄 출력하는 프로그램 */

#include <stdio.h>

int main(void)
{
// char alphabet_ch[26] = {'A', 'B', 'C', 'D', 'E', 'F', 'G', 'H', 'I', 'J', 'K',
//                         'L', 'M', 'N', 'O', 'P', 'Q', 'R', 'S', 'T', 'U', 'V',
//                         'W', 'X', 'Y', 'Z'}     // 알파벳 26자 초기화 작업

    char alphabet_ch[26];                     // 알파벳 26자 저장
    char temp;                                // 문자 1개 저장
    int i, j;                                 // 제어 변수 설정

    for ( i = 0; i < 26; i++ )                // 26번 반복
    {
        alphabet_ch[i] = 65 + i;
    }

    for ( i = 0; i < 26; i++ )                          // 26줄 출력
    {
        for ( j = 0; j < 26; j++ )                      // 1줄 출력
        {
           printf("%c ", alphabet_ch[j]);               // 1글자씩 출력
        }
        printf("\n");                                   // 줄 바꾸기

        temp = alphabet_ch[0];
        for ( j = 0; j < 25; j++ )                      // 한 칸씩 왼쪽으로 이동
        {
           alphabet_ch[j] = alphabet_ch[j+1];
        }
        alphabet_ch[25] = temp;
    }

    return 0;
}
```

프로그램 실행 결과

```
A B C D E F G H I J K L M N O P Q R S T U V W X Y Z
B C D E F G H I J K L M N O P Q R S T U V W X Y Z A
C D E F G H I J K L M N O P Q R S T U V W X Y Z A B
E F G H I J K L M N O P Q R S T U V W X Y Z A B C D
    . . . . . . . . . . . . . . . . . . . . . . . . .
    . . . . . . . . . . . . . . . . . . . . . . . . .

Z A B C D E F G H I J K L M N O P Q R S T U V W X Y
```

프로그램 작성 결과_2

다음의 프로그램은 알파벳(alphabet) 문자 A부터 Z까지가 저장되어 있는 배열을 그대로 두고 출력 시작 포인트부터 계속해서 26자를 반복하여 출력하면 된다. 만약에 출력 시작 포인트가 5인 경우에는 Z까지 출력하고 다시 첨자 값이 0인 데이터부터 첨자 값이 4까지 출력되어야 되므로 나머지 연산자를 사용하여 프로그램을 작성한다. 작성된 프로그램은 다음과 같다.

```
/* 중첩된 for 반복문에서 제어 변수 이용하여 한 줄 출력하는 프로그램 */
#include <stdio.h>

int main(void)
{
//    char alphabet_ch[26] = {'A', 'B', 'C', 'D', 'E', 'F', 'G', 'H', 'I', 'J', 'K',
//                            'L', 'M', 'N', 'O', 'P', 'Q', 'R', 'S', 'T', 'U', 'V',
//                            'W', 'X', 'Y', 'Z'}      // 알파벳 26자 초기화 작업

      char alphabet_ch[26];                           // 알파벳 26자 저장
      char temp;                                      // 문자 1개 저장
      int i, j;                                       // 제어 변수 설정
      int print_pointer;                              // 프린트 포인터 설정

      for ( i = 0; i < 26; i++ )                      // 26번 반복
      {
        alphabet_ch[i] = 65 + i;
      }

      for ( i = 0; i < 26; i++ )                      // 26줄 출력
      {
```

```
        print_pointer = i;                          // 출력 시작 포인트 지정
        for ( j = 0; j < 26; j++ )                  // 1줄 출력
        {
            print_pointer = print_pointer % 26;
            printf("%c ", alphabet_ch[print_pointer]);      // 1글자씩 출력
            print_pointer = print_pointer + 1;              // 출력 포인트 증가
        }
        printf("\n");                                       // 줄 바꾸기
    }
    return 0;
}
```

예제 7.9

1부터 45까지의 숫자 중에서 임의로 6개의 숫자를 선택하였을 경우, 로또 복권의 당첨 결과를 출력하는 프로그램을 작성한다.

처리 과정

1. 당첨 번호에 대한 배열을 선언하고 당첨 번호 6개와 보너스 번호의 초기화 작업을 한다.
2. 6개의 숫자가 저장될 배열을 선언한다.
3. 1부터 45까지의 숫자 중에서 임의로 6개의 숫자를 배열에 입력한다.
4. 입력된 데이터 1개를 선택하고 당첨 번호 배열과 하나씩 비교하여 같은 경우에는 카운터를 1 증가시킨다.
5. 4번을 6번 반복한다.
6. 카운터 값이 3인 경우에는 5등을 출력한다.
7. 카운터 값이 4인 경우에는 4등을 출력한다.
8. 카운터 값이 5인 경우에는 보너스 번호와 비교하여 보너스 번호가 존재하면 2등을 출력하고, 존재하지 않으면 3등을 출력한다.
9. 카운터 값이 6인 경우에는 1등을 출력한다.

프로그램 작성 결과

```
/* 1부터 45사이의 6개 숫자의 로또 복권 당첨 결과를 출력하는 프로그램 */

#include<stdio.h>

int main(void)
{
    int winning_number[7]={4, 15, 25, 33, 36, 42, 18};
    int input_number[6];
    int bonus_check = 0;
    int i, j, counter;

    counter = 0;

    printf("1부터 45사이의 6개 숫자를 입력하시오? \n");
    for(i = 0; i < 6 ; i++)
    {
        printf("%d번째 번호는? ", i+1);
        scanf("%2d", &input_number[i]);
    }
    printf("\n");

    counter = 0;
    for(i = 0; i < 6; i++)
    {
        for(j = 0; j < 6; j++)
        {
           if(winning_number[i]==input_number[j]) counter = counter + 1;
        }
    }

    switch(counter)
    {
        case 3: printf("%d개 맞춰서 5등입니다.\n", counter);
                break;
        case 4: printf("%d개 맞춰서 4등입니다.\n", counter);
                break;
        case 5: {
                    for(j = 0; j < 6; j++)
                    {
                       if(winning_number[6] == input_number[j])
                       {
```

```
                        bonus_check = 1;
                        break;
                    }
                }

                if(bonus_check == 1)
                        printf("%d개와 보너스 맞춰서 2등입니다.\n", counter);
                else
                        printf("%d개 맞춰서 3등입니다.\n", counter);
                break;
            }
        case 6: printf("%d개 맞춰서 1등입니다.\n", counter);
                break;
        default : printf("%d개 맞춰서 등수가 없습니다.\n", counter);
    }
}
```

프로그램 실행 결과

```
1부터 45사이의 6개 숫자를 입력하시오?
1번째 번호는?  4
2번째 번호는? 15
3번째 번호는? 25
4번째 번호는? 33
5번째 번호는? 36
6번째 번호는? 18

5개와 보너스 맞춰서 2등입니다.
```

[7.4] 배열과 정렬

일반적으로 정렬(Sorting)의 개념은 주어진 그 어떤 것을 크기순으로 분류하는 것을 의미한다. 그 어떤 것을 크기순으로 분류하는 방법은 2가지가 존재하는데, 하나는 작은 것에서부터 큰 것으로 분류하는 방법과 반대로 큰 것에서부터 작은 것으로 분류하는 방법이 존재한다. 전자를 오름차순(ascending order) 분류라고 하고, 후자를 내림차순(descending order) 분류라고 한다. 정렬

(Sorting)의 개념은 배열 작업에서 매우 중요하게 사용되는 개념이다.

7.4.1 배열에서 사용하는 정렬

배열에서 정렬 작업은 매우 중요한 위치를 차지한다. 배열의 정렬 작업은 배열에 저장되어 있는 데이터를 데이터의 크기 순서대로 재구성하는 것을 의미한다. 배열에 저장된 데이터를 재구성하는 방법은 오름차순 정렬(ascending sort)과 내림차순 정렬(descending sort))로 분류할 수 있다. 오름차순 정렬은 배열에 저장된 데이터를 작은 데이터에서 큰 데이터로 분류하는 방법으로 사전에서 단어의 분류 또는 학번 그리고 도서관의 도서 번호, 전호번호부의 이름 순서 등과 같이 일반적으로 일상의 생활에서 많이 사용하는 방법이다. 이와는 반대로 내림차순 정렬은 배열에 저장된 데이터를 큰 데이터에서 작은 데이터로 분류하는 방법을 말한다.

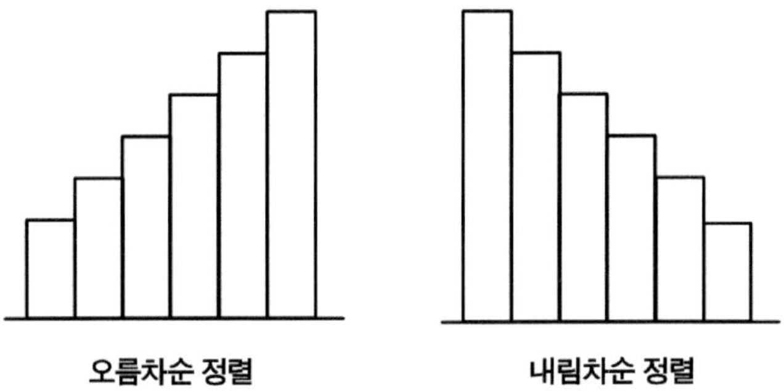

그림 7-8 오름차순 정렬과 내림차순 정렬의 형태

배열에 저장된 데이터를 정렬하는 목적은 첫 번째는 당연히 원하는 데이터를 쉽고 빠르게 검색하기 위해서 정렬 작업을 수행하는 것이다. 배열에 저장된 데이터를 검색하는데 있어서 정렬되지 않은 배열보다는 정렬된 배열에서 원하는 데이터 검색을 빠르게 수행할 수 있다. 예를 들어서 영어 사전에서 원하는 단어를 검색하는 경우를 생각하면 해답이 나올 것이다. 영어 사전이 알파벳 순서로 정렬되어 있지 않다면 우리가 원하는 단어를 과연 찾을 수가 있을까? 해답은 거의 불가능하다는 것이다. 두 번째는 정렬된 배열은 검색뿐만 아니라 그 밖에 여러 가지 프로그램의 응용에 사용될 수가 있다. 예를 들어서 내림차순으로 정렬된 배열의 맨 처음 데이터가 제일 크므로 등수를 부여하면 1등이 되고, 마지막 데이터는 꼴찌가 되는 것을 이용하여 다양한 응용 프로그램을 작성할 수 있다.

배열에 저장된 데이터를 정렬하기 위한 알고리즘(algorithm)은 다양하게 발표되었다. 다양하게 존재하는 정렬을 위한 알고리즘은 자료 구조라는 과목에서 자세하게 다루고 있으므로 자료 구조

책을 읽어보면 정렬을 위한 많은 알고리즘을 이해하게 될 것이다. 따라서 이 책에서는 일반적으로 많은 사람들이 가장 쉽다고 생각하고, 가장 많이 사용되고 있는 알고리즘에 대하여 설명하고, 앞으로의 프로그램 작성에 적용한다. 다시 말해서 이 책에서 다루는 알고리즘이 최선의 알고리즘은 아니라는 것이고, 배열에 저장된 데이터를 간단하게 정렬하기 위한 알고리즘으로 이해하면 된다. 이 알고리즘을 기초로 자료 구조 책에서 다루는 다양한 최선의 알고리즘을 이해하면 좋을 것이다.

7.4.2 배열의 정렬 알고리즘

자료 구조 책에서 다루는 다양한 알고리즘 중에서 가장 이해하기 쉬운 정렬 알고리즘은 선택 정렬(selection sort)이라는 것이다. 선택 정렬은 배열에 저장된 전체 데이터 중에서 하나의 데이터를 선택하고, 나머지 데이터들 중에서 가장 큰 데이터 또는 가장 작은 데이터를 검색하여 선택된 데이터와 검색된 데이터를 선택하여 두 데이터의 자리를 교환하는 방식으로 정렬한다.

그러나 이 장에서 사용하는 정렬 알고리즘은 선택 정렬과 유사하지만 조금은 다른 방식으로 정렬 작업을 수행한다. 여기에서의 정렬 방식은 선택 정렬과 유사하게 배열에 저장된 전체 데이터 중에서 하나의 데이터를 선택하고, 나머지 데이터들과 비교하여 정렬 방식의 기준에 맞는 데이터가 나타날 때마다 선택된 데이터와 정렬 방식의 기준에 맞는 데이터를 선택하여 두 데이터의 자리를 교환하는 방식으로 정렬한다. 이러한 방식으로 마지막 데이터까지 수행이 완료되면, 1단계에서 선택되었던 데이터를 제외하고 나머지 데이터 중에서 하나의 데이터를 선택하고, 동일한 방법으로 나머지 데이터들과 비교하여 정렬 방식의 기준에 맞는 데이터가 나타날 때마다 선택된 데이터와 정렬 방식의 기준에 맞는 데이터를 선택하여 두 데이터의 자리를 교환하는 방식으로 정렬한다. 이와 같은 과정을 반복하면서 정렬을 완성한다.

정렬되지 않은 {69, 10, 30, 2, 16, 8, 31, 22}와 같은 8개의 데이터들을 사용하여 오름차순으로 정렬하는 과정을 살펴본다.

1 1단계 작업은 첫 번째 위치에 있는 데이터를 기준 값으로 정하고, 나머지 데이터를 하나씩 읽으면서 기준 값과 비교하여 기준 값보다 작은 경우에는 기준 값과 읽혀진 데이터와 자리를 교환한다. 예를 들어서 첫 번째 위치에 있는 데이터는 69이고, 나머지 데이터 중에 읽혀진 데이터가 10이므로 69보다 10이 작으므로 자리를 교환한다. 여기에서 자리를 교환하면 첫 번째 위치에 있는 데이터가 변경되게 되는데, 첫 번째 기준 값은 10이 되고, 나머지 데이터들은 첫 번째 기준 값인 10과 이러한 방법으로 마지막 데이터까지 검색한 뒤에는 첫 번째 위치의 데이터는 가장 작은 데이터가 오게 된다.

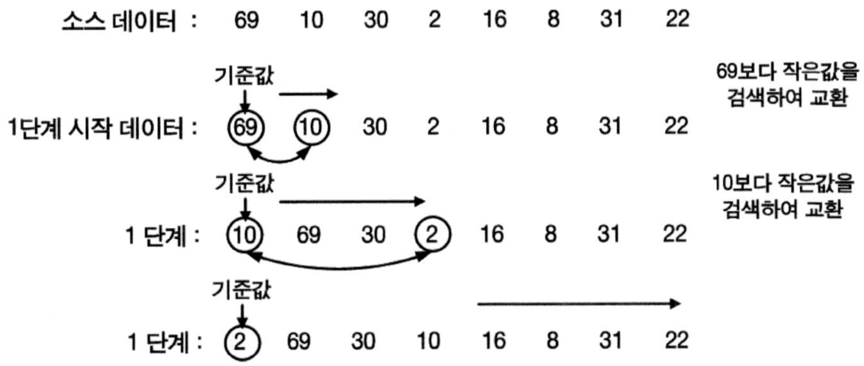

그림 7-9 1단계 작업 과정

2 2단계 작업은 1단계에서 마지막 데이터까지 수행이 완료되면, 1단계에서 선택되었던 기준값 데이터를 제외하고 나머지 데이터들을 가지고, 동일한 방법으로 첫 번째 위치의 데이터와 나머지 데이터들과 비교하여 정렬 방식의 기준에 맞는 데이터를 선택하여 두 데이터의 자리를 교환하는 방식으로 정렬한다. 2단계 작업에서 기준 값은 69가되고 69보다 작은 값인 30과 자리를 교환하게 된다. 데이터를 교환하면 마찬가지로 기준 값은 30으로 변경되고, 30보다 작은 값인 10이 선택되어 자리를 교환한다. 데이터 교환 후에는 기준 값은 10으로 변경되고, 10보다 작은 값인 8이 선택되어 자리를 교환한다.

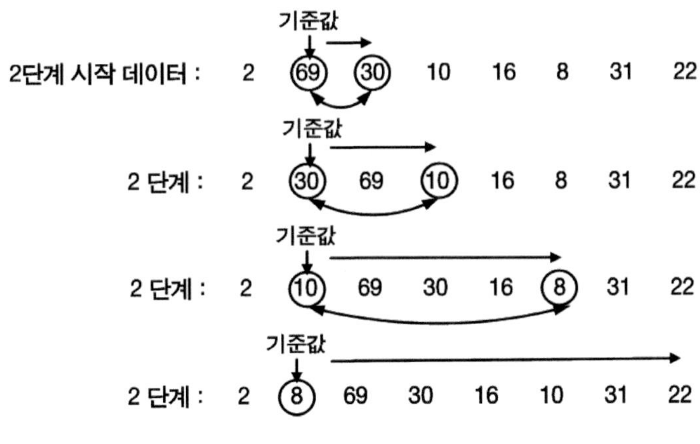

그림 7-10 2단계 작업 과정

3 3단계 작업은 2단계 작업이 완료되면 3번째 데이터인 69가 기준 값이 되고 동일한 방법으로 다음 데이터부터 69보다 작은 데이터를 검색하여 자리를 교환하게 된다.

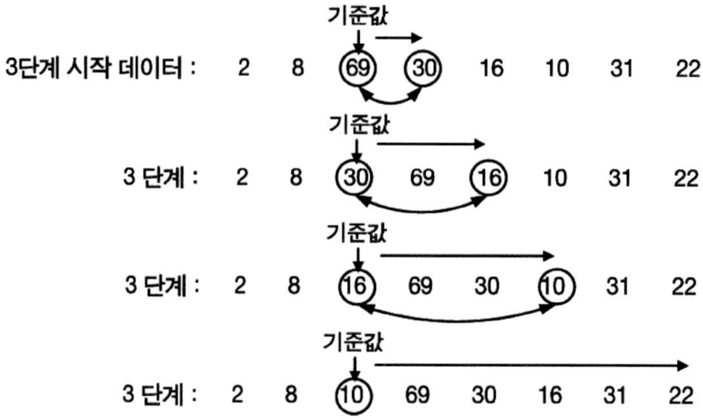

그림 7-11 3단계 작업 과정

4 4단계 작업부터 마지막 작업까지 처리 결과는 다음과 같다.

```
4단계 시작 데이터 :    2    8   10   69   30   16   31   22
      4  단계 :    2    8   10   30   69   16   31   22
      4  단계 :    2    8   10   16   69   30   31   22

5단계 시작 데이터 :    2    8   10   16   69   30   31   22
      5  단계 :    2    8   10   16   30   69   31   22
      5  단계 :    2    8   10   16   22   69   31   30

6단계 시작 데이터 :    2    8   10   16   22   69   31   30
      6  단계 :    2    8   10   16   22   31   69   30
      6  단계 :    2    8   10   16   22   30   69   31

7단계 시작 데이터 :    2    8   10   16   22   30   69   31
      7  단계 :    2    8   10   16   22   30   31   69
```

위의 처리 결과에서 보는 것처럼 각각의 단계를 거치면서 데이터들이 오름차순으로 정렬이 되는 것을 볼 수 있다. 위에서 설명하는 알고리즘에서 정렬을 위한 데이터의 기준 값 설정은 첫 번째 데이터부터 (마지막-1)번째 데이터까지 순서대로 진행되고, 각각의 단계에서는 기준 값으로 정해진 데이터 다음부터 마지막 데이터까지 정렬 방식의 기준이 되는 기준 값보다 작거나 큰 값에 맞는 데이터가 나타날 때마다 선택된 데이터와 기준이 되는 데이터의 자리를 교환하는 방식으로 정렬한다.

다음은 위와 같이 복잡하게 설명된 내용을 간략하게 알고리즘으로 나타낸 것이다.

```
for ( i = 0; i < data_counter-1; i++ )      // 처음부터 (마지막-1)까지 반복
{
    for ( j = i+1; j < data_counter; j++ ) // 기준 값 다음부터 끝까지
    {
     if(source_data[i] > source_data[j])   // 기준 값이 크면 자리바꿈
        {
            temp = source_data[i];
            source_data[i] = source_data[j];
            source_data[j] = temp;
        }
    }
}
```

예제 7.10

배열에 임의의 데이터 8개가 저장되어 있는 경우, 8개의 데이터들을 사용하여 오름차순으로 정렬하는 프로그램을 작성한다.

프로그램 작성 결과

```
/* 8개의 데이터들을 사용하여 오름차순으로 정렬하는 프로그램 */

#include <stdio.h>

int main(void)
{
    int source_data[8] = {69, 10, 30, 2, 16, 8, 31, 22}; // 소스 데이터 저장
    int data_counter = 8;                               // 데이터 개수 저장
    int temp;                                           // 임시 데이터 저장
    int i, j, k;                                       // 제어 변수 설정

    printf("소스 데이터 : ");
    for ( k = 0; k < 8; k++ )                          // 8줄 출력
    {
        printf("%5d", source_data[k]);                 // 데이터 하나씩 출력
    }
    printf("\n\n");
```

```
    for ( i = 0; i < data_counter-1; i++ )     // 기준 위치를 1씩 옮기며 반복
    {
        for ( j = i+1; j < data_counter; j++ ) // 기준 위치 다음부터 끝까지
        {
             if(source_data[i] > source_data[j]) // 기준 값이 크면 자리바꿈
            {
                temp = source_data[i];
                source_data[i] = source_data[j];
                source_data[j] = temp;

                printf("  %d  단계 : ", i);
                for ( k = 0; k < 8; k++ )       // 8줄 출력
                {
                     printf("%5d", source_data[k]);   // 데이터 하나씩 출력
                }
                printf("\n");
            }
        }
         printf("\n\n");
    }

    return 0;
}
```

프로그램 실행 결과

```
소스 데이터 :   69   10   30    2   16    8   31   22

   1  단계 :   10   69   30    2   16    8   31   22
   1  단계 :    2   69   30   10   16    8   31   22

   2  단계 :    2   30   69   10   16    8   31   22
   2  단계 :    2   10   69   30   16    8   31   22
   2  단계 :    2    8   69   30   16   10   31   22

   3  단계 :    2    8   30   69   16   10   31   22
   3  단계 :    2    8   16   69   30   10   31   22
   3  단계 :    2    8   10   69   30   16   31   22

   4  단계 :    2    8   10   30   69   16   31   22
   4  단계 :    2    8   10   16   69   30   31   22

   5  단계 :    2    8   10   16   30   69   31   22
   5  단계 :    2    8   10   16   22   69   31   30

   6  단계 :    2    8   10   16   22   31   69   30
   6  단계 :    2    8   10   16   22   30   69   31

   7  단계 :    2    8   10   16   22   30   31   69
```

기본문제 10

5명의 학생에 대하여 각각 국어, 영어, 수학 점수를 입력 받아서, 각 학생의 총점과 평균과 각 과목의 총점과 평균을 계산하고, 각 학생의 등수를 출력하는 프로그램을 작성한다.

제시된 문제는 문제에서는 언급이 없었지만 5명의 학생을 구분하기 위하여 학생 번호가 입력되어야 한다. 그리고 국어, 영어, 수학 점수를 입력하여 총점과 평균 계산하면서 동시에 각 과목의 합계를 계산하고, 계산 결과를 출력하는 문제이다. 그리고 계산된 총점을 기준으로 각 학생의 등수를 계산하여 출력하는 문제이다.

각 학생의 등수는 총점 데이터를 다른 배열에 복사하여 내림차순으로 정렬한 다음에 각각의 총점 값이 배열에 어떤 장소에 존재하는가를 검색하여 저장된 장소의 첨자+1 값이 등수가 되므로 첨자+1 값을 등수 배열에 저장하면 된다. 더하기 1을 하는 이유는 첨자의 값이 0부터 시작하기 때문에 1을 더하는 것이다.

처리 과정

1. 총점을 구하기 위하여 국어, 영어, 수학 점수를 입력한다.
2. 1번을 5번 반복시킨다.
3. 총점과 평균을 계산한다.
4. 각 과목별 합계를 계산한다.
5. 반복이 종료되면 각 과목별 평균을 계산한다.
6. 총점 배열을 임의의 다른 배열에 복사한다.
7. 임의의 다른 배열을 내림차순으로 정렬한다.
8. 총점 배열에 저장된 데이터를 하나씩 선택하여 임의의 다른 배열에 저장된 데이터와 비교하여 동일한 데이터를 검색하고 관련된 첨자 값을 총점 배열의 데이터 위치에 해당하는 등수 배열의 장소에 저장한다.
9. 입력된 데이터와 계산된 각각의 값을 출력한다.

프로그램 작성 결과

```
/* 5명의 학생에 대하여 각각 국어, 영어, 수학 점수를 입력 받아서, */
/* 각 학생의 총점과 평균과 각 과목의 총점과 평균을 계산하는 프로그램*/
#include <stdio.h>

int main(void)
{
    int data_counter = 5;
    int kor[5], eng[5], mat[5];          // 국어, 영어, 수학 점수 데이터 저장
    int sum[5], sum_total;               // 총점, 총점의 합계 저장
    int kor_sum, eng_sum, mat_sum;       // 국어, 영어, 수학 각각의 합계
    int i, j, v_temp, student_no[5];     // 제어 변수, 학생 번호 설정
    float ave[5], sum_ave, total_ave, ave_ave;     // 평균, 전체 평균 저장
    int temp[5], rank[5];                          // 임시 배열, 등수 저장
    float kor_ave, eng_ave, mat_ave;               // 국어, 영어, 수학 각각의 평균

    kor_sum = eng_sum = mat_sum = sum_total = sum_ave = 0;

    for ( i = 0; i < 5; i++ )                      // 5번 반복
    {
        printf("학생 번호를 입력하세요? ");        // 학생 번호 입력
        scanf("%d", &student_no[i]);
        printf("국어 점수를 입력하세요? ");        // 국어 점수 입력
        scanf("%d", &kor[i]);
        printf("영어 점수를 입력하세요? ");        // 영어 점수 입력
        scanf("%d", &eng[i]);
        printf("수학 점수를 입력하세요? ");        // 수학 점수 입력
        scanf("%d", &mat[i]);
    }

    printf("\n");                                  // 줄 바꾸기

    for ( i = 0; i < 5; i++ )                      // 5번 반복
    {
        sum[i] = kor[i] + eng[i] + mat[i];         // 총점 계산
        ave[i] = (float)sum[i] / 3.0;              // 평균 계산

        kor_sum = kor_sum + kor[i];                // 국어 과목 합계 계산
        eng_sum = eng_sum + eng[i];                // 영어 과목 합계 계산
        mat_sum = mat_sum + mat[i];                // 수학 과목 합계 계산
    }

    kor_ave = (float)kor_sum / i;                  // 국어 과목 평균 계산
```

```
eng_ave = (float)eng_sum / i;                       // 영어 과목 평균 계산
mat_ave = (float)mat_sum / i;                       // 수학 과목 평균 계산

for ( i = 0; i < 5; i++ )                           // 5번 반복
{
    sum_total = sum_total + sum[i];                 // 전체 총점 계산
    sum_ave = sum_ave + ave[i];                     // 평균 합계 계산
}

total_ave = (float)sum_total / i;                   // 전체 평균 계산
ave_ave = sum_ave / i;                              // 전체 평균 계산

for ( i = 0; i < 5; i++ )                           // 5번 반복
{
    temp[i] = sum[i];                               // 총점 배열을 임시 배열에 복사
}

for ( i = 0; i < data_counter-1; i++ )              // 처음부터 (마지막-1)까지 반복
{
    for ( j = i+1; j < data_counter; j++ )          // 기준 값 다음부터 끝까지
    {
        if(temp[i] < temp[j])                       // 기준 값이 크면 자리바꿈
        {
            v_temp = temp[i];
            temp[i] = temp[j];
            temp[j] = v_temp;
        }
    }
}

for ( i = 0; i < data_counter; i++ )       // 총점 배열 처음부터 마지막까지
{
    for ( j = 0; j < data_counter; j++ )   // 임시 배열 처음부터 마지막까지
    {
        if(sum[i] == temp[j])      // 총점 배열값과 임시 배열값이 동일한가?
        {
            rank[i] = j+1;               // 동일하면 등수 배열에 등수 저장
        }
    }
}

printf("학생번호  국어  영어  수학   총점   평균   등수\n"); //타이틀 출력
printf("-----------------------------------------------\n");

for ( i = 0; i < 5; i++ )                              // 5번 점수 출력
```

```
    {
    printf("%6d %7d %5d %5d ", student_no[i], kor[i], eng[i], mat[i]);
    printf("%6d %7.2f %4d\n", sum[i], ave[i], rank[i]);
    }

    printf("-----------------------------------------------\n");
    printf("과목합계 %5d %5d ", kor_sum, eng_sum);
    printf("%5d %6d %7.2f\n", mat_sum, sum_total, sum_ave);

    printf("과목평균 %5.1f %5.1f ", kor_ave, eng_ave);
    printf("%5.1f %6.1f %6.2f\n", mat_ave, total_ave, ave_ave);

    return 0;
}
```

프로그램 실행과 데이터 입력

```
학생 번호를 입력하세요? 1111↵
국어 점수를 입력하세요? 74↵
영어 점수를 입력하세요? 85↵
수학 점수를 입력하세요? 96↵
 . . . . . . . . . . . . . . . . . . . .
          5명까지 입력
```

프로그램 실행 결과

```
학생번호    국어   영어    수학    총점     평균    등수
-----------------------------------------------------
 1111       74     85      96      255     85.00    1
 2222       82     71      93      246     82.00    2
 3333       87     54      65      206     68.67    5
 4444       78     89      69      236     78.67    3
 5555       75     81      62      218     72.67    4
-----------------------------------------------------
과목합계    396    380     385    1161    387.01
과목평균   79.2   76.0    77.0   232.2     77.40
```

7.5 다차원 배열

지금까지 앞 절에서 사용된 배열은 1차원 배열이라고 부른다. 그러나 프로그램에서 사용할 수 있는 배열은 1차원 배열뿐만 아니라, 2차원 배열, 3차원 배열, ... , n차원 배열 등등 다양한 배열을 사용할 수 있다. 여기에서 1차원 배열을 제외한 나머지 배열을 다차원 배열이라고 부른다. 이 장에서는 다차원 배열의 개념과 사용 방법에 대하여 살펴본다.

7.5.1 다차원 배열의 개념

일반적으로 프로그램을 작성하는 과정에서는 1차원 배열을 많이 사용한다. 지금까지 우리가 살펴본 배열은 앞 절에서 보여준 그림 7-3에서 보는 것처럼 논리적으로 일직선 형태의 배열 구조를 나타내고 있다. 이러한 일직선 형태의 배열 구조를 1차원 배열이라고 한다. 따라서 지금까지 다루었던 모든 예제 문제들은 1차원 배열을 이용하여 제시된 문제를 해결하였다. 그러나 프로그램을 작성하다 보면 1차원 배열을 사용해서는 문제가 해결되지 않거나 또는 해결은 되지만 프로그램이 매우 복잡해지는 경우가 발생할 수 있다. 이러한 경우에는 배열의 차수를 높여 다차원 배열을 사용하면 쉽게 해결될 수가 있다.

이전의 예제 프로그램에서 사용된 배열을 살펴보면서 다차원 배열의 의미를 생각해 본다. 배열의 정의에서 배열은 배열_이름과 첨자로 구성된 구조라고 하였다. 지금까지 작성된 프로그램에서 배열을 사용하기 위해서는 첨자를 사용하여 배열 처리를 수행하였는데, 사용된 첨자의 개수는 1개를 사용하였다. 따라서 이러한 배열을 1차원 배열이라고 한다.

그러므로 다차원 배열은 배열 처리에 사용되는 첨자의 개수에 따라 정의 된다. 1차원 배열은 배열 처리를 위해서 1개의 첨자가 사용되고, 2차원 배열은 배열 처리를 위해서 2개의 첨자가 사용되고, 3차원 배열은 배열 처리를 위해서 3개의 첨자가 사용되는 형태로 n차원 배열은 n개의 첨자가 사용된다.

논리적으로 배열이 생성되면 1차원 배열은 배열 크기만큼 일직선 형태의 배열 구조를 나타내고, 2차원 배열은 1차원 배열을 원하는 개수만큼 생성하는 경우로 논리적으로 평면 형태의 배열 구조를 나타내고, 3차원 배열은 동일한 방법으로 2차원 배열을 원하는 개수만큼 생성하는 경우를 말하며 논리적으로 입체 형태의 배열 구조를 나타낸다.

다음은 다차원 배열을 선언하는 형식을 나타낸다.

```
int test1[10];            // 1차원 배열의 선언
int test2[10][5];         // 2차원 배열의 선언
int test3[10][5][3];      // 3차원 배열의 선언
```

위에서 보여준 것과 같이 배열을 선언하는 형식은 간단하다. 위와 같은 문장으로 배열을 선언하면 컴파일러는 자동으로 각각의 배열을 메모리에 할당해 준다. test2[10][5];과 같이 2차원 배열의 선언하면 배열의 원소가 10개인 배열을 5개 즉 10*5에 해당하는 배열을 할당하고, test3[10][5][3];과 같이 3차원 배열의 선언하면 동일한 형태로 배열의 원소가 10*5에 해당하는 배열을 5개 즉 10*5*3에 해당하는 배열을 할당한다.

다음의 그림은 1차원 배열과 2차원 배열의 논리적인 형태를 나타내고 있다.

그림 7-12 1차원 배열과 2차원 배열의 논리적인 형태

위의 그림에서 보여주는 것처럼 각각의 배열을 선언하면 논리적으로 일직선 형태 또는 평면 형태 또는 입체 형태의 배열이 생성되는 것을 생각하면 된다. 또한 이러한 방법으로 생각하고 프로그램을 작성하면 많은 도움이 될 것이라고 생각된다. 그러나 물리적인 컴퓨터의 메모리에 배열이 할당될 때에는 2차원 또는 3차원과 같은 n차원 배열은 모두 1차원 배열로 할당된다는 것이다. 즉 평면 형태의 2차원 배열도 1차원 배열로 할당되고, 입체 형태의 3차원 배열도 1차원 배열로 할당된다는 것이다.

다음의 그림은 1차원 배열과 2차원 배열이 실제 메모리에 할당되는 물리적인 형태를 나타내고 있다.

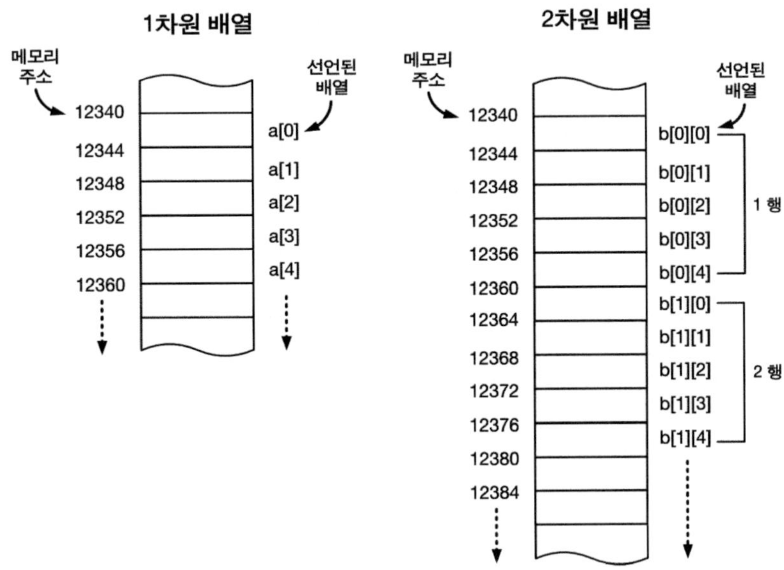

그림 7-13 1차원 배열과 2차원 배열의 물리적인 할당 형태

2차원 배열은 평면 형태의 표와 같은 형태로 생각하는 것이 편리하고, 도움이 많이 되지만, 컴퓨터의 물리적인 메모리는 1차원적인 구조이다. 컴퓨터 메모리의 구성 형태는 바이트들이 연속적인 형태로 구성되어 있으므로 1차원적인 구조를 나타낸다. 따라서 메모리에 할당되는 배열의 형태는 위의 그림에서 보여주는 것과 같이 일렬로 저장된다. 그림에서 보는 것처럼 배열의 물리적인 할당은 제일 먼저 첫 번째 행에 속하는 원소들이 메모리에 할당되고, 다음에는 두 번째 행의 원소들이 할당되는 방식으로 마지막 행의 원소들이 할당된다. 이러한 할당 방식을 행우선(row-major) 방식이라고 한다.

7.5.2 2차원 배열의 선언

이전에 살펴본 기본 문제 9와 기본 문제 10에서 5명의 학생에 대하여 각각 국어, 영어, 수학 점수를 입력 받아서, 각 학생의 총점과 평균과 각 과목의 총점과 평균을 계산하는 프로그램을 작성하는 문제를 가지고 다차원 배열을 이해한다.

위와 같은 문제를 해결하기 위해서 이전의 방법에서는 1차원 배열을 사용하여 학생 번호, 국어, 영어, 수학 점수, 총점에 대한 배열을 선언하고 사용하였다. 여기에서 만약에 프로그램에 입력되는 과목이 국어, 영어, 수학과 같이 3과목이 아니라 10과목이면, 20과목이면 어떻게 해결할 것인가를 생각해 본다. 10과목, 20과목에 대한 1차원 배열을 선언하고 사용하는 것은 거의 불가능하다. 이러한 경우를 위해서 차수를 높여 2차원 배열을 생각하면 된다. 2차원 배열도 문제가 있다고 생각이 되면 3차원 배열을 생각하면 된다.

위의 예에서 학생이 5명이고 입력되는 과목이 3과목이므로 5*4에 해당하는 2차원 배열을 생각하면 된다. 2차원 배열을 생성하고, 생성된 2차원 배열의 각각의 열(column)은 학생 번호, 국어, 영어, 수학 점수를 의미하고, 각각의 행(row)은 각각의 학생에 대한 정보를 나타낼 수 있다.

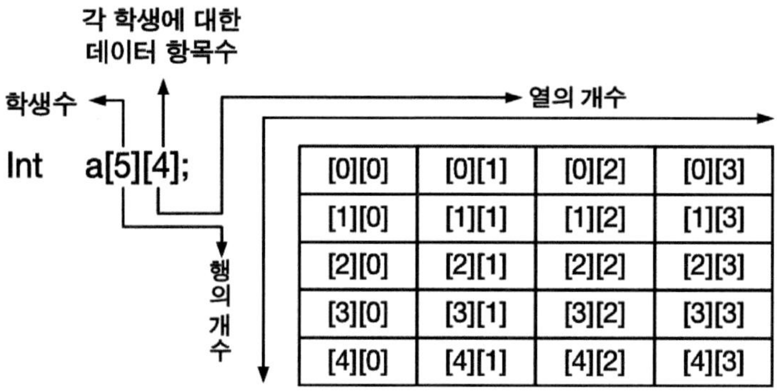

그림 7-14 배열 선언과 논리적인 배열의 형태

위의 그림에서 보여주는 것처럼 int a[5][4];와 같이 2차원 배열의 선언하면 배열의 원소가 5개인 배열을 4개 즉 5*4의 표와 같은 배열이 만들어지고, 위의 그림에서 보여주는 것처럼 a[0][0], a[0][1], a[0][2], ... , a[4][2], a[4][3]과 같은 배열의 원소가 20개가 만들어진다. 배열의 원소를 나타내는 2개의 항목 중에서 첫 번째 항목은 행(row) 번호에 해당되고, 두 번째 항목은 열(column) 번호에 해당된다. 따라서 a[i][j]의 의미는 배열 이름이 a인 원소 중에서 i번째 행과 j번째 열에 해당하는 원소를 의미하는 것이다.

7.5.3 2차원 배열의 초기화

2차원 배열의 초기화 작업도 1차원 배열의 초기화 작업과 동일한 방법으로 수행하면 된다. 1차원 배열의 초기화 작업에서는 배열의 크기에 해당하는 초기화 데이터들을 중괄호 기호 { }를 사용하여 묶음으로 설정하는 것과 동일하게 배열의 행(row)에 속하는 초기화 데이터들을 중괄호 기호 { }를 사용하여 각각 묶음으로 설정해야 한다. 즉 각각의 행(row) 단위로 초기화 데이터들을 중괄호 기호 { }를 사용하여 설정해야 한다.

```
int a[5][4] = {
                { 1111,    74,    85,    96 },  // 1번째 행의 초기화 데이터
                { 2222,    82,    71,    93 },  // 2번째 행의 초기화 데이터
                { 3333,    87,    54,    65 },  // 3번째 행의 초기화 데이터
                { 4444,    78,    89,    69 },  // 4번째 행의 초기화 데이터
                { 5555,    75,    81,    62 }   // 5번째 행의 초기화 데이터
           };
```

위와 같이 2차원 배열을 선언하고 각각의 행(row) 단위로 초기화 데이터들을 설정하면 컴파일러는 각각의 초기화 데이터들을 선언된 2차원 배열의 해당 위치에 저장을 시켜준다. 다음의 그림은 선언된 2차원 배열에 초기화 데이터들이 저장된 형태를 나타낸다.

배열이름 : a

	[0]	[1]	[2]	[3]
[0]	1111	74	85	96
[1]	2222	82	71	93
[2]	3333	87	54	65
[3]	4444	78	89	69
[4]	5555	75	81	62

그림 7-15 2차원 배열에 저장된 초기화 데이터들의 형태

2차원 배열을 선언할 때 배열을 구성하는 행(row)의 개수와 열(column)의 개수를 지정하는 것이 원칙이지만, 행의 개수는 지정하지 않을 수도 있다. 그러나 열의 개수는 반드시 지정해야 한다. 만약에 행의 개수가 지정되지 않았을 경우에는 컴파일러가 자동적으로 행의 개수를 파악하여 행의 개수를 결정한다.

```
int a[ ][4] = {
                { 1111,    74,    85,    96 },  // 1번째 행의 초기화 데이터
                { 2222,    82,    71,    93 },  // 2번째 행의 초기화 데이터
                { 3333,    87,    54,    65 },  // 3번째 행의 초기화 데이터
                { 4444,    78,    89,    69 },  // 4번째 행의 초기화 데이터
                { 5555,    75,    81,    62 }   // 5번째 행의 초기화 데이터
           };
```

만약에 2차원 배열이 전역 변수로 선언하고, 선언된 배열의 원소 개수보다 초기화를 위한 데이터 개수가 적은 경우에는 컴파일러는 각각의 초기화 데이터들을 선언된 2차원 배열의 해당 위치에

저장하고 저장되지 않은 원소의 초기 값은 0을 할당한다. 그러나 배열을 선언하고 초기화 작업을 하지 않은 경우와 배열이 함수에서 지역 변수로 선언되는 경우에는 쓰레기 데이터들이 할당되므로, 지역 변수로 선언되는 경우에는 반드시 초기화 작업을 해야 한다.

7.5.4 2차원 배열과 문자열

1차원 배열과 2차원 배열에 문자를 저장하기 위해서는 문자형 데이터 타입인 char 키워드를 사용하여 배열을 선언해야 한다. 다음은 1차원 배열과 2차원 배열을 문자형 배열로 선언하는 경우를 나타내고 있다.

```
char s[10];
char s[5][10];
char s[ ][10];          // 컴파일러가 배열 크기를 결정한다.
```

선언된 1차원 배열과 2차원 배열에 문자 또는 문자열을 저장하는 방식은 약간은 차이가 존재한다. 일반적으로 하나의 문자를 표현할 때에는 아스키 코드 값을 사용하거나, 작은 따옴표(single quotation mark)인 ' ' 기호를 이용하여 표현하지만, 여러 개의 문자로 구성된 문자열을 표현할 때에는 큰 따옴표(double quotation mark)인 " " 기호를 이용하여 표현하면 된다.

다음은 배열에 문자를 저장하는 방법을 나열한 것이다.

1. 작은 따옴표와 대입 연산문을 사용하는 방법
2. 큰 따옴표를와 대입 연산문을 사용하는 방법
3. 배열 선언과 함께 배열의 초기화를 설정하는 방법

첫 번째로 대입 연산문을 사용하여 배열에 문자를 저장할 때 작은 따옴표와 큰 따옴표를 사용하는 경우에는 저장되는 방식에 약간의 차이가 발생한다. 작은 따옴표를 사용하는 경우에는 지정된 문자만을 배열에 저장한다. 따라서 배열 크기보다 적은 문자를 지정하는 경우에는 생성된 배열의 초기화 작업을 수행하지 않았으므로 문자가 배열에 저장되고 나머지 원소에는 배열 생성시 만들어진 쓰레기 데이터들이 존재하게 된다. 이러한 경우 배열 전체를 출력하게 되면 저장된 문자와 저장된 쓰레기 문자도 같이 출력되는 결과가 발생한다.

```
c[0] = 't';             // 배열의 각 원소에 문자 하나씩 대입
c[1] = 'e';
c[2] = 's';
c[3] = 't';
printf("%s\n", c);      // 문자열에 대한 형식 인자 %s로 출력
```

위와 같이 프로그램을 작성하고 형식 인자 %s를 사용하여 출력해 보면 저장된 test 문자열 뒤에 쓰레기 문자인 이상한 글자들이 나타나게 된다. 따라서 이러한 경우에는 입력된 문자 뒤에 문자의 끝을 나타내는 NULL 문자인 '\0'를 추가로 입력해 줘야한다. NULL 문자가 입력되면 출력할 문자의 끝을 인식할 수가 있으므로 형식 인자 %s를 사용하여 출력하여도 쓰레기 문자는 출력되지 않는다. 형식 인자 %s를 사용하는 경우 1차원 배열인 경우에는 첨자를 사용하지 않고 배열의 이름만을 지정하면 되고, %s는 NULL 문자까지를 출력하는 역할을 한다.

두 번째로 큰 따옴표를 사용하는 경우는 여러 문자들로 구성된 문자열을 지정할 때 사용하는 형식이다. 그러나 다음과 같이 작은 따옴표를 사용하는 경우와 똑같은 형태로 대입 연산문을 사용하는 경우에는 오류가 발생하게 된다.

```
char c[20];
c = "Good Luck";                // 오류 발생
```

프로그램 실행 중에 임의의 문자열을 배열에 저장하기 위에서 대입 연산문을 사용하면 오류를 발생시키므로, 표준 라이브러리 함수인 strcpy() 함수를 사용하여 원하는 문자열을 배열에 복사하여 저장할 수가 있다. strcpy() 함수를 정의하는 방법은 다음과 같다.

```
strcpy( 배열_이름, “저장할 문자열”)
```

strcpy() 함수는 다양한 문자열 함수 중에 하나이다. 따라서 다양한 문자열 함수는 표준 입출력 함수가 아니므로 헤더 파일에 문자열 함수도 프로그램에 포함시킨다고 미리 선언해야 한다. 문자열 함수의 이름은 string.h이다.

다음은 문자열 함수 strcpy()를 사용하기 위한 기본 형식을 나타낸다.

```
#include <string.h>
#include <stdio.h>

int main(void)
{
    char c[20];                  // 문자 배열 선언
     . . . . .
    strcpy( c, "Good Luck");
     . . . . .
}
```

세 번째로 배열 선언과 함께 배열의 초기화를 설정하는 방법에서는 작은 따옴표를 사용하거나 큰 따옴표를 사용하는 경우 크게 신경을 쓰지 않아도 된다. 그 이유는 배열의 생성과 함께 초기화 작업을 수행하므로 저장된 문자가 적은 경우 배열의 나머지 원소에는 자동적으로 아스키 코드 값이 0인 NULL 문자가 채워지기 때문이다. 단 작은 따옴표를 사용하는 경우에는 저장될 모든 문자들을 하나씩 ' ' 기호로 표현해야 되지만, 큰 따옴표를 사용하는 경우는 저장될 여러 문자를 한꺼번에 " " 기호로 표현하면 된다. 큰 따옴표로 표현된 문자열은 하나의 문자씩 분리하여 선언된 배열의 처음부터 순서적으로 저장을 시키므로 작은 따옴표에 비해 조금은 수월하게 배열에 문자를 저장할 수 있다.

그리고 배열에 저장된 문자를 출력할 때 사용되는 형식 인자는 %c와 %s이다. printf() 함수의 형식 인자 %c와 %s는 메모리의 기억 공간에 문자를 입출력하기 위해 사용하지만, 두 형식 인자의 기능은 서로 다르다. 형식 인자 %c는 하나의 문자를 지정할 때 사용하지만, 형식 인자 %s는 하나의 문자열을 지정할 때 사용한다.

선언된 1차원 배열과 2차원 배열에는 많은 문자들이 저장되어 있을 때 형식 인자 %c를 사용하는 경우에는 저장된 문자의 개수를 정확하게 알아야 제대로 출력을 할 수가 있다. 저장된 문자의 개수를 정확하게 모르고 배열의 크기만큼을 출력하게 되면, 초기화 작업을 수행하지 않은 경우에는 저장된 문자와 저장된 쓰레기 문자도 같이 출력되는 결과가 발생한다. 이에 반하여 형식 인자 %s는 저장된 문자의 끝을 나타내는 NULL 문자까지를 한꺼번에 출력시켜 주는 작업을 수행한다. 만약에 형식 인자 %s를 사용하는 경우라도 NULL 문자를 찾지 못하면 배열의 마지막까지 출력하므로 쓰레기 문자가 출력될 수 있다. 따라서 쓰레기 문자가 저장되어 있어도 저장된 문자들을 NULL 문자에 의해 문자열로 파악하여 한꺼번에 출력시켜 준다.

그러므로 배열에 저장된 문자들을 출력할 때에는 형식 인자 %s를 사용하는 것이 저장된 쓰레기 문자와 구별하여 출력하는 방법이고, 프로그램도 간결해지는 장점이 있다.

```
/* 배열에 저장된 문자들을 출력하는 프로그램*/

#include <stdio.h>

int main(void)
{
    char c[20];
    char s[ ][25] = {
                    { 'G', 'o', 'o', 'd', ' ', 'L', 'u', 'c', 'k' },
                    "Best Friend Foever", "C program, I Love You"
                  };
    int i, j;                                   // 제어 변수 설정

    c[0] = 'F';                                 // 배열의 각 원소에 문자 하나씩 대입
    c[1] = 'o';
    c[2] = 'e';
    c[3] = 'v';
    c[4] = 'e';
    c[5] = 'r';

    printf("작은 따옴표를 사용하여 배열에 대입한 방법\n");
    printf("   %%c를 사용한 경우 : ");        // 1차원 배열의 문자 출력
    for ( i = 0; i < 20; i++ )
    {
        printf("%c", c[i]);                     // 1차원 배열의 문자 출력
    }
    printf("\n");

    printf("   %%s를 사용한 경우 : ");        // 1차원 배열의 저장 문자 출력
    printf("%s", c);                            // 1차원 배열의 저장 문자 출력
    printf("\n\n");

    c[6] = '\0';                                // 배열의 문자 끝에 NULL 문자 삽입
    printf("NULL 문자 삽입하고 배열 출력\n");
    printf("   %s\n", c);                       // 1차원 배열의 저장 문자 출력
    printf("\n");

    printf("작은 따옴표와 큰 따옴표를 사용하여 배열을 초기화하는 방법\n");
    printf("   %%c를 사용한 경우 : ");
    for ( i = 0; i < 3; i++ )
    {
```

```
        for ( j = 0; j < 25; j++ )
        {
            printf("%c", s[i][j]);          // 배열의 저장 문자 출력
        }
        printf("\n");                       // 줄 바꾸기
        printf("                    ");     // 공백 출력
    }
        printf("\n");                       // 줄 바꾸기

    printf("    %%s를 사용한 경우 : ");
    for ( i = 0; i < 3; i++ )
    {
        printf("%s\n", s[i]);               // 배열의 저장 문자 출력
        printf("                    ");
    }

    return 0;
}
```

프로그램 실행 결과

```
작은 따옴표를 사용하여 배열에 대입한 방법
    %c를 사용한 경우 : Foever儆儆儆儆儆儆儆
    %s를 사용한 경우 : Foever儆儆儆儆儆儆儆?

NULL 문자 삽입하고 배열 출력
    Foever

작은 따옴표와 큰 따옴표를 사용하여 배열을 초기화하는 방법
    %c를 사용한 경우 : Good Luck
                       Best Friend Foever
                       C program, I Love You
    %s를 사용한 경우 : Good Luck
                       Best Friend Foever
                       C program, I Love You
```

위의 프로그램에서 보는 것처럼 문자를 작은 따옴표를 사용하여 배열에 대입하는 경우에는 지정한 문자만 저장하고 NULL 문자를 저장하지 않으므로, %c 또는 %s를 사용하여 출력하면 문자 뒤의 쓰레기 문자가 출력되는 것을 볼 수가 있다. 그러나 NULL 문자 삽입하고 배열을 출력하는 경우에 %s를 사용하여 출력하면 쓰레기 문자가 출력되지 않는 것을 볼 수 있다. 마지막으로 배열을 초기화하는 방법에서는 문자가 저장되고 남은 원소에 NULL 문자가 채워지므로 어떠한 방식으로 출력해도 쓰레기 문자가 출력되지 않는 것을 볼 수 있다.

그리고 프로그램에서 printf("　　%%c를 사용한 경우 : ");와 같은 문장에서 % 기호를 2개 사용한 것은 %기호를 출력하기 위함이다. 이와 같이 형식 인자로 사용되는 문자를 출력하기 위해서는 해당하는 형식 인자를 중복하여 나타내면 된다.

7.5.5 다차원 배열의 선언

1차원 배열과 2차원 배열을 제외한 n차원 배열을 편의상 다차원 배열이라고 한다. 다차원 배열도 지금까지 살펴본 1차원 배열 또는 2차원 배열과 동일한 방식으로 이해하고 사용하면 된다. 여기에서 모든 다차원 배열을 다루기보다는 3차원 배열을 살펴보고 같은 방식으로 다차원 배열을 이해하는 것으로 한다. 2차원 배열은 1차원 배열의 집합으로 이해하였듯이, 3차원 배열은 2차원 배열의 집합으로 이해하면 된다.

3차원 배열이 적용되는 경우는 이 책에서 다루는 학생 번호 그리고 국어, 영어, 수학 점수를 입력하고 제시된 문제를 해결하기 위해서 사용되는 배열을 생각해 본다. 학생 번호 그리고 국어, 영어, 수학 점수는 1차원 배열을 사용하여 모두 저장할 수 있다. 그러나 여러 학생이 포함된 학급 단위로 올라가면 1차원 배열에 모든 데이터를 저장할 수 없으므로, 2차원 배열을 사용해야 모든 데이터를 저장할 수 있다. 선언된 2차원 배열의 각각의 행에 학생 1명의 학생 번호, 국어, 영어, 수학 점수를 저장할 수가 있다. 그리고 하나의 학년에는 여러 학급이 존재하므로, 여러 학급의 데이터를 저장하기 위해서는 2차원 배열에 모든 데이터를 저장할 수 없으므로, 3차원 배열을 사용해야 모든 데이터를 저장할 수 있다. 그리고 모든 학년의 데이터를 저장하기 위해서는 4차원 배열을 사용해야 모든 데이터를 저장할 수 있다.

그러므로 프로그램에 사용되는 데이터의 형태를 분석하여 적절한 배열을 사용하는 것이 프로그램을 쉽고, 빠르게 작성하는 지름길이 되는 것이다. 그리고 이렇게 선택된 배열은 프로그램을 이해하는 것에도 많은 도움이 된다.

```
int a[4];                  // 학생 번호, 국어, 영어, 수학 점수 저장
int a[5][4];               // 한 반의 학생 번호, 국어, 영어, 수학 점수 저장
int a[6][5][4];            // 한 학년의 6반 학생 번호, 국어, 영어, 수학 점수 저장
int a[4][6][5][4];         // 전체 학년의 6반 학생 번호, 국어, 영어, 수학 점수 저장
```

예제 7.11

5*4의 2차원 배열을 선언하고, 배열의 초기화 작업을 수행한 후에 그 결과를 출력하는 프로그램을 작성한다.

프로그램 작성 결과

```
/* 2차원 배열을 선언과 초기화 작업의 결과를 출력하는 프로그램*/

#include <stdio.h>

int main(void)
{
    int a[5][4] = {
                  { 1111,    74,    85,    96 },  // 1번째 행의 초기화 데이터
                  { 2222,    82,    71,    93 },  // 2번째 행의 초기화 데이터
                  { 3333,    87,    54,    65 },  // 3번째 행의 초기화 데이터
                  { 4444,    78,    89,    69 },  // 4번째 행의 초기화 데이터
                  { 5555,    75,    81,    62 }   // 5번째 행의 초기화 데이터
                };
    int i, j;                                        // 제어 변수 설정

    printf("학생번호  국어  영어  수학\n");          // 타이틀 출력
    printf("------------------------\n");

    for ( i = 0; i < 5; i++ )                      // 각각의 행 출력
    {
        printf(" ");
        for ( j = 0; j < 4; j++ )                  // 각각의 열 출력
        {
            printf("%6d", a[i][j]);
        }
        printf("\n");
    }

    return 0;
}
```

프로그램 실행 결과

```
학생번호  국어  영어  수학
------------------------
  1111   74   85   96
  2222   82   71   93
  3333   87   54   65
  4444   78   89   69
  5555   75   81   62
```

예제 7.12

5*5의 2차원 배열을 선언하고, 배열의 처음부터 행 단위의 순서대로 1부터 25까지를 입력하고, 각각의 행의 합계와 각각의 열의 합계를 계산하는 프로그램을 작성한다.

처리 과정

1. 5*5의 2차원 배열을 선언하고, 0으로 초기화한다.
2. 각 행의 합계와 각 열의 합계를 저장할 1차원 배열을 선언
3. 배열에 저장할 카운터 값을 1 증가시킨다.
4. 1번과 2번을 반복하여 25까지 저장한다. 중첩된 for 반복문 이용
5. 각 행의 합계를 계산한다.
6. 각 열의 합계를 계산한다.
7. 배열 내용과 계산 결과를 출력한다.

프로그램 작성 결과_1

```
/* 2차원 배열을 선언과 초기화 작업의 결과를 출력하는 프로그램*/

#include <stdio.h>

int main(void)
{
    int a[5][5];                              // 5*5의 2차원 배열 선언
    int row_sum[5];                 // 각 행의 합계를 저장하는 배열 선언
    int col_sum[5];                 // 각 열의 합계를 저장하는 배열 선언
```

```
int counter = 0;                // 카운터 선언

int i, j;                       // 제어 변수 설정

for ( i = 0; i < 5; i++ )
{
    row_sum[i] = 0;             // 각 행의 합계 저장할 배열 초기화
    col_sum[i] = 0;             // 각 열의 합계 저장할 배열 초기화
}

for ( i = 0; i < 5; i++ )               // 각각의 행 반복
{
    for ( j = 0; j < 5; j++ )           // 각각의 열 반복
    {
      counter++;                        // 카운터 값 증가
      a[i][j] = counter;                // 배열에 카운터 값 저장
    }
}

for ( i = 0; i < 5; i++ )               // 각각의 행 반복
{
    for ( j = 0; j < 5; j++ )           // 각각의 열 반복
    {
      row_sum[i] = row_sum[i] + a[i][j];      // 각 행의 합계 계산
    }
}

for ( i = 0; i < 5; i++ )                     // 각각의 열 반복
{
    for ( j = 0; j < 5; j++ )                 // 각각의 행 반복
    {
      col_sum[i] = col_sum[i] + a[j][i];      // 각 열의 합계 계산
    }
}

printf("                              행의 합\n");
for ( i = 0; i < 5; i++ )                     // 각각의 행 출력
{
   printf("         ");
   for ( j = 0; j < 5; j++ )            // 각각의 열 출력
   {
        printf("%5d", a[i][j]);
```

```
        }
        printf("%6d\n", row_sum[i]);
    }

    printf("\n각 열의 합:");
    for ( i = 0; i < 5; i++ )                    // 각각의 행 출력
    {
        printf("%5d", col_sum[i]);
    }

    return 0;
}
```

프로그램 실행 결과

```
                                              행의 합
          1     2     3     4     5     15
          6     7     8     9    10     40
         11    12    13    14    15     65
         16    17    18    19    20     90
         21    22    23    24    25    115

각 열의 합: 55    60    65    70    75
```

위에서 보여준 프로그램은 각 행의 합계와 각 열의 합계를 저장할 1차원 배열을 선언하고 각 행의 합계와 각 열의 합계를 해당하는 배열에 데이터를 누적하여 각각의 합계를 계산하였다. 그러나 각 행의 합계와 각 열의 합계에 대한 별도의 배열을 선언하지 않고, 1부터 25를 저장하는 int a[5][5] 배열을 행과 열의 크기를 하나씩 증가하여 int a[6][6]으로 선언하고 a[i][5] 그리고 a[5][j]에 각 행의 합계와 각 열의 합계를 저장하여 출력할 수도 있다 다음의 프로그램은 이러한 방법으로 프로그램이 작성되었다.

프로그램 작성 결과_2

```
/* 2차원 배열을 선언과 초기화 작업의 결과를 출력하는 프로그램*/
#include <stdio.h>
int main(void)
{
```

```
    int a[6][6];                                  // 5*5의 2차원 배열 선언
    int counter = 0;                              // 카운터 선언

    int i, j;                                     // 제어 변수 설정

    for ( i = 0; i < 5; i++ )
    {
        a[i][5] = 0;                              // 각 행의 합계 저장할 원소 초기화
        a[5][i] = 0;                              // 각 열의 합계 저장할 원소 초기화
    }

    for ( i = 0; i < 5; i++ )                     // 각각의 행 반복
    {
        for ( j = 0; j < 5; j++ )                 // 각각의 열 반복
        {
          counter++;                              // 카운터 값 증가
          a[i][j] = counter;                      // 배열에 카운터 값 저장
        }
    }

    for ( i = 0; i < 5; i++ )                             // 각각의 행 반복
    {
        for ( j = 0; j < 5; j++ )                         // 각각의 열 반복
        {
          a[i][5] = a[i][5] + a[i][j];                    // 각 행의 합계 계산
          a[5][i] = a[5][i] + a[j][i];                    // 각 열의 합계 계산
        }
    }
    a[5][5] = 0;

    printf("                                      행의 합\n");
    for ( i = 0; i < 6; i++ )                             // 각각의 행 출력
    {
        printf("         ");
        for ( j = 0; j < 6; j++ )                         // 각각의 열 출력
        {
          printf("%5d", a[i][j]);
        }
        printf("\n");
    }
    return 0;
}
```

기본문제 11

5명의 학생에 대하여 각각 국어, 영어, 수학 점수를 입력 받아서, 각 학생의 총점과 평균과 각 과목의 총점과 평균을 계산하는 프로그램을 작성한다.

제시된 문제는 문제에서는 언급이 없었지만 5명의 학생을 구분하기 위하여 학생 번호가 입력되어야 한다. 그리고 국어, 영어, 수학 점수를 입력하여 총점과 평균 계산하면서 동시에 각 과목의 합계를 계산하고, 계산 결과를 출력하는 문제이다.

처리 과정

1. 총점을 구하기 위하여 국어, 영어, 수학 점수를 입력한다.
2. 1번을 5번 반복시킨다.
3. 반복이 종료되면 총점과 평균을 계산한다.
4. 각 과목별 합계를 계산한다.
5. 각 과목별 평균을 계산한다.
6. 입력된 데이터와 계산된 각각의 값을 출력한다.

프로그램 작성 결과

```
/* 5명의 학생에 대하여 각각 학생 번호, 국어, 영어, 수학 점수를 입력 받아서, */
/* 각 학생의 총점과 평균과 각 과목의 총점과 평균을 계산하는 프로그램*/
#include <stdio.h>

int main(void)
{
    int a[6][5];                              // 제어 변수, 학생 번호 설정
    float ave[2][6];                          // 평균, 과목 평균 저장
    float total_ave;                          // 전체 평균 저장
    char s[ ][50] = { "학생 번호", "국어 점수", "영어 점수", "수학 점수" };
    int i, j;                                 // 제어 변수 설정

    for ( i = 0; i < 5; i++ )
    {
        a[i][4] = 0;                          // 각 행의 합계 저장할 원소 초기화
        a[5][i] = 0;                          // 각 열의 합계 저장할 원소 초기화
    }
```

```
for ( i = 0; i < 5; i++ )                        // 5명 반복
{
    for ( j = 0; j < 4; j++ )        // 학생 번호, 국어, 영어, 수학 점수 입력
    {
        printf("%s를 입력하세요? ", s[j]);        // 입력 데이터 메시지 출력
        scanf("%d", &a[i][j]);                   // 데이터 입력
    }
}

printf("\n");                                    // 줄 바꾸기

for ( i = 0; i < 5; i++ )                        // 각각의 행 지정
{
     for ( j = 1; j < 4; j++ )                   // 각각의 열 지정
     {
       a[i][4] = a[i][4] + a[i][j];              // 각 행의 합계 계산
     }
}

for ( i = 1; i < 5; i++ )                        // 각각의 행 지정
{
     for ( j = 0; j < 5; j++ )                   // 각각의 열 지정
     {
       a[5][i] = a[5][i] + a[j][i];              // 각 열의 합계 계산
     }
}
a[5][0] = 0;

for ( i = 0; i < 6; i++ )                        // 5번 반복
{
     ave[0][i] = (float)a[i][4] / 3.0;           // 평균 계산
     ave[1][i] = (float)a[5][i] / 5.0;           // 각 과목 평균 계산
}

total_ave = ave[0][5] / 5.0;                     // 전체 평균 계산

printf("학생번호  국어   영어   수학   총점   평균\n");      // 타이틀 출력
printf("------------------------------------------\n");

for ( i = 0; i < 6; i++ )                        // 각각의 행 반복
{
```

```
        for ( j = 0; j < 5; j++ )                      // 각각의 열 반복
        {
            printf("%7d", a[i][j]);
        }
        printf("%8.1f\n", ave[0][i]);
    }

    printf("----------------------------------------\n");
    for ( i = 0; i < 5; i++ )                          // 5번 점수 출력
    {
        printf("%7.1f", ave[1][i]);
    }
        printf("%8.1f\n",  total_ave);                 // 전체 평균 출력

    return 0;
}
```

프로그램 실행과 데이터 입력

```
학생 번호를 입력하세요? 1111↵
국어 점수를 입력하세요? 74↵
영어 점수를 입력하세요? 85↵
수학 점수를 입력하세요? 96↵
. . . . . . . . . . . . . . . . . . . .
            5명까지 입력
```

프로그램 실행 결과

```
 학생번호    국어      영어      수학      총점      평균
------------------------------------------------------------
  1111        74        85        96       255      85.00
  2222        82        71        93       246      82.00
  3333        87        54        65       206      68.67
  4444        78        89        69       236      78.67
  5555        75        81        62       218      72.67
------------------------------------------------------------
     0       396       380       385      1161     387.01
   0.0      79.2      76.0      77.0     232.2      77.40
```

연습문제

1) 2차원 문자 배열에 10명의 학생 이름을 입력하고 출력하는 프로그램을 작성하라.

2) 5 × 5 행렬 A에 행 단위의 순서로 1부터 25까지를 입력하여 출력하고, 행렬 A에 저장된 데이터를 행 단위의 순서로 읽어서 행렬 B에 열 단위의 순서로 저장하고 출력하는 프로그램을 작성하라.

3) 두 개의 3 × 4 행렬 A와 B를 읽어 해당 배열에 저장한 후, 두 행렬을 더한 결과 행렬 C를 구하여 출력하는 프로그램을 작성하라.

4) 두 개의 3 × 4 행렬 A와 4 × 5 행렬 B를 읽어 해당 배열에 저장한 후, 두 행렬을 곱한 결과 행렬 C를 구하여 출력하는 프로그램을 작성하라.

5) 사용자가 입력한 데이터를 분석하여 동일한 데이터의 빈도수를 출력하는 프로그램을 작성하라. 즉 입력된 데이터 중에서 동일한 데이터가 몇 번 입력되었나를 출력하는 문제이다.

6) 정확하게 데이터의 개수를 알지 못하는 전화번호부가 있다고 가정한다. 전화번호와 관련된 입력 자료는 동일한 길이의 성명(한글 3자리로 표현), 전화번호(13자리)로 구성되고, 우선 전화번호 데이터를 테이블(배열)에 저장하고, 키보드를 통하여 입력된 성명에 대한 전화번호를 검색하여 입력된 성명이 존재하는 경우와 존재하지 않는 경우로 분류하여 다음과 같은 형태로 출력하는 프로그램을 작성하라.

➲ 입력 자료

```
이몽룡 011-111-1111
홍길동 010-2222-2222
......
END
```

➲ 출력

```
홍길동의 전화번호는 010-2222-2222입니다.
성춘향의 전화번호는 없습니다.
```

7) 10명의 학생이 시험을 치른 답안지가 이차원 배열에 저장되어 있다. 각각의 학생의 답안지를 채점하여 점수를 산출하고, 10명의 학생의 총점과 평균을 계산하는 프로그램을 작성하라.

8) OMR 답안지를 읽어서 다음과 같은 형태로 배열에 저장된다. 10명의 학생의 OMR 답안지를 읽고 10명의 학생의 총점과 평균을 계산하는 프로그램을 작성하라.

0	0	1	0

9) 5*5의 2차원 배열을 선언하고, 배열의 처음부터 행 단위의 순서대로 1부터 25까지를 입력하고, 각각의 행의 합계와 각각의 열의 합계, 그리고 대각선과 역대각선의 합계를 계산하는 프로그램을 작성한다.

10) 10명의 학생에 대하여 각각 번호, 국어, 영어, 수학 점수를 입력하고, 각 학생의 총점과 평균을 계산하고, 총점순으로 내림차순 정렬하여 출력하고, 각 과목의 총점과 평균을 계산하는 프로그램을 작성하라.

Chapter 08

함수

제8장 함수

학습목표

- ▷ 함수를 정의하는 방법과 호출하는 방법과 함수의 인자에 대해서 이해한다.
- ▷ 지역변수와 전역변수, 라이브러리 함수 사용방법에 대해서 이해한다.

[8.1] 함수

이 장에서는 C 언어뿐만 아니라 대부분의 프로그래밍 언어에서 중요하게 사용되는 함수의 개념과 사용범위, 함수와 관계된 전역변수와 지역변수, 반환값과 매개변수 등에 대해서 알아본다.

8.1.1 함수의 개념

C 언어에서는 반복되는 명령어를 계속해서 나열할 경우 프로그램이 불필요하게 길어지는 문제점이 생긴다. 이러한 문제점을 해결하기 위해 생겨난 것이 바로 함수이다. 함수는 일련의 동작을 수행하는 명령어들을 묶어 특정 작업을 수행하도록 설계된 독립적인 프로그램이다. 함수는 C 언어에서 기본적으로 제공하기도 하지만 사용자가 직접 만들어서 사용할 수 도 있다.

C 언어에서 함수를 사용하는 가장 큰 이유는 크고 복잡한 내용을 프로그램으로 작성 할 때 전체 내용을 기능별로 작은 단위로 나누어서 따로 작성한 후 단위 프로그램을 하나의 큰 프로그램으로 통합할 때 유용하기 때문이다.

C 언어에서 제공되는 함수는 일반적으로 다음과 같이 표현된다.

```
함수이름();
```

위에서 표현된 함수를 문법적으로 표현하면

```
기억클래스  반환타입  함수명(인수의 타입과 이름)
{
    명령문;
}
```

과 같다. 예를 들면

```
static int sum(int a, int b)
{
    return a+b;
}
```

과 같다. 위에서 언급한 함수의 문법적 표기에 사용된 각 항목의 구체적인 설명은 다음과 같다.

기억클래스

함수에서 사용되는 기억클래스는 다른 파일들 간의 호출 가능성 여부를 지정할 때 사용한다. 기억클래스가 생략되면 그림 8-1의 파일 3.c처럼 extern이 디폴트로 지정된다. 함수에서 extern 지정은 함수가 정의된 파일 이외에 다른 파일에서 extern으로 지정된 파일 3.c의 fun2() 함수의 호출을 허용한다. 반면, static 지정은 파일 2.c처럼 함수가 정의된 동일 파일내에서만 함수의 호출을 허용한다.

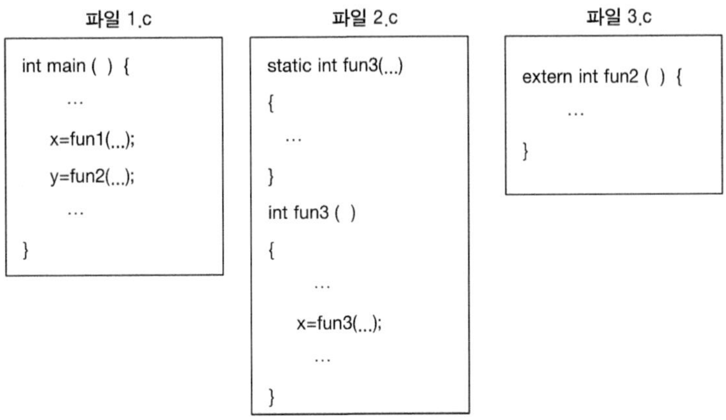

그림 8-1 함수의 기억클래스 사용 예

반환 타입명

함수의 반환 타입명은 그 함수가 return문으로 반환하는 자료의 타입과 일치한다. 함수의 반환 타입명은 자료형과 같이 int, float, char, double 등과 같은 키워드가 사용된다.

함수를 정의할 때 형명이 생략되면 정수형의 값을 반환하는 int형이 기본형으로 간주된다.

예제 8.1 함수의 타입 사용 예

```
#include <stdio.h>

void main()
{
   int s, x;
   int i=3, j=2;
   s = add(i,j);
   x = sub(i,j);

     printf("i의 값 : %d와 j의 값 : %d를 합한 값은 %d입니다.\n",i , j, s);
     printf("i의 값 : %d와 j의 값 : %d를 뺀 값은 %d입니다.\n",i , j, x);
}

int add(int a, int b)
{
   int sum;
   sum = a+b;
   return(sum);
}

int sub(int a, int b)
{
   int cha;
   cha = a-b;
   return(cha);
}
```

프로그램 실행 결과

```
i의 값 : 3와 j의 값 : 2를 합한 값은 5입니다.
i의 값 : 3와 j의 값 : 2를 뺀 값은 1입니다.
Press any key to continue
```

예제 8.1에서 int 타입 변수인 sum과 cha의 값이 반환되므로 함수의 반환 타입명은 int가 된다.

함수가 반환되는 값이 없는 경우에는 void 타입을 사용하며 void 타입은 함수가 어떤 값도 반환하지 않음을 의미한다.

표 8-1 void 타입 예

```
void out(int n)
{
   printf("%d\n", n);
}
```

위 표 8-1처럼 함수 out이 반환값이 없을 경우 함수 out은 return을 사용하지 않으며 함수 out은 return 문에 의해 어떤 값도 반환하지 않기 때문에 함수 out() 앞에 타입명을 void 로 지정한다.

위에서 언급한 함수의 특징들에 대해서 정리해 보면 크게 4가지로 구분할 수 있다.

첫째, 함수는 이름을 가진다.

모든 함수는 프로그램에 따라 여러 가지 독특한 이름을 가진다. 프로그램에서는 함수 이름을 사용하여 함수에 포함된 내용을 호출할 수 있다. 이런 동작을 함수 호출이라고 한다. 함수 호출은 다른 함수 내에서도 호출 가능하다.

둘째, 함수는 독립적이다.

함수는 프로그램 내의 다른 부분에 의해 영향을 받거나 다른 부분에 영향을 주지 않고 주어진 동작을 수행할 수 있다.

셋째, 함수는 특정 동작을 수행한다.

함수에서 수행하는 동작은 전체 프로그램 동작을 구성하는 일부분이거나 독립적인 작업 내용을 수행한다.

넷째, 함수는 호출한 프로그램으로 결과값을 돌려줄 수 있다.

프로그램이 함수를 호출하면 함수에 포함된 문장이 실행된다. 이런 함수 내의 문장은 필요할 때마다 호출한 프로그램으로 결과를 전달할 수 있다.

8.1.2 함수의 선언과 정의

함수의 선언은 프로그램 실행과 무관하다. 함수의 선언은 컴파일러에게 해당 함수가 존재한다는 것을 알려주는 역할을 한다. 컴파일은 위에서 아래로 진행되는데 컴파일러는 진행순서를 절대 바꾸지 않는다. 따라서 어떠한 함수가 사용되는 시점을 기준으로 해서 그 함수의 선언이나 정의가 없다면 그곳에서 에러 메시지가 나타난다.

함수는 보통 표 8-2처럼 선언 및 정의된다. 표 8-2에서 정의된 함수를 보면 모든 함수는 독립적으로 호출되게 되어있으며, 함수 내에서 다른 함수를 호출하여 사용할 수 있지만 함수 내부에서는 다른 함수를 다시 정의하여 사용할 수 없다.

표 8-2 함수의 선언 및 정의

```
반환타입 함수명(형 선언  가인수 리스트); →  함수 원형 선언

main()
{
     ...
   함수명(실인수 리스트)  →  사용자가 만든 함수(함수 호출)
     ...
}

반환타입 함수명(형 선언  가인수 리스트) → 사용자가 만든 함수
{
   함수의 내부 변수 선언
     ...
   함수 본체
     ...
   return 반환값;     /* 반환값과 함수의 반환형의 형이 일치하여야 함*/
}
```

함수는 하나의 단위프로그램이므로 필요할 때 변수를 선언하여 사용할 수 있다. 이 변수를 지역변수라 하며 함수 내에서 선언된 변수는 그 함수 내에서만 효력이 있고 함수를 벗어나면 그 효력을 잃게 된다.

예제 8.2는 함수 선언의 예를 보여주고 있다. 예제 8.2에서 main()과 sub()함수의 변수 i는 이름은 같지만 서로 다른 기억 장소를 갖는다. sub()에서 변수 i값을 변화시켜도 main()의 변수 i는 영향을 받지 않는다.

예제 8.2 함수 선언 예

```
#include <stdio.h>
void sub(void);
void main()
{
  int i;              /* main() 함수의 변수 선언*/
  for(i=0; i<20; i++)
        sub();        /* 함수 호출 */
}

void sub(void)
{
  int i;      /* sub 함수의 변수 선언 */
  i=5;
 }
```

프로그램 실행 결과

```
Press any key to continue
```

함수의 기본 구성과 호출 순서는 그림 8-2와 같다. 그림 8-2에서 함수를 선언하여 사용하면 반복적으로 코딩해야 할 내용을 한 번만 코딩하여 필요할 때마다 가져다 사용할 수 있다. 또한, 함수로 만들어 놓으면 사용자가 수행해야 할 동일 동작을 계속 사용할 수 있어 내부 내용이 바뀔 일이 없다.

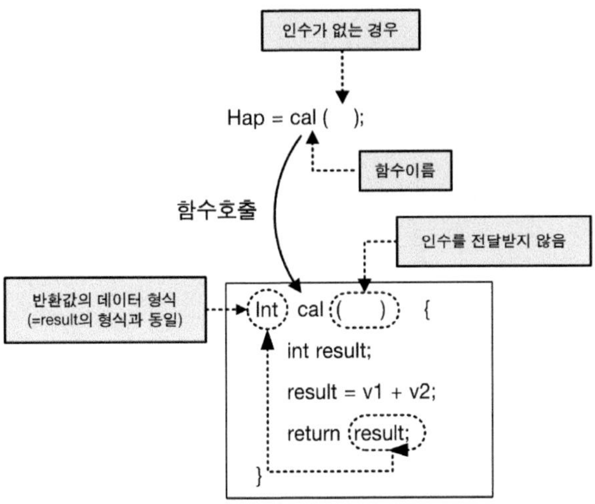

그림 8-2 함수의 선언 형태

그림 8-2에서 함수를 구성하는 요소들을 정의하면 다음과 같다.

1 타입(type)

함수는 함수에서 계산된 결과를 main()으로 반환되기 때문에 함수의 타입을 선언하여야 한다. 함수의 타입은 int, float, double 등으로 선언되며 함수의 타입이 정수형이거나 반환되는 값이 없을 경우에는 타입 선언을 생략할 수 있다. 일반적으로 반환되는 값이 없을 경우 void 를 쓰거나 아무 것도 쓰지 않는다.

2 함수명

함수명은 문자열을 사용하고, 매개변수(=가인수 리스트)는 호출 프로그램에서 전달받은 인수(실인수)와 개수가 같아야 한다. 인수가 없는 경우 매개변수를 생략할 수 있지만 함수명 뒤 ()는 생략할 수 없다.

3 타입 선언

함수는 타입을 가지고 있는데 함수의 타입은 그 함수가 return 문으로 되돌리는 데이터의 타입을 가리킨다. 일반적으로 함수의 타입은 다음과 같이 4 가지가 주로 사용된다.

표 8-3 대표적인 함수의 형

타입 선언	함수명	설명
int	함수명(・・・){・・・}	int형을 되돌리는 함수 ex) int func( ) { ... }
double	함수명(・・・){・・・}	double형을 되돌리는 함수 ex) double func() { ... }
char	*함수명(・・・){・・・}	문자열을 가리키는 포인터를 되돌리는 함수 char *func() { ... }
void	함수명(・・・){・・・}	리턴값이 없는 함수 void func() { ... }

4 함수의 내부 변수 선언

함수에서 연산 결과 등을 기억할 경우에는 필요한 크기만큼 변수를 선언하여 사용한다. 이때, 이 변수는 모두 지역 변수로 취급되며 main() 프로그램이나 다른 함수의 변수명과 동일해도 무방하다.

5 return();

함수에서 연산 결과를 main() 함수에 반환할 경우 return 문의 ()안에 연산 결과 값이나 변수를 쓴다. 반환할 값이 없으면 return();처럼 연산 결과 값이나 변수를 생략할 수 있다.

6 함수 호출

함수는 일종의 부프로그램으로 스스로 수행되지 않고 다른 프로그램에 의해 호출되어야 수행된다. 함수 호출은

```
m = data(a,b);
      ↑    ↑
    함수명 인수
```

처럼 함수명과 인수만 쓰면 된다.

7 기억 클래스

함수에서 사용되는 기억 클래스는 표 8-4처럼 크게 extern과 static로 구분된다. extern 기억 클래스는 함수를 다른 파일에서 참조할 수 있게 선언하는데 사용한다. 반면 static 기억 클래스는 함수를 다른 파일에서 참조할 수 없다.

여기서 다른 파일이란 다른 컴파일 단위의 모듈을 의미한다. static을 지정하면 컴파일러가 함수명을 링커에 건제주지 않기 때문에 함수를 다른 모듈에서 사용할 수 없게 된다.

표 8-4 함수의 기억 클래스

기억 클래스	의미
extern	함수를 다른 파일에서 참조할 수 있다.(디폴트)
static	함수를 다른 파일에서 참조할 수 없다.

예제 8.3은 덧셈 할 수 있는 기능을 add() 함수에서 수행하도록 한 후 덧셈 결과를 main() 함수로 반환하는 프로그램이다.

예제 8.3 add() 함수에서 수행하는 함수 예

```
#include <stdio.h>

main()
{
  int x = 10, y = 20, z;
  z = sum (x,y);   /* 함수 호출 */
  printf("%d+%d=%d\n", x, y, z);
}

 int sum(int x, int y)
  {
    int i;
    i=x+y;
    return(i);
  }
```

프로그램 실행 결과

```
10 + 20 = 30

Press any key to continue
```

예제 8.4는 덧셈 기능과 출력 기능을 모두 add() 함수에서 수행하도록 예제 8.3을 수정한 프로그램이다.

예제 8.4 모든 기능이 add() 함수에서 수행하는 예

```
#include <stdio.h>

main()
{
  int x = 3, y = 5;
  sum(x,y);
}

 sum(int i, int j)
```

```
{
 int z;
 z = i+j;
 printf("%d + %d = %d\n", i, j, z);
}
```

프로그램 실행 결과

```
3 + 5 = 8

Press any key to continue
```

8.2 변수의 종류와 특징

8.2.1 변수의 유효 범위

변수의 유효 범위란 프로그램 내에서 변수가 사용될 수 있는 범위 또는 변수의 정의가 프로그램 내에서 효과를 나타낼 수 있는 범위를 말한다.

C 언어에서는 변수의 유효 범위가 변수나 함수 등의 이름으로 선언된 블록 내부에서만 사용 가능하며 대괄호 { } 로 둘러싸인 부분을 보통 블록이라고 정의한다.

표 8-5 변수의 유효범위

main( ) 함수	sub 함수

void main( )
{
  . . .   /*유효범위 */
}
	int cal( )
	{
	  . . . /*유효범위 */
	}

8.2.2 지역변수

지역 변수는 함수 내에서 정의되는 변수로써 지역 변수의 범위는 변수가 정의된 상수로 제한한다. 지역 변수는 컴파일러에 의해서 자동으로 0의 값으로 초기화되지는 않는다. 지역 변수를 정의할 때 변수를 초기화하지 않으면 지역변수에는 쓰레기값이 저장되기 때문에 지역 변수를 사용하기 전에는 반드시 필요한 값으로 초기화해야 한다.

표 8-6 지역변수 사용

```
void main()
{
   ...
  int cal = 0;
   ...
}
```

지역 변수는 하나의 모듈에서만 선언되고 사용되는 변수이기 때문에 함수를 벗어나면 변수로서의 효력을 상실한다.

하나의 함수는 { }로 둘러싸인 블록을 가지고 있고, 여기에 함수의 본체에 해당하는 각종 변수를 선언하고 명령문을 넣는다. 이 블록 안에서 선언된 변수는 블록 안에서만 사용할 수 있다.

블록의 안쪽에서 선언된 변수는 블록의 바깥쪽에는 영향을 미치지 못한다. 블록이 중첩된 경우, 맨 바깥쪽 블록에서 선언된 변수는 안쪽의 블록에도 영향을 미치지만 안쪽의 블록에서 선언된 변수는 바깥쪽에 영향을 미치지 않는다.

같은 블록 안에서는 같은 이름의 변수를 사용할 수 없지만 블록이 다르면 다른 이름의 변수를 사용할 수 있다. 만약 여러 개의 블록에서 같은 이름의 변수를 선언했다면 현재의 블록에서 선언된 변수가 선택된다. 따라서 블록이 중첩될 경우에는 변수 이름이 같지 않도록 주의해야 한다. 특히 바깥쪽 블록에서 선언한 변수는 안쪽 블록까지 영향을 미치므로 혼동되지 않도록 주의해야 한다.

지역 변수는 auto라는 키워드를 가지며 키워드는 보통 생략된다. 그러나 블록이 다를 경우에는 변수 이름이 같다 해도 큰 지장은 없다. 지역 변수를 선언하기 위해서는 특별하게 키워드를 사용할 필요가 없다.

보통 auto라는 키워드를 가진 변수가 지역 변수에 해당하는데 auto라는 키워드는 생략해도 되기 때문이다. 즉 변수의 선언 앞에 별다른 키워드가 없다면 C언어는 auto로 변수를 만들어준다.

8.2.3 전역변수

전역변수는 어떤 함수 내에서도 접근할 수 있는 변수를 의미한다. 어떤 함수에서도 참조하고 변경할 수 있기 때문에 지역성은 없다.

전역 변수를 사용하기 위해서는 변수의 선언문 앞에 extern이라는 키워드를

```
extern int var;
```

처럼 사용한다. 여기서 extern은 external이라는 뜻으로 외부에서 선언된 변수임을 나타내는 예약어를 의미한다. extern은 함수 앞에서 선언된 경우에는 생략할 수 있으나 함수가 main() 앞에 오는 경우라면 반드시 기술해야 하므로 가능하면 생략하지 않는 것이 좋다.

지역 변수가 일부 블록에서만 사용할 수 있는 변수라면 전역 변수는 지역 변수보다 훨씬 넓은 지역에서 사용하는 변수이다. 즉 프로그램 전체에 걸쳐서 사용할 수 있는 변수를 의미한다.

전역 변수는 프로그램 첫 부분에서 선언하며 선언할 때 extern 키워드를 앞에 반드시 써서 전역 변수를 선언한다. 전역 변수는 모든 함수에서 사용할 수 있기 때문에 프로그램 안의 어떤 함수에서 값을 바꾸더라도 전역 변수의 값이 바뀌기 때문에 모든 함수가 사용할 수 있는 변수가 된다.

표 8-7 함수 바깥에서 변수 선언하는 방식

```
#include <라이브러리 파일>
변수 선언;
main() {
...
}
```

전역 변수를 선언하는 방법 중 표 8-7은 프로그램 첫 머리, 즉 main() 함수 바깥에서 변수를 선언하는 방식으로 변수를 전역 변수로 선언하고 있다.

사용 예는

```
#include <stdio.h>
int tax;
main()
 {
   ...
 }
```

와 같으며, 전역 변수를 선언하는 방법으로 가장 일반적으로 사용하는 방법이다.

표 8-8은 전역변수를 선언하기 위해서 extern을 변수 선언 앞에 사용하고 있다.

표 8-8 extern을 붙이고 함수 바깥에서 변수 선언하는 방식

```
#include <라이브러리 파일>
extern 변수 선언;

main() {
...
}
```

표 8-8에서 언급한 extern을 함수 바깥에 선언하는 예는

```
#include <stdio.h>
extern int tax;
main()
{
 ...
}
```

와 같다.

표 8-9은 전역변수를 선언하기 위해서 extern을 함수내에 사용하는 방식을 보여주고 있다.

표 8-9 extern을 붙이고 함수 안에서 변수 선언하는 방식

```
#include <라이브러리 파일>

main() {

extern 변수 선언;
...
}
```

표 8-9처럼 extern을 함수 안에 선언하는 예는

```
#include <stdio.h>
main()
{
   extern int tax;
   ...
}
```

와 같다.

두 수의 합을 구하는 함수에서 전역변수를 선언하는 예는 예제 8.5와 같다.

예제 8.5 전역변수 선언 예

```
#include <stdio.h>

int g =3;      /* 전역변수 선언 */

void Global(){
    g = 5;    /* 함수에서 전역 변수에 대한 참조 */
 }
main()
{
  int x = 3, y = 5;
  sum(x,y);
}

 sum(int x, int y)
 {
  int z;
  z = x+y;
  printf("%d + %d = %d\n", x, y, z);
 }
```

프로그램 실행 결과

```
3 + 5 = 8

Press any key to continue
```

8.2.4 자동변수

자동변수는 변수가 정의되어 있는 함수가 호출될 때마다 이전에 사용했던 변수의 값을 보존하지 않는다. 자동 변수는 함수 내부에서만 사용되며 자동으로 생성 소멸된다. 자동 변수는 함수 내부에서 선언을 하고, 선언된 함수 내부에서만 사용이 가능하다. 따라서 자동 변수는 함수가 실행되는 동시에 생성되며, 함수의 종료와 함께 사라진다. 함수가 종료되면서 자동으로 소멸되므로 메모리를 차지하지 않기 때문에 메모리의 효과적인 관리를 위해서도 자동 변수는 매우 유용하다. 만약 변수를 선언할 때 기억 부류 지정자 "auto"를 생략할 경우 자동 변수가 자동으로 생성되며 함수의 실행이 끝나면서 자동 변수도 소멸된다.

자동 변수는 함수가 실행될 때마다 쓰레기값을 가지기 때문에 매번 초기화해주어야 한다. 자동 변수는 함수가 실행될 때마다 매번 새롭게 초기화되는데 생성될 때 불확실한 쓰레기값을 가지고 만들어지기 때문에 한 번은 초기화를 시켜주어서 쓰레기값을 제거해야 한다. 여기서 쓰레기값이란 어떤 값이 들어있는지 모르는 값을 의미한다.

따라서 어떤 값이 들어있는지도 모른 상태에서 이 변수를 사용해서는 안 된다. 그 이유는 초기화하지 않은 상태에서 자동 변수를 어떤 수와 비교하는 행위는 잘못된 결과를 얻을 수 있을 뿐만 아니라 초기화되지 않은 변수를 사용하는 것은 뜻하지 않은 결과를 초래할 수 있기 때문이다.

자동 변수는 자동으로 생성되고 소멸되기 때문에 동적 스택에 만들어지고 저장된다. 기억 부류 지정자를 생략하면 자동 변수가 만들어진다. 자동 변수는 함수 내부에서만 사용가능하며 자동으로 생성 소멸된다.

자동변수의 선언은 함수나 블록 내부에 다음과 같이

```
{
  auto int a, b;
  auto float f;
        ...
}
```

처럼 선언하여 사용한다.

변수 선언시 선언문 앞에 기억클래스 지정자 "auto"를 지정하면 자동변수로서 선언된다. 자동변수는 프로그램에서 가장 많이 사용되는 변수이기 때문에 함수나 블록 내부의 변수 선언시 기억클래스가 생략되면 자동변수로 간주한다.

자동 변수를 선언할 경우 변수의 값을 다음과 같이 초기화 할 수 있다.

```
int a = 100;
chat c = 'a';
float f=3.14;
```

자동 변수 선언시 초기화를 하지 않은 경우에는 변수의 초기값은 미정값이 된다. 자동변수의 사용 예는 예제 8.6와 같다. 예제 8.6에서는 자동변수가 a와 b로 선언되어 있다.

예제 8.6 전역변수 선언 예

```
#include <stdio.h>
void sub(void);

main()
{
   int a = 5;              /* 자동 변수 a 선언 */
   printf("a=%d\n", a);
   sub();                  /* 함수 호출 */
}

void sub(void)
{
   int b = 1;              /* 자동 변수 b 선언 */
   printf("b= %d\n", b);
}
```

프로그램 실행 결과

```
a= 5
b= 1
Press any key to continue
```

8.2.5 정적 변수

정적 변수는 함수가 호출될 때 계속해서 지역 변수의 값을 보존하기 위해서 사용되는 변수로써 static 키워드를 사용하여 변수를 정적 변수로 정의한다.

표 8-10 정적 변수 사용 예

```
void fun()
{
   ...
  static int cal = 0;
   ...
}
```

정적 변수는 함수 내부에서 선언되는 내부정적 변수와 함수 밖에서 선언되어 사용되는 외부정적 변수가 있다.

내부정적 변수

내부정적 변수는 함수 내부에서 선언되지만 함수 종료 후에도 소멸되지 않는다. 내부정적 변수는 함수 내부에서 선언되는 정적 변수라는 특성을 가지고 있다. static 이라는 키워드에 의에 선언되는데 함수 내부에서 선언되었지만 함수 종료 후에도 소멸되지 않고 그 값이 남아있다는 점이 다르다. 따라서 내부정적 변수는 변수가 소멸되지 않고 계속 남아있어야 할 때 사용한다.

내부정적 변수는 함수 내부에서만 사용 가능하며, 0으로 초기화된다. 내부정적 변수는 함수 내부에서 선언하므로 선언된 함수 내부에서만 사용 가능하다. 그러나 프로그램이 실행되는 동안 존재하기 때문에 내부 정적변수는 프로그램이 실행됨과 동시에 단 한 번만 초기화되는데 초기값을 주지 않으면, 모두 0 으로 초기화된다. 변수는 정적 데이터 영역에 저장된다.

내부정적 변수를 사용할 때는 함수 안에서 static라는 키워드를 붙여서 변수를 선언한다. 사용 형식은 다음과 같다.

표 8-11 내부정적 static 사용 예

```
static 자료형 변수 이름1, 변수 이름2, ......;
```

static을 사용하여 변수를 선언할 경우

```
static int n=1;
static double a[3];
```

처럼 사용할 수 있다.

예제 8.7은 내부정적 변수를 사용한 예를 보여주고 있다.

예제 8.7 내부정적 변수 사용 예

```
#include <stdio.h>
void sum(int d);

main()
{
  int a;                              /* 자동 변수 a 선언 */
  for(a=1; a <4; a++)
        sub(a);                       /* 함수 호출 */
}

 void sum(int d)
 {
  int dt = 0;                         /* 자동 변수 b 선언 */
  static int sdt = 0;
  dt = dt+d;
  sdt = sdt +d;
  printf("d=%d, dt=%d, sdt =%d\n", d, dt, sdt);
 }
```

프로그램 실행 결과

```
d = 1, dt = 1, sdt = 1
d = 2, dt = 2, sdt = 3
d = 3, dt = 3, sdt = 6
d = 4, dt = 4, sdt = 10
Press any key to continue
```

예제 8.7에서 함수 sum()은 모두 4번 실행되고 종료된다. 변수 dt는 자동변수로서 함수 sum()의 매 실행초기에 0으로 초기화된 후 종료시 소멸된다. 변수 sdt는 내부정적 변수로서 선언되어 sum()의 처음 실행시에 0으로 초기화된 후 소멸되지 않고 이전 값이 남아 있어 sum()의 다음 실행시에는 0이 아닌 이전의 저장 값으로 실행된다.

외부정적 변수

외부정적 변수는 외부 변수와 같으나 자신이 속한 모듈에서만 사용할 수 있다는 점이 다르다. 즉 다른 소스 파일에서는 참고할 수 없다. 따라서 외부정적 함수는 특정 모듈에서만 사용 가능한 외부 변수가 된다. 외부정적 변수는 함수 외부에서 선언되며, static 키워드를 사용한다.

표8-12 외부 정적변수 선언 예

```
static 자료형 변수명1, 변수명2, …;
```

static을 사용하여 변수를 선언할 경우

```
static int j = 1;
static int s[3];

main() {
...
}
```

처럼 사용할 수 있다. 내부정적 변수와 선언 방법은 내부정적 변수와 같으나 다만 선언하는 위치가 다르다. 따라서 정적 변수가 함수 내부에서 선언되면 내부정적 변수이고 함수 외부에서 선언되면 외부정적 변수가 된다.

정적 함수

정적 함수는 다른 소스 파일에서 사용할 수 없는 함수이다. 정적 함수는 함수라는 점만 다를 뿐 외부정적 변수와 성질은 동일하다. 즉 어떤 함수를 특정 모듈(소스 파일) 안에서만 사용하고 다른 모듈(소스 파일)에서는 사용하지 않을 때 정적 함수로 정의한다. 다른 모듈에서는 사용해서는 안되는 함수를 만들 때 보통 정적 함수를 정의하여 사용한다.

표 8-13 정적 함수 선언 예

```
static 자료형 변수명1, 변수명2, …;
```

표 8-14 정적 함수 정의 형식

```
static 함수형 함수명(매개변수 리스트)
{
…
}
```

정적 함수는 함수이므로 함수의 선언 뒤에 정의가 선언되어야 한다. 물론 정적 함수의 선언은 그 모듈의 앞부분에서 행하는 것이 가장 바람직하다.

8.2.6 외부변수

외부 변수는 모듈 바깥에서 사용 가능한 변수를 말한다. main() 함수 바깥에서 선언되었다면 프로그램 전체에서 사용 가능한 전역 변수가 된다. 외부 변수를 선언하는 이유는 분할별로 컴파일 할 수 있도록 하기 위해서이다. 외부 변수는 extern이라는 명령어를 앞에 붙여주고 선언한다. 변수가 아닌 배열의 경우에는 그 크기를 생략할 수 있다. 외부 변수를 정의하는 방법은 자동 변수를 선언하는 방법과 같으며 단지 선언하는 위치가 함수 내부가 아니고 함수 외부라는 점이 다르다.

외부 변수의 사용은

```
int func(int x); /* 함수를 선언 */
...

int n; /* 여기에서 외부 변수를 선언. n이라는 변수는*/
      /* 이후에 나오는 모든 함수에서 사용할 수 있음.*/
void main(void)
{
...
}
```

```
int second; /* 외부 변수를 선언. 이후 모든 함수에서 사용할 수 있으나 */
            /* 먼저 나온 main 함수에서는 사용할 수 없음. */
int func(int x)
{
...
}
```

와 같으며 외부 변수가 프로그램 전체에서 사용이 가능하도록 선언한 후에는 함수에서만 외부변수가 사용 가능하다.

외부 변수를 선언하면 선언한 이후에 나오는 함수에서는 외부 변수를 참조할 수 있으나 그 이전에 나온 함수에서는 참조할 수 없으므로 외부 변수는 파일의 앞부분에서 선언하는 것이 좋다. 외부 변수는 프로그램이 실행되는 동안 계속 존재, 유지되며 프로그램이 실행될 때 단 한번 초기화되고 모두 0으로 자동 초기화되어 정적 데이터 영역에 저장된다. 외부 변수는 프로그램이 끝날 때 같이 종료된다.

8.2.7 레지스터 변수

레지스터 변수는 변수를 메모리가 아닌 레지스터에 저장한다는 점이 특징이다.

레지스터 변수는 메모리에 변수를 저장하지 않고 CPU에 여분으로 남아 있는 레지스터라는 곳을 이용한다는 점이 다르다. 따라서 다른 변수와는 달리 매우 빠른 연산을 할 수 있다. 따라서 빠른 계산을 필요로 하는 변수를 사용할 때 많이 사용하는데, 레지스터의 갯수가 한정되어 있고 비어있는 레지스터가 있어야 사용할 수 있다는 점 때문에 레지스터 변수는 프로그램 전체에서 몇 개 사용할 수 없다.

레지스터 변수를 선언했는데 사용 가능한 레지스터가 없으면 자동 변수로 변환된다. 또한 레지스터 변수는 CPU를 사용하는 변수이므로 메모리상의 주소를 알려주는 주소 연산자 &를 사용해서는 안 된다. 레지스터 변수로 선언했는데 사용 가능한 레지스터가 없다면 자동 변수로 변환되어 선언된다.

[8.3] 함수의 반환값과 매개변수

이 절에서는 반환값 유무에 따른 함수의 형태를 살펴보고, 매개변수의 사용 종류에 대해서 살펴본다.

8.3.1 반환값 유무에 따른 함수 구분

반환값이 있는 함수

함수에서 값을 반환받는 함수를 사용하는 경우에는 반환값의 타입으로 함수를 선언해야 한다. 반환값이 없는 경우는 void 타입으로 함수를 그림 8-3처럼 선언해야 한다.

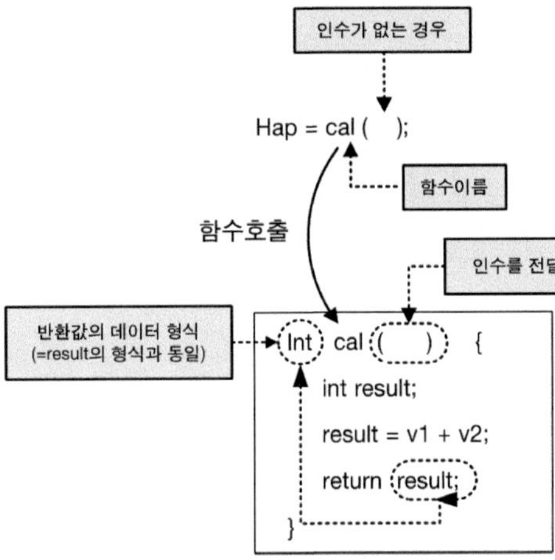

그림 8-3 반환값이 있는 경우

그림 8-3처럼 함수를 실행하면 결과값은 함수의 타입형식을 따라야 한다.

함수를

```
int 함수이름();
```

처럼 정의하면, 함수의 결과 역시 정수형 변수나 정수값이어야 한다.
반환값이 있는 함수에서는

```
return 정수형 변수;
```

또는

```
return 정수;
```

로 표현하여 반환값을 main() 함수로 전달해야 한다.

예제 8.8 반환값이 있는 함수의 예

```
#include <stdio.h>

void cal()
{
    return 100;    /* int 형 함수로 반환값 있음 */
 }

main()
{
   int i;
   i = cal();
   printf("반환값 : %d\n", i);
 }
```

프로그램 실행 결과

```
반환값 : 100

Press any key to continue
```

반환값이 없는 함수

함수를 실행할 때 반환할 값이 없을 경우 함수의 타입을 void로 사용한다.

반환값이 없는 함수에서는

```
return 정수형 변수;
```

또는

```
return 정수;
```

을 표현하지 않는다.

반환값이 없는 경우 그림 8-4처럼 선언된다.

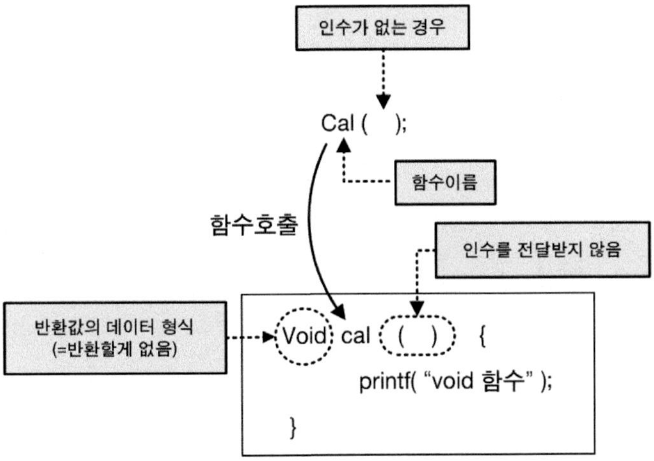

그림 8-4 반환값이 없는 경우

그림 8-4처럼 void 형 함수는 함수를 실행한 후 반환값 없이 함수를 종료한다. void 형 함수를 호출할 경우에는 함수 이름만 써주면 되며 반환값을 고려한 변수를 쓸 필요가 없다.

예제 8.9 반환값이 없는 함수의 예

```
#include <stdio.h>


void cal(){
   printf("반환값이 없는 void 함수");     /* void 형 함수로 반환값 없음 */
 }

main()
{
  cal();
 }
```

프로그램 실행 결과

```
반환값이 없는 void 함수

Press any key to continue
```

8.3.2 매개변수 전달 방법

매개변수를 전달하는 방법은 '값을 전달(call by value)하는 방법'과 '주소를 전달(call by reference)하는 방법'으로 사용된다. 값의 전달은 값 자체를 함수에 넘겨주는 방법이고, 주소의 전달은 주소값을 함수에 넘겨주는 방법이다.

1 값에 의한 전달(call by value)

값에 의한 전달은 함수에 매개변수를 전달할 때 숫자나 문자 그 자체를 전달한다. main() 함수에서 전달한 인수를 부프로그램에서 전달받을 때 인수의 값을 받아오면, 그 값은 실인수가 기억되어 있는 변수가 아닌 다른 기억장소에 저장한다. 함수에서 사용되는 값을 바꾸어도 원래 값을 전달한 곳에서는 아무런 영향을 받지 않는다.

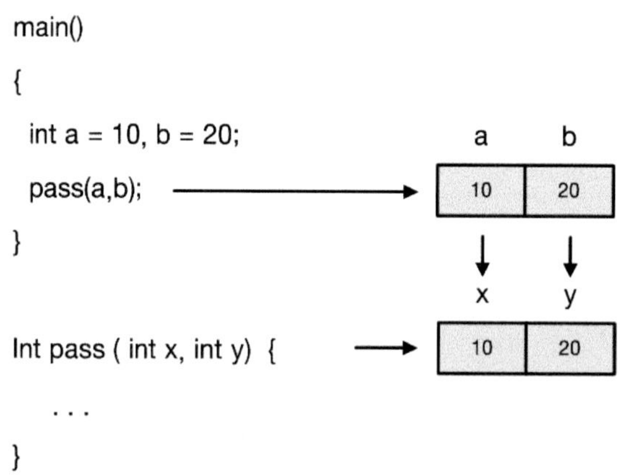

그림 8-5 값에 의한 전달

그림 8-5에서 함수를 호출할 때 실인수 a, b 값이 가인수 x, y로 전달된다. pass()에서 x=10, y=20의 값을 갖는다. pass()의 처리를 끝내고 main() 함수로 돌아갈 때 실인수 a, b값은 변하지

않는다. 함수에서 하나의 값을 돌려 줄 때 return;을 사용하고, 이때 돌려주는 값의 타입과 함수의 타입은 같아야 한다.

예제 8.10은 소문자를 입력하여 대문자를 출력하는 예제 프로그램이다.

예제 8.10 문자 변환 프로그램

```
#include <stdio.h>

int trans(int c)
{
  if('a' <=c && c<='z')    /* 입력된 문자가 소문자인지 판단 */
      return(c+'A'-'a');  /* 소문자를 대문자로 바꿈 */
  else
      return(c);

main()
{
  int m. n;
  printf("소문자 입력 :");
  scanf("%s", &n);          /* 문자 입력 */
  m= trans(n);            /* 함수 trans() 호출 */
  printf("대문자 : %s \n", &m);
 }
```

프로그램 실행 결과

```
소문자 입력 : j
대문자 : J

Press any key to continue
```

2 참조 전달(call by reference)

참조 전달이란 자료가 기억된 주소를 전달하는 방법으로써 부 프로그램에 인수가 전달될 때 실인수가 저장된 메모리의 주소가 전달된다. 부프로그램에서는 메모리의 주소를 참조하여 인수의 값을 가져오게 된다. main() 함수의 실인수와 부프로그램의 가인수가 이름은 다르더라도 같은 기억 장소를 가지게 된다. 부프로그램에서 가인수 값을 바꾸면 실인수 값도 바뀐다. 이러한 참조 전달은 프로그램의 부작용이 발생할 수 있고 모듈간 독립성이 떨어지는 문제점이 발생한다.

그러나 기억 장소를 절약하고, 부프로그램에서 main() 함수로 여러 개의 계산 결과 전달, 데이터가 배열인 경우 배열을 전달할 때 편리하게 사용된다. C 언어에서는 참조 전달을 위해서 주소 연산자(&)와 포인터 연산자(*)를 사용한다.

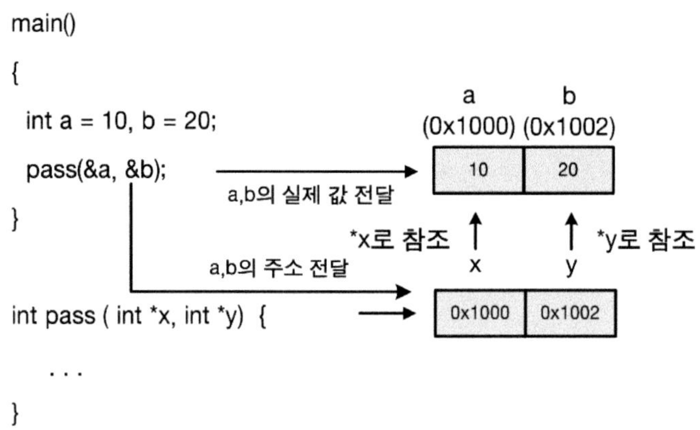

그림 8-6 참조 전달에 의한 전달

그림 8-6은 함수 호출 때 실인수 a, b의 주소가 가인수 x, y로 전달된다. 실인수 a의 주소가 0x1000이라면, 가인수 x에는 0x1000이 전달된다.

인수 x는 포인터 변수로 선언되어 있으므로 *x에 의해 호출된 함수의 인수 a의 값을 참조할 수 있다.

예를 들어 주프로그램의 함수가

```
pass(&a, &b, &c);
```

로 선언되었고, 부프로그램에서는

```
int pass(int *x, int *y, int *z)
{
            . . .
   *x=1;
   *y=1;
   *z=1;
            . . .
}
```

처럼 작성되었다면, 주 프로그램은 부프로그램(함수)에 그 인수가 저장된 주소(&)를 전달하고, 부프로그램(함수)에서는 그 인수를 포인터(*)로 받아온다. 포인터는 어떤 값이 가리키는 주소의 값이므로 포인터 자체는 주소와 같다. 그 주소에 1,2,3의 값을 할당하고 있으므로 결국 주 프로그램의 변수 a, b, c는 각각 1, 2, 3으로 바뀌게 된다. 계산 결과를 함수의 가인수에 기억시켜 두면 주프로그램의 실인수 자체가 바뀌게 되어 여러 개의 계산 결과를 전달할 수 있다.

예제 8.11은 세 개의 정수 데이터를 입력 받아 크기순으로 정렬하는 예제 프로그램이다. 주소에 의해 전달할 경우, 함수에서는 가인수를 포인터로 선언하게 된다. 값을 대입할 경우 *x=*y의 형식으로 대입하게 된다.

예제 8.11 세 개의 정수를 크기순으로 정렬하는 예제

```
#include <stdio.h>

int sort(int *x, int *y, int *z)
{
  int temp;
  if ( *x < *y) {
       temp = *x;
       *x = *y;
       *y = temp;
  }
   if ( *x < *z) {
       temp = *x;
       *x = *z;
       *z = temp;
  }
   if ( *y < *z) {
       temp = *y;
       *y = *z;
       *z = temp;
  }
  return;
}

main()
{
  int a, b, c;
  printf("a, b, c 값 입력 :");
```

```
    scanf("%d %d %d", &a, &b, &c);
    printf(\n 원시 데이터 : %d\t %d\t %d\t \n", a, b, c);
    sort(&a, &b, &c);    /* 변수가 저장된 주소 전달 */
    printf(\n 정렬 데이터 : %d\t %d\t %d\t \n", a, b, c);
  }
```

프로그램 실행 결과

```
a, b, c 값 입력 : 12 67 34
원시 데이터 : 12    67    34
정렬 데이터 : 12    34    67

Press any key to continue
```

3 배열 전달

배열 구조를 함수로 전달하려면 참조에 의한 전달방법을 사용한다. 이것은 배열의 모든 데이터를 함수로 전달하는 것이 아니라 배열의 시작 주소만 전달하고 나머지는 함수 내에서 포인터를 사용하여 각 배열 원소에 접근한다.

배열의 데이터를 함수에 전달하는 방법에는 1차원 배열을 함수에 전달하는 방법과 2차원 배열을 함수에 전달하는 방법으로 사용 가능하다. 우선 1차원 배열 정보를 함수에 전달하는 방법에 대해서 알아보면, 1차원 배열 'int arr[10];' 을 함수로 전달하면 그림 8-7처럼 표현된다.

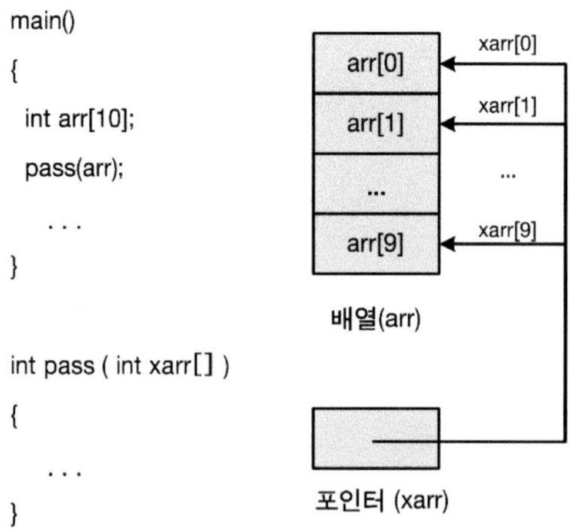

그림 8-7 1차원 배열의 함수 전달

그림 8-7의 배열 이름 arr은 배열의 시작 주소를 나타내며, 가인수 xarr은 배열을 그대로 받아들이는 것이 아니라 int xarr[];과 같이 포인터로 선언해 두고 포인터 조작에 의해 배열의 데이터를 참조한다.

함수 내에서 xarr[0] ~ xarr[9]하면 arr[0] ~ arr[9]을 참조할 수 있다. int xarr[];은 int *xarr;로 표현해도 상관없다.

예제 8.12는 1에서 10까지 합을 구하는 예로써 함수에 1차원 배열 정보를 전달하여 결과값을 main() 함수로 반환하는 프로그램이다.

예제 8.12 1에서 10까지 합을 구하는 프로그램

```
#include <stdio.h>

main()
{
  int arr[] = {1,2,3,4,5,6,7,8,9,10,-9};
  int x;
  x = sum(arr);/* sum(arr)에 의해 배열 arr의 합을 구하고 결과를 x에 대입 */
  printf("합 = %d\n", x);
 }

 int sum(int xarr[])
 {
   int i=0 , j=0;
   while(xarr[i]!= -9)
      j= j+ xarr[i++];
   return s;
 }
```

프로그램 실행 결과

```
합 = 55

Press any key to continue
```

2차원 배열의 정보를 함수에 전달하는 방법은 그림 8-8처럼 1차원 배열의 인수 전달 방법과 동일하다. 그림 8-8에서 배열 이름 arr은 배열의 시작 주소를 나타내며 가인수 xarr은 배열을 그대로 받아들이는 것이 아니라 int xarr[][5];와 같이 포인터로 선언해 두고 포인터 조작에 의해 배열의 데이터를 참조한다. 2차원 배열에서는 배열의 원소 위치를 계산하는데 열에 해당하는 원소의 크기를 알고 있어야 한다. int xarr[][5];와 같이 열 원소의 크기를 선언해 주어야 한다. 함수에서 xarr[i][j]에 의해 주프로그램의 arr[i][j]를 참조할 수 있다.

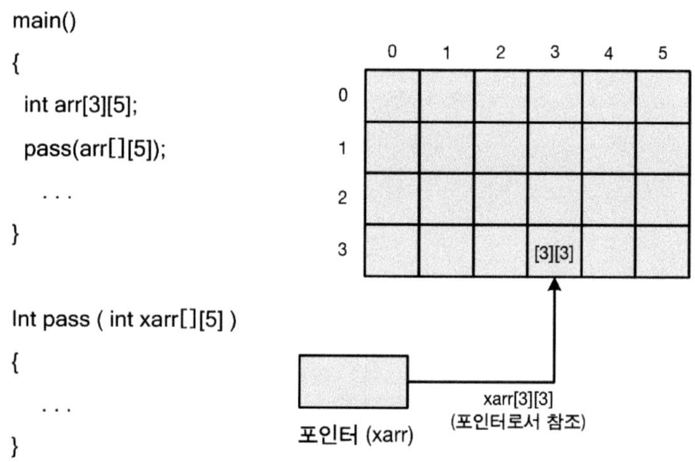

그림 8-8 2차원 배열의 함수 전달

예제 8.13은 단위행렬을 만드는 프로그램으로써, 함수에서 3행 3열을 만들어 main() 함수에 결과값을 반환하는 프로그램이다.

예제 8.13 단위행렬 구하는 프로그램

```
#include <stdio.h>

int unit(int a[][3])
{
   int i,j;
   for(i=0; i<3; i++) {
     for(j=0; j<3; j++) {
        if(i==j)
           a[i][j] = 1;
        else
```

```
                a[i][j] = 0;
        }
      }
  }

   main()
  {
     int i, j, a[3][3];
     unit(a);
     for(i=0; i<3; i++){
       for (j=0; j<3; j++) {
          printf("%2d", a[i][j]);
          printf("\n");
       }
     }
   }
```

프로그램 실행 결과

```
1 0 0
0 1 0
0 0 1

Press any key to continue
```

함수에 포인터 배열을 전달할 때 포인터 배열은

```
char *arr[10];
```

처럼 선언하고, 함수 전달을 하기 위해서는

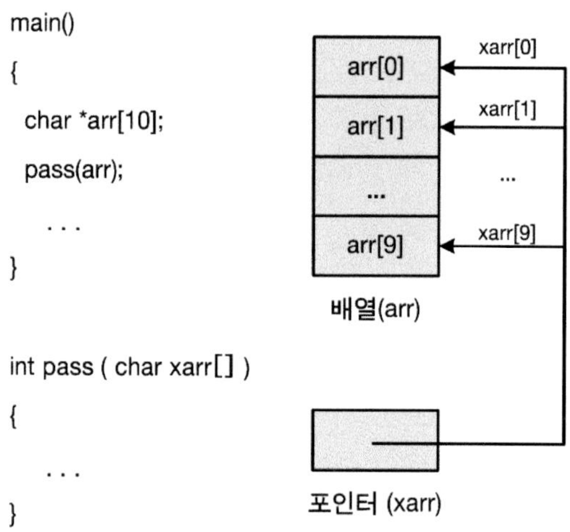

그림 8-9 포인터 배열 전달

그림 8-9처럼 표현된다.

예제 8.14는 포인터 배열을 함수에 전달하는 프로그램으로써, 함수에서 문자 배열을 '\n'이 나올 때까지 출력하는 프로그램이다.

예제 8.14 단위행렬 구하는 프로그램

```
#include <stdio.h>

int xweek(char *w[])
{
   printf("week = %s\n", w");    /* %s는 문자 배열 처음부터 '\n'이 나올 */
}                                /* 때까지 출력 */

main()
{
   static char *week[]={"sun", "mon", "tue", "wed", "thu", "fri", "sat");

   printf("*week[2]=%c\n", *week[2]);  /* 배열의 2행 첫째 문자 출력 */
   printf("week[2]=%s\n", week[2]);    /* 배열의 2행 출력 */
   printf("week[2][0]=%c\n", week[2][0]);  /* 배열의 2행 첫째 문자 출력 */
   printf("\n");
```

```
    xweek(week[2]);    /* 함수 호출 */
  }
```

프로그램 실행 결과

```
1 0 0
0 1 0
0 0 1

Press any key to continue
```

8.4 재귀 함수

재귀 함수는 임의의 문제에 모두 적용할 수 없으며, 반드시 재귀적으로 정의되는 문제에만 적용이 가능하다.

재귀적 호출을 할 때는 다음 조건을 지켜야 한다.

1 함수 안에서 사용하는 변수는 자동 변수이어야 한다.

함수 안에서 선언된 자동 변수는 그 함수가 호출될 때마다 메모리상에 새로운 자동 변수로서 설정된다. 새로 설정된 자동 변수는 이전 함수에서 자동 변수로 설정된 것과는 관계가 없다. 재귀적 호출에서는 호출된 횟수만큼 필요 메모리를 소비하므로 스택 영역을 넘어가지 않도록 주의해야 한다.

2 함수로의 인수 전달은 "값 전달"이어야 한다.

3 재귀적 호출의 종료를 언제 해야 하는지 정해야 한다.

재귀적 호출의 종료를 언제 해야 하는지 정하지 않으면 무한 루프에 빠지기 쉽다.

일반적으로 재귀적 호출을 행하면 메모리를 많이 소비하고 처리 속도도 느려지기 쉽다.

예제 8.15는 재귀적 호출의 예로써 팩토리얼을 계산하는 예제를 보여주고 있다.

예제 8.15 **팩토리얼 계산 프로그램**

```
#include <stdio.h>

int factorial (int n)
{
   if ( n==1)
       return 1;
   else
       return n*factorial (n-1)
}

 main()
 {
   int a;

   a=factorial(5);
   printf("5! = %d\n", a);
 }
```

프로그램 실행 결과

```
5! = 120

Press any key to continue
```

연습문제

1) 키보드로부터 3개의 실수를 입력받아 3개의 실수를 곱하는 프로그램을 함수를 이용하여 작성하시오.(단, 3개의 실수는 형은 float으로 주어진다.)

2) 다음 프로그램의 실행 결과를 적으시오.

```
#include<stdio.h>
void print(int x);
void main()
{
    int a=12345; print(a);
    a+=5;        print(a);
    a-=3;        print(a);
    a*=3;        print(a);
    a/=3;        print(a);
    a%=100;      print(a);
}
void print(int x)
{
    printf("%d\n", x);
}
```

3) 주어진 3개의 정수 중 가장 작은 값을 반환하는 함수를 작성하고, 이 함수를 이용해서 값을 출력하는 main() 함수를 작성하시오.

4) 주어진 정수 값을 절대값으로 변환하는 함수를 작성하고, 이 함수를 이용해서 값을 출력하는 main() 함수를 작성하시오.

5) 인치를 센티미터로 바꾸는 함수를 만들어, 키보드로부터 인치를 입력받아 인치를 센티미터로 출력하는 프로그램을 작성하시오.

```
인치와 센티미터의 관계
1inch = 2,54 cm
```

6) 두 개의 임의 정수를 키보드로부터 각각 입력 받아 큰 수를 반환하는 함수를 만들어, 입력받은 두 수 중에서 큰 수를 출력하는 프로그램을 작성하시오.

7) 직각 삼각형에서 양변의 길이가 주어졌을 때 하나의 사선의 길이를 구하는 함수를 만들어, 표준입력으로 받은 두 변의 길이를 이용하여 하나의 사선의 길이를 구하는 프로그램을 작성하시오.

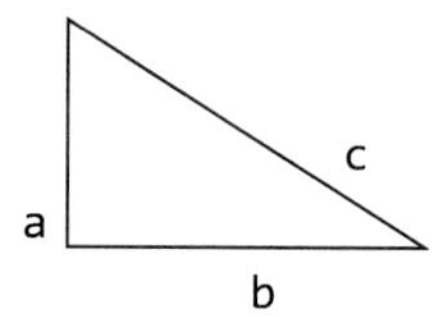

a2 + b2 = c2

8) 함수 intpow(int m, int n)을 작성하시오. 이 함수는 m·n을 반환하는 함수이다.

9) 임의의 수의 제곱승을 구하는 함수 square()와 세 제곱승을 구하는 함수 cube()를 구현하여 임의의 수를 입력 받아 다섯 제곱승을 구하는 프로그램을 작성하시오. 여기서 cube() 구현 시 square()를 함수 호출하여 이용하시오.

10) 다음 식을 참고로 섭씨온도를 화씨온도로 변환하는 프로그램을 다음과 같은 출력이 나오도록 작성하시오.

11) 실수 r을 입력 받아 이 값을 반지름으로 하는 원의 면적과 둘레의 길이를 구하는 프로그램을 작성하시오. 여기서 면적을 구하는 함수의 이름은 area()로, 원의 둘레를 구하는 함수의 이름은 circumference()로 하고, 원주율은 3.14로 하시오. (원의 면적을 구하는 식은 원주율*반지름* 반지름이며 원의 둘레는 2*원주율* 반지름이다.)

12) 임의의 양의 정수 n 이 소수인지를 확인할 수 있는 함수를 구현하여, 임의의 수를 입력 받아 소수임을 확인하는 프로그램을 작성하시오.

13) 이자계산 방법에서 단리 계산을 적용하는 방법을 함수로 만들어, 표준입력으로 원금, 이자율, 기간(년)을 입력하면 총액이 출력되는 프로그램을 작성하시오.

```
단리 계산 공식 : S = a(1 + r * N) ,  S(총액) , a(원금), N(년), r(이율)
```

14) 이자계산 방법에서 복리 계산을 적용하는 방법을 함수로 만들어, 표준입력으로 원금, 이자율, 기간(년)을 입력하면 총액이 출력되는 프로그램을 작성하시오.

```
복리 계산 공식 : S = a(1 + r) ^ N ,  S(총액) , a(원금), N(년), r(이율)
```

15) 구구단에서 출력을 원하는 단을 입력하면 해당 단을 출력하는 다음 프로그램의 함수정의부분을 완성하시오.

```
#include <stdio.h>
void gugudan(int k);
int main(void)
{
int dan;
printf("원하는 단을 입력>");
scanf("%d", &dan);
gugudan(dan);
return 0;
}
```

```
구구단 함수
```

➲ 실행결과

```
원하는 단을 입력>6

6*1= 6
6*2=12
6*3=18
6*4=24
6*5=30
6*6=36
6*7=42
6*8=48
6*9=54
```

16) 숫자 n을 입력하면 1부터 n까지의 곱셈 결과(n의 계승, n factorial)를 출력하는 프로그램을 함수 factorial()로 작성하여 다음의 프로그램을 완성하시오. 단, 함수 factorial()의 데이터 형은 double로 간주합니다.

```
#include <stdio.h>
double factorial(int n);
int main(void)
{
int n;
printf("\n n!을 계산합니다. ");
printf("\n n을 입력하고 Enter");
scanf("%d", &n);
printf("\n n!=%.1f", factorial(n));
return 0;
}

factorial 함수
```

실행결과

```
n!을 계산합니다.
n을 입력하고 Enter>10

n!=3628800
```

17 함수 g(x)=5x-2 라 할 때 함수 g(x)의 역함수 g-1(x)를 사용자 정의 함수로 작성하고, x가 -2부터 2까지 0.2씩 증가할 때 g(x)와 g-1(x)의 결과를 동시에 출력하는 프로그램을 작성하시오.

Chapter 09

포인터

제9장 포인터

학습목표

▷ 포인터를 선언하고 포인터를 사용하는 방법과 포인터를 배열에서 효과적으로 사용하는 방법을 이해한다.
▷ 함수에서 포인터를 사용하는 방법을 이해한다.

[9.1] 포인터 변수 정의

포인터는 변수나 상수와 같은 자료들이 주기억 장소에 저장되었을 때, 주기억 장소에 저장되어 있는 자료의 위치를 가리킬 때 사용된다. C 언어에서 사용되는 포인터는 포인터가 가리키는 자료의 데이터타입에 따라 포인터 변수를 선언한다. 포인터 변수의 선언 방법은 표 9-1과 같다.

표 9-1 포인터 변수선언

자료의 데이터타입 *변수명

포인터 작성 규칙은 일반적으로 변수의 작성 규칙과 동일하다. 단지 차이점이 있다면 포인터 변수는 변수명 앞에 반드시 문자 *(asterisk: 애스터리스크)를 붙이는 점이 다르다.

표 9-1처럼 포인터 변수명 앞에 표기되는 자료 데이터타입은 포인터 변수가 가리킬 변수의 데이터타입을 의미한다. 32bit 컴파일러에서 메모리 주소는 4byte로 표현되기 때문에 포인터 변수의 크기도 4byte가 된다. 따라서 포인터 변수를 int *pt, char *pt, float *pt등 여러 데이터타입으로 선언하더라도 포인터 변수 자체의 크기는 4byte가 된다.

이 때, 포인터는 포인터 변수가 가리키는 주소를 얻기 위해서 포인터 계산을 주로 사용한다. C 언어에서는 일반적으로 다음 데이터를 참조하기 위해서 k++ 혹은 k--처럼 증감 연산자를 주로 사용한다. 그러나 포인터 배열처럼 int 타입의 배열로 선언한 데이터에서는 다음 데이터를 참조하기 위해서 k++하면 이론적으로 다음 데이터를 참조할 수 없다. 그 이유는 int 타입의 데이터에서는 2 byte의 메모리 크기 단위로 데이터가 메모리에 저장하기 때문이다. C언어에서는 char 타입이면 1 byte, int 타입이면 2 byte, long 타입이면 4 byte, float 타입이면 4 byte, double 타입이면 8 byte 가 더해진다.

```
int *ip  /* int 형을 가리키는 포인터 ip의 선언*/
```

int *ip에서 포인터 변수는 int 타입으로 크기는 4byte로 이름은 ip로 선언하고 있다. 여기서 중요한 점은 *ip가 포인터 변수가 아니라는 점이다. int *ip처럼 선언한 포인터 변수는 포인터 변수 ip의 데이터형이 int 형이 아니고 ip가 가리키게 될 주소에 저장된 데이터 타입이 int 타입이라는 의미이다.

일반적으로 포인터 변수는 포인터가 가리키게 될 대상 변수의 데이터 타입과 동일한 데이터 타입으로 선언해야 하는데 이는 포인터 변수의 데이터 타입이 포인터가 가리키게 될 주소의 데이터 타입을 나타내기 때문이다.

예제 9.1은 포인터 변수를 선언하고 주소를 포인터 변수에 저장한 후 포인터 변수가 가리키는 변수의 값을 출력하는 예제이다.

예제 9.1 서식화된 입출력 함수 사용 예

```
#include <stdio.h>

void main()
{
  long k = 4;                    /* long 변수 선언*/
  long *p;                       /* 포인터 변수 선언 */
  p=&k;                          /* k 주소를 p에 대입 */

  printf("k의 값 : %u\n", k);
  printf("k의 주소 : %u\n", &k);
  printf("p의 값 : %u\n", p);
  printf("p의 주소 : %u\n", &p);
  printf("p가 가리키는 값 : %u\n", *p);
 }
```

프로그램 실행 결과

```
k의 값 : 4
k의 주소 : 1245051
p의 값 : 1245051
p의 주소 : 1245047
p가 가리키는 값 : 4

Press any key to continue
```

예제 9.1의 처리 결과를 그림으로 표현하면 그림 9-1과 같다. 그림 9-1에서 변수 k의 주소는 1245051이고 long 타입이므로 4byte의 크기의 공간을 가지며 저장된 값은 4이다. 포인터 변수 p의 주소는 1245047이고 p=&k; 의 결과 포인터 변수 p에 저장된 값은 변수 k의 주소인 1245051이 저장되어 포인터 p는 변수 k를 가리키고 있다.

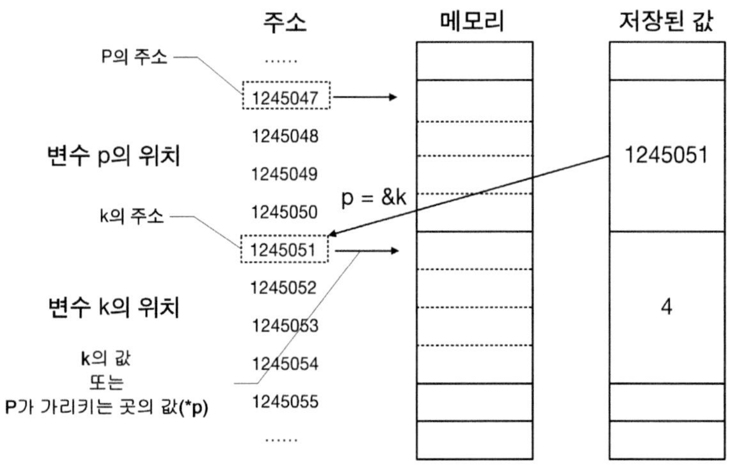

그림 9-1 포인터 변수 p가 가리키는 주소

[9.2] 포인터 연산

포인터 연산은 주로 포인터 연산자(*,&)를 이용하여 포인터가 가리키는 곳의 값이나 주소를 나타낸다. 포인터 연산은 표 9-2처럼 두 가지 연산자(*와 &)가 주로 사용된다.

표 9-2 포인터 연산자

포인터 연산자	기능
*	포인터가 가리키는 곳의 값을 나타냄
&	& 다음에 표시된 변수의 주소를 나타냄

표 9-2에서 정의한 포인터 연산자 *와 &는 변수 선언과 변수에 저장된 값을 출력하는 곳에서 사용된다. 표 9-3은 포인터 연산자가 프로그램에서 어떻게 사용되고 있는지 그 사용 방법에 대해서 정리하고 있다.

표 9-3 포인터 변수의 사용방법

포인터 변수의 사용	의미
p=&i	변수 i의 주소를 포인터 변수 p에 저장
*p = 4	포인터 변수 p가 가리키는 주소에 저장된 값을 4로 대체
printf("%u", p);	포인터 변수 p에 저장된 값(주소)를 출력
printf("%d", *p);	포인터 변수 p가 가리키는 주소에 저장된 값을 출력

포인터 변수의 사용방법을 좀 더 이해하기 쉽도록 하기 위해 포인터 변수를 통해 메모리를 조작하는 간단한 예를 살펴보면

```
int val, *pval;
```

정수형 변수(val)와 포인터 변수(*pval)를 int 형으로 선언하면 메모리 공간에는 val과 *pval에 대한 공간이 각각 2byte씩 할당된다.

```
val=3;
```

변수 val에 할당된 2byte의 메모리 공간에는 3이 저장된다.

```
pval=&val;
```

위에서 &을 정수형 변수 val앞에 사용하면 변수 val이 할당되어 있는 메모리 주소를 나타내게 된다. 즉, 2byte 메모리 공간에 저장되어 있는 3의 주소값을 의미한다. val의 메모리 주소를 pval의

메모리 공간에 대입하면 pval은 val의 메모리 공간 주소를 저장하게 된다.

```
*pval=5;
```

위 식은 포인터 변수 pval에 5을 대입하는 예로써, 포인터 변수 pval의 메모리 공간에는 변화가 없고 포인터 변수 pval을 통해 val의 메모리 공간에는 3 대신 5가 치환되게 된다.

위 내용을 그림으로 나타내면 그림 9-2와 같다.

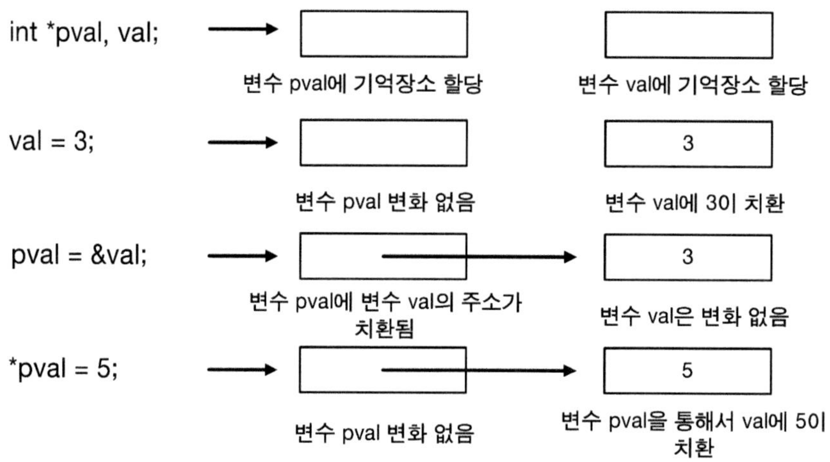

그림 9-2 포인터 변수를 통한 메모리 조작 예

예제 9.2는 정수형 변수에 90, 20, 30, 40, 50, 60을 입력한 후 포인터를 참조하여 그 값을 출력하는 간단한 프로그램이다.

예제 9.2 포인터 참조 예

```
#include <stdio.h>

void main()
{
  int a =90, b=20, c=30, d=40, e=50, f=60, *p;
  p=&a
  printf("변수     주소     값     포인터");
  printf("%c \t %04X \t %4d \t %4X \n",'a', &a, *pa, pa);
  p++;
  printf("%c \t %04X \t %4d \t %4X \n",'b', &b, *pa, pa);
  p++;
  printf("%c \t %04X \t %4d \t %4X \n",'c', &c, *pa, pa);
  p++;
  printf("%c \t %04X \t %4d \t %4X \n",'d', &d, *pa, pa);
  p++;
  printf("%c \t %04X \t %4d \t %4X9 \n",'e', &e, *pa, pa);
  p++;
  printf("%c \t %04X \t %4d \t %4X \n",'f', &f, *pa, pa);
  p++;
 }
```

프로그램 실행 결과

```
변수     주소     값     포인터
 a      FFD0    90     FFD0
 b      FFD2    90     FFD2
 c      FFD3    90     FFD4
 d      FFD6    90     FFD6
 e      FFD8    90     FFD8
 f      FFDA    90     FFDA

Press any key to continue
```

예제 9.2의 실행 결과와 같이 포인터 자체 값은 변수의 주소와 동일하였고 포인터를 참조한 값은 변수의 내용과 같다. p++는 포인터를 1씩 증가시키고 있지만 포인터는 자신의 타입(정수타입)에 맞추어 2 씩 증가하고 있다.

9.3 포인터의 값 설정

포인터는 주소를 유지시키기 위해 사용되며 주소는 프로그래머가 설정한다. 만일 주소를 설정하지 않고

```
int *ip;
*ip;
```

라고 하면 주소가 엉뚱한 주소로 설정될 수 있기 때문에 일반적으로 컴파일러는 경고 메시지를 내보내게 된다. 또한 다음과 같이 숫자를 직접 지정하면 내용을 파악할 수 없는 주소를 읽게 되기 때문에 프로그래머는 주의를 해야 한다.

```
ip = &0xFFBD;
```

따라서, 포인터에는 일반적으로 변수의 주소를 설정하게 되는데 프로그래머가 절대주소를 설정해야 할 경우가 발생할 경우에는 반드시 다음과 같이

```
ip = (int *)0xFFBD;
        ↖ 타입변환
```

처럼 원하는 포인터 타입에 타입을 변환하여 변수에 대입해야 한다.

포인터를 설정하는 경우는 사용 목적에 다르게 사용되지만 일반적으로 다음과 같이 분류할 수 있다.

1. 변수의 주소를 &연산자로 대입하는 경우
2. 배열의 시작 주소값을 대입하는 경우
3. 배열의 특정 요소의 주소를 & 연산자로 대입하는 경우
4. char형 포인터에 문자열의 시작 주소값을 설정하는 경우
5. 포인터에 NULL을 사용하는 경우
6. 프로그램 실행 후 동적 메모리를 확보하고 그 시작 주소값을 설정하는 경우

위에서 언급한 포인터의 사용목적은 다음과 같이 사용될 수 있다.

변수의 주소를 &연산자로 대입하는 경우

C 프로그램에서는 변수의 주소를 대입하는 가장 일반적인 방법으로 & 연산자를 사용한다. C 프로그램에서는 변수의 주소를 & 연산자로 대입하는 경우, 다음과 같이

```
int d;
int *p;
p = &d;
```

형태로 사용한다. 이 방법은 변수의 주소를 이용하는 대부분의 프로그램에서 사용된다.

배열의 시작 주소값을 대입하는 경우

C 프로그램에서 배열의 시작 주소값을 대입하는 경우는 다음과 같이

```
char c[40];
char *p;
p=c;
```

형태로 사용한다. 배열명 c는 c[0]~c[39]의 시작 주소값을 갖고 있으므로 포인터 변수 p에 대입하는 배열명 c는 &c라고 할 필요 없이 반드시 p=c; 형태로 해야 한다.

배열의 특정 요소의 주소를 & 연산자로 대입하는 경우

C 프로그램에서 배열의 특정 요소의 주소를 & 연산자로 대입하는 경우에는 다음과 같이

```
char c[40];
char *p;
p=&c[3];
```

형태로 사용한다. 배열의 특정 요소를 포인터 변수 p에 대입할 경우에는 배열의 특정 요소의 배열 주소를 p에 대입하여야 한다. 이 때 &를 사용하지 않고

```
p=c[3];
```

로 사용한다면 배열의 특정 요소의 주소값을 포인터 변수에 저장하게 되어 프로그래머는 배열의 특정 요소를 포인터 변수에 대입할 경우에 p=&c[3]의 예처럼 &를 반드시 표기해야 한다.

char 타입 포인터에 문자열의 시작 주소값을 설정하는 경우

C 프로그램에서 char 타입 포인터에 문자열의 시작 주소값을 설정하는 경우에는 다음과 같이

```
char *p;
p="abcd";
```

형태로 사용한다. 여기서 p="abcd"; 문장은 "abcd" 라는 문자열을 메모리 공간에 확보하고 그 시작 주소값을 p로 설정한다는 의미이다.

포인터에 NULL을 사용하는 경우

C 프로그램에서 포인터에 NULL을 사용하는 경우에는 다음과 같이

```
FILE *fp;
if((fp=fopen("file.txt", "r")) == NULL)
  ...
```

형태로 사용한다. 프로그램에서 NULL을 사용한다는 것은 stdio.h안에 0또는 ((void *)0)이라고 정의되어 있어서 사용이 가능하며 NULL의 의미는 빈 포인터라는 의미로 의미 있는 주소가 아직 설정되지 않은 특별한 상태임을 표현할 때 사용하거나 에러 발생을 식별하기 위해 사용한다.

프로그램 실행 후 동적 메모리를 확보하고 그 시작 주소값을 설정하는 경우

프로그램 실행 후 동적 메모리를 확보하고 그 시작 주소값을 설정하는 경우에는

```
char *p;

p=(char *)malloc(100);
```

형태로 사용한다. 이것은 100바이트를 확보하고 시작 주소값을 p에 넣으라는 의미이다.

예제 9.3은 포인터 값의 설정 방법의 간단한 예제이다.

예제 9.3 **포인터 값 설정 예**

```
#include <stdio.h>

void main()
{
   int aa, bb;      /* 변수 선언 */
   int *pt;         /* int 타입 포인터 pt 선언 */

   aa=123;          /* 변수 aa에 값 설정 */
   pt = &aa;        /* 포인터 pt에 변수 aa의 주소를 설정 */
   bb=*pt;          /* 변수 bb에 포인터 pt가 가리키는 주소에 있는 값을 설정 */

   printf("aa=%d    *pt = %d    bb=%d\n", aa,  *pt,  bb);

   pt=&bb;          /* 포인터 pt에 변수 bb의 주소를 설정 */
   *pt=999;         /* 포인터 pt가 가리키는 주소의 값을 999로 설정 */

   printf("aa=%d    *pt = %d    bb=%d\n", aa,  *pt,  bb);

}
```

프로그램 실행 결과

```
aa=123    *pt = 123    bb=123
aa=123    *pt = 999    bb=999

Press any key to continue
```

예제 9.3은 포인터 변수 *pt에 변수값이 저장되어 있는 aa, bb의 주소를 설정하여 포인터 pt가 가리키는 주소를 출력하고 있다.

9.4 포인터 초기화

포인터 선언 시 값을 초기화 할 때는 표 9-4와 같은 형식으로 포인터를 초기화할 수 있다.

표 9-4 포인터 초기화

```
자료 타입 *포인터명 = 초기값 주소;
```

표 9-4에서 초기값 주소에는 일반적으로 컴파일러가 확보한 의미 있는 주소들이 사용된다. 초기화는 포인터 선언과 주소 값 설정을 동시에 수행하게 된다.

포인터 초기화는 사용 방법에 따라 아래와 같이 5가지로 분류된다.

1. 변수의 주소를 &연산자로 설정하는 경우
2. 배열의 시작 주소값을 설정하는 경우
3. 배열의 특정 요소의 & 연산자를 취하여 얻은 주소값을 포인터에 설정하는 경우
4. char 타입 포인터에 문자열의 시작 주소값을 설정하는 경우
5. 프로그램 실행 후 동적 메모리를 확보하고 그 시작 주소값을 설정하는 경우

포인터 초기화 사용방법의 세부 방법은 다음과 같다.

변수의 주소를 &연산자로 설정하는 경우

변수의 주소를 &연산자로 설정하는 경우에는 다음과 같이

```
int d;
int *p = &d;
```

형태로 사용한다. 위에서 언급한 것처럼 변수의 주소는 & 연산자로 설정한 &d를 포인터 변수 *p에 저장함으로써 변수의 주소를 설정할 수 있다.

배열의 시작 주소값을 설정하는 경우

배열의 시작 주소값을 설정하는 경우에는 다음과 같이

```
char s[40];
char *p=s;
```

형태로 사용한다. 배열의 시작 주소를 포인터 변수 *p에 대입하기 위해서는 s[40] 대신 s를 사용하여 배열의 시작 주소값을 포인터 변수 *p에 설정한다.

배열의 특정 요소의 & 연산자를 취하여 얻은 주소값을 포인터에 설정하는 경우

배열의 특정 요소의 & 연산자를 취하여 얻은 주소값을 포인터에 설정하는 경우는 다음과 같이

```
char s[40];
char *p=&s[3];
```

형태로 사용한다. 배열의 특정 요소를 포인터 변수 *p에 대입하기 위해서는 배열의 특정 요소 s[3] 앞에 &을 반드시 붙인다. 배열의 특정 요소 s[3] 앞에 &를 붙이지 않으면 배열 s의 주소값이 저장된다.

char 타입 포인터에 문자열의 시작 주소값을 설정하는 경우

char 타입 포인터에 문자열의 시작 주소값을 설정하는 경우는 다음과 같이

```
char *p="abcd";
```

형태로 사용한다. 문자열 "abcd"를 메모리상의 어딘가에 확보하고 그 시작 주소값을 포인터 p에 설정한다. 문자열 "abcd"가 p에 대입되는 것이 아니라 문자열 "abcd"의 시적 주소가 대입된다.

프로그램 실행 후 동적 메모리를 확보하고 그 시작 주소값을 설정하는 경우

프로그램 실행 후 동적 메모리를 확보하고 그 시작 주소값을 설정하는 경우는 다음과 같이

```
char *p=(char *)malloc(100);
```

형태로 사용한다. C 프로그램에서 메모리를 동적으로 확보하기 위해서 malloc() 함수를 사용하며 할당된 메모리의 시작 주소값을 설정하기 위해서 포인터 변수 *p에 할당된 메모리의 시작주소를 대입한다.

[9.5] 포인터와 배열

포인터 변수는 변수이기 때문에 다른 주소를 저장할 수 있는데 반해 배열은 배열의 첫 번째 요소가 저장되어 있는 주소를 가리키는 상수로써 다른 주소를 저장할 수 없다. 변수는 대입

연산자에 오른쪽과 왼쪽 모두 사용할 수 있지만, 상수는 값을 저장하는 공간이 아니기 때문에 대입 연산자의 왼쪽을 사용할 수 없다. 따라서 배열은 첨자 값을 계산해야 되지만 포인터는 연속된 영역의 내용을 가져오기 때문에 처리 속도가 빠르다.

9.5.1 포인터와 문자 배열

C 프로그램에서는 문자를 저장하는 char 타입은 있지만 문자열을 지정하는 데이터 타입은 따로 존재하지 않는다. 따라서 C 프로그램에서는 배열 또는 포인터를 이용하여 문자열을 초기화할 수 있다.

1 포인터 변수를 이용한 방법

포인터 변수를 사용하여 문자 배열을 처리하는 방법은 표 9-5와 같다. C 컴파일러에서는 메모리의 상수 영역에 text\0과 같이 저장되기 때문에 text를 저장할 메모리 선두 주소를 포인터로 전달해야 한다.

표 9-5 포인터를 이용한 문자열 초기화 방법(1)

```
char *str="text";
```

그림 9-3에서 포인터 str은 문자배열 text의 선두 주소를 저장하고 있으며, *str을 사용하여 문자 t를 출력한다. 포인터 변수를 1씩 증가시키면 다음 문자를 참조할 수 있어 str++; 하면 *str은 다음 문자를 가리키게 된다.

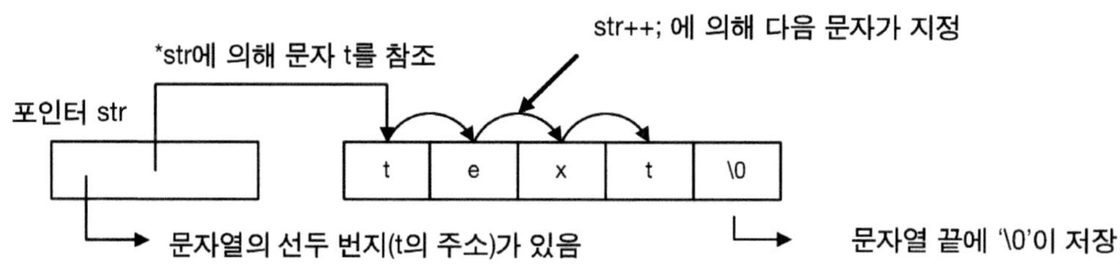

그림 9-3 포인터에 의한 메모리 주소 표현

str이 가리키는 문자 배열을 차례대로 불러오기 위해서는

```
whleil(*str! = '\0') {        /* 문자열이 끝인지 판단 */
  ...

  str++;                      /* 포인터 다음 문자로 진행 */
  ...
}
```

형태로 다음 문자를 차례대로 지정하도록 str++;을 사용한다.

예제 9.4는 포인터 변수를 이용하여 문자 배열에서 그 문자들을 한 자씩 차례로 출력하는 프로그램의 간단한 예이다.

예제 9.4 포인터 변수를 이용한 예

```
#include <stdio.h>

void main()
{
    char *str;                  /* 포인터 변수 선언 */
    str = "text";               /* 포인터 str에 문자열 text의 시작 주소 대입 */
    while (*str != '\0') {
        printf("%c \n", *str);  /* '*str'에 의해 str주소의 문자 출력 */
        str++;                  /* 포인터 증가 */
  }
}
```

프로그램 실행 결과

```
t
e
x
t

Press any key to continue
```

예제 9.4에서 포인터 변수를 선언하여 포인터 str에 문자열 text의 시작 주소를 대입하여 '*str'에 의해 str 주소의 문자를 꺼내어 출력하고 다음 문자를 출력하기 위해서 포인터를 하나 증가시키고 있다.

2 배열의 초기화에서 사용하는 방법

배열을 이용하여 초기화하는 방법에서는 배열의 초기화에서만 사용이 가능하고 프로그램 내에서는 배열 이름인 str이 문자열 "text"의 시작 주소를 가리키는 포인트 상수이므로 프로그램 내에서 str = "test"와 같이 다른 문자열을 대입할 수 없다.

표 9-6 포인터를 이용한 문자열 초기화 방법(2)

```
char  str[] ="text" ; 또는 char str[5]="text";
```

표 9-6의 char str[]처럼 배열의 크기는 생략할 수 있으며 배열의 크기를 지정하는 경우에는 char str[5]처럼 메모리에 저장할 실제 문자열의 문자 개수보다 하나 더 크게 지정하면 된다. 여기서 문자 개수를 하나 더 크게 지정하는 것은 C 컴파일러에서 메모리의 상수 영역에 '\0'가 추가되기 때문에 문자 개수 보다 하나 더 크게 배열을 지정해야 한다. 포인터 변수에 크기를 지정하지 않는 것은 포인터 변수가 문자열 자체를 보관하는 것이 아니라 그 문자열이 저장된 첫 번째 주소를 저장하기 때문이다.

예제 9.5는 배열 크기를 생략한 포인터 변수의 예이다. 예제 9.5에서 배열 ptr1은 char타입의 각 배열 요소마다 1byte의 메모리 공간을 차지하며 배열 str1의 시작 주소는 1245048이고 시작 주소 1245048부터 차례대로 "text1" 문자가 지정되어 마지막 ptr1[5]에는 '\0'가 저장된다. 반면 포인터 변수 ptr2는 char 타입이지만 포인터 변수를 선언하고 있기 때문에 4 byte의 메모리 공간을 차지하며 시작 주소는 4335564이고 시작 주소 4335564부터 차례대로 "text2"문자가 저장되어 배열과 마찬가지로 마지막에는 '\n'이 저장된다.

예제 9.5. 배열 크기를 생략한 포인터 변수 예

```
#include <stdio.h>

void main()
{
    char ptr1[]="text1";;          /* 배열 크기를 생략한 배열 변수 선언 */
    char *ptr2 = "text2";         /* 포인터 str에 문자열 text의 시작 주소 대입 */
```

```
    printf("ptr1의 주소 : %u \n", ptr1);
    printf("ptr2에 저장된 주소 : %u \n", ptr2);
    printf("ptr1[1]에 저장된 주소 : %c \n", ptr1[1]);
    printf("ptr2+1의 값 : %c \n", *(ptr2+1));
    printf("문자열 ptr1의 값 : %s \n", ptr1);
    printf("문자열 ptr2의 값 : %s \n", ptr2);
}
```

프로그램 실행 결과

```
ptr1의 주소 : 1245048
ptr2에 저장된 주소 : 4325564
ptr1[1]에 저장된 주소 : e
ptr2+2의 값 : t
문자열 ptr1의 값 : text1
문자열 ptr2의 값 : text2

Press any key to continue
```

포인터 변수에 저장된 값은 주소로서 양의 정수타입 데이터이므로 포인터에 대한 연산이 가능하기 때문에 예제 9.5의 10번째 줄의 *(ptr2 + 1)에서 ptr2+1은 포인터 변수 ptr2에 1를 더한 연산과 같다. *(ptr2+1)의 의미는 포인터 ptr2가 가리키는 메모리 주소 4335564에 2를 더한 위치 4335566에 저장된 값을 가리키게 된다.

예제 9.6은 실제 문자열을 대입하는 포인터 변수이다. 예제 9.6에서 문자 타입의 배열 ptr1은 크기가 10인 chat 타입 배열이므로 9개까지 문자열을 저장할 수 있다. 포인터 변수 ptr2는 문자열 "repair"이 저장된 첫 번째 주소가 저장된다.

예제 9.6 실제 문자열을 대입하는 포인터 변수 예

```
#include <stdio.h>

void main()
{
    char ptr1[10] = "computer1";
    char *ptr2;
```

```
    ptr2 = "repair";

    printf("문자열 ptr1 : %s \n", ptr1);
    printf("문자열 ptr2 : %s \n", ptr2);
}
```

프로그램 실행 결과

```
문자열 ptr1 : computer1
문자열 ptr2 : repair

Press any key to continue
```

9.5.2 포인터와 1차원 배열

C 언어에서는 포인터만으로 구성된 배열을 만들 수 있는데 이것을 포인터 배열이라고 한다. 포인터 배열은 다음과 같은 식으로 선언하고 사용법은 다른 배열과 동일하다.

```
int a[5];
```

이라는 1차원 배열이 선언한 후

```
int *p;
```

와 같이 포인터 변수를 선언하면

```
p=a;
```

처럼 포인터를 이용하여 배열 a[0]~a[4]를 참조할 수 있다.

1차원 배열과 포인터의 관계를 알기 쉽게 나타내면 그림 9-4와 같다.

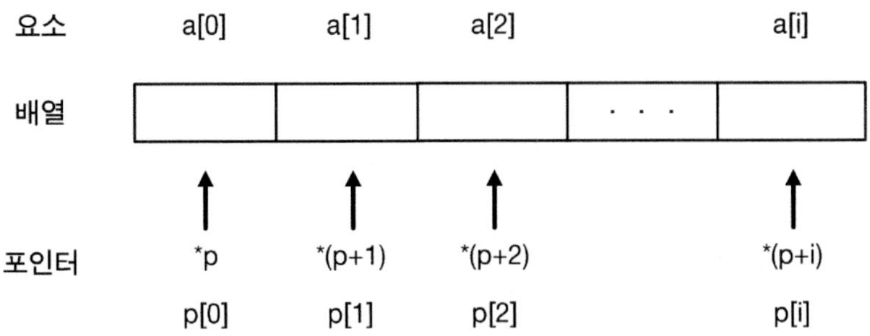

그림 9-4 포인터와 1차원 배열의 관계

포인터 변수에 배열을 함께 사용하는 경우 포인터만으로 구성된 배열이 만들어지기 때문에 포인터 배열의 메모리 주소값을 구할 때 많이 사용하는 방법이며 다음과 같이 선언하여 사용할 수 있다.

```
char a[3] = {'a', 'b', 'c', 'd'};
```

이라는 char 타입의 1차원 배열이 선언되면

```
char *p[2];
```

와 같이 a[3] 배열과 동일한 char 타입의 포인터 배열을 선언하고

```
p[0] = &a[0];
p[1] = &a[2];
```

로 배열 a[0와 a[2]의 메모리 주소를 참조할 수 있다.

위 포인터 배열의 관계를 알기 쉽게 나타내면 그림 9-5와 같다.

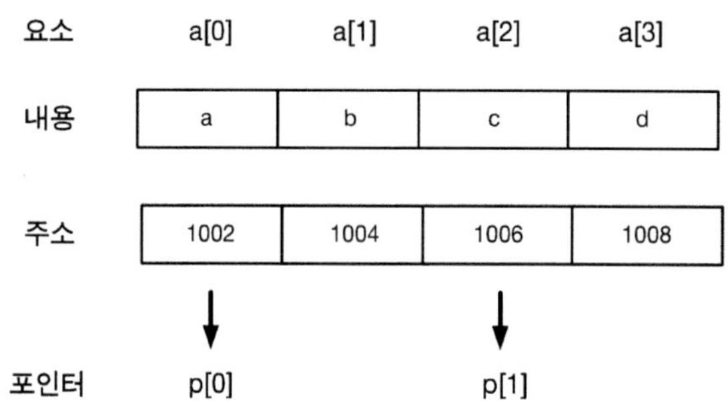

그림 9-5 포인터 배열의 주소 참조

따라서 그림 9-4, 그림 9-5에서 언급한 배열과 포인터에 대한 연산결과는 다음과 같이 2가지로 정리할 수 있다.

- &a[0], (a+0) 그리고 (p+0)는 모두 동일한 수식이며, &a[n], (a+n) 그리고 (p+n)의 주소는 모두 같다.
- a[0], *(a+0) 그리고 *(p+0) 또는 p[0]은 모두 동일한 수식이며, a[n], *(a+n) 그리고 *(p+n) 또는 p[n]은 모두 동일한 값을 가진다.

위에서 정의한 포인터와 배열과의 관계에 대한 이해를 좀 더 돕기 위해서 배열을 이용하는 경우, 배열 변수에 포인터를 사용하는 경우 그리고 포인터 변수를 이용 하는 경우 등으로 구분하여 설명하면 다음과 같다.

static int로 선언된 배열 a에 '123', ;456', '789' 값이 저장되어 있다고 다음과 같이

```
static int a[3]={123, 456, 789};
```

저장되어 있다고 가정한다.

1 배열을 이용한 경우

C 프로그램에서 각 배열 변수에 직접 값을 입력하는 경우 다음과 같은 식으로 표현할 수 있다.

```
static int a[3];
     a[0] = 123;            /* 각 배열에 직접 값을 입력 */
     a[1] = 456;
     a[2] = 789;
```

2 배열 변수에 포인터를 이용한 경우

C 프로그램에서 배열 변수에 포인터를 선언하여 값을 경우 다음과 같은 식으로 표현한다. 이때, 배열 변수는 *a[]이 아니라 *a 로 작성되어야 오류가 발생하지 않는다.

```
static int a[3];
    *a = 123;                    /* 배열 변수에 포인터를 선언하여 값을 대입  */
    *(a+1) = 456;
    *(a+2) = 789;
```

3 포인터 변수를 이용한 경우

C 프로그램에서 배열과 동일한 int 타입의 포인터 변수를 선언하여 배열의 주소를 포인터 변수에 대입하여 배열 요소에 각각 데이터를 입력하기 위해서는 다음과 같은 식을 사용할 수 있다.

```
static int *pa, a[3];              /* int 타입 포인터 변수 선언  */
pa=a;
*pa++=123;                       /* pa=&a[0];와 같음  */
*pa++=456;                       /* *pa=123; p++와 같음  */
*pa=789;
```

예제 9.7은 지금까지 설명한 포인터 배열의 간단한 예제이다. 예제 9.7에서는 'computer'의 문자열을 배열에 저장했다가 한 문자씩 출력하는 프로그램이다.

예제 9.7 실제 문자열을 대입하는 포인터 변수 예

```
#include <stdio.h>

void main()
{
    char *str = "computer";
    int i;

    for(i=0; i<4; I++)
       printf("str[%d]=%c\n", i, str[i]);
}
```

프로그램 실행 결과

```
str[0] = c
str[1] = o
str[2] = m
str[3] = p
str[4] = u
str[5] = t
str[6] = e
str[7] = r

Press any key to continue
```

9.5.3 포인터와 2차원 배열

포인터 배열이 2차원으로 사용될 경우 다음과 같은 식으로 선언하고 사용할 수 있다.

```
int a[3][3];
```

와 같이 2차원 배열이 선언되면

```
int *p;
```

와 같이 포인터 변수를 선언하여

```
p=a;
```

처럼 사용하면 그림 9-6처럼 포인터 변수 p에 2차원 배열의 제일 처음 메모리 주소를 전달할 수 있다. 그림 9-6에서 *p로부터 3만큼 떨어져 있는 포인터 값을 참조하면 배열 a[1][0]의 값을 얻을 수 있다.

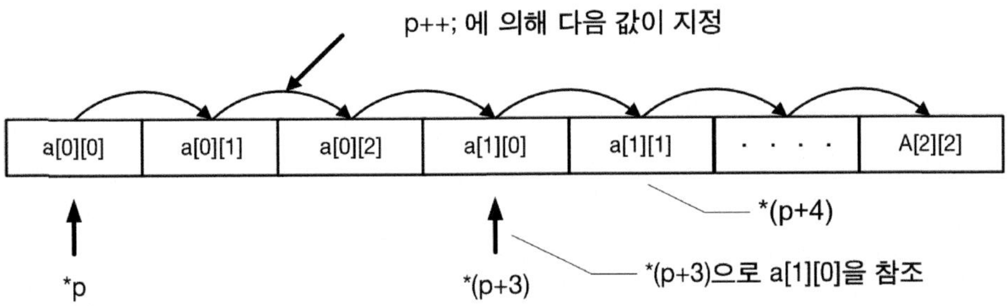

그림 9-6 포인터와 2차원 배열

2차원 포인터 배열에서는 포인터 변수를 여러 개 사용할 수 있으며 보통 문자 타입의 포인터 배열을 사용할 경우 유용하게 사용된다. 2차원 문자열 포인터 배열의 사용 방법의 예는 표 9-7과 같으며 문자 타입의 배열에 저장하거나 포인터 배열을 이용할 수 있다.

표 9-7 2차원 포인터 배열 사용 방법

```
char s[3][15] = {"University", "Good Student", "Class"};
char *s[]={"University", "Good Student", "Class"};
```

여러 개의 문자열을 문자 타입의 배열에 저장할 때에는 보통 2차원 배열을 사용하는데 두 번째 첨자의 크기는 저장할 문자열의 길이를 고려하여 충분한 크기로 정해 준다. 그러나 문자열의 길이를 문자열의 크기보다 크게 할 경우 메모리의 낭비가 심해지는 문제가 있기 때문에 문자열의 길이에 맞게 배열의 크기를 정하는 것이 효율적이다. 그림 9-7은 문자열을 2차원 배열에 저장하는 경우를 그림으로 표현한 것으로써 그림 9-7의 (a)에서는 한 개 이상의 문자열을 2차원 문자열 배열에 저장한 것으로써 배열의 남은 기억 공간이 '\0'으로 채워져 기억 공간의 낭비가 생기는 것을 볼 수 있다. 그러나 그림 9-7의 (b)처럼 포인터 배열을 이용하여 한 개 이상의 문자열을 포인터 배열에 저장할 경우 필요한 공간만을 사용하기 때문에 기억 공간의 낭비가 줄어든다.

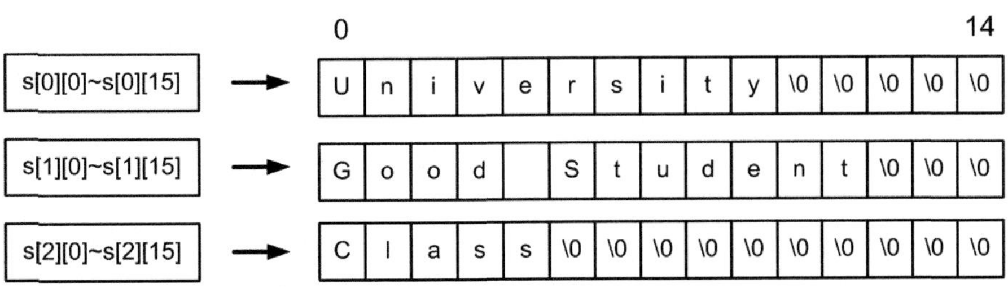

(a) 한 개 이상의 문자열을 2차원 문자열 배열에 저장하는 경우

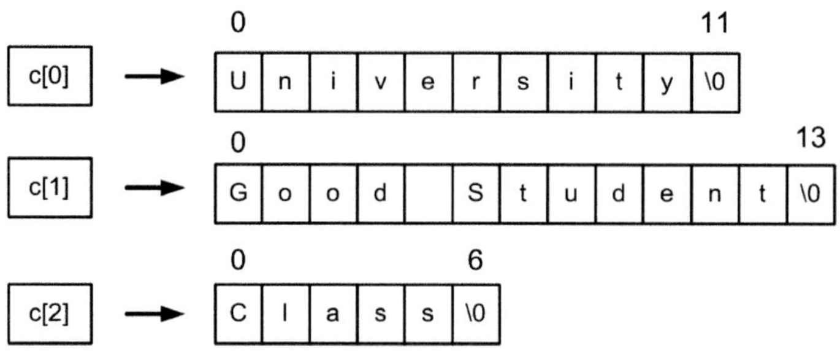

(b) 한 개 이상의 문자열을 포인터 배열에 저장하는 경우

그림 9-7 2차원 배열의 문자 타입의 배열

문자열을 2차원의 문자 타입의 배열과 포인터 배열에 저장하고 출력하는 방법은 예제 9.8과 같다.

예제 9.8 실제 문자열을 대입하는 포인터 변수 예

```
#include <stdio.h>

void main()
{
   char c[4][10] = {"Korea", "Japan", "China", "Greece"};
   char *a[]= {"Korea", "Japan", "China", "Greece"};

   printf("c[0] : %s \n", c[0]);
   printf("c[0] : %c \n", c[0][3]);
   printf("a[2] : %s \n", a[2]);
   printf("a[2][3] : %c \n", a[2][3]);
}
```

프로그램 실행 결과

```
c[0] : Korea
c[0][3] : e
a[2] : China
a[2][3] : n

Press any key to continue
```

예제 9.8에서 2차원 문자 타입의 배열 c와 포인터 배열 a의 첨자에 대한 사용방법은 동일하다. c[0]에는 Korea를 대상으로 하고 a[2]는 China를 대상으로 하여 첫 번째 주소부터 '\0'(NULL)이 나타날 때까지 출력한다. 각 문자에 대해서는 c[0][3]과 a[2][3]이 두 개의 첨자를 사용하여 e와 n을 각각 출력한다.

9.5.4 문자 배열 복사 · 이동

배열에 문자열을 대입하는 문자 배열이 C 언어에서는 많이 사용된다. 표 9-5에서 언급한 것처럼 포인터를 이용한 문자열 초기화 방법에서는

```
char *str;
```

처럼 포인터 배열을 선언한다.

char 타입으로 선언된 포인터 배열에 문자열을

```
str="text";
```

처럼 수행하면, 문자 배열 "text"의 시작 주소가 str에 대입된다는 의미가 된다.

이것은 문자 배열 "text" 자체가 포인터에 복사되는 것은 아니다. 문자 배열을 복사거나 이동하기 위해서는 한 문자씩 복사해야 한다.

예제 9.9는 포인터를 이용하여 문자 배열을 다른 배열로 복사 또는 이동하는 예제이다. 예제 9.9에서 포인터 변수 *str, *ps, 배열 s는 선언된 후 str에 "Korea"의 시작 주소를 대입하여 *ps와 *str이 '\0'으로 동일하지 않을 동안 포인터 ps가 지정하는 위치에 *str의 내용을 한 문자씩 복사한다.

예제 9.9 문자 배열 복사 이동

```
#include <stdio.h>

void main()
{
    char *str, *ps, s[80];
```

```
    str = "Korea";

    ps = s;                         /* 배열 s를 포인터로 지정 */
    while((*ps = *str) != '\0') {   /* 포인터 ps가 지정하는 위치(배열 s[])에  */
          ps++;                    /* *str의 내용을 복사 */
          str++;                    /* 포인터 하나씩 증가  */
    }

    printf("%s \n", s);
}
```

프로그램 실행 결과

```
Korea

Press any key to continue
```

9.5.5 포인터 배열

포인터 배열은 포인터를 요소로 하는 배열을 말한다. 다시 말해, 포인터란 다른 변수의 주소를 기억하는 변수이며 이 변수들의 주소를 배열에 저장한 것이 포인터 배열이다. 포인터 배열을 이용하면 단순 변수를 배열처럼 취급할 수 있고, 2차원 배열을 1차원 배열로 사용할 수 있다.

char 타입의 포인터 배열을 사용하기 위해서는

```
char *data[3];
```

처럼 선언해야 한다. 이 선언은 data[0], data[1], data[2]의 3개 포인터 배열이 준비되었다는 의미이며 이것은 3개의 char 타입의 데이터를 참조할 수 있다.

포인터 배열을 사용하여 문자 데이터를 초기화하기 위해서는

```
static char *data[]={
        "Abc",
        "Bce",
        "Cde",
};
```

처럼 사용해야 한다. 위 문장처럼 초기화하면 문자 배열을 그림 9-8처럼 참조할 수 있게 된다.

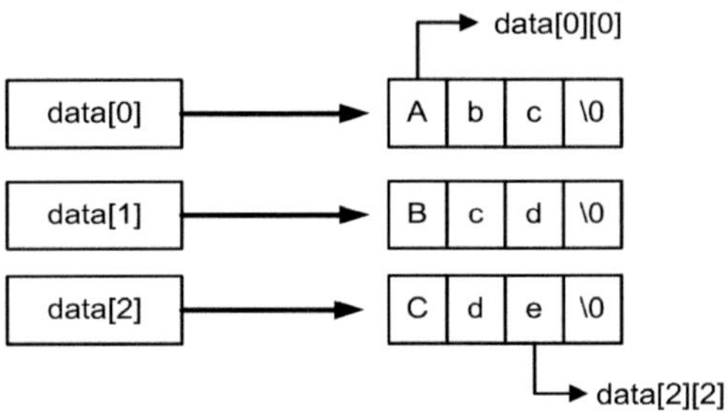

그림 9-8 포인터 배열

포인터 배열을 사용하면 그림 9-8처럼 각 문자(Abc, Bcd, Cde 등)를 참조할 수 있다. data[0][0]로서 문자열 Abc의 첫 문자 A를 참조할 수 있고, data[2][2]에 의해 문자열 Cde의 e를 참조할 수 있다.

예제 9.10은 데이터를 배열에 저장하고, 그 변수의 주소와 값을 출력하는 프로그램이다. 배열에 저장하기 위한 데이터는 10, 20, 30, 40, 50이다.

예제 9.10 문자 배열 복사 이동

```
#include <stdio.h>

void main()
{
    static int a=10, b=20, c=30, d=40, e=50;
    static int *arr[5] = {&a, &b, &c, &d, &e};
                /* 배열 arr의 요소로 변수의 주소 지정 */
                /* 포인터 배열은 다른 변수의 주소를 그 원소로 갖음 */
    int i;
    for(i=0; i<=4, i++){
      printf("arr[%d]=> 주소 : %4X  값 : %d\n", i, arr[i], *arr[i]);
    }
}
```

프로그램 실행 결과

```
arr[0] => 주소: 0194  값 : 10
arr[1] => 주소: 0196  값 : 20
arr[2] => 주소: 0198  값 : 30
arr[3] => 주소: 019A  값 : 40
arr[4] => 주소: 019C  값 : 50

Press any key to continue
```

2차원 배열일 경우 각 요소의 크기가 서로 같아야 하지만 포인터 배열의 경우 서로 달라도 된다. 따라서 크기가 다른 문자열을 배열로 처리할 경우 포인터 배열을 사용하면 편리하다.

예제 9.11은 데이터에서 첫 자가 S로 시작하는 문자열을 출력하는 프로그램이다. 배열에 저장하기 위한 데이터는 SEOUL, KOREA, HELLO, COMPUTER, KNOW이다.

예제 9.11 문자 배열 복사 이동

```
#include <stdio.h>

void main()
{
   static char *data={"SEOUL","KOREA","HELLO","COMPUTER","KNOW"};

                    /* 배열 data의 요소로 변수의 주소 지정 */
                    /* 포인터 배열은 다른 변수의 주소를 그 원소로 갖음 */
   int i;
   for(i=0; i<=4, i++){
     if(data[i][0] == 'S')
        printf("%s \n", data[i]);
   }
}
```

프로그램 실행 결과

```
SEOUL

Press any key to continue
```

9.5.6 포인터와 함수

일반적으로 포인터는 변수의 주소를 가리키지만 함수의 주소를 가리킬 수도 있다. C 언어에서 문자열 상수, 배열 이름 그리고 함수 이름은 모두 포인터 상수라고 한다.

1 함수 포인터 선언

포인터로 함수를 가리키려면 우선 함수의 포인터를 선언해야 한다. 일반적인 함수 포인터 선언 방식은 표 9-8과 같다.

표 9-8 함수 포인터 변수 선언

```
데이터 타입  *함수포인터(함수 인자들);
```

예를 들어

```
int a;        /* int 타입 변수 a를 선언 */
int *a;       /* int 타입 포인트 변수 a 선언 */
```

으로 선언하고, 함수는

```
int pt();     /* 리턴값이 int 타입의 함수 */
```

에 대해서 포인터 형식으로 바꾸면

```
int *pt();
```

이 된다. 그러나 단순히 '*'를 pt() 함수 앞에 붙인다고 해서 컴파일러가 올바르게 해석하지는 않는다. 만약 int *pt()를 컴파일 한다면 컴파일러는

```
int *pt(); /* pt는 리턴값이 int 타입의 포인터인 함수 */
```

```
int *(pt());
```

으로 해석하게 된다. 이 문제를 해결하기 위해서는 리턴값이 int 타입 포인터인 함수가 아닌 함수의 주소값을 가리키는 포인터 변수를 다음과 같이 선언하여야 한다.

```
int (*pt) ();   /* pt은 리턴값이 int 타입인 함수의 주소값을 담는 포인터 변수 */
```

포인터 변수 pt는 함수의 시작 주소를 저장할 수 있는 함수 포인터로써 사용자 정의 함수 int hap(int x, int y);라고 정의되어있다면 함수 hap()의 시작 주소를 함수 포인터에 표 9-9처럼 정할 수 있으며 함수 이름을 대신하여 호출할 수 있다.

표 9-9 함수 포인터 변수 활용

```
int (*pt)(int a, int b)
pt = hap;
resutl=pt(3,5);

int hap(int a, int b)
{
   ...
}
```

예제 9.12는 함수 포인터를 사용하여 함수를 호출하는 예제이다. 예제 9.12에서 함수 포인터 pt에 시작 주소를 저장하여 hap(a,b)처럼 처리되도록 pt(a,b)을 동일하게 사용할 수 있다.

예제 9.12 함수 포인터를 사용하여 함수를 호출하는 방법

```
#include <stdio.h>

int hap(int a, int b);

void main()
{
   int (*pt)(int a, int b);
   int a = 3, int 5 ;

   pt = hap;

   printf("pt(a,b)의 합 = %d \n", pt(a,b));
   printf("hap(x, y)의 합 = %d \n", hap(a,b));
   }

int hap (int x, int y)
{
   return x+y;
 }
```

프로그램 실행 결과

```
pt(a,b)의 합 = 8
hap(x, y)의 합 = 8

Press any key to continue
```

함수 포인터는 프로그램에서 자주 사용하게 될 몇 개의 함수들을 배열에 저장하여 사용하거나 하나의 함수 포인터에 대해 조건에 따라 여러 함수들 중에서 하나의 함수를 포인터로 이용할 때 많이 사용한다.

표 9-10은 함수 포인터가 다른 함수에 인수를 건네줄 때나 함수의 결과값으로 포인터를 반환하는 경우의 예를 보여주고 있다.

표 9-10 함수 포인터 반환 예

함수 이름	함수원형	기능
gets	char *gets(char *str)	문자열 입력
strcat	char *strcat(char *dest, const char *str)	문자열 합침
strcpy	char *strcpy(char *dest, const char *str)	문자열 복사

표 9-10의 함수들은 결과 값으로 포인터를 반환하게 되어 함수들이 정상적으로 처리되면 특정 주소를 반환하고, 오류가 발생한다면 NULL을 결과값으로 반환하게 된다. 표 9-10에서 키워드 const가 사용된 변수는 그 값을 상수로 간주하여 프로그램에서 변경할 경우 오류가 발생하게 된다. const 변수는 strcpy()함수나 strcat()함수를 호출할 때 함수로 하여금 그 값이 변경할 수 없도록 한다.

예제 9.13 strcpy() 함수 사용 예

```
#include <stdio.h>
char *string_cpy(char *dest, const char *src);

void main()
{
   char str[20];
   char *pt;

   pt=string_cpy(str, "string copy");

   printf("str : %s\n", str);
   printf("pt : %s\n", pt);
}

char *string_cpy(char *dest, const char *src)
{
   char *p=dest;
   while(*src)
       *p++=*src++;
    *p=NULL;

    return dest;
}
```

프로그램 실행 결과

```
str = string copy
pt = string copy

Press any key to continue
```

함수 포인터는 표 9-11처럼 복잡한 부분의 코드를 분산시켜 간결하게 문장을 만드는데도 사용한다.

표 9-11 함수 포인터 사용 예

```
....
int (*F_sign) ();    /* 함수 포인터 선언 */
int sign(int *a);    /* 인수를 포인터로 건내도록 선언 */
....
int id=5;
F_sign = sign;

sgn = F_sign(&id)
....
int sign(int *a)
{
   if (*a == 0)    return 0;
   else if (*a>0)  return 1;
   else            return -1;
}
```

*a의 값은 주어진 숫자를 판정하여

```
0보다 크면 → 1을 표시
0이면 → 0을 표시
0보다 작으면 → -1을 표시
```

하도록 동작한다. 보통 이러한 함수는 인수가 정수냐 실수냐에 따라 함수를 구분하여 사용한다.

2 함수 포인터의 배열

함수 포인터 배열은 배열 요소가 몇 개의 함수 시작 주소값을 갖도록 하는데 사용된다. 예를 들어

```
void (*arr[4])(int a, int b);
```

라고 하면 arr은 2개의 int 타입 인수(a,b)를 갖고 리턴값이 void인 함수로써 시작 주소값을 4개 가질 수 있는 포인터 배열이다.

예제 9.14 함수 포인터 배열 사용 예

```
#include <stdio.h>
void add(int a, int b);
void sub(int a, int b);
void mul(int a, int b);
void div(int a, int b);

void main()
{
  int i;
  void (*arr[4]) (int a, int b);        /* 함수 포인터의 배열을 선언 */

  arr[0] = add;
  arr[0] = sub;                         /* 함수 시작 주소 4개 설정 */
  arr[0] = mul;
  arr[0] = div;

  for(i=0; i<=3; I++)
        arr[i] (40,20);
 }

 void add (int a, int b)
{
   printf("Add : %d", a+b );
}
 void sub (int a, int b)
{
   printf("Sub : %d", a+b );
}
```

```
 void mul (int a, int b)
{
  printf("Mul : %d", a*b );
}
 void div (int a, int b)
{
  printf("Div : %d", a/b );
}
 }
```

프로그램 실행 결과

```
Add = 60
Sub = 20
Mul : 800
Div = 2

Press any key to continue
```

연습문제

1) 다음 프로그램의 실행결과를 예측하시오.

ⓐ

```
#include <stdio.h>
int main(void)
{
char *p="computer";
int i=0;
while(*p != '\0')
{
i++; p++;
}
printf("%d",i);
return 0;
}
```

ⓑ

```
#include <stdio.h>
int main(void)
{
char x[3], *p;
x[1]='A';
p=&x[1];
*(p-1)='B';
*(p+1)='C';
printf("%c %c %c\n",*(p-1),*p,*(p+1));
return 0;
}
```

2) 다음 프로그램을 분석하여 결과를 적으시오.

```
#include <stdio.h>
void main()
{
   char x[]="JAVA programming";
   char *p;
   p = x;
   while(*p){
      if(*p >= 'A' && *p <= 'Z')
         printf("%c", *p - 'A' + 'a');
      else
         printf("%c", *p);
      p++;
   }
   printf("\n");
}
```

3) 8개의 자료 7, 6, 77, -16, 44, 46, 6, 55를 포인터를 사용하여 버블 정렬하는 프로그램을 작성하시오.

4) 포인터 배열을 사용하여 5개의 임의의 단어를 키보드로부터 입력받아 가나다순으로 정렬하는 프로그램을 작성하시오.

5) 다음과 같이 5명의 이름이 포인터 배열의 초기 문자열로 주어질 때 키보드로부터 입력된 이름을 5명의 등록된 이름과 비교하여 입력된 이름이 이미 등록된 이름이라면 화면에 "당신의 출입을 허락합니다"를 출력하고 입력된 이름이 등록된 이름이 아니라면 화면에 "당신은 들어갈 수 없습니다"를 출력하는 프로그램을 작성하시오.

```
char *list[5]={ "Chongju", "Youngkue", "Sungduk", "Kuesik", "Changsup"};
```

6) 함수의 형식 인자로 다음과 같이 기술된 함수 swap()은 인자 두 정수를 서로 바꾸는 기능을 수행한다. 함수 swap()을 구현하여 결과를 알아보는 프로그램을 작성하시오.

```
void swap(int*x,int*y)
 {
          ...
 }
```

7) 다음과 같은 이차원 배열을 초기화하여 각각의 원소의 값을 다음과 같이 수정하는 함수를 만들어 프로그램을 작성하시오.

```
5, 8, 9, 3
20, 5, 23, 7
30, 42, 4, 6

A[i][j] = A[i][j] * 10 + 5;
```

8) 다음과 다음 배열 값을 오름차순으로 정렬(sorting)하는 프로그램을 작성하시오.

```
3, 7, 8, 12, 2, 22, 1, 5, 9, 10

오름차순으로 정렬된 결과
1, 2, 3, 5, 7, 8, 9, 10, 12, 22
```

9) 위 프로그램에서 내림차순으로 정렬하는 프로그램을 작성하시오.

10) 두 이차원 배열의 더하기와 빼기를 수행하는 함수를 만들어, 다음 배열의 연산 결과를 알아보시오.

```
4.2  4.3  3.8       +(-)       5.2  2.1  1.8
3.7  1.5  0.7                  3.2  1.4  2.9
```

Chapter 10

고급 포인터 : 동적 메모리

제10장 고급 포인터 : 동적 메모리

학습목표

- ▷ 동적메모리를 선언하는 방법을 이해한다.
- ▷ 동적메모리를 할당하고 해제하는 방법을 이해한다.

[10.1] 동적 기억장소 할당과 해제

동적 메모리란 배열처럼 메모리를 미리 잡아두지 않고 메모리가 필요할 때마다 메모리를 확보하는 것을 의미한다. 이 때 동적으로 메모리를 확보하기 위해 사용되는 함수가 malloc() 함수이다. 반대로, 동적으로 확보된 메모리를 해제하는 함수는 free() 함수를 사용한다. malloc() 함수와 free() 함수는 〈stdlib.h〉에 정의되어 있으며 이들 함수의 원형은 표 10-1과 같다.

표 10-1 동적 기억장소 할당과 해제 함수의 원형

```
void *malloc(size_t size);
void free(void *ptr);
```

표 10-1에서 사용된 malloc() 함수의 size_t는 데이터 타입의 크기를 의미하며, 타입은 unsigned int 타입으로 사용된다. malloc() 함수는 표 10-1처럼 동적 기억장소를 할당하기 위해서 변수를 사용하지 않는다. 그 이유는 실행 중에 기억 공간을 확보하여 그 공간을 사용하기 위해 할당된 기억 공간의 주소를 사용하기 위해서 포인터를 사용하기 때문이다.

malloc() 함수는 할당된 메모리에 대한 시작 주소를 반환하고 반환값의 데이터 타입은 void * 타입으로서 모든 자료 타입의 포인터로 이용할 수 있다. 반면 free() 함수는 프로그램에서 더 이상 메모리를 사용하지 않을 경우 malloc()함수에 의해 할당된 메모리를 해제하는데 사용된다. free()

함수는 포인터를 인자로 사용하는 특징이 있다.

1 malloc() 함수

malloc() 함수의 사용 형식은 표 10-2와 같다. malloc() 함수의 메모리 할당은 포인터 변수의 데이터 타입 크기와 사용자가 요구하는 크기의 곱으로 구한다.

표 10-2 malloc() 함수 사용형식

```
포인터 변수 =
(포인터 변수의 데이터타입*) malloc(포인터 변수의 데이터 타입 크기 × 필요한 크기);
```

예를 들어, 표 10-2에서 포인터 변수를

```
int *p;
```

처럼 선언했다면 포인터 변수의 데이터 타입은 int 타입이 되고, 포인터 변수 *p의 데이터 타입인 int의 크기는 4byte가 된다. 사용자가 요구하는 크기가 4byte이면 변수 p에는

```
p = (int*) malloc(4 × 4);
```

와 같이 malloc() 함수를 표현할 수 있다. 만약 포인터 변수의 데이터 타입의 크기를 모른다면 다음과 같이 sizeof() 함수를 사용해서

```
p = (int*) malloc(sizeof(int) × 4);
```

처럼 표현하여 포인터 변수의 크기를 알 수 있다.

C 프로그램을 작성하면서 메모리를 할당될 경우 보통 포인터 변수 p는 p+0, p+1등과 같은 주소나 *(p+0), *(p+1)등과 같은 실제값 즉, p[0], p[1]등과 같은 배열로 사용할 수 있다. 포인터 변수를 주소, 실제값, 배열로 사용하는 예를 살펴보면 다음과 같다.

- 포인터 변수 p를 p+0, p+1 등과 같은 주소로 사용할 경우 사용 예

  포인터 변수 p를 p+0, p+1 등과 같은 주소로 사용할 경우 사용 예는

```
scanf("%d", p);
printf("숫자 : %d", p)
```

와 같다.

- 포인터 변수 p를 *(p+0), *(p+1)등과 같은 실제값으로 사용하는 예

  포인터 변수 p를 *(p+0), *(p+1)등과 같은 실제값으로 사용하는 예는

```
scanf("%d", *(p+0));
printf("숫자 : %d", *(p+0))
```

와 같다.

- 포인터 변수 p를 p[0], p[1]등과 같은 배열로 사용하는 예

  포인터 변수 p를 p[0], p[1]등과 같은 배열로 사용하는 예는

```
scanf("%d", p[0]);
printf("숫자 : %d", p[1])
```

와 같다.

2 free() 함수

free() 함수는 malloc() 함수에 의해 할당된 포인터 변수 p의 메모리로부터 해제할 때 사용한다. 포인터 변수 p를 메모리에서 해제하기 위해서는

```
free(p);
```

처럼 사용한다.

free()함수는 malloc()함수에 의해 선언된 포인터 변수의 포인터를 인자로 받아 사용했던 메모리를 다시 운영체제에 반납하는 역할을 한다. free()함수는 포인터 변수를 NULL 값으로 받기 때문에 포인터 변수는 더 이상 아무것도 가리키지 않게 되어 운영체제는 이 공간을 다른 용도로 사용하게 된다.

예제 10.1은 malloc()함수와 free()함수의 간단한 사용 예이다.

예제 10.1 malloc() 함수와 free() 함수의 사용 예

```
#include <stdio.h>
#include <stdlib.h>

void main()
{
    char *p;        /* char 타입 포인터 변수 선언 */
    int size;         /* 문자 길이 변수 선언 */

    printf("입력할 문자의 길이(bytes)를 입력하고 Enter :");
    scanf("%d", &size);
    p = (char *) malloc(size+1);   /* size byte 만큼의 메모리 할당 */

    printf("%d 개의 문자열을 공백없이 입력하고 Enter :", size);
    scanf("%s", p);
    printf("%입력된 문자열 : s\n", p);
    free(p);                  /* 동적으로 할당된 메모리 해제 */
 }
```

프로그램 실행 결과

```
입력할 문자의 길이(byres)를 입력하고 Enter : 10
10 개의 문자열을 공백없이 입력하고 Enter : programming
입력된 문자열 : programming

Press any key to continue
```

예제 10.1은 malloc() 함수와 free() 함수의 사용 예를 보여주고 있다. 예제 10.1은 포인터 변수와 문자길이 변수를 선언한 후 문자 길이를 키보드로부터 입력받은 크기만큼 malloc() 함수에 적용하여 메모를 할당받는다. 할당받은 메모리에 문자열을 입력하여 문자열을 출력한 후 free() 함수를 사용하여 동적으로 할당된 메모리를 해제한다.

[10.2] 구조체와 동적 할당

구조체 변수에 데이터를 저장하는 방법은 일반 변수와 마찬가지로 키보드를 통하여 입력한다. C 언어에서 문자열을 키보드를 통해 입력할 수 있는 라이브러리 함수는 scanf(), gets(), 그리고 fgets() 등이 있다.

1 구조체 멤버에 대한 동적 할당

C 언어에서는 구조체에 정의한 멤버들에 대해 키보드를 이용하여 공백 없이 데이터를 입력할 경우 scanf() 함수를 많이 이용한다. scanf() 함수를 사용할 경우 주의할 점은 scanf() 함수는 공백 이전의 문자열만 저장된다는 점이다.

예제 10.2는 scanf() 함수를 사용하여 포인터로 선언된 구조체 멤버에 대한 동적 기억 공간 할당을 예를 보여주고 있다. 예제 10-2에서 포인터는 단지 메모리 주소만 저장할 수 있기 때문에 키보드 입력을 통해 포인터에 문자열을 저장하기 위해서는 반드시 동적으로 메모리를 할당해야 한다.

예제 10.2 구조체 멤버에 대한 동적 할당의 예

```
#include <stdio.h>
#include <stdlib.h>

struct person
{
  char *name
  int hak;
  char *phone;
};

void main()
{
  struct person p;
  p.name = (char*) malloc(sizeof(char) *20);
  p.hak = (int*) malloc(sizeof(int) * 10);
  p.phone = (char*) malloc(sizeof(int) *14);
  printf("이름 => ");
  scanf("%s", p.name);
  printf("학번 =>");
  scanf("%d", &p.hak);
  printf("전화번호 => ");
```

```
    scanf("%s", p.phone);

   printf("이름 : %s", p.name);
   printf("학번 : %d", p.hak);
   printf("전화번호 : %s", p.phone);
   }
```

프로그램 실행 결과

```
이름 =>  김미라
학번 =>  201109001
전화번호 => 043-276-2245

이름 :  김미라
학번 :  201109001
전화번호 : 043-276-2245

Press any key to continue
```

2 구조체 타입 포인터에 대한 동적 할당

구조체 타입 포인터에 대한 동적 할당에서는 사용자가 배열로 기억공간을 동적으로 할당한 다음 문자열과 데이터를 대입한다.

예제 10.3은 구조체 타입 포인터에 대한 동적 할당을 나타내고 있다. 예제 10.3에서 기억공간은 구조체 타입 포인터에 대하여 동적으로 기억공간을 할당하고 있으며 구조체 타입 포인터에 대해 person 만큼(44 byte)의 기억 공간을 동적으로 할당한 다음 문자열과 데이터를 대입하고 있다.

예제 10.3 구조체 타입 포인터에 대한 동적 할당의 예

```
#include <stdio.h>
#include <stdlib.h>

struct person
{
    char name[20]
    int hak[10];
    char phone[14];
```

```
};

void main()
{
    struct person p;
    p.name = (char*) malloc(sizeof(char) *20);
    p.hak = (int*) malloc(sizeof(int) * 10);
    p.phone = (char*) malloc(sizeof(int) *14);

    strcpy(p->name, "김미라");
    p->hak = 201109001
    strcpy(p->name, "김미라");

   printf("이름 : %s", p->name);
   printf("학번 : %d", p->hak);
   printf("전화번호 : %s", p->phone);
 }
```

프로그램 실행 결과

```
이름 :  김미라
학번 :  201109001
전화번호 : 043-276-2245

Press any key to continue
```

[10.3] 그 이외의 메모리 관련 함수

메모리와 관련된 함수로는 malloc() 함수 이외에 calloc() 함수와 realloc() 함수가 있다.

1 calloc() 함수

malloc() 함수는 메모리를 할당한 후에 초기화를 하지 않기 때문에 malloc()으로 할당된 메모리는 초기에 쓰레기값으로 채워진다. 이 부분을 해결하기 위해서 처음부터 0으로 초기화된 메모리를 확보할 때 사용하는 함수가 calloc()함수이다.

calloc() 함수는 malloc 함수와 사용형식이 동일하다. calloc() 함수의 사용 형식은 표 10-3와 같다.

표 10-3 calloc() 함수 사용형식

```
포인터 변수 =
(포인터 변수의 데이터 타입*) calloc(포인터 변수의 데이터 타입 크기 × 필요한 크기);
```

calloc() 함수와 malloc() 함수의 차이점은 초기값을 0으로 초기화하는 것 이외에는 차이점이 없다. 예제 10.4는 calloc() 함수와 malloc() 함수의 차이점을 비교분석한 예를 보여주고 있다.

예제 10.4 malloc() 함수와 calloc() 함수의 비교

```
#include <stdio.h>
#include <stdlib.h>

void main()
{
    int *p, *s;                    /* 정수 타입 포인트 변수 선언*/
    int i,j;

    printf("malloc() 함수");

    p = (int*) malloc(sizeof(int)*4);  /* 정수 타입 메모리 16byte(4*4) 할당*/

    for(i=0; i<3; i++)
      printf("초기값 p[%d] => %d\n", i, p[i] );   /* 할당된 값 출력  */

    free(p);     /* 메모리 해제 */

    printf("calloc() 함수");

    s = (int*) calloc(sizeof(int)*4);  /* 정수 타입 메모리 16byte(4*4) 할당*/
    for(i=0; i<3; i++)
      printf("초기값 s[%d] => %d\n", i, s[i] );   /* 할당된 값 출력  */

    free(s);     /* 메모리 해제 */
 }
```

프로그램 실행 결과

```
malloc() 함수
초기값 p[0] => -842150451
초기값 p[1] => -842150451
초기값 p[2] => -842150451

calloc() 함수
초기값 p[0] => 0
초기값 p[1] => 0
초기값 p[2] => 0

Press any key to continue
```

2 realloc() 함수

realloc() 함수는 최초로 확보한 메모리의 크기를 변경할 때 사용하는 함수이다. realloc() 함수의 사용 형식은 표 10-4와 같다.

표 10-4 realloc() 함수 사용형식

```
포인터 변수 =
(포인터 변수의 데이터타입*) realloc(기본 포인터, 포인터 변수의 데이터 타입 크기 × 필요한 크기);
```

예로써 realloc() 함수의 포인터 변수를

```
p = (int*) realloc(p, sizeof(int) × 10);
```

처럼 선언한다고 가정하면,

프로그램을 시작할 때 사용자가 입력할 데이터의 개수를 미리 입력하기 때문에 그 크기만큼 메모리를 확보하면 된다. 하지만 0을 넣을 때까지 계속 메모리에 저장해야 하는 프로그램이라면 realloc() 함수를 사용하여 메모리 크기를 실시간으로 변경해야 한다. 예제 10.5는 필요에 따라서 확보하는 메모리의 크기를 실시간으로 변경하는 예제이다.

예제 10.5 realloc() 함수의 예

```
#include <stdio.h>
#include <stdlib.h>

void main()
{
  int *p;                    /* 정수 타입 포인트 변수 선언*/
  int i, data;
  int hap = 0, count= 0;

  p = (int*) malloc(sizeof(int)*1);  /* 무조건 메모리 한 칸을 확보*/

  printf("1번째 숫자 :");
  scanf("%d", &p[0]);
  count++;

  for(i=2; ; i++)          /* data가 0이 나올때까지 무한반복*/
  {
    printf("%d 번째 숫자 : ", i );
    scanf("%d", &data);

    if (data != 0)       /* data가 0인지 판별*/
       p=(int*) realloc(p, sizeof(int) *i);  /* 메모리 1칸씩 증가 */
    else
       exit;

    p[i-1] = data;                /* i번째 포인터 변수 p에 데이터 대입 */
    count++;                      /* count 값 증가 */
  }

 for(i=0; i<count ; i++)
   hap = hap + p[i];

 printf("합 => %d\n", hap) ;          /* 합 출력 */

 free(p);
 }
```

프로그램 실행 결과

```
1번째 숫자 : 10
1번째 숫자 : 20
1번째 숫자 : 30
1번째 숫자 : 40
1번째 숫자 : 50

합 => 150

Press any key to continue
```

연습문제

1) 다음과 같은 물품의 품명과 단가를 배열에 초기화한 다음 판매한 각 물품의 수량을 입력하면 결과 화면과 같이 물품 판매현황을 출력하는 프로그램을 작성하시오.

품명	단가(원)
하드디스크(250GB)	135,000
CPU(Intel p4)	235,000
메인보드	122,000
모니터(19 LCD)	260,000
DVD-RW	73,500

▶ 결과화면

```
물품 판매 보고서

각 품명에 대한 수량을 입력하고 Enter
hard disk: 수량>3
CPU(intel): 수량>2
main board: 수량>2
LCD monitor: 수량>5
DVD-RW(combo): 수량>4

물품 판매현황

물품              단가      수량       금액
hard disk         135,000    3       405,000 원
CPU(intel)        235,000    2       470,000 원
main board        122,000    2       244,000 원
LCD monitor       260,000    5     1,300,000 원
DVD-RW(combo)      73,500    4       294,000 원
                                   2,713,000 원
```

2) 주민등록번호의 앞부분 6자리를 문자열로 입력하면 년월일을 분리해서 출력하고, 현재 나이와 생년에 대한 띠를 계산하는 프로그램을 작성하시오. 현재 나이는 (현재 년도-출생년도)로 계산하고, 1900년은 쥐띠해입니다.

▶ 실행결과

```
번호입력>820211
1982년 2월 11일생이고.
개띠입니다.
```

③ 문자형 배열 id에는 자신의 학번을, 문자형 포인터 name에는 영문 이름을 빈칸에 표시한 다음 프로그램의 실행 결과를 예상하시오.

```
ID : 20083504
Name : Park Jung Soo

#include <stdio.h>
 int main(void)
 {
 char id[10]=" □□□□□□□□□ ";
 char *name=" □□□□□□□□□□□□□□□ "
 char *pt
 pt=name;
 printf("%c\n", id[5]);
 printf("%c\n", *(pt+5));
 pt++;
 printf("%s\n", id+2);
 printf("%s\n", pt+2);
 return 0;
 }
```

④ 프로그램 예제의 두 행렬의 곱 프로그램을 수정하여, 다음 곱을 수행하도록 프로그램을 작성하시오.

```
4.2  4.3  3.8      X       5.2  2.1
3.7  1.5  0.7              3.2  1.4
                           1.5  3.6
```

⑤ 배열 포인터를 이용하여 다음의 이차원 배열에서 모든 원소의 값을 5씩 증가시키는 프로그램을 작성하시오.

```
int ary[][5] = {1, 2, 3, 4, 5, 6, 7, 8, 9, 10}
배열 포인터 : int (*ptr)[5];
```

6) 자료유형 double형 1차원 배열을 다음과 같이 초기화하고, 첫 번째 인자인 배열 source을 두 번째 인자인 배열 target에 복사하는 함수를 만들어 결과를 알아보는 프로그램을 작성하시오.

```
double ary[5] = {3.12, 5.14, 7.25, 7.48, 5.91};
copyarray(double *source, double *target, int size);
```

7) 자료유형 double형 1차원 배열인 두 인자에서 첫 번째 인자인 source의 원소를 두 번째 인자인 target의 원소와 더한 값을 다시 source의 원소에 저장하는 함수를 만들어 그 결과를 알아보는 프로그램을 작성하시오.

```
double source[5] = {3.12, 5.14, 7.25, 7.48, 5.91};
double ary[5] = {1.24, 3.65, 9.13, 8.48, 5.15};
addarray(double *source, double *ary, int size);
           :   source[i] = source[i] + ary[i]
```

8) 자료유형 double형 1차원 배열에서 가장 큰 값과 가장 작은 값을 찾아 그 값의 차이를 반환하는 함수를 만들어 결과를 알아보는 프로그램을 작성하시오.

Chapter 11

표준 입출력

제11장 표준 입출력

학습목표

- ▷ 표준 입출력 사용하는 방법을 이해한다.
- ▷ 표준 입출력에서 한 문자 입출력 함수 및 한 행 입출력 함수에 대해서 이해한다.
- ▷ 표준 양식 출력 함수에 대해서 이해한다.

[11.1] 표준 입출력 함수

C 언어에 존재하는 다양한 종류의 함수 중에서 표준 입 · 출력장치를 입력과 출력으로 사용하는 함수를 표준 입출력 함수라고 한다. 일반적으로 표준 입 · 출력 함수는 운영체제가 자동으로 열기와 닫기, 입출력 버퍼의 확보 및 초기화 작업 등을 수행하는 역할을 한다.

표 11-1은 입 · 출력 함수를 이용할 때 가장 많이 사용하는 입 · 출력 장치를 나타내고 있다. 표 11-1의 입출력 장치는 모든 입력과 출력을 파일로 취급되는 주변장치들과 연결하고 있다.

표 11-1 표준 입 · 출력 장치

장치 파일명	의미	접속된 장치	파일 기술자
stdin	표준 입력	키보드	0
stdout	표준 출력	모니터(화면)	1
stderr	표준 오류 출력	모니터(화면)	2

표 11-1과 같은 표준 입 · 출력 장치를 사용할 경우에는 반드시

```
#include <stdio.h>
```

를 사용한다. #include 〈stdio.h〉를 사용하는 이유는 #include 〈stdio.h〉을 사용하지 않으면 입출력과 관련된 매크로 정의를 이용할 수 없기 때문이다.

일반적으로 stdin은 키보드와 연결되고, stdout와 stderr은 모니터에 연결되어 있지만 stdin과 stdout은 디스크 상의 파일로도 방향을 바꿀 수 있다. 프로그램에서 키보드와 화면에 대한 입력과 출력은 매우 빈번하게 일어나므로 파일을 둘 필요 없이 사용이 가능하지만 디스크 상의 파일에 대한 입력과 출력은 함수 fopen()을 사용하여 파일을 반드시 열어두어야 한다.

[11.2] 서식화된 입출력 함수

서식화된 입출력 함수의 가장 대표적인 예는 printf() 함수와 scanf() 함수이다. 표 11-2는 서식을 지정해서 출력하는 함수인 printf() 함수와 scanf() 함수의 기본적인 사용 형식을 보여주고 있다.

표 11-2 서식화된 입출력 함수

구분	설명
printf("서식", 출력 매개변수)	표준출력장치에 서식에 맞춰 출력
scanf("서식", 입력 매개변수)	표준입력장치로 부터 서식에 맞춰서 입력

표 11-3은 표 11-2의 서식화된 입·출력 함수의 "서식" 위치에 오는 서식의 종류와 의미들을 나타내고 있다.

표 11-3 서식 종류와 설명

서식	의미
%d	정수타입(int)
%c	문자타입(char)
%s	문자열(char*) 또는 문자 배열char[])
%x	16진수
%o	8진수
%f, %lf	실수타입(float, double)
%e	숫자를 공학계산용으로 출력
%p	포인터 주소

예제 11.1은 서식화된 입출력 함수의 간단한 사용 예제이다.

예제 11.1 서식화된 입출력 함수 사용 예

```
#include <stdio.h>

void main()
{
  int a;                          /* 정수 변수 선언*/
  float b;                        /* 실수타입 변수 선언 */
  char c[5];                      /* 문자열 배열 선언 */

  printf("정수 입력 : ");
  scanf("%d", &a);                /* 정수 입력 */
  printf("실수 입력 : ");
  scanf("%f", &b);                /* 실수 입력 */
  printf("문자열 입력 : ");
  scanf("%s", c);                 /* 문자열 입력(& 사용하지 않음) */

  printf("\n==========================\n")

  printf("10진수 정수 => %d\n",a);
  printf("16진수 정수 => %x\n",a);       /* 정수 10진수, 정수 16진수, */
  printf("8진수 정수 => %o\n",a);        /* 정수 8진수, 실수, 문자열 출력 */
  printf("실수 => %d\n",b);
  printf("문자열 => %d\n",c);
 }
```

프로그램 실행 결과

```
정수 입력 : 1234
실수 입력 : 100.12345
문자열 입력 : C Programming
===================================
10진수 정수 : 1234
16진수 정수 : 4D2
8진수 정수 : 2322
실수 : 100.12345
문자열 : C Programming
```

[11.3] 문자열 입출력 함수

문자열 입출력 함수의 대표적인 예는 gets() 함수와 puts() 함수가 있다. 문자열 입출력 함수의 기본적인 사용 형식은 표 11-4와 같다.

표 11-4 문자열 입출력 함수

구분	설명
gets(입력할 문자열 배열이름 또는 문자열 포인터);	표준입력장치로부터 문자열을 입력 받음
puts(출력할 문자열 배열 이름 또는 문자열 포인터)	표준출력장치에 문자열을 출력

gets() 함수는 키보드에서 문자열 한 행을 읽고 버퍼에 넣은 후 리턴값을 버퍼에 있는 값을 그대로 되돌린다. 파일 종료 시 또는 에러 시에는 NULL 을 되돌린다. gets() 함수가 scanf() 함수와 다른 점은 scanf() 함수에서는 공백을 포함하는 문자열을 입력할 수 없지만 gets() 함수는 Enter가 입력될 때까지 문자열을 입력하므로 공백문자도 읽을 수 있다.

puts() 함수는 모니터에 문자열을 출력하는 기능을 가지는 함수이다. 문자열을 출력하는 것은 printf()함수와 동일하지만 puts() 함수는 출력 후 자동을 줄 바꿈을 넣어준다. 또한 puts() 함수는 단순히 문자열을 출력할 뿐 printf() 함수처럼 그 문자열을 서식 문자열로서 조사하지 않아 처리가 빠르다.

예제 11.2은 문자열 입출력 함수의 간단한 사용 예제이다.

예제 11.2 문자열 입출력 함수 사용 예

```
#include <stdio.h>

void main()
{
  char c[30];                    /* 문자열 배열 선언 */

  printf("문자열 입력 : ");
  gets(c);                       /* 문자열 입력 */

  printf("\n============================\n")
  printf("문자열 출력 :");
  puts(c);
 }
```

프로그램 실행 결과

```
문자열 입력 : C Programming
==================================
문자열 출력 : C Programming
```

[11.4] 문자 입출력 함수

문자 입출력 함수는 문자를 하나만 입력하거나 출력할 때 주로 사용한다. 문자를 하나만 입력하는 경우에 사용되는 문자 입력 함수는 getch(), getche() getchar()함수 등이 있으며 각 함수에 대한 설명은 표 11-5와 같다.

표 11-5 문자열 입력 함수

구분	설명
getch();	키보드를 통해 문자 하나를 입력받으며, 입력한 내용을 화면에 보여주지 않음
getche();	키보드를 통해 문자 하나를 입력받으며, 입력한 내용을 화면에 보여줌
getchar();	사용자가 키보드로 Enter키를 누를 때까지 입력한 것을 메모리(버퍼)에 모두 저장해 놓고(Enter 키도 저장됨), 그 중에서 한 문자만 꺼냄

문자를 출력하는 경우에 사용되는 문자 출력 함수는 putchar(), putch() 함수 등이 있으며 각 함수에 대한 설명은 표 11-6과 같다.

표 11-6 문자열 출력 함수

구분	설명
putchar(출력할 문자타입 변수 이름);	표준출력장치에 문자 하나를 출력
putch(출력할 문자타입 변수 이름);	표준출력장치에 문자 하나를 출력

1 getch()

getch() 함수는 키보드로부터 문자 하나를 입력받고, 입력한 내용은 화면에 보여주지 않는다. 예제 11.3은 getch() 함수의 간단한 사용 예제이다.

예제 11.3 getch() 함수 사용 예

```
#include <stdio.h>

void main()
{
  char c;                        /* 문자 변수 선언 */

  c = getch()                    /* 변수 c에 문자 하나 입력 */
  putch(c);                      /* 모니터에 문자 하나 출력 */
 printf("\n");
}
```

프로그램 실행 결과

```
C Programming
Press any key to continue
```

2 getche()

getch()는 입력받은 내용을 화면에 출력해 주지 않는다. 반면 getche() 함수는 putch()를 사용하지 않아도 입력한 글자를 바로 화면에 출력한다. 예제 11.4는 getche() 함수의 간단한 사용 예제이다.

예제 11.4 getche() 함수 사용 예

```
#include <stdio.h>

void main()
{
   char c;                       /* 문자 변수 선언 */

   c = getch()                   /* 문자 하나를 입력받고, 화면에 바로 출력 */
   printf("\n");
}
```

프로그램 실행 결과

```
C Programming
Press any key to continue
```

3 getchar()

getchar() 함수는 사용자가 키보드로 Enter키를 누를 때까지 입력한 것을 메모리(버퍼)에 모두 저장해 놓고(Enter 키도 저장됨), 그 중에서 한 문자만 꺼내는 역할을 한다. 예제 11.5는 getchar() 함수의 간단한 사용 예제이다.

예제 11.5 getchar() 함수 사용 예

```
#include <stdio.h>

void main()
{
   char c;                     /* 문자 변수 선언 */

   printf("문자열을 입력하세요 :");
   c = getchar()             /* 문자열을 입력받아 버퍼에 저장 */
   putchar(c);               /*  첫 번째 문자 출력*/

   c = getchar()             /* 두 번째 문자를 입력받아 버퍼에 저장 */
   putchar(c);               /* 두 번째 문자 출력*/

   c = getchar()             /* 문자열을 입력받아 버퍼에 저장 */
   putchar(c);               /*  첫 번째 문자 출력*/
}
```

프로그램 실행 결과

(a) 두 글자 입력 후 실행 결과	(b) 세 글자 입력 후 실행 결과
문자열을 입력하세요 : AB AB Press any key to continue	문자열을 입력하세요 : ABC ABCPress any key to continue

예제 11.5의 실행결과처럼 두 글자를 입력하고 Enter를 눌렀을 때와 세 글자를 입력하고 Enter를 눌렀을 때의 결과가 다르다. 두 글자를 입력하고 Enter를 눌렀을 때는 AB가 출력되면서 줄이 넘어 갔지만 세 글자를 입력하고 Enter를 눌렀을 때는 줄이 넘어가지 않았다.

이 같은 결과는 예제 11.5의 실행결과 (a)에서 getchar()함수를 사용하여 키보드 입력 없이 버퍼에 세 글자를 ch에 대입하고 putchar()함수를 통해 문자를 출력하는데 이때 마지막에 Enter를 출력하게 되어 다음 줄에 'Press any key...'가 출력하게 된다. 그러나 11.5의 (b)에서는 ABC 다음에 Enter를 입력하여 버퍼에 4개의 글자가 저장되지만 프로그램 상에서는 'C'까지만 출력하도록 프로그램이 작성되기 때문에 'Press any key...'가 ABC 바로 다음에 붙어서 출력된다.

연습문제

1) 다음과 같이 화면에 입력과 출력이 되도록 프로그램을 작성하시오.

```
이 번 학기에 수강하는 총 학점은 ?  x
총 x 학점을 듣는군요.
```

2) 표준 입력으로 두 개의 정수를 입력 받아 두 수의 곱과 합을 출력하는 프로그램을 작성하시오.

3) 소문자를 대문자로 변환하는 toupper() 라이브러리 함수를 사용자가 작성한 함수를 이용하고, 소문자가 아닌 문자가 입력되는 경우 "소문자가 아니므로 변환이 불가능합니다." 메시지를 화면에 출력하는 프로그램을 작성하시오.

4) 입출력 함수를 이용하여 키보드로부터 한 학생의 성적을 입력받아 학점을 출력하는 프로그램을 작성하시오. (단, 90-100은 'A', 80-89은 'B', 70-79는 'C', 60-69는 'D', 0-59는 'F'가 된다.)

5) 입출력 함수를 이용하여 한 개의 문자를 읽어드린 후, 숫자이면 "digit", 영문자이면 "alpha", 공백이면 "space" 라고 출력하고, 그 이외의 문자이면 "special" 이라고 출력하는 프로그램을 작성하시오.

6) 다음 프로그램을 분석하여 결과를 적으시오.

```
#include <stdio.h>
void main()
{
int answer,count;
for(count=1; count<11; count=count+1){
printf("what is %d+%d?",count, count);
scanf("%d",&answer);
if(answer == count +count)
   printf("right!");
```

```
else{
   printf("sorry,you are wrong");
   printf("the answer is %d.",count+count);
  }
 }
}
```

7) 표준 입력으로 두 개의 실수를 입력 받아 두 수의 나누기를 구하여 출력하는 프로그램을 다음 조건에 따라 작성하시오.(헤더 파일을 mydivide.h에 두 수의 나누기를 수행하는 매크로를 정의하여 함수 main() 이 있는 소스 파일에 첨가)

8) 두 수를 곱하는 매크로 MULT(x, y)를 정의하여 다음과 같은 문장이 실행되도록 프로그램을 작성하시오.

```
result = MULT(10, 20);
```

9) 다음 매크로 SQ2를 이용하여 수의 네제곱을 구하는 매크로를 만들어 정수 3의 네제곱을 출력하는 프로그램을 작성하시오.

```
#define  SQ2(x)  ((x) * (x))
```

10) 길이의 단위인 센티미터(cm)를 정수로 입력 받아 인치로 계산하여 소수로 출력하는 프로그램을 작성하시오.(단 1인치는 2.54 cm 이다.)

11) 부피의 단위인 리터(liter)를 소수로 입력 받아 갤론(gallon)으로 계산하여 소수로 출력하는 프로그램을 작성하시오.(단 1갤론은 3.785리터이다.)

⑫ 거리의 단위인 킬로미터(km)를 소수로 입력 받아 마일(mile)로 계산하여 소수로 출력하는 프로그램을 작성하시오.(단 1마일은 1.609km이다.)

⑬ 면적의 단위인 에이커(acre)를 소수로 입력 받아 평방미터(m^2)로 계산하여 소수로 출력하는 프로그램을 작성하시오.(1에이커는 약 4,047m^2이다.)

⑭ 우리나라의 면적의 단위인 평을 소수로 입력 받아 평방미터(m^2)로 계산하여 소수로 출력하는 프로그램을 작성하시오.(1평은 약 3.3058m^2이다.)

Chapter 12

파일 입출력

제12장 파일 입출력

학습목표

- ▷ 파일 입출력에 대해서 이해한다.
- ▷ 파일 입출력 처리 순서에 대해서 이해한다.
- ▷ 파일 입출력 함수의 사용 방법에 대해서 이해한다.
- ▷ 파일 입출력 함수의 오류 처리, 블록 처리, 랜덤 액세스에 대해서 이해한다.

[12.1] 파일 입출력 함수

파일 입출력 함수는 콘솔(모니터, 키보드)의 입출력과 비슷한 함수이다. 콘솔의 입출력 함수와 파일 입출력 함수의 차이점은 키보드 사용 대신 디스크에 저장되어 있는 파일을 읽어서 내용을 입력하거나 모니터 대신 파일에 내용을 저장(=출력)하는 점이 다르다.

표준 입출력 함수와 파일 입출력 함수에 사용되는 함수들은 표 12-1처럼 입력함수와 출력함수로 비교할 수 있다.

표 12-1 표준 입출력 함수와 파일 입출력 함수

	입력함수	출력함수
표준 함수	scanf() gets() getchar()	printf() puts() putchar()
파일 함수	fscanf() fgets() fgetc()	fprintf() fputs() fputc()

표 12-1처럼 표준 함수와 파일 함수의 가장 큰 차이점은 함수명 앞에 파일을 의미하는 f의 사용 유・무에 있다. 기능적 측면에서 표준 함수와 파일 함수를 비교하면 입/출력 방법만 다를 뿐 기능

적으로는 표준 함수와 파일 함수는 동일하다.

[12.2] 파일 입출력 기본 과정

파일 입출력의 기본과정은 그림 12-1처럼 파일 포인터 선언, fopne() 함수로 파일 열기, 파일 처리, fclose()함수로 파일 닫기 등의 네 단계로 구성된다.

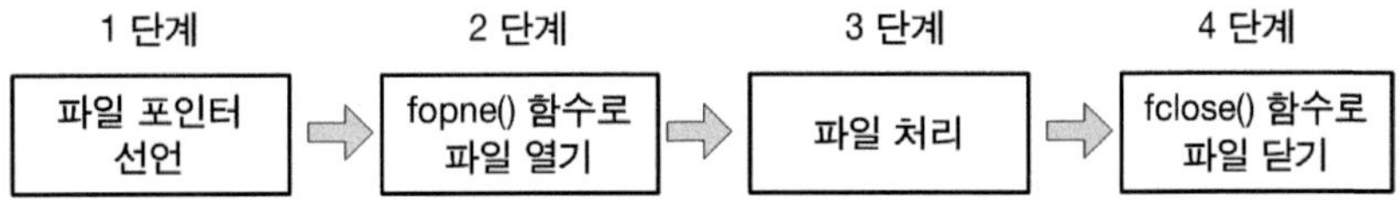

그림 12-1 파일 처리 단계

그림 12-1의 파일 처리 단계의 세부적인 내용은 다음과 같다.

1 1 단계 : 파일 포인터 선언

1 단계는 파일 포인터를 선언하는 단계로써 파일을 열기 위해서는 가장 먼저 파일 포인터라고 하는 포인터 변수를 선언해야 한다.

표 12-2 파일 포인터 선언

```
FILE *fp
```

파일은 파일 이름에 의해 구분되며 파일을 액세스하기 위해서는 파일 포인터로 그 파일을 오픈 한다. 파일 포인터는 변수 선언 부분에서 정의하고 구조체 타입 함수 FILE은 stdio.h에서 정의되므로 표 12-3처럼 stdio.h를 포함시킨다.

표 12-3 파일 포인터 선언 사용 예

```
#include <stdio.h>
FILE *fp
```

2 2 단계 : fopen() 함수로 파일 열기

1단계에서 파일 포인터를 선언하였으면 파일을 열기 위해서 표 12-4처럼 fopen() 함수를 선언한다. 파일의 열기 모드는 'r(read)', 'w(write)', 'a(append)' 등 3가지를 사용할 수 있으며 'r'은 단순히 내용을 읽기 위해서 파일을 열 때 사용하고, 'w' 나 'a'는 특정 내용을 쓰기 위해 파일을 열 때 사용한다.

표 12-4 fopen() 함수 선언

```
파일 포인터(fp) = fopen("파일이름","열기 모드")
```

표 12-5는 fopen() 함수의 열기모드를 나타내고 있으며 이 열기 모드는 파일에 접근하는 방식을 지정할 수 있다. fopen() 함수에서는 파일 오픈을 실패할 경우 NULL 포인터 값 즉 0을 리턴한다. NULL은 stdio.h에 정의되어 있으며 파일 오픈에 실패한 상태로 파일 포인터 fp를 사용하면 파일이 손상되기 쉽다.

표 12-5 fopen() 함수의 열기 모드

모드	처리	파일이 없을 때	파일이 있을 때
r	읽기(read)	NULL을 되돌린다	정상 처리
w	쓰기(write)	신규 작성	전 내용은 버린다
a	추가로 쓰기(append)	신규 작성	전 내용의 뒤에 추가한다
r+	읽고 쓰기(갱신)	NULL을 되돌린다	정상 처리
w+	읽고 쓰기(갱신)	신규 작성	전 내용은 버린다
a+	추가하기 위한 읽고 쓰기	신규 작성	전 내용의 뒤에 추가한다

모드에 b를 추가하면 바이너리 파일에 대해 동일한 처리를 수행할 수 있다. 표 12-6은 바이너리 파일에서 사용되는 모드를 보여주고 있다. UNIX에서는 텍스트 파일과 바이너리 파일을 구별하지 않기 때문에 모드에 'b'를 추가하지 않는다.

표 12-6 바이너리 모드 선언

모드	처리 방법
"rb", "wb", "ab"	바이너리 파일에 대한 r, w, a 처리를 수행
"r+b" 또는 "rb+"	바이너리 파일에 대한 r+ 처리를 수행
"r+w" 또는 "rw+"	바이너리 파일에 대한 w+ 처리를 수행
"r+a" 또는 "ra+"	바이너리 파일에 대한 a+ 처리를 수행

표 12-7은 fopen() 함수의 사용 예를 보여주고 있으며 표 12-7에서 "cbnu.txt" 파일명은 오픈할 파일이름을 의미하고 'r'은 read 모드를 의미한다.

표 12-7 fopen() 함수 사용 예

```
#include <stdio.h>
FILE *fp
fp = fopen("cbnu.txt", "r")
```

파일 오픈이 실패한 경우 파일 손상이 발생하지 않도록 NULL을 사용한 예는 예제 12.1과 같이 파일을 오픈할 수 있다.

예제 12.1 NULL을 사용한 파일 오픈 예

```
#include <stdio.h>

void main()
{
  FILE *fp;

  if(fp=fopen("cbnu.txt","r")  == NULL){
   printf("파일을 오픈할 수 없습니다. !!\n");
   exit(-1);                    /* 프로그램을 강제로 종료하는 함수 */
}
```

추가로 파일을 여는 함수에는 freopen() 함수도 있다. 이 함수의 선언은 표 12-8와 같다.

표 12-8 freopen() 함수 선언

```
freopen("파일이름","열기 모드", fp)
```

freopen() 함수는 fp가 가리키는 파일을 닫고 새로운 모드로 다시 파일을 열 때 사용한다. freopen()함수와 fopen()함수는 기능적으로는 동일하며 freopen() 함수가 이미 오픈된 파일 모드를 바꿀 경우에 이용한다는 점이 fopen() 함수와 다르다.

3 3 단계 : 파일 처리

이 단계는 파일에 데이터를 쓰거나 파일로부터 데이터를 읽어오는 단계이다. 파일 처리 단계는 파일을 이용한 입력 함수와 파일을 이용한 출력함수가 있다. 파일을 이용한 입력 함수에는 getc(), fgetc(), fgets(), fscanf() 등이 있으며, 파일을 이용한 출력 함수에는 fputc(), fputs(), fprintf() 등이 있다.

4 4 단계 : fclose() 함수로 파일 닫기

이 단계는 파일과 관련된 모든 작업이 끝나면 파일을 정상적으로 닫는 역할을 한다. 이 단계에서 사용되는 함수는 fclose()함수와 fflush() 함수가 있다.

- fclose(fp)

fclose(fp)는 fp로 지정한 파일을 닫는다. write 모드에서 오픈한 파일은 반드시 close 해야 한다. 정상적으로 수행되면 0, 에러가 발생하면 -1을 리턴한다.

- fflush(fp)

fflush(fp)는 버퍼 속의 자료를 비운다. 디스크에 수록할 데이터가 있으면 데스크에 수록한 후 버퍼를 비운다. 자료의 수록을 확실히 하기 위해 사용되며, fclose() 함수가 수행되면 자동으로 fflush() 함수가 수행된다.

예제 12.2 fclose() 함수 사용 예

```
#include <stdio.h>

void main()
{
  FILE *fp, *fopen;
  int ch;
  if(fp=fopen("cbnu.txt","r")  != NULL){
    while((ch=get(fp))!=EOF)         /* 파일의 끝날때까지 반복적으로 읽음 */
        putch(ch, stdout);
    fclose(fp);                     /* 파일을 닫는다 */
  else
    printf("파일을 오픈할 수 없습니다. !!\n");

}
```

12.2.1 파일을 이용한 입력

C 프로그램에서 파일을 이용하여 입력하는 함수는 getc(), fgetc(), fgets() 등이 있다.

1 getc(fp) 함수

getc(fp)는 파일에서 한 문자를 읽어들이는 기능을 한다. 파일 끝에 도달하면 -1을 리턴한다. fgetc()와 같은 기능을 수행하며 getc()함수와 차이점은 fgetc()는 내부 함수, getc()는 매크로 함수라는 점이다. 표 12-9는 getc() 함수를 선언하고 있으며 표 12-9의 fp는 오픈될 파일 포인터(FILE *fp)을 의미한다.

표 12-9 getc() 함수 선언

```
getc(fp)
```

getc() 함수는 표 12-9처럼 선언되며 getc() 함수는

```
c = getc(fp);
putc(c,fp);
```

처럼 사용된다.

문자를 읽어들이기 위해 getc 함수에 파일 포인터가 있어야 되며, 문자를 기록하기 위해 putc 함수에 기록될 문자와 파일 포인터가 있어야 한다. getc와 putc 사용법은 fp(파일 포인터)를 제외하고 나머지는 getchar()와 putchar() 사용과 같다.

2 fgetc(fp) 함수

fgetc() 함수는 파일에서 한 문자 읽어 들이는 함수이다.

3 fgets(변수, 길이, fp) 함수

파일 포인터가 가리키는 위치에서 지정된 길이만큼 자료(문자열)을 읽어 변수에 할당한다. 변수 마지막에 '\0'이 추가된다. 파일에서 지정된 길이만큼 읽어들일 때 수록된 문자열 길이보다 한 문자 더 많이 지정한다. 표 12-10은 fgets() 함수의 선언을 나타내고 있다.

표 12-10 fgets() 함수 선언

```
fgets(문자 배열, 읽어올 최대 문자수, 파일 포인터);
```

예제 12.3은 fgets() 함수의 사용 예를 나타내고 있다.

예제 12.3 fgets() 함수의 사용 예

```
#include <stdio.h>

void main()
{
  char c[20];      /* 문자열 배열 선언(한줄에 최대 20자까지 읽을 수 있음) */
  File *fp;                        /* 파일 포인터 선언 */

  fp = fopen("c:\\data.txt", "r") /* 읽기 모드로 파일 열기 */

  fgets(s, 19, fp);                /* 파일에서 내용 읽어오기 */

  printf("파일에서 읽은 문자열");
  puts(s);                         /* 화면에 문자열 출력 */

  fclose(fp);                      /* 파일 닫기 */
}
```

프로그램 실행 결과

```
파일에서 읽은 문자열 : File Read Sample
Press any key to continue
```

12.2.2 파일을 이용한 출력

파일을 이용한 출력 함수는 putc(), fputc(), fputs() 등이 있다.

1 putc(c, fp) 함수

putc() 함수는 파일로 한 문자를 출력하는 함수로써. 표 12-11은 putc() 함수의 선언을 나타내고 있다.

표 12-11 putc() 함수 선언

```
putc(c,fp)
```

표 12-11에서 c는 출력문자를 의미하고 fp는 오픈될 파일 포인터를 가리킨다.

예제 12.4는 putc() 함수의 사용 예를 나타내고 있다.

예제 12.4 putc() 함수의 사용 예

```
#include <stdio.h>

void main()
{
  int c;

  printf("복사 시작...\n");
  while("c=getc(stdin)") != EOF)  /* 표준 입력으로 문자를 입력 */
        putc(c, stdout);           /* 표준 출력으로 c를 출력 */
  printf("..복사 끝\n");
}
```

2 fputc(fp, "문자") 함수

fputc() 함수는 문자 한 개를 파일 fp에 써 넣을 때 사용하는 함수이다. 표 12-12는 fputs() 함수의 선언을 나타내고 있다.

표 12-12 fputs() 함수 선언

```
fputs(파일 포인터, “입력할 문자”);
```

3 fputs("문자열 혹은 변수",fp) 함수

fputs() 함수는 문자열을 파일 포인터 fp가 가리키는 위치에 써 넣는다. 문자열을 써 넣은 다음 파일 포인터 fp는 문자열 길이만큼 뒤로 이동한다. 표 12-13은 fputs()함수의 선언을 나타내고 있다.

표 12-13 fputs() 함수 선언

```
fputs(입력할 데이터, 파일 포인터);
```

예제 12.5은 키보드로부터 입력된 파일을 xdata에 써 넣는 fputs() 함수의 간단한 사용 예이다.

예제 12.5 fputs() 함수의 사용 예

```
#include <stdio.h>

void main()
{
  FILE *fp;
  char buff[256];
  fp= fopen("xdata", "w";);
  while(fgets(buff, 256, stdin))
        fputs(buff, fp);
  fclose(fp);
}
```

[12.3] 텍스트 파일과 이진 파일

C 언어에서 파일은 텍스트 파일(text file)과 이진 파일(binary file)로 구분된다. 이진 파일은 모니터나 프린터로 인쇄할 수 있는 문자와 인쇄할 수 없는 문자를 모두 포함한다. 반면, 텍스트 파일은 일반적으로 인쇄할 수 있는 문자들의 연속이며, 다음 행(줄)으로 이동하라는 의미를 가진 문자 \n(개행문자 또는 보통 LF 문자라고 부른다)으로 끝나는 문장들의 집합니다.

C 언어에서 문자 LF(Line-Feed,'\n')는 텍스트 파일로 저장될 때 약간의 변환 과정이 필요하다. 문자들의 흐름 즉, 스트림이 텍스트 파일로 쓰일 때는 LF 문자가 CR-LF(Carriage Return-Line Feed)의 쌍으로 변환되어 저장되고, 텍스트 파일의 CR-LF 문자 쌍이 스트림으로 읽혀질 때는 LF 문자로

변환된다. CR 문자는 보통 '\r'로 표현된다.

12.4 순차 파일과 랜덤 파일

파일은 처리방식에 따라 순차 파일과 랜덤 파일로 나눈다.

12.4.1 순차 파일(sequential file)

순차 파일은 자료가 생기는 순서대로 저장되고 저장된 자료는 차례대로 읽혀지기 때문에 파일 내의 어떤 자료를 수정할 때도 파일을 모두 읽어들여 필요한 부분을 수정하고, 다시 처음부터 디스크에 써 넣는다. 순차 파일은 자료 수가 적거나 자료 변동이 거의 없을 때 유리하며 가장 대표적인 예로써 fprintf() 함수와 fscanf() 함수가 있다.

1 fprintf() 함수

fprintf() 함수는 파일에 숫자를 출력하는 경우에는 서식을 지정할 수 있는 fprintf()를 사용하는 것이 더 편리하다. printf() 함수와 사용법이 도일하지만, 파일 포인터를 지정하는 부분이 다르다. 표 12-14는 fprintf()함수의 선언을 보여주고 있다. fprintf() 함수는 출력할 매개변수를 서식에 맞게 파일 포인터 fp에 출력한다.

표 12-14 fprintf() 함수 선언

```
fprintf(파일 포인터, "서식", 출력할 매개변수);
```

표 12-14의 간단한 사용 예는

```
fprintf(fp, "%d\n", hap);
```

와 같다. 예제 12.6은 fprintf() 함수의 사용 예를 나타내고 있다.

예제 12.6 fprintf() 함수의 사용 예

```
#include <stdio.h>

void main()
{
  File *fp;                          /* 파일 포인터 선언 */
  int hap = 0;                       /* 변수 선언 */
  int in, i;

  fp = fopen("c:\\data.txt", "w");     /* 쓰기 모드로 파일 열기 */

  for(i=0; i<5; i++)                  /* 5회 반복하여 파일 포인터에서 숫자를 */
  {                                  /* 읽어 합계를 누적 */
    printf("숫자 %d", i+1);
    scanf("%d", &in);
    hap = hap + in;
  }

  fprintf(fp, "합계 => %d\n", hap);      /* 합계 출력 */
  fclose(fp);                         /* 파일 닫기 */
}
```

프로그램 실행 결과

```
숫자 1 : 10
숫자 2 : 222
숫자 3 : 35
숫자 4 : 68
숫자 5 : 41

Press any key to continue
```

data.txt 파일의 내용

```
합계 =>376
```

예제 12.6은 data.txt를 열어 파일 포인터 fp메 숫자를 5회 반복하여 합계를 누적한 결과를 data.txt에 출력하는 예이다.

2 fscanf(fp, "서식", 입력 매개변수)

fscanf() 함수는 파일 포인터를 사용하는 것을 제외하고는 scanf()와 사용방법이 동일하다. 표 12-15은 fscanf() 함수의 선언을 나타내고 있다.

표 12-15 fscanf() 함수 선언

```
fgets(파워 포인트, “서식”, 입력할 매개변수들);
```

예제 12.7은 fscanf() 함수의 사용 예를 나타내고 있다.

예제 12.7 fscanf() 함수의 사용 예

```
#include <stdio.h>

void main()
{
  File *fp;                          /* 파일 포인터 선언 */
  int hap = 0;                       /* 변수 선언 */
  int in, i;

  fp = fopen("c:\\data.txt", "r")  /* 읽기 모드로 파일 열기 */

  for(i=0; i<5; i++)                 /* 5회 반복하여 파일 포인터에서 숫자를 */
  {                                  /* 읽어 합계를 누적 */
    fscanf(fp, "%d", &in);
    hap = hap + in;
  }

  printf(“합계 => %d\n", hap);       /* 합계 출력 */
  fclose(fp);                        /* 파일 닫기 */
}
```

프로그램 실행 결과

```
합계 => 650
Press any key to continue
```

12.4.2 랜덤 파일(random file)

랜덤 파일은 자료를 일정한 크기에 맞추어 저장한 다음 레코드 단위로 출력한다. 랜덤 파일은 파일 내의 어떤 자료를 수정하는 경우 원하는 레코드만 읽어들여 수정한 다음 다시 그 자리에 써 넣을 수 있다. 랜덤 처리를 위해 fprintf(), fseek(), fread(), ftell() 등의 함수를 사용한다.

1 fread() 함수

fread() 함수는 파일 포인터의 현재 위치에서 지정된 길이만큼 지정된 개수를 읽어들인다. fread() 함수는 파일의 끝이면 읽기를 멈춘다. 함수 값은 정상적으로 수행된 경우 읽어들인 개수, 에러나 파일 끝인 경우 0이 된다.

표 12-16은 fread() 함수의 선언을 나타내고 있다.

표 12-16 fread() 함수 선언

```
fread(변수, 길이, 개수, 파일 포인터 fp);
```

fread() 함수는 하나의 실수를 읽어들이도록 하기 위해서는

```
float  values;
 ...
 if (fread(&value, sizeof(float), 1, fpin) == 0)
       error();
```

처럼 사용해야 한다.

2 fseek() 함수

fseek() 함수는 파일 포인터의 위치를 변경하는 함수이다. fseek() 함수에서 상대 위치는 수치 다음에 'L'을 붙이고, 수식인 경우 붙이지 않는다. 표 12-17은 fseek() 함수의 선언을 나타내고 있다.

표 12-17 fseek() 함수 선언

```
fseek(파일 포인터 fp, 상대 위치, 모드);
```

표 12-18은 fseek() 함수의 모드 종류를 나타내고 있으며 모드 종류에는 3 가지가 있다.

표 12-18 fseek() 함수의 모드

모드	설명
0	파일 시작부터 상대 위치 계산
1	현재 파일 포인터부터 상태 위치 계산
2	파일 끝 부분부터 상대 위치 계산

예제 12.8의 모드를 fseek() 함수에 사용할 경우

```
fseek(fp, 3L, 0);      -- fp를 파일 시작 위치에서 3바이트 번째로 이동
fseek(fp, 9L, 1);      -- fp를 현재 위치에서 9바이트 이동
fssek(fp, -5L, 2);     -- fp를 파일 끝 에서 5바이트 앞으로 이동
```

처럼 사용할 수 있다.

예제 12.8은 fseek() 함수의 사용 예를 나타내고 있다. 예제 12.8에서 사용되는 데이터는 표 12-19의 데이터를 랜덤 파일 형식으로 디스크에 써 놓아야 한다.

표 12-19 랜덤 파일 형식에 사용될 데이터

이 름	주 소	전화번호
변영인	충북 청주	043-276-2253
강성구	대전 전민동	042-254-2536
김일수	충남 천안	042-254-5421

예제 12.8 fseek() 함수의 사용 예

```
#include <stdio.h>

void main()
{
  char name[14], addr[30], tel[15]
  int n;
  File *fp;                          /* 파일 포인터 선언 */

  fp = fopen("test.txt", "a+")      /* 읽기 모드로 파일 열기 */

  do {
       printf("\n번호 :");
       scanf("%d", &n);
       if (n<a)
            break;
       fssek(fp, 48*(n-1),0);  /* 읽어들일 파일 포인터 위치 */
                          /* (읽을 레코드 번호-1)*레코드당 바이트 수 */
       fgets(name, 14, fp); /* 문자 내부의 리턴 코드(\n)는 1바이트이지만 */
                     /* 디스크의 자료는 리턴 코드가 2바이트로 취급됨 */
       fgets(addr, 30, fp);
       fgets(tel, 15, fp);
       printf("이 름 : %s\n 주 소  : %s\n 전 화  : %s\n", name, addr, tel );
  } while(1)

  fclose(fp);                         /* 파일 닫기 */
}
```

프로그램 실행 결과

```
번 호 : 2
이 름 : 변영인
주 소 : 충북 청주
전 화 : 043-276-2253

번 호 : 1
이 름 : 강성구
주 소 : 대전 전민동
전 화 : 042-254-2536
```

```
번 호 : 3
이 름 : 김일수
주 소 : 충남 천안
전 화 : 042-254-5421
```

3 ftell() 함수

ftell() 함수는 현재 파일 포인터의 위치를 구할 때 사용한다. 표 12-20은 ftell() 함수의 선언을 나타내고 있다.

표 12-20 ftell() 함수 선언

```
ftell(파워 포인트);
```

예제 12.9는 file.txt에 저장되어 있는 파일 전체의 크기를 읽어오는 예제이다. 파일 포인터 fp를 파일 끝으로 선택한 뒤, ftell 함수를 통해서 파일 처음부터 fp 까지, 즉 파일 처음부터 끝까지의 바이트 수를 계산한다.

예제 12.9 ftell() 함수의 사용 예

```
#include <stdio.h>
int main ()
{
  FILE *fp;
  long size;

  fp = fopen ("file.txt","rb");      /* 이진 파일로 file.txt을 읽기 모드로 연다 */

  if (fp==NULL)
      perror ("Error opening file");
  else
  {
      fseek (fp, 0, SEEK_END);  /* 파일 포인터 fp 을 파일 끝으로 선택 */
      size=ftell(fp);
      fclose (fp);
      printf ("Size of file.txt: %ld bytes.\n",size);
  }
```

```
    return 0;
}
```

file.txt 내용

```
http://plh.ac.kr
```

프로그램 실행 결과

```
Size of file.txt: 16 bytes
Press any key to continue
```

연습문제

1) text.txt 파일로부터 문자를 읽어 화면에 출력하는 프로그램을 작성하시오.

2) text.txt 파일에 키보드로부터 입력된 문자열을 저장하는 프로그램을 작성하시오.

3) 문제 2에서 text.txt 파일에 저장된 문자열을 읽어드린 후 가나다순으로 정렬한 후에 결과를 화면에 출력하는 프로그램을 작성하시오.

4) 임의의 파일에 저장된 문자열을 모두 읽어 소문자를 대문자로 변환하여 출력하는 프로그램을 작성하시오.

5) 다음과 같이 정의된 구조체에 대하여 5명의 자료를 키보드로부터 입력받아 student.txt라는 파일로 저장하는 프로그램을 작성하시오.(fread() 및 fwrite() 함수를 이용)

```
struct student{
   name[12];
   address[50];
   tel[15];
};
```

6) 데이터를 가지고 있는 sample1.txt 파일을 sample2.txt 파일로 복사하는 프로그램을 작성하시오.

7) 다음 표의 형식대로 파일"sample.txt"에 저장하는 프로그램을 완성하시오.

이름	전화번호
강감찬	010-7852-4561
이순신	010-3521-7894
을지문덕	010-7854-3256

▶ sample.txt 파일

sample.txt - 메모장

파일(F) 편집(E) 서식(O) 보기(V) 도움말(H)

```
문상훈 015-2745-2233
이준영 016-0023-9983
박찬길 014-740-4502
```

⑧ 다음과 같은 물품의 품명과 단가를 배열에 초기화한 다음 판매한 각 물품의 수량을 입력하면 그림과 같이 물품의 판매현황 결과를 화면과 텍스트 파일 sale.txt에 출력하는 프로그램을 작성하시오.

품명	단가(원)
하드디스크(500GB)	135,000
CPU(Intel P5)	235,000
메인보드	122,000
모니터(17 LCD)	260,000
DVD-RW	73,500

▶ sale.txt

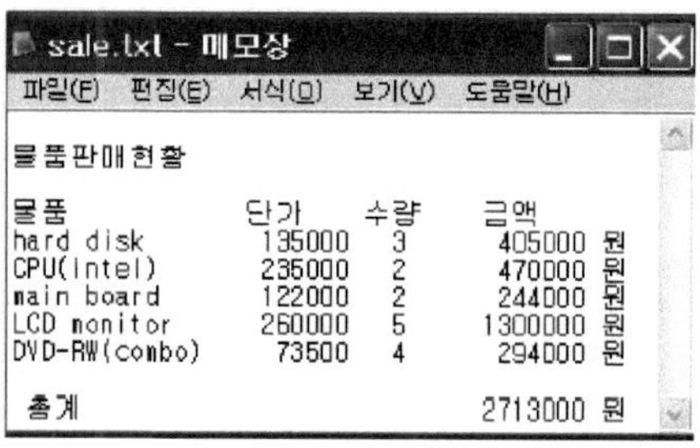

sale.txt - 메모장

파일(F) 편집(E) 서식(O) 보기(V) 도움말(H)

```
물품판매현황

물품            단가    수량    금액
hard disk      135000   3     405000 원
CPU(intel)     235000   2     470000 원
main board     122000   2     244000 원
LCD monitor    260000   5    1300000 원
DVD-RW(combo)   73500   4     294000 원

 총계                        2713000 원
```

⑨ 앞의 [연습문제 8]에 대해 판매한 각 물품의 수량을 입력하면 물품의 판매현황 결과를 화면과 이진 파일"sale.bin"에 출력하는 프로그램을 작성하시오.

10) 앞의 [연습문제 9]에 대해 출력을 원하는 block의 숫자를 입력하면 해당 block의 데이터를 랜덤 접근에 의해 출력하는 프로그램을 작성하시오.

▶ 결과화면

```
물품 판매 보고서

전체 block의 숫자는 5이다.
0을 입력하면 종료함

원하는 block의 숫자(1-5)를 입력하고 Enter >2
물품              단가          수량          금액
CPU(intel)        235000          2          470000  원

원하는 block의 숫자(1-5)를 입력하고 Enter >3
물품              단가          수량          금액
main board        122000          2          244000  원

원하는 block의 숫자(1-5)를 입력하고 Enter >0
```

Chapter 13

구조체와 공용체

제13장 구조체와 공용체

학습목표

- ▷ 구조체의 용도를 이해한다.
- ▷ 구조체와 배열을 혼합해서 사용하는 방법을 이해한다.
- ▷ 구조체와 포인터의 관계를 이해한다.

[13.1] 구조체의 개념

구조체는 int나 char 등의 기본 데이터 타입에 해당하는 여러 개의 변수를 하나의 변수 이름으로 조합하여 새로운 데이터 타입으로서 정의하는 것을 말한다. 일반적으로 구조체는 구조체에 사용되는 변수들이 서로 밀접한 연관을 갖고 있기 때문에 프로그램에서 구조체를 사용함으로써 프로그램을 훨씬 명료하고 디버깅하기 쉽게 만들 수 있다.

구조체는 int, char, float 등 기존의 자료 타입을 조합하여 새로운 형태의 자료 타입을 구성하기 때문에 흔히 구조형(struct type)으로도 불리우고 있다. 특히, 구조체에서 사용되는 구성요소는 배열에서 사용되는 구성요소와 차이가 있다. 다만, 그림 13-1처럼 배열은 내부에 포함된 각각의 구성단위로 배열 요소(array element)를 사용하지만 구조체는 하나의 구성단위를 멤버(member)라는 용어를 사용한다.

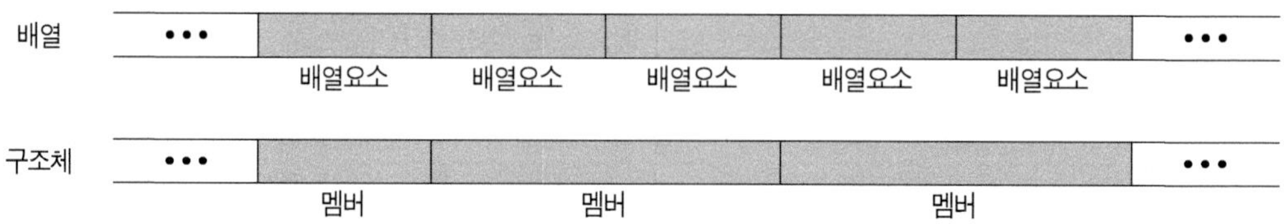

그림 13-1 배열과 구조체 구성요소 차이

그림 13-1에서 배열은 배열 요소들이 동형의(homogeneous) 자료들만이 묶여질 수 있지만 구조체에서는 멤버들이 이형의(heterogeneous) 자료들로 구성되며 이 멤버들이 하나로 모여서 그룹으로 묶어진다.

배열에서 사용되는 배열요소와 구조체에서 사용되는 멤버의 용어를 그림 13-2처럼 성적표를 예시로 비교하고 있다.

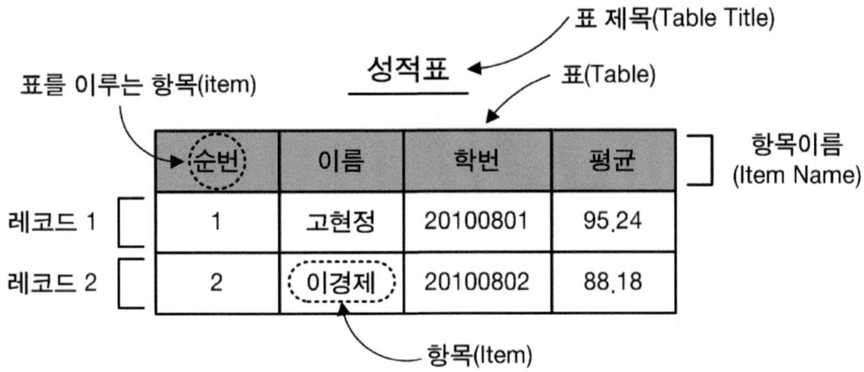

(a) 배열에서 사용되는 용어

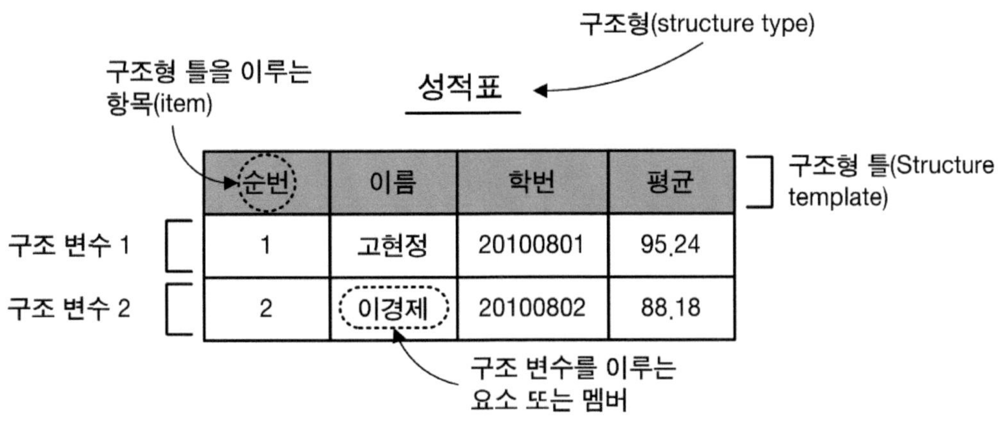

(b) 구조체에서 사용되는 용어

그림 13-2 표를 이용한 배열과 구조체의 용어 비교

배열을 구성하는 요소는 크게 레코드와 항목들로 구성되며 그림 13-2(a)에서 어떤 자료들로 구성되어 있는지 보여주는 첫 번째 줄을 배열에서는 항목 이름이라고 하고 그 구조에 맞추어 각각의 사람들의 자료를 레코드(Record)로 표현한다. 그리고 배열에서는 레코드를 구성하고 있는 하나하나의 자료들을 항목(Item)으로 표현한다. 반면 구조체를 표현한 그림 13-2(b)에서는 제목인 '성적표'를 구조형(structure type)이라고 정의하고 성적표 첫 번째 줄은 구조형 틀 이라고 한다. 구조체에서는 구조체에 맞추어 각각의 사람들의 자료를 구조 변수(structure variable)이라고 하고, 구조 변수를 구성하고 있는 하나하나의 자료들을 멤버(member)라고 한다. 구조체는 그림 13-2(a)처럼 구조형(structure type)과 구조 변수(structure type variable)을 통틀어서 일컫는다.

13.2 구조체의 선언 및 정의

구조체의 선언은 표 13-1처럼 선언되며, 표 13-1에서 태그는 새로운 타입의 이름이고 멤버는 구조체를 구성하는 변수명이다.

표 13-1 구조체 선언

```
struct    태그명 {
         데이터타입 멤버타입 1
         데이터타입 멤버타입 2
            ...
         데이터타입 멤버타입 n
};
```

구조체 선언의 사용 예는 다음과 같다.

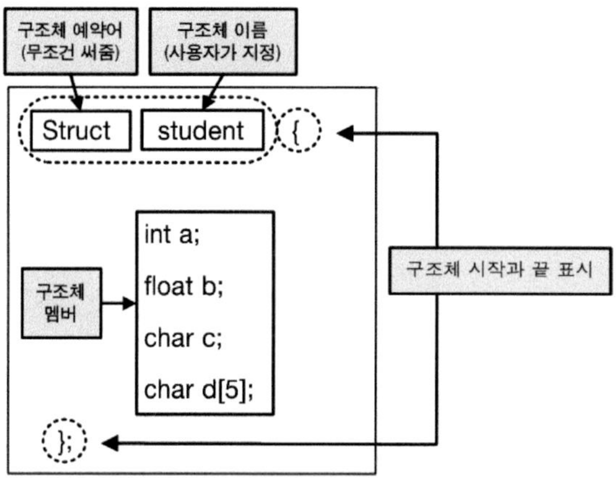

그림 13-3 구조체 선언 예

표 13-1의 구조체 선언 후 구체적 변수를 선언하지 않으면 사용할 수 없다. 실제로 사용하기 위해서는 구조체 선언을 한 student 타입의 변수명을 선언하고 필요한 메모리 영역을 확보해야 한다. 그림 13-3에서 정의된 student 타입 변수를 선언하기 위해서는 구조체 변수를 표 13-2처럼 선언한다.

표 13-2 구조체 변수 선언

```
[기억 클래스]  struct  태그명  변수명의 나열;
```

student 타입의 구조체 변수 선언 예는 그림 13-4와 같다.

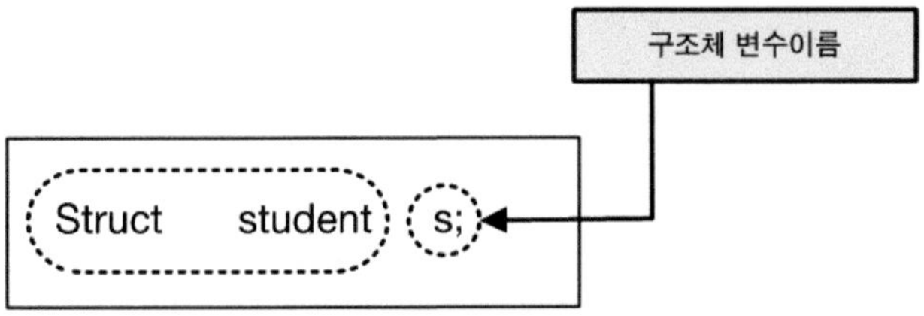

그림 13-4 구조체 변수 선언 예

그림 13-4의 구조체 변수에서 구조체 예약어(struct)와 구조체 이름(ex. student)은 구조체 선언에서 사용한 구조체 예약어와 구조체 이름이 동일해야 한다. 만일 2개의 변수를 동시에 선언하기 위해서는

```
struct  strudent s1, s1;
```

형식으로 선언해야 한다. 또한 구조체의 배열을 이용할 경우

```
struct  strudent s[100];
```

형식으로 선언해야 한다.

구조체로 선언된 변수는 일반 변수와 동일하게 취급된다. 일반 변수에 기억 클래스를 지정할 수 있는 것처럼 구조체 변수도 필요하다면 기억 클래스를 앞부분에 붙일 수 있으며 만약 필요 없다면 생략할 수 도 있다.

구조체 멤버의 사용은 그림 13-5와 같으며 구조체 멤버에 대입되는 값은 구조체 멤버를 선언한 데이터 타입에 맞는 값을 대입하여야 한다.

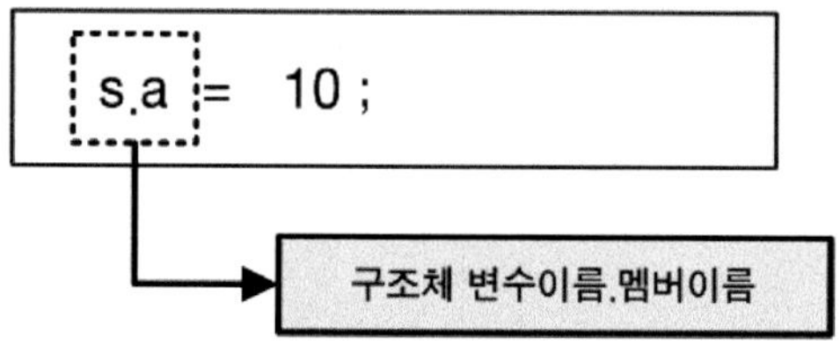

그림 13-5 구조체 멤버 사용 예

지금까지 설명한 구체체 문법 구조는 그림 13-6처럼 요약할 수 있으며 구조체를 만들기 위한 방법으로는 구조체 타입 선언, 구조체 변수 선언 그리고 구조체 멤버 사용 등의 3단계를 수행한다.

➲ 1 단계 : 구조체 타입 선언

- 구조체 예약어는 반드시 써줘야 한다.
- 구조체 이름은 사용자가 임의로 정의한다.
- 구조체의 시작과 끝에는 { 와 }를 사용한다.
- 구조체 멤버는 자료 타입에 맞는 멤버를 정의한다.

➲ 2 단계 : 구조체 변수 선언

- 구조체 예약어(struct)와 구조체 이름(ex. student)은 1단계 '구조체 선언'에서 사용한 구조체 예약어와 구조체 이름이 동일하여야 한다.
- 구조체 변수 이름은 사용자가 임의로 정의한다.

➲ 3단계 : 구조체 멤버 사용

- 구조체 멤버를 사용할 경우에는 구조체 변수이름과 멤버 이름 사이에 .을 사용한다. 여기서 .은 구조체 변수와 멤버를 참조하기 위해 사용되는 멤버 연산자이다.
- 멤버 연산자에는 . 와 -> 가 사용된다. 멤버 연산자 중 . 는 구조체 변수 실체의 멤버를 지정할 때 사용하며 ->는 구조체 변수를 포인터 표현했을 때의 멤버를 지정할 때 사용한다.

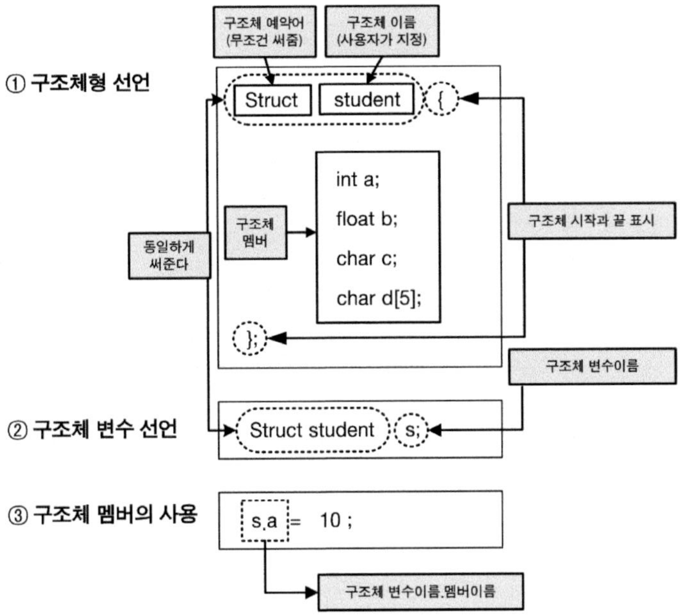

그림 13-6 구조체 문법 구조

그림 13-6은 구조체의 구조를 선언하고 나서 그 구조체를 갖는 변수를 선언하는 방법이지만 경우에 따라서는 구조체 구조의 선언과 변수의 선언을 동시에 해야 하는 경우가 있다.

다음의 예제는 그림 13-6에서 설명한 레코드 구조에 해당하는 예제이며, 이 예제를 통해서 구조체를 선언하고, 구조체 변수를 정의를 어떻게 사용되는지 알 수 있다.

예제 13.1 구조체 선언과 구조체 변수의 정의의 예와 실행 결과

```
#include <string.h>
#include <stdio.h>

 struct student {
    int a;
    float b;
    char c;
    char d[20]
};

void main()
{
  struct student s;
```

```
    s.a = 1;
    s.b = 0.1;
    s.c = 'A';
    strcpy(s.d, "ABC");

    printf(" s.a ==> %d \n", s.a);
    printf(" s.b ==> %f \n", s.b);
    printf(" s.c ==> %c \n", s.c);
    printf(" s.d ==> %s \n", s.d);
}
```

프로그램 실행 결과

```
s.a ==> 1
s.b ==> 0.1
s.c ==> A
s.d ==> ABC
press any key to continue
```

그림 13-7은 구조체의 구조의 선언과 변수 선언을 동시에 기술하는 경우이다.

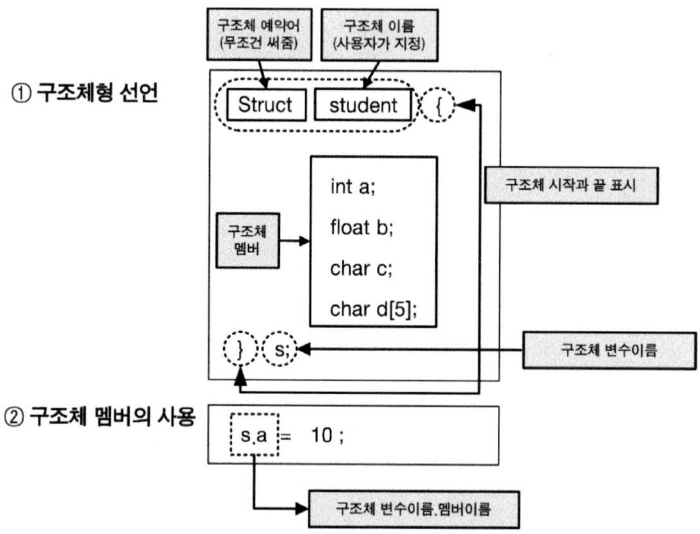

그림 13-7 구조체의 구조의 선언과 변수 선언

예제 13.2는 그림 13-7에서 설명한 레코드 구조에 해당하는 예제이며, 이 예제를 통해서 구조체의 구조 선언과 변수 선언을 동시에 어떻게 사용되는지 알 수 있다.

예제 13.2 구조체 선언과 구조체 변수의 정의의 예와 실행 결과

```
#include <string.h>
#include <stdio.h>

 struct student {
    int a;
    float b;
    char c;
    char d[20]
} s;

void mail()
{
  s.a = 1;
  s.b = 0.1;
  s.c = 'A';
  strcpy(s.d, "ABC");

  printf(" s.a ==> %d \n", s.a);
  printf(" s.b ==> %f \n", s.b);
  printf(" s.c ==> %c \n", s.c);
  printf(" s.d ==> %s \n", s.d);
}
```

프로그램 실행 결과

```
s.a ==> 1
s.b ==> 0.1
s.c ==> A
s.d ==> ABC
press any key to continue
```

13.3 구조체의 초기화 및 사용방법

일반적으로 C 프로그램에서 구조체를 초기화하는 방법에는 구조체 변수 초기화 방법, 구조체 선언 시 초기화 방법, 배열의 초기화 방법 등 3가지 방법이 있다. 구조체를 초기화하기 위해서는 구조체를 선언할 때 각 멤버에 대응하는 초기값을 { }안에 나열해야한다.

구조체 초기화를 위해 사용되는 구조체의 선언과 변수 선언은 다음과 같다.

```
  struct student{
  char name[10];     학생 이름;
  int korea;          과목명 1(한국어);
  int math;           과목명 2(수학);
};

struct student S;
```

구조체 선언 시 초기화할 수 있는 방법은 구조체 변수 초기화 방법, 구조체 선언 시 초기화 방법, 배열의 초기화 방법 등이 있다. 구조체 선언 시 초기화하는 방법의 사용 예는 다음과 같다.

1 구조체 변수 초기화

구조체 변수를 초기화하는 방법은 표 13-3과 같다.

표 13-3 구조체 변수 초기화

```
 struct student{
        int no;              /* 학번 */
        char name[20];       /* 이름 */
        float score;         /* 점수 */
        int rank;            /* 석차 */
};

struct student s={200312008, "고연정", 91.9,  1};
```

다음의 예제는 표 13-3의 구조체 변수를 초기화하고 각 멤버에 저장된 값을 참조하는 방법에 대한 예제이다.

예제 13.3 구조체 변수의 초기화 및 참조의 예와 실행결과

```
#include <string.h>
#include <stdio.h>

struct student {
   int no;                /* 학번 */
   char name[20];        /* 이름 */
   float score;           /* 점수 */
   int rank;             /* 석차 */
};

void main()
{
  struct student s={201012008, "고연정", 91.9, 1};

  printf("\n   학번      이름      점수       석차");
  printf("\n  ================================");
  printf("\n   %d    %s    %4.1f    %d   \n,
           s.no, s. name, s.score, s.rank);
}
```

프로그램 실행 결과

```
  학번          이름      점수     석차
=================================
  201012008   김소영   91.9      1
```

2 구조체 선언 시 초기화

구조체 선언시 초기화하는 방법은 표 13-4과 같다.

표 13-4 구조체 변수 초기화

```
struct student{
       int no;                /* 학번 */
       char name[20];        /* 이름 */
       float score;           /* 점수 */
       int rank;             /* 석차 */
} s={200312008, “고연정”, 91.9,  1};
```

다음의 예제는 표 13-4의 구조체 변수를 초기화하고 각 멤버에 저장된 값을 참조하는 방법에 대한 예제이다.

예제 13.4 구조체 변수의 초기화 및 참조의 예와 실행결과

```
#include <string.h>
#include <stdio.h>

struct student {
   int no;                  /* 학번 */
   char name[20];         /* 이름 */
   float score;             /* 점수 */
   int rank;                /* 석차 */
}s={201012008, "고연정", 91.9, 1};

void main()
{
  printf("\n  학번    이름    점수    석차“);
  printf("\n  ================================“);
  printf("\n  %d   %s   %4.1f   %d   \n,
           s.no, s. name, s.score, s.rank);
}
```

프로그램 실행 결과

```
  학번        이름    점수   석차
==================================
 201012008  김소영  91.9    1
```

3 배열의 초기화

구조체 배열의 초기화하는 방법은 표 13-5와 같다.

표 13-5 구조체 배열의 초기화

```
struct student{
        int no;                  /* 학번 */
        char name[20];         /* 이름 */
```

```
        float score;            /* 점수 */
        int rank;               /* 석차 */
} ;

  struct student s[4]={          /* 첨자 생략 가능*/
{200312001, "나미", 90.2,  3},      /* 여기서 첨자 생략하면 4로 간주한다 */
{200312003, "박남정", 80.8,  2},
{200312005, "최불암", 85.5,  4},
{200312008, "고연정", 91.9,  1}
};
```

다음의 예제는 표 13-5의 구조체 변수를 초기화하고 각 멤버에 저장된 값을 참조하는 방법에 대한 예제이다.

예제 13.5 구조체 배열의 초기화 및 참조의 예와 실행결과

```
#include <string.h>
#include <stdio.h>

struct student {
   int no;                  /* 학번 */
   char name[20];          /* 이름 */
   float score;             /* 점수 */
   int rank;               /* 석차 */
};

void main()
{
 struct student s[4]={
   {200312001, "나미", 90.2,  3},
   {200312003, "박남정", 80.8,  2},
   {200312005, "최불암", 85.5,  4},
   {200312008, "고연정", 91.9,  1}
 };

 int i;

 printf("\n  학번      이름      점수       석차");
 printf("\n  ================================");
```

```
    for(i=0; i<=4; ++i)
        s[i].no, s[i].name, s[i].score, s[i].rank);
}
```

프로그램 실행 결과

```
  학번        이름      점수    석차
==================================
200312001     나미      90.2     3
200312003    박남정     80.8     2
200312005    최불암     85.5     4
200312008    고연정     91.9     1
```

구조체 변수의 멤버를 참조하기 위해서는 구조체 멤버 연산자를 이용한다. 구조체 멤버 연산자는 구조체 변수 이름 뒤에 점을 찍고 멤버명을 기술하는 방식으로 사용한다. 구조체 멤버 연산자는 표 13-6과 같이 "."과 "->"가 있다.

표 13-6 멤버 연산자

멤버 연산자	설명
.	구조체 변수 실체의 멤버를 지정한다.
->	구조체 변수를 포인터 표현했을 때의 멤버를 지정한다.

멤버 연산자 중 "."는 도트 연산자라고 하며, 이 연산자는 구조체 변수 자체의 멤버를 지정할 때 이용한다. 예를 들어 변수 s의 멤버인 score에 91을 대입하면

```
struct student s;
s.score = 91;
```

가 된다. 또한 그 값을 출력하려면

```
printf("%d\n", s.score);
```

가 된다. 멤버명과 일반 변수는 동일해도 지정 방법이 다르기 때문에 충돌이 발생하지 않는다. 예를 들면

```
struct student s;
int score
s.score = 91;
score = s.score;
score = 90
```

같은 예 에서 "s.score"와 int 타입 변수 "score"는 전혀 다른 것으로 취급되어 다음과 같은 출력문으로 score을 출력하면 결과값은 90이 된다.

```
printf("%d\n", score);
```

예제 13.6 도트 연산자 사용 예

```
#include <string.h>
#include <stdio.h>

struct student {
   int no;                  /* 학번 */
   char name[20];          /* 이름 */
   float score;             /* 점수 */
   int rank;               /* 석차 */
};

void main()
{
  struct student s;
    s.no = 200312001;
    strcpy(s.name, "박남정");
    s.score = 85.5 ;
    s.rank =1;

  printf("학번: %d\n", s.no);
  printf("이름: %s\n", s.name);
  printf("점수: %f\n", s.score);
  printf("석차: %d\n", s.rank);
}
```

프로그램 실행 결과

```
학번 : 200312001
이름 : 박남정
점수 : 85.5
석차 : 1
```

멤버 연산자 중 '->'는 애로우 연산자라고 하며, 이 연산자는 구조체 포인터에 의해 멤버를 참조할 때 이용한다. 예를 들어 구조체를 다음과 같이 선언하면

```
struct student s;
struct student *sp = &s;
```

라고 선언하면 포인터 sp는 구조체 변수 s의 시작 주소값을 가리킨다.

포인터 sp를 이용하여 멤버를 지정할 경우 도트 연산자를 사용할 수도 있다. *sp라고 하면 값을 나타내므로 도트 연산자로 멤버를 참조할 수 있다. 멤버 연산자 '.'의 우선순위가 '*'보다 높기 때문에

```
*sp.no = 200312001;
```

라고 하면 컴파일러는 *(sp.no) = 200312001; 처럼 해석하기 때문에 오류가 발생되게 된다. 오류가 발생되지 않기 위해서는

```
*(sp).no = 200312001;
```

로 작성되어야 한다.

애로우 연산자를 이용한 예는 예제 13.7과 같다.

예제 13.7 애로우 연산자 사용 예

```
#include <string.h>
#include <stdio.h>

struct student {
```

```
    int no;                 /* 학번 */
    char name[20];          /* 이름 */
    float score;            /* 점수 */
    int rank;               /* 석차 */
};

void main()
{
 struct student s;
 struct student *sp = &s;     /* 포인터 sp에 s의 시작 주소값을 설정 */
    s->no = 200312001;
    strcpy(s->name, "박남정");
    s->score = 85.5 ;          /* 도트 연산자를 사용할 경우 (*s).score = 85.5,
    s->rank =1;                   (*s).rank =1 으로 작성되어야 한다. */

 printf("학번: %d\n", s->no);
 printf("이름: %s\n", s->name);
 printf("점수: %f\n", s->score);
 printf("석차: %d\n", s->rank);
 }
```

프로그램 실행 결과

```
학번 : 200312001
이름 : 박남정
점수 : 85.5
석차 : 1
```

[13.4] 구조체 배열

구조체 배열은 일반 변수처럼 구조체 변수 정의문에서 변수명 뒤에 배열을 의미하는 괄호 [ ]와 괄호 [ ] 안에 배열 요소의 수를 기술하면 된다. 구조체 배열에서 배열 요소에 속한 멤버를 지정하는 방법은 표 13-7과 같다.

표 13-7 구조체 배열 형식

```
구조체 배열명 [배열 요소수].멤버명
```

예를 들어, 구조체 배열에 "나비" 학생의 점수를 지정하려면 s[0].score로 기술하여야 하며, "박남정" 학생의 석차를 지정하려면 s[1].rank로 기술하면 되고, "최불암" 학생의 학번을 지정하려면 s[2].no로 기술하면 된다. 구조체 배열 s의 형태를 선언하면 그림 13-8과 같으며, 구조체 배열을 표로 표시하면 표 13-8과 같다.

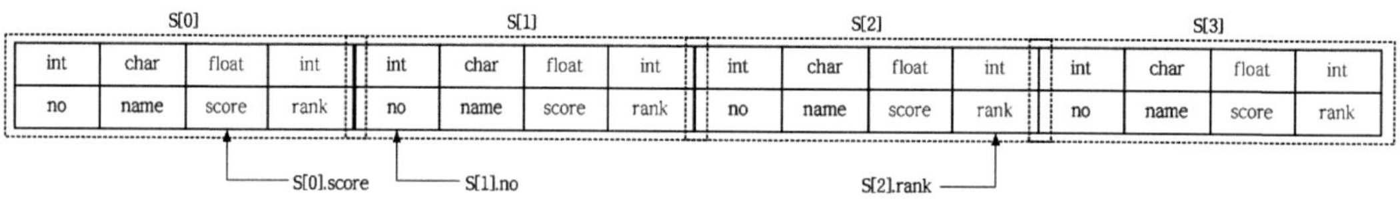

그림 13-8 구조체 배열 s의 형태 선언

표 13-8 구조체 배열 s의 형태

s[0] →	200312001	"나미"	90.2	2
s[1] →	200312003	"박남정"	80.8	3
s[2] →	200312005	"최불암"	85.5	4
s[3] →	200312008	"고연정"	91.9	1

구조체 변수가 배열을 사용하는 방법은 일반 변수가 배열을 사용하는 방법과 크게 다르지 않다. 이것은 일반 변수가 배열을 사용하는 것처럼 구조체 변수 또한 배열을 사용할 수 있다. 구조체 변수가 배열을 사용하는 것을 좀 더 이해하기 쉽게 하기 위해서 일반 변수가 배열을 사용하는 방법과 구조체 변수가 배열을 사용하는 방법을 각각 예제 13.8과 예제 13.9에서 보여주고 있다. 다음 예제 13.8은 구조체를 사용하지 않고 일반 배열을 사용하는 예이다.

예제 13.8 구조체 배열을 사용하지 않은 예

```
#include <stdio.h>

int main()
{
  int no[3];              /* 학번 */
  char name[3][20];       /* 이름 */
  float score[3];         /* 점수 */
  int rank[3];            /* 석차 */

  int i

  no[0] = 200312001 ;
  strcpy(name[0], "나미");
  score[0] =  90.2;
  rank[0] = 3;

  no[1] = 200312003 ;
  strcpy(name[1], "박남정");
  score[1] =  80.8;
  rank[1] = 2;

  no[2] = 200312005 ;
  strcpy(name[2], "최불암");
  score[2] =  85.5;
  rank[2] = 4;

  no[3] = 200312008 ;
  strcpy(name[3], "고연정");
  score[3] =  91.9;
  rank[3] = 1;

  for(i=0, i<3;i++)
  {
    printf("학번: %d\n", no[i]);
    printf("이름: %s\n", name[i]);
    printf("점수: %f\n", score[i]);
    printf("석차: %d\n", rank[i]);
    printf("\n");
  }
}
```

프로그램 실행 결과

```
학번 : 200312001
이름 : 나미
점수 : 90.2
석차 : 3

학번 : 200312003
이름 : 박남정
점수 : 80.8
석차 : 2

학번 : 200312005
이름 : 최불암
점수 : 85.5
석차 : 4

학번 : 200312008
이름 : 고연정
점수 : 91.9
석차 : 1

Press any key to continue
```

예제 13.9는 일반 변수를 배열로 사용한 것을 구조체 배열로 변환한 예제이며, 예제 13.9를 보면 알 수 있듯이 예제 13.8보다 훨씬 논리적으로 표현되어 있다. 예제 13.9는 데이터에 접근하기 위해서 표 13-7처럼 "구조체 배열명 [배열 요소수].멤버명"와 같이 사용하고 있다.

예제 13.9 예제 13.8을 구조체 배열로 표현한 예

```
#include <string.h>
#include <stdio.h>

struct student {
   int no;              /* 학번 */
   char name[20];       /* 이름 */
   float score;         /* 점수 */
   int rank;            /* 석차 */
};
```

```
void main()
{
  struct student s;

  int i;

  s[0].no = 200312001;
  strcpy(s[0].name, "나미");
  s[0].score = 90.2 ;
  s[0].rank = 3;

  s[1].no = 200312003;
  strcpy(s[1].name, "박남정");
  s[1].score = 80.8 ;
  s[1].rank = 2;

  s[2].no = 200312005;
  strcpy(s[2].name, "최불암");
  s[2].score = 85.5 ;
  s[2].rank = 4;

  s[3].no = 200312003;
  strcpy(s[3].name, "고연정");
  s[3].score = 91.9 ;
  s[3].rank = 1;

   printf("-- 구조체 배열 --\n");

   for(i=0; i< 3; i++)
   {
     printf("학번: %d\n", s[i].no);
     printf("이름: %s\n", s[i].name);
     printf("점수: %f\n", s[i].score);
     printf("석차: %d\n", s[i].rank);
     printf("\n");
   }
 }
```

프로그램 실행 결과

```
-- 구조체 배열 --
학번        이름      점수    석차
=================================
학번 : 200312001
이름 : 나미
점수 : 90.2
석차 : 3

학번 : 200312003
이름 : 박남정
점수 : 80.8
석차 : 2

학번 : 200312005
이름 : 최불암
점수 : 85.5
석차 : 4

학번 : 200312008
이름 : 고연정
점수 : 91.9
석차 : 1

Press any key to continue
```

[13.5] 구조체와 포인터

구조체에서는 일반 변수와 마찬가지로 구조체 변수가 포인터를 사용할 수 있도록 하고 있다. 그림 13-9는 일반 포인트 변수가 일반 변수의 주소값을 나타내는 것처럼 구조체 포인터 변수도 구조체의 주소값을 갖도록 나타내고 있는 것을 보여주고 있다.

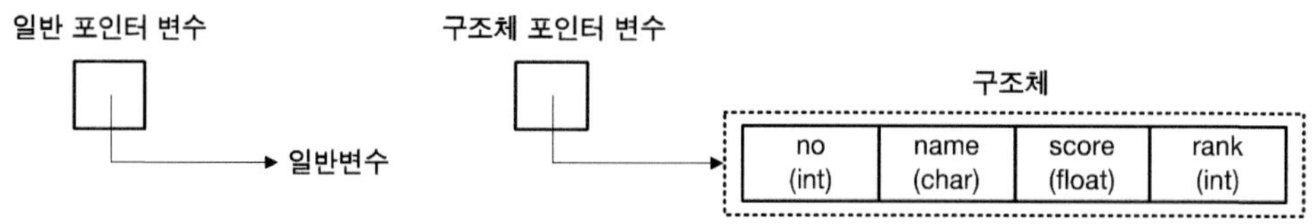

그림 13-9 일반 포인터 변수와 구조체 포인터 변수

그림 13-9처럼 일반 포인터와 구조체 포인터는 변수에 값을 대입하는 방법에서 차이가 있다. 일반 포인터 변수에서는 포인터 변수에 실제값을 넣을 때 *s처럼 포인터를 사용하지만 구조체 포인터 변수에서는 멤버 변수에 실제값을 넣기 위해서 '->' 연산자를 사용해 'p->score' 과 같은 형태를 사용한다.

표 13-9 일반 포인터 변수와 구조체 포인터 변수 사용 예

<table>
<tr><th>일반 포인터 변수를 사용할 경우</th><th>구조체 포인터 변수를 사용할 경우</th></tr>
<tr><td><pre>float score;
float* s1;
s1 = &score;
*s1 = 94.8</pre></td><td><pre>struct student {
    int no;   /*
    char name[20];
    float score;
    int rank;
};

struct student s1;
struct student *s2;

s2 = &s1;

s2->score = 94.8;</pre></td></tr>
</table>

예제 13.10은 구조체 포인터를 사용한 예를 보여주고 있다. 예제 13.10에서 보는 것처럼 변수에 값을 입력하기 위해서는 '구조체변수.멤버이름' 형식(s.score) 대신 '구조체 포인터 변수-> 멤버이름'과 같은 형식(s->score)을 사용해야 한다.

예제 13.10 구조체 포인터를 사용한 예

```
#include <stdio.h>

struct student {             /* 구조체 타입 선언 후 멤버 변수 선언 */
   int no;                  /* 학번 */
   char name[20];           /* 이름 */
   float score;             /* 점수 */
   int rank;                /* 석차 */
};

void main()
{
   struct student s;            /* 구조체 변수 s 선언 */
```

```
    struct student *p;          /* 구조체 포인터 변수 p 선언 */

    p = &s;                    /* 포인터에 s의 주소 대입 */

   &p->no = 200312001;
   strcpy(p->name, "나미");
   &p->score = 90.2 ;
   &p->.rank = 3;

    printf("-- 구조체 포인터 활용 --\n");
    printf("======================\n")
    printf("학번: %d\n", p->no);
    printf("이름: %s\n", p->name);
    printf("점수: %f\n", p->score);
    printf("석차: %d\n", p->rank);
    printf("\n");
   }
```

프로그램 실행 결과

```
 -- 구조체 포인터 활용 --
========================
학번 : 200312001
이름 : 나미
점수 : 90.2
석차 : 3

Press any key to continue
```

[13.6] 구조체와 함수

구조체에서는 변수나 포인터처럼 데이터를 함수의 인자로 사용할 수 있으며, 함수의 결과값 또한 구조체로 반환할 수 있다. 구조체를 함수의 인자로 사용할 경우에는 구조체 변수, 구조체 배열 그리고 구조체 포인터로 사용할 수 있으며, 함수 인자의 데이터 타입은 구조체 타입으로 선언하여 사용 가능하다.

구조체 템플릿, 구조체 변수 둘 다 외부에 있는 경우

구조체 변수는 외부 스토리지 클래스이기 때문에 모든 함수 내에서 구조체 변수의 각 멤버를 참조가능하고 함수의 인수 문제는 상관없다.

예제 13.11 구조체 템플릿, 구조체 변수 둘 다 외부에 있는 경우를 사용한 예

```
#include <stdio.h>

struct student {              /* 구조체 타입 선언 후 멤버 변수 선언 */
   int no;                   /* 학번 */
   char name[20];           /* 이름 */
   float score;              /* 점수 */
   int rank;                /* 석차 */
} s;

void main()
{
  in();
  printf("\n 학번     이름     점수     석차 \n");
  printf("================================\n")
  printf("   %d     %s      %f      %d\n", s.no, s.name, s.score, s.rank);
}

in()
{
  int n, ra;
  char na[20];
  float sc;
  printf("학번  이름  점수  석차를 입력하세요 > ");
  scanf("%d %s %f %d", &n, na, &sc, &ra);

  s.no = n;
  s.name = *na;
 s.score = sc;
 s.rank = ra;
  }
```

프로그램 실행 결과

```
학번  이름  점수  석차를 입력하세요 > 200312001   나미    90.2    3

  학번       이름     점수     석차
200312001    나미     90.2      3

Press any key to continue
```

구조체 템플릿은 외부에, 구조체 변수가 내부에 있는 경우

구조체 템플릿이 외부에 있는 경우에는 어떤 함수에서도 이 템플릿을 참조할 수 있다. 그러나 구조체 변수가 내부에 있기 때문에 구조체 변수들은 그 함수 내에서만 참조 가능하다. 이 때 구조체 변수는 auto가 된다. 만약 값을 보존하거나 초기화할 경우에는 static을 앞에 지정해야 한다.

예제 13.12 구조체 템플이 외부에, 구조체 변수가 내부에 있는 경우를 사용한 예

```
#include <stdio.h>

struct student {            /* 구조체 타입 선언 후 멤버 변수 선언 */
   int no;                  /* 학번 */
   char name[20];           /* 이름 */
   float score;             /* 점수 */
   int rank;                /* 석차 */
};

void main()
{
  struct list s;            /* 내부에서 구조체 변수 s 선언 */
  in(&s);
  printf("\n 학번     이름     점수     석차 \n");
  printf("================================\n")
  printf("   %d     %s     %f     %d\n", s.no, s.name, s.score, s.rank);
}

in(s1)
struct list *s1;     /* 가인수 s1은 list 타입 구조체의 포인터 */
{
  int n, ra;
  char na[20];
```

```
  float sc;
  printf("학번  이름  점수  석차를 입력하세요 > ");
  scanf("%d %s %f %d", &n, na, &sc, &ra);

  s.no = n;
  s.name = *na;
  s.score = sc;
  s.rank = ra;
  }
```

프로그램 실행 결과

```
학번  이름  점수  석차를 입력하세요 > 200312001    나미    90.2    3

  학번       이름     점수     석차
200312001    나미     90.2      3

Press any key to continue
```

구조체 템플릿, 구조체 변수 모두 내부에 있는 경우

구조체 템플릿과 구조체 변수 모두가 내부에 있을 경우 참조 범위는 함수 내에 국한되고 구조체의 템플릿은 다른 함수로부터 참조할 수 없다. 호출된 함수에서는 멤버 타입에 포인터 선언을 하고 선언된 포인터를 사용하여 변수의 각 멤버에 값을 지정한다.

예제 13.13 구조체 템플, 구조체 변수 모두 내부에 있는 경우를 사용한 예

```
#include <stdio.h>

main()
{
struct student {              /* 구조체 타입 선언 후 멤버 변수 선언 */
   int no;                  /* 학번 */
   char name;         /* 이름 */
   float score;             /* 점수 */
   int rank;               /* 석차 */
 } s;

  in(&s.no, &s.name, &s.score, &s.rank);          /* 변수의 각 멤버의 번지를
```

```
    printf("\n 학번     이름     점수     석차 \n");   넘겨주고 있음 */
    printf("================================\n")
    printf("   %d     %s     %f     %d\n", s.no, s.name, s.score, s.rank);
  }

  in(n1, na1, sc1, ra1)
  int *n1, *ra1;
  char *na1;        /* 각 멤버의 타입에 따라서 포인터 선언 */
  float sc1;
  {
    int n, ra;
    char na[20];
    float sc;
    printf("학번  이름  점수  석차를 입력하세요 > ");
    scanf("%d %s %f %d", &n, na, &sc, &ra);

    *n1 = n;
    *na1 = *na;
    *sc1 = sc;
    *ra1 = ra;
    }
```

프로그램 실행 결과

```
학번  이름  점수  석차를 입력하세요 > 200312001    나미    90.2    3

   학번       이름     점수     석차
200312001    나미     90.2      3

 Press any key to continue
```

구조체의 배열을 함수에 넘기는 경우

구조체 배열을 함수로 넘겨주는 경우는 기본적으로 변수의 번지를 인수로 하여 다른 함수에 넘겨주게 된다. 여기서 배열명은 배열의 최초 원소의 번지를 나타내며 배열의 다음번 요소로 포인터를 옮겨가지 않으면 안 된다. 배열명은 상수이므로 스스로 증가할 수 없으므로 포인터 변수를 별개로 설치하여 배열명을 이 포인터에 지정한다. 이 포인터는 보통 구조체의 포인터라고 불리우며 그 포인터를 증가시켜서 배열의 다음 요소들을 가리키게 한다.

예제 13.14 구조체의 배열을 함수에 넘기는 경우를 사용한 예

```
#include <stdio.h>

#define SIZE 100
#define LIST struct list
LIST {
      int no;                /* 학번 */
      char name;             /* 이름 */
      float score;           /* 점수 */
      int rank;              /* 석차 */
 };

main()
 {
  int i, key;
  LIST man[SIZE];        /* man[100]이 구조체 배열임을 선언 */
  LIST *pm = man ;     /* 구조체의 포인터 pm의 선언과 pm의 값이 */
                       /* 초기값이 man의 최초 번지를 지정함    */
  for ( i = 0 ; i < SIZE; i++) {
    inpt(pm++);  /* 함수 inpt()에 포인터 pm을 넘기고 나서 pm을 하나 증가 */

  printf("\n 계속은 - 0, 끝낼때는 - 9 ---“);
  scanf("%d", &key);
  if  (key == 9) {
     i++; break;  /* for loop df qjtdjska*/
  }
 }
  printf(" 입력 --  끝~ \n");
  prnf(man, i-1); /* 함수 prnt()를 호출시 man[] 배열의 첫 번째 요소 번지를 */
                 /*  함수 prnt()에 넘겨주고 있음 */
inpt(pman)
LIST *pman;
{
  int n, ra;
  char na[20];
  float sc;

  printf("학번  이름  점수  석차를 입력하세요 > ");
  scanf("%d %s %f %d", &n, na, &sc, &ra);

  pman->no = n;
```

```
    pman->name = *na;
    pman->score = sc;
    pman->rank = ra;
    }

  prnt(array, bs)
  LIST *array;
  int bz;
  {
    int j;
    printf("학번       이름       점수       석차 ");
    printf("==================================\n");

    for(  j = 0; j <= bz;  j++)
    printf("%2d    %s   %f   %2d\n", array[j].no, array[j].name,
           array[j].score, array[j].rank);
  }
```

프로그램 실행 결과

```
학번  이름  점수  석차를 입력하세요 >   200312001    나미    90.2     3

계속은 - 0, 끝날 때는 - 9 --- 9
입력 -- 끝!

  학번        이름      점수   석차
================================
200312001    나미     90.2     3

 Press any key to continue
```

함수값으로서 포인터를 되돌려 보내는 경우

함수의 인자로 구조체 포인터를 사용하는 방법은 구조체 변수를 이용하는 방법과 달리 주소에 의한 전달(call by address) 방법을 사용하는 것과 같다. 구조체 포인터를 함수의 인자로 사용할 때 호출된 함수의 변화는 구조체에 직접적인 영향을 줄 수 있다. 인자로 포인터를 사용할 때는 다음 예제와 같이 구조체 변수에 대해 주소 연산자를 사용하거나 포인터 변수를 사용할 수 있다. 예제 13.15는 함수값으로서 포인터를 되돌려 보내는 예를 보여주고 있다.

예제 13.15 함수값으로서 포인터를 되돌려 보내는 경우를 사용한 예

```
#include <stdio.h>

#define SIZE 100
#define LIST struct list
LIST {
      int no;                  /* 학번 */
      char name;               /* 이름 */
      float score;             /* 점수 */
      int rank;                /* 석차 */
 };

main()
 {
  int i;
  char *inpt(), *sl;
  LIST man[SIZE];        /* man[100]이 구조체 배열임을 선언 */
  LIST *pm = man ;     /* 구조체의 포인터 pm의 선언과 pm의 값이 */
                        /* 초기값이 man의 최초 번지를 지정함   */
  for ( i = 0 ; i < SIZE; i++) {
      s1 = inpt(pm++);
      if (!strcmp(s1, "end")) {    /* 입력 문자열과 “end”가 같은지 비교 */
               i++;  break;
       }
   }
  printf("입력 끝\n“);
  prnt(man, i-1);
 }

 char *inpt(pman) /* 되돌려주는 값이 char에 포인터임을 선언*/
 LIST *pman;
 {
    static char wd[40];
    int no, rank;
    char name;
    float score;

  printf("학번  이름  점수  석차를 입력하세요 > ");
  scanf("%d %s %f %d", &n, na, &sc, &ra);

  pman->no = n;
```

```
    pman->name = *na;
    pman->score = sc;
    pman->rank = ra;

    printf("\n 끝내려면 end라고 입력하세요."); /* main() 에 포인터를 되돌림 */
    scanf("%s",wd);  /* scanf()에 의해서 입력된 문자열의 포인터(번지)를    */
    return(wd);      /* main()에 반환 s1 = inpt(pm++);으로
  }

  prnt(array, bz)
  LIST *array;
  int bz;
  {
    int j;
    printf("학번        이름        점수        석차 ");
    printf("==================================\n");

    for(  j = 0; j <= bz;  j++)
    printf("%2d    %s    %f    %2d\n", array[j].no, array[j].name,
           array[j].score, array[j].rank);
  }
```

프로그램 실행 결과

```
학번  이름  점수  석차를 입력하세요 >    200312001    나미    90.2    3

끝내려면 end라고 입력하세요. 끝
입력 -- 끝!

  학번        이름      점수   석차
==============================
200312001    나미     90.2     3

 Press any key to continue
```

함수값으로서 구조체의 포인터를 되돌려 보내는 경우

함수의 인자로 구조체 포인터를 사용하는 방법은 구조체 변수를 이용하는 방법과 달리 주소에 의한 전달(call by address) 방법을 사용하는 것과 같다. 구조체 포인터를 함수의 인자로 사용할

때 호출된 함수의 변화는 구조체에 직접적인 영향을 줄 수 있다. 인자로 포인터를 사용할 때는 다음 예제와 같이 구조체 변수에 대해 주소 연산자를 사용하거나 포인터 변수를 사용할 수 있다. 예제 13.16은 함수값으로서 구조체의 포인터를 되돌려 보내는 예이다.

예제 13.16 함수값으로서 구조체의 포인터를 되돌려 보내는 경우를 사용한 예

```
#include <stdio.h>

#define SIZE 100
#define LIST struct list
LIST {
      int no;                 /* 학번 */
      char name;              /* 이름 */
      float score;            /* 점수 */
      int rank;               /* 석차 */
      struct list *nextpt;
 } a= { 200312001, "나미", 90.2, 3 },
   b= { 200312003, "박남정", 80.8, 2 },
   c= { 200312005, "최불암", 85.5, 4 },
   d= { 200312008, "고연정", 91.9, 1 },
   *ptr;

main()
 {
  a.nextpt = &b;   b.nextpt = &c; c.nextpt = &d; d.nextpt = '\0' ;
  printf("학번       이름       점수       석차 ");
  printf("==================================\n");

  for ( ptr = &a; ptr; ptr= ptr->nextp)

  printf("%2d    %s   %f   %2d\n", ptr->no, ptr->name, ptr->score,
                             ptr->rank);
}
```

프로그램 실행 결과

```
학번  이름  점수  석차를 입력하세요 >   200312001   나미   90.2    3

끝내려면 end라고 입력하세요. 끝
```

```
입력 -- 끝!

  학번        이름     점수   석차
================================
200312001    나미     90.2     3
200312003   박남정    80.8     2
200312005   최불암    85.5     4
200312008   고연정    91.9     1

 Press any key to continue
```

[13.7] 구조체의 중첩

구조체는 모든 데이터 타입을 포함할 수 있기 때문에 구조체의 멤버로 또 다른 구조체를 사용할 수 있다. 즉, 구조체 안의 구조체를 일반적으로 중첩된 구조체로 정의하고 있고 중첩된 구조를 선언하는 방법은 구조체 내부에서 또 다른 구조체를 정의하는 방법과 외부에서 정의한 구조체를 포함하는 정의로 분류할 수 있다.

표 13-10 중첩된 구조체 선언 방법

<table>
<tr><th>구조체 내부에서 또 다른 구조체를 정의</th><th>외부에서 정의한 구조체를 포함하는 정의</th></tr>
<tr><td><pre>
struct person
{
  char *name;
  int age;
  struct phone
   {
     char *home_num;
     char *mobile_num;
   } number;
};
</pre></td><td><pre>
struct phone
{
  char *home_num;
  char *mobile_num;
};

struct person
{
  char *name;
  int age;
  struct phone number;
};
</pre></td></tr>
</table>

위 구조체는 다음과 같은 구조의 멤버로 표현할 수 있다.

표 13-11 구조체 구조의 멤버 표현

person			
name	age	phone	
		home_num	mobile_num

예제 13.17은 구조체 내부에서 또 다른 구조체를 정의하고, 구조체를 초기화하고 출력하는 방법을 나타내고 있다.

예제 13.17 구조체 내부에서 또 다른 구조체를 정의하여 데이터를 저장하는 예

```
#include <stdio.h>

struct person
{
   char *name;
   int age;
   struct phone
   {
      char *home_num;
      char *mobile_num;
   } number;
 };

int main(void)
{
   struct person man={"minho", 36, {"043-276-2253","010-433-8425"}};
   printf("name : %s\n", man.name);
   printf("age : %s\n", man.age);
   printf("home : %s\n", man.number.home_num);
   printf("mobile : %s\n", man.number.mobile_num);

return 0;
}
```

프로그램 실행 결과

```
name : minho
age : 36
home : 043-276-2253
```

```
mobile : 010-433-8425

Press any key to continue
```

예제 13.17에서 구조체 타입 person의 멤버 name과 age는 하나의 도트 연산자만 사용되지만 구조체 타입 phone의 멤버 home_num과 mobile_num은 두 개의 도트 연산자가 사용된다.

예제 13.18은 외부에서 정의한 구조체를 포함하는 구조체를 정의하고 구조체를 초기화하여 출력하는 방법을 나타낸 프로그램입니다.

예제 13.18 외부에서 정의한 구조체를 포함하는 구조체에 데이터를 저장하는 예

```
#include <stdio.h>

struct phone
{
   char *home_num;
   char *mobile_num;
};
struct person
{
   char *name;
   int age;
   struct phone number;
 };

int main(void)
{
   struct person man={"minho", 36, {"043-276-2253","010-433-8425"}};
   printf("name : %s\n", man.name);
   printf("age : %s\n", man.age);
   printf("home : %s\n", man.number.home_num);
   printf("mobile : %s\n", man.number.mobile_num);

return 0;
}
```

프로그램 실행 결과

```
name : minho
age : 36
home : 043-276-2253
mobile : 010-433-8425

Press any key to continue
```

예제 13.19는 중첩된 구조체 배열에 데이터를 저장하고 출력하는 방법을 나타내고 있다.

예제 13.19 구조체 내부에서 또 다른 구조체를 정의하여 데이터를 저장하는 예

```
#include <stdio.h>

struct person
{
   char name[20];
   int age;
   struct phone
   {
      char home_num[20];
      char mobile_num[20];
   } number;
 };

int main(void)
{
   struct person man[3]
   printf("이름을 입력하세요 :");
   scanf("%s", man[0].name);
   printf("나이를 입력하세요 :");
   scanf("%d", &man[0].age);
   printf("집전화를 입력하세요 :");
   scanf("%s", &man[0].number.home_num);
   printf("휴대폰 번호를 입력하세요 :");
   scanf("%s", &man[0].number.mobile_num);
   printf("\n");
   printf("name : %s\n", man[0].name);
   printf("age : %s\n", man[0].age);
```

```
    printf("home : %s\n", man[0].number.home_num);
    printf("mobile : %s\n", man[0].number.mobile_num);

  return 0;
  }
```

프로그램 실행 결과

```
이름을 입력하세요 : 강감찬
나이를 입력하세요 : 25
집전화를 입력하세요 : 043-276-2253
휴대폰 번호를 입력하세요 : 010-452-1245

name : 강감찬
age : 25
home : 043-276-2253
mobile : 010-452-1245

Press any key to continue
```

예제 13.20은 중첩된 구조체 포인터에 데이터를 대입하고 출력하는 방법을 나타내고 있다.

예제 13.20 중첩된 구조체 포인터에 데이터를 저장하는 예

```
#include <stdio.h>

struct person
{
    char *name;
    int age;
    struct phone
    {
        char *home_num;
        char *mobile_num;
    } number;
 };

int main(void)
{
```

```
    struct person man, *pt;
    pt=&man;
    pt->name="Jang";
    pt->age=29;
    pt->number.home_num="043-276-2253";
    pt->number.mobile_num="010-433-8425";
    printf("name : %s\n", man->name);
    printf("age : %s\n", man->age);
    printf("home : %s\n", man->number.home_num);
    printf("mobile : %s\n", man->number.mobile_num);

  return 0;
  }
```

프로그램 실행 결과

```
name : minho
age : 36
home : 043-276-2253
mobile : 010-433-8425

Press any key to continue
```

[13.8] 공용체

공용체의 개념

구조체는 같은 메모리 영역을 각각 다른 타입의 변수명으로 사용할 수 있게 한다. union이라는 예약어를 사용하는 것을 제외하면 구문 형식적인 측면에서 구조체와 거의 같다. 그러나 구조체와 공용체의 가장 큰 차이점은 구조체는 각 멤버가 완전히 다른 기억공간을 점유하는데 반해 공용체는 각 멤버들이 같은 기억 공간을 공유하게 된다.

공용체의 선언

공용체의 선언은 표 13-12와 같이 선언하며, 표 13-12에서 태그는 새로운 타입의 이름이고 멤버는 공용체를 구성하는 변수명이다.

표 13-12 공용체 선언

```
union    공용체타입 이름 {
          데이터타입 멤버형 1
          데이터타입 멤버형 2
             ...
          데이터타입 멤버형 n
};
union 공용체 타입이름 공용체변수;
```

공용체 선언의 사용 예는 다음과 같다.

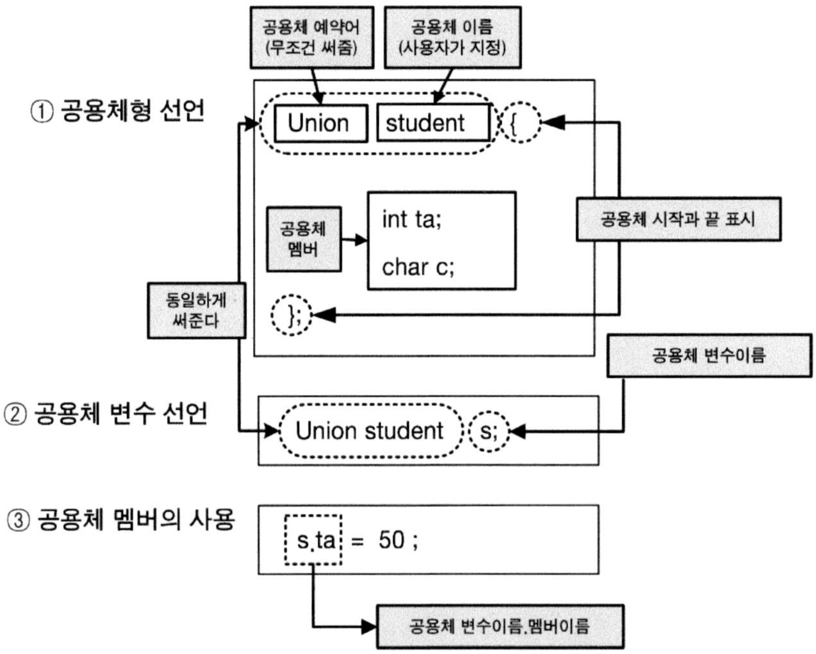

그림 13-10 공용체의 사용 예

멤버의 참조는 구조체의 경우와 동일하다.

표 13-13 공용체 멤버의 참조

공용체변수명.멤버명	공용체 변수 자체를 지정할 때
포인터->멤버명	공용체 변수를 포인터로 지정할 때

그림 13-10에서 사용한 student 공용체 이름을 가지고 공용체 멤버의 사용 예를 들면 예제 13.21과 같다.

예제 13.21 멤버 참조 예

```
union student dt, *p=&dt;
dt.b = 500;                    /* 공용체 자체의 경우 */
p->b = 500;                   /* 공용체를 가리키는 포인터의 경우 */
```

예제 13.22는 int 타입과 char 타입을 이용하여 공용체 변수의 사용 예를 나타내고 있다.

예제 13.22 공용체 변수의 사용 예

```
#include <stdio.h>

int main(void)
{
   union student {
       int total;
       char grade;
    };

   union student u;

   u.total = 200;
   u.grade = 'B';

   printf("총점 : %d\n", u.total);
   printf("등급 : %c\n", u.grade);

return 0;
}
```

프로그램 실행 결과

```
총점 : 200
등급 : B

Press any key to continue
```

[13.9] 열거형

열거형 개념

열거형은 변수가 가질 수 있는 가능한 값들을 나열해 놓은 것이다. 어떤 변수가 가질 수 있는 일정한 범위로 정해져 있다면 정수타입보다는 열거형을 쓰는 것이 좋다. 활용도는 높지 않지만 복잡한 프로그래밍에는 종종 사용되고 있다.

열거형의 선언

열거형의 선언은 표 13-14와 같이 선언하며, 표 13-14에서 태그는 새로운 형의 이름이고 멤버는 열거형을 구성하는 변수명이다.

표 13-14 열거형 선언

```
enum    열거형 이름 {
          기호 1
          기호 2
          •••
          기호  n
};
enum 열거형 이름  열거형 변수;
```

열거형 선언의 사용 예는 그림 13-11과 같다. 그림 13-11에서 월을 0, 1, 2, 3, 4, 5, 6, 7, 8, 9, 10, 11로 표현하면 어떤 숫자가 각각의 월을 의미하는지 알 수 없다. 그러나 이를 열거형으로 표현하는 0월 January, 1은 February, 2는 March, .. 등과 같이 의미를 부여할 수 있다. 열거형에서 나열한 데이터의 값은 0부터 11까지 차례대로 증가한다.

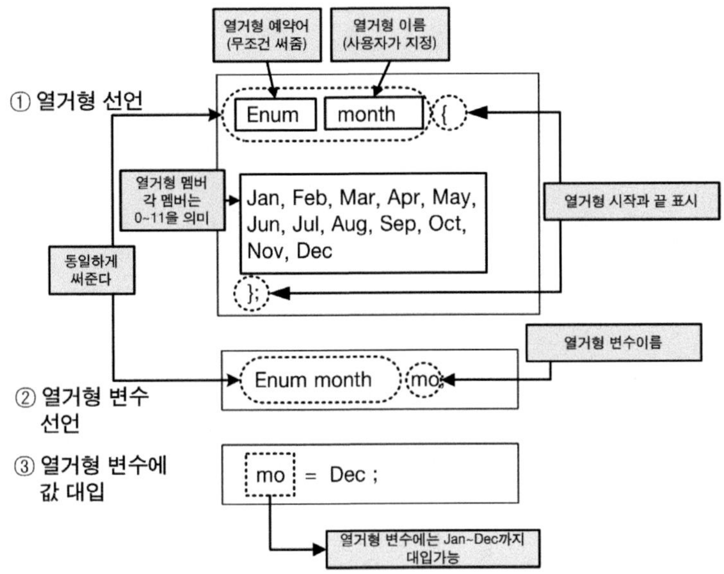

그림 13-11 열거형의 사용 예

예제 13-23은 열거형을 사용한 예를 보여주고 있다.

예제 13.23 열거형 사용 예

```
#include <stdio.h>

int main( )
{
   enum month {Jan, Feb, Mar, Apr, May, Jun, Jul, Aug, Sep, Oct,
      Nov, Dec};

   enum month mo;

   mo = Jan;

   if (mo == Dec)
      printf("이번 달은 1월이 아닙니다.\n", mo);

   else
      printf("이번 달은 1월입니다.\n", mo);
}
```

프로그램 실행 결과

```
총점 : 200
등급 : B

 Press any key to continue
```

연습문제

1) 야구선수에 대한 정보를 구조체로 정의하려 한다. 아래의 정보를 멤버로 가지는 태그명이 player인 구조체를 정의하시오.

```
멤버 정보 : 선수이름, 포지션, 팀이름, 타율
```

2) 다음 프로그램은 구조체 원소들을 접근하는 몇 가지 방법을 보여준다. 실행 결과를 적으시오.

```
#include <stdio.h>
struct s_type{
   int a;
   char ch;
   double d;
   char str[80];
}s;

void main()
{
   printf("Enter an integer: ");
   scanf("%d", &s.a);
   printf("Enter a character: ");
   scanf("%c", &s.ch);
   printf("Enter a floating point number: ");
   scanf("%lf", &s.d);
   printf("Enter a string: ");
   scanf("%s", s.str);
   printf("%d %c %lf %s", s.a, s.ch, s.d, s.str);
}
```

3. 다음과 같이 정의된 2개의 구조체 변수 var1 및 var2의 멤버 변수의 값을 키보드로부터 입력받은 후, 두 구조체의 멤버 값을 서로 교환하는 프로그램을 작성하시오.

```
#include <stdio.h>
struct s_type
{
    int a;
    char ch;
    double d;
} var1, var2;
```

4. 다음 프로그램을 분석하여 실행 결과를 적으시오.

```
#include <stdio.h>
struct s_type{
   int i;
   char ch;
   int *p;
   double d;
}s;
void main()
{
   printf("s_type is %d bytes long", sizeof(struct s_type));
}
```

5. 2바이트로 구성되는 정수의 상위 바이트와 하위 바이트의 값을 개별적으로 출력하는 프로그램을 작성하시오.(힌트: 하나의 정수와 2바이트 문자 배열의 두 원소로 구성된 공용체를 사용하시오.)

6) 다음의 구조체 형 포인터 변수 p1에 대해서 동적할당을 한다고 가정할 때 빈칸에 공통적으로 들어갈 내용은 무엇인가? 데이터 형은 구조체 형 포인터이고, 구조체 형 employee 크기만큼을 동적할당 해야 하므로 struct employee가 사용됩니다.

```
struct employee
{
char name[20];
int year;
int pay;
};
int main(void);
{
struct employee *p1;
p1 = ( ① *) malloc(sizeof( ② ));
```

찾아보기

ㄴ

ㄷ

ㄹ

ㅁ

ㅂ

ㅅ

ㅇ

ㅎ

저자소개

▶▶▶ 김용태

(ky7762@hannam.ac.kr)
충북대학교 전자계산학과 박사
한남대학교 멀티미디어공학부 멀티미디어공학전공 교수

▶▶▶ 정윤수

(bukmunro@mokwon.ac.kr)
충북대학교 전자계산학과 박사
목원대학교 공과대학 정보통신공학과 교수

▶▶▶ 박길철

(gcpark@hannam.ac.kr)
성균관대학교 정보통신공학과 박사
한남대학교 멀티미디어공학부 멀티미디어공학전공 교수

C언어 이해와 응용

저 자 김용태 / 정윤수 / 박길철
발행인 채희선
발행처 성진미디어
발행일 2012년 3월 2일
디자인 장태영

등 록 제311-2010-23호
주 소 서울시 은평구 증산동 248 중앙하이츠상가 B101호
전 화 02)374-4363(대표)/FAX 02)375-4362
정 가 23,000원
ISBN 978-89-965729-7-8